汉英对照

中国反垄断执法年度报告

（2021）

Annual Report of
Anti-monopoly Law Enforcement in China
(2021)

国家反垄断局 编

法律出版社
LAW PRESS · CHINA
北京

图书在版编目(CIP)数据

中国反垄断执法年度报告. 2021 : 汉英对照 / 国家反垄断局编. -- 北京 : 法律出版社, 2022

ISBN 978-7-5197-6642-9

Ⅰ. ①中… Ⅱ. ①国… Ⅲ. ①反垄断法-行政执法-研究报告-中国-2021-汉、英 Ⅳ. ①D922.294.4

中国版本图书馆 CIP 数据核字(2022)第 061016 号

中国反垄断执法年度报告(2021)(汉英对照)
ZHONGGUO FANLONGDUAN ZHIFA NIANDU BAOGAO (2021) (HAN YING DUIZHAO)

国家反垄断局 编

策划编辑 解 锟
责任编辑 解 锟
装帧设计 李 瞻

出版发行 法律出版社
编辑统筹 重大项目办公室
责任校对 张 岩
责任印制 吕亚莉
经 销 新华书店

开本 710 毫米×1000 毫米 1/16
印张 26 **字数** 495 千
版本 2022 年 4 月第 1 版
印次 2022 年 4 月第 1 次印刷
印刷 北京盛通印刷股份有限公司

地址:北京市丰台区莲花池西里 7 号(100073)
网址:www.lawpress.com.cn
投稿邮箱:info@lawpress.com.cn
举报盗版邮箱:jbwq@lawpress.com.cn

销售电话:010-83938349
客服电话:010-83938350
咨询电话:010-63939796

书号:ISBN 978-7-5197-6642-9
定价:178.00 元

凡购买本社图书,如有印装错误,我社负责退换。电话:010-83938349

前言

2021年，市场监管总局坚决贯彻落实党中央、国务院强化反垄断和防止资本无序扩张的战略决策部署，紧紧围绕建设高标准市场体系、推动高质量发展和增进民生福祉，不断完善公平竞争制度，深入推进公平竞争政策实施，全面提升反垄断监管执法效能，在强化基础性制度供给中优化营商环境，在维护公平竞争中激发市场创新活力和发展动力，在保护消费者权益和社会公共利益中提高人民满意度，推动公平、开放、透明、高效、有序的市场竞争环境不断改善。

我们着力筑牢适应高质量发展要求的公平竞争法治根基。加快修订《反垄断法》，完善配套立法，形成以反垄断法为核心、多部法规规章和指南指引组成的较为系统完备的法律规则体系，为市场主体公平竞争提供清晰明确指引。推动制定《关于强化反垄断深入推进公平竞争政策实施的意见》，健全与高水平社会主义市场经济体制相适应的公平竞争政策框架和实施机制。市场监管总局加挂“国家反垄断局”牌子，充实监管力量，制度优势更好发挥，治理效能持续提升。

我们着力营造稳定公平透明可预期的市场竞争环境。及时查处社会反映强烈的“二选一”垄断行为，禁止网络游戏直播领域头部平台企业损害竞争的并购行为，解除广受诟病的网络音乐领域独家版权，促进大中小企业良性互动、协同发展。深入推进公平竞争审查制度实施，及时纠正和废止影响公平竞争的政策文件，大力查处政府采购、公共资源交易、交通、住建等领域滥用行政权力排除、限制竞争案件，不断优化公平竞争的制度环境，坚决维护全国统一大市场，畅通国内大循环。

我们着力满足新时代下人民群众对高品质美好生活的期盼。坚持以人民为中心，聚焦群众“急难愁盼”，对原料药、公用事业、建材、汽车等民生领域及时亮剑，依法查处重大典型案件，维护消费者切身利益，更好满足人民对美好生活的向往。强化物流、公用事业、食品制造、医药健康等民生领域经营者集中审查，维护公平竞争市场格局，保障高质量发展成果更多更公平惠及广大人民群众，持续增强人民群众获得感、幸福感、安全感。

我们着力深化新征程下竞争领域国际开放合作。成功举办第七届金砖国家国际竞争大会，加强与主要市场经济国家、“一带一路”沿线国家和地区反垄断执法机构务实合作和双向开放。与欧亚经济委员会、巴基斯坦、新加坡签署反垄断合作备忘录，扩大国际合作“朋友圈”。积极参与联合国贸发会、世贸组织、经合组织等多边机制竞争议题讨论，扎实推进竞争领域制度型开放，为国际竞争治理贡献中国智慧。

新起点承载新希望，新蓝图开启新征程。2022 年是完善反垄断体制机制、充实反垄断监管力量后的再出发之年，维护市场公平竞争、促进高质量发展的任务更加艰巨、使命更加光荣。向着更高目标进发，还需踔厉奋发、笃行不怠。我们要坚持稳中求进工作总基调，聚焦提高反垄断法治化水平，着力健全公平竞争法律制度体系，促进打造市场化法治化国际化营商环境；聚焦提振市场预期和信心，着力深化公平竞争政策实施，以公平竞争推动高质量发展；聚焦稳定宏观经济、畅通经济循环和增进民生福祉，着力加强重点领域反垄断监管执法；聚焦推进现代化监管体系建设，更加深刻认识市场发展规律和竞争监管规律，着力增强公平竞争治理能力和水平；聚焦促进更高水平对外开放，着力增强企业公平竞争合规能力和深化竞争领域国际交流合作，以更加昂扬的奋斗姿态、更加主动的担当作为、更加过硬的工作本领，奋力开创反垄断工作新局面，以优异成绩迎接党的二十大胜利召开。

目 录

第一章

工作综述

奋进新时代　启航新征程

2021 年，市场监管总局坚持以习近平新时代中国特色社会主义思想为指导，坚决贯彻落实党中央、国务院决策部署，牢牢把握正确政治方向，统筹发展和安全、效率和公平、活力和秩序、国内和国际，统筹破除市场垄断和行政性垄断，统筹监管执法和制度建设，选准切入点、把握时度效，有力有序、扎实稳妥推进各项工作，市场公平竞争秩序稳步向好，反垄断和防止资本无序扩张取得重要成效。

一、统筹顶层设计和法治支撑，不断完善公平竞争制度体系

一是强化公平竞争政策顶层制度设计。研究制定《关于强化反垄断深入推进公平竞争政策实施的意见》，经中央全面深化改革委员会第二十一次会议审议通过，第一次形成公平竞争顶层设计政策框架，完善覆盖事前、事中、事后全环节的公平竞争政策实施机制。

二是进一步筑牢反垄断法治根基。紧紧围绕完善社会主义市场经济体制、推动高质量发展的要求，第一次对《反垄断法》进行全面修订，完善公平竞争基础制度规则，强化反垄断监管法治保障。目前，《反垄断法（修正草案）》已提请第十三届全国人大常委会审议。

三是完善反垄断配套立法。及时制定并推动发布《关于平台经济领域的反垄断指南》《关于原料药领域的反垄断指南》和《企业境外反垄断合规指引》，明确规则、划出底线，为企业依法合规经营提供清晰指引。

二、强化事前事中事后全链条监管，推动竞争生态持续改善

全年查处各类垄断案件175件，同比增长61.5%，罚没金额235.92亿元。其中，垄断协议案件11件，罚没金额16.73亿元；滥用市场支配地位案件11件，罚没金额218.47亿元；公开处罚违法实施经营者集中案件107件，罚款7235万元；滥用行政权力排除、限制竞争案件46件。审结经营者集中案件727件，同比增长53%，其中禁止1件、附加限制性条件批准4件，有力保护市场公平竞争，促进高质量发展，增进民生福祉，实现经济效果、政治效果、法律效果和社会效果有机统一。

一是坚决依法查处社会反映强烈的“二选一”行为。聚焦电商、外卖等重点领域，有序平稳推进重大执法活动，依法查处阿里巴巴集团和美团“二选一”垄断案，分别罚款182.28亿元、34.42亿元，并发出《行政指导书》，要求涉案企业全面整改，立规矩、儆效尤，促使平台企业自觉规范经营行为。目前，平台经济领域“二选一”行为基本停止，市场竞争秩序明显好转，平台内商家特别是中小经营者获得更广阔发展空间，进一步增强发展活力。

二是严格依法审查涉及平台企业经营者集中。对平台经济领域并购行为加强监管，严格审查涉及平台企业经营者集中申报案件40件，依法禁止游戏直播领域腾讯系虎牙与斗鱼合并案。该案是我国平台经济领域第一起禁止的经营者集中案件，对防止平台垄断和资本无序扩张具有重要示范作用。

三是全面落实平台企业依法申报义务。深入核查平台企业未依法申报经营者集中案件线索千余条，立案调查近200件，对98件未依法申报案件作出处罚并向社会公开。依法对腾讯收购中国音乐集团股权案作出责令解除网络音乐独家版权等处罚，是我国第一起对未依法申报案件采取必要措施恢复市场竞争状态的案件，重塑我国网络音乐市场竞争格局。目前，平台企业依法申报经营者集中自觉性明显增强，反垄断常态化监管态势基本形成。

四是突出服务实体经济发展加强反垄断监管执法。积极回应人民群众关注和期待，重点加强医药、建材、公用事业等民生领域反垄断执法，依法查处扬子江

药业、公牛集团垄断协议案、先声药业滥用市场支配地位案等实体经济领域重大垄断案件，准确释放公平公正开展反垄断执法、促民生稳增长的政策信号，有力维护人民群众切身利益。

五是持续规范滥用行政权力排除、限制竞争行为。修订出台《公平竞争审查制度实施细则》，审查增量政策措施24.4万件，清理各类存量政策措施44.2万件，纠正废止违反公平竞争审查标准的政策措施1.1万件，从源头规范行政行为。围绕政府采购、交通、建筑、医药卫生、教育、保险等重点领域，查处限定交易、妨碍商品自由流通等滥用行政权力排除、限制竞争案46件，坚决维护国内统一大市场，促进畅通国内大循环。

三、加强系统集成，进一步提升反垄断监管效能

一是完善反垄断执法体制。市场监管总局加挂“国家反垄断局”牌子，国务委员、国务院反垄断委员会主任王勇出席挂牌仪式并作重要讲话。完成反垄断司局机构改革调整，不断完善工作制度，构建统筹协调、整体联动、运转高效、监管有力的反垄断工作格局。

二是增强监管合力。增加中央宣传部、中央网信办、公安部、最高人民法院为国务院反垄断委员会成员单位，加强和宣传、网信、发改、工信、金融等部门协同配合，统筹提升监管合力。

三是加强执法队伍能力建设。举办反垄断骨干人才、反垄断执法、公平竞争审查和欧洲学院反垄断暑期线上培训班，培训人员500余人次，组织编写《反垄断执法》教材，强化全系统反垄断理论素养，提升执法实战能力和水平，着力打造高素质专业化的反垄断监管执法队伍。

四、统筹国内与国际，积极营造公平竞争市场环境

一是深化竞争领域开放合作。在四川省大力支持下，成功举办第七届金砖国家国际竞争大会，国务委员、国务院反垄断委员会主任王勇出席大会并致辞，发布《成都联合声明》等成果文件，与欧亚经济委员会、巴基斯坦、新加坡反垄断执法机构签署反垄断合作备忘录，不断提升我国反垄断国际影响力，推动竞争领

域制度型开放。

二是大力弘扬公平竞争文化。发布《中国反垄断执法年度报告（2020）》，出版《垄断协议经典案例选编》等系列书籍，制作经营者反垄断合规宣传片、公平竞争宣传片，广泛传播公平竞争理念，大力营造促进公平竞争的社会环境。

三是增强企业公平竞争意识。充分发挥重大垄断案件的警示示范作用，及时召开行政指导会，促使企业自觉依法合规经营，自觉维护市场公平竞争。

习近平总书记深刻指出，强化反垄断、深入推进公平竞争政策实施，是完善社会主义市场经济体制的内在要求。2021 年 12 月中央经济工作会议强调，要深入推进公平竞争政策实施，加强反垄断，以公正监管保障公平竞争。进入高质量发展阶段，我国超大规模市场和市场主体已经形成，数字经济快速发展，企业规模不断扩大，线上线下市场加速融合，产业和资本、数据等生产要素集中度不断增加，市场竞争格局和各类市场主体竞合关系深刻变化，市场垄断和行政性垄断同时并存，对反垄断工作提出了新的更高要求。我们要坚持以习近平新时代中国特色社会主义思想为指导，全面贯彻党的十九大和十九届历次全会精神，认真落实党中央、国务院决策部署，坚持稳字当头、稳中求进，更加注重坚持正确政治方向，发挥和彰显我国制度优势；更加注重把握竞争监管规律，统筹多元化监管目标；更加注重法治思维和法治方式，完善监管法治化举措；更加注重高水平开放，积极参与全球竞争治理，开拓创新、攻坚克难，更高质量推进公平竞争政策实施和反垄断监管执法，提升公平竞争规制能力和效能，为各类市场主体特别是中小企业创造广阔的发展空间，更好保护消费者权益，更好发挥反垄断在构建新发展格局、推动高质量发展、促进共同富裕中的职责作用，以优异成绩迎接党的二十大胜利召开。

第二章
执法成效

一、垄断协议执法

2021 年，反垄断执法机构认真贯彻落实党中央、国务院决策部署，统筹监管规范和支持发展，统筹把握垄断规制重点，积极稳妥有力有序推进垄断协议执法，坚决治理竞争失序突出问题，为各类市场主体创造公平竞争市场环境，持续激发市场创新活力和发展动力，切实保障和改善民生、维护消费者利益。全年立案调查垄断协议案件 30 件，作出行政处罚 11 件（见图 2–1），罚没金额合计 16.73 亿元（见图 2–2）。2021 年办结的垄断协议案件涉及 1 个行业协会、43 家企业，主要分布在医药、建材、燃气等民生领域，及时回应人民关切，提升人民群众的获得感、幸福感和安全感。

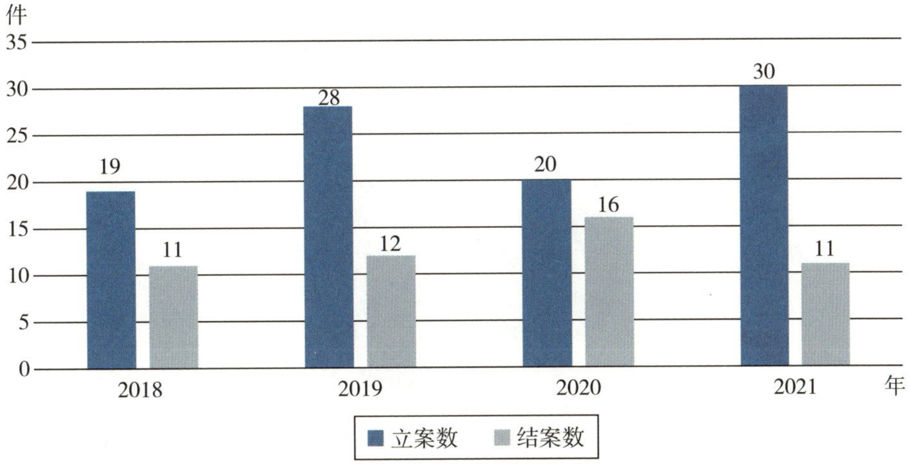

图 2–1　垄断协议案件数量统计

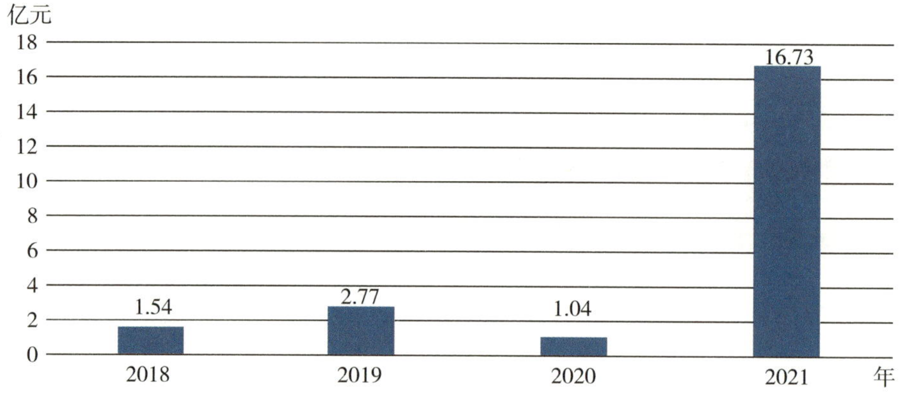

图 2–2　垄断协议案件罚没金额统计

（一）依法查处价格垄断协议行为

垄断协议，特别是具有竞争关系的经营者之间达成的垄断协议，是经济领域对市场公平竞争危害最为严重的行为之一。反垄断执法机构紧盯固定价格、划分市场等垄断协议行为，发现一起，查处一起，有效保护公平竞争的市场秩序。办结的 11 件案件中，9 件涉及横向垄断协议，占比高达 81.82%，其中 1 件涉及固定商品价格行为，8 件同时涉及固定商品价格、划分市场等行为；2 件涉及纵向垄断协议，均涉及固定转售商品价格和限定转售商品最低价格行为（见图 2–3）。

通过依法查处上述典型违法行为，形成了反垄断执法的有力震慑，及时恢复了市场公平竞争秩序，充分发挥价格信号功能，推动优化资源配置，更深层次、更高水平促进高质量发展。

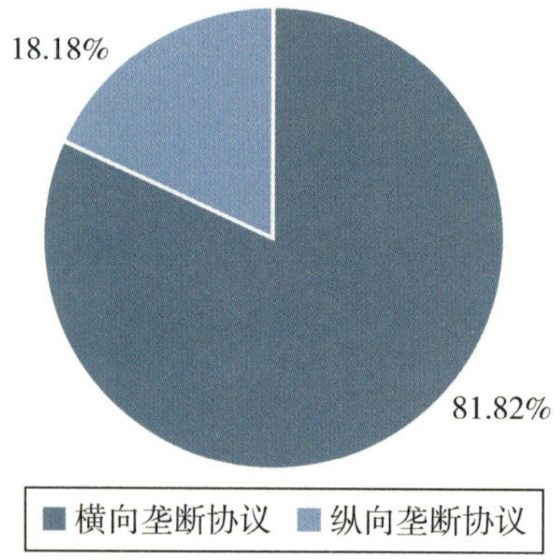

图 2–3　2021 年垄断协议行为类型

（二）强化医药行业垄断协议执法

药品价格关系国计民生，直接涉及减轻群众就医负担、增进民生福祉等重大问题。2021 年，反垄断执法机构将维护消费者利益作为反垄断工作的出发点和落脚点，深入推进医药行业垄断协议执法，有效预防和制止医药企业实施的垄断行为，保护市场公平竞争，减轻人民负担。其中，2 件案件发生在原料药领域（见表 2–1），具体为：2021 年 4 月，天津市市场监督管理委员会对醋酸氟轻松原料药垄断协议案作出行政处罚，责令天津天药药业股份有限公司等 3 家企业停止实施固定商品价格等垄断协议行为，罚没款合计 5077.82 万元。2021 年 6 月，江苏省市场监督管理局对樟脑原料药垄断协议案作出行政处罚，责令梧州黄埔化工药业有限公司等 3 家企业停止实施固定商品价格等垄断协议行为，罚没款合计 1688.42 万元。

2021 年 4 月，市场监管总局对扬子江药业集团有限公司达成并实施垄断协议案作出行政处罚，要求其依法履行主体责任，全面修订价格条款，并处罚款 7.64 亿元。经查，2015 年至 2019 年，扬子江药业集团在全国范围内（不含我国港澳台地区）通过签署合作协议、下发调价函、口头通知等方式，与药品批发商、零售药店等下游企业达成固定药品转售价格和限定药品最低转售价格的协议，并通过制定实施规则、强化考核监督、惩罚低价销售经销商、委托中介机构监督线上销售药品价格等措施保证该协议实施，上述行为排除、限制了竞争，损害了消费者合法权益和社会公共利益。通过加强医药行业垄断协议执法，保护市场竞争秩序，为患者提供更好的产品和更优的服务，促进医药行业健康、规范、创新发展。

表 2–1 2021 年处罚的医药行业垄断协议案件

案件名称	罚没金额（万元）	处罚日期	执法机构
扬子江药业集团有限公司达成并实施垄断协议案	76400.79	2021.04.15	市场监管总局
天津天药药业股份有限公司等 3 家企业达成并实施垄断协议案	5077.82	2021.04.25	天津市市场监督管理委员会
梧州黄埔化工药业有限公司等 3 家企业达成并实施垄断协议案	1688.42	2021.06.08	江苏省市场监督管理局

（三）加大建材行业垄断协议执法力度

近年来，在建材行业“去产能”、转型升级过程中，部分企业实施了垄断协议行为，既破坏了公平竞争的市场环境，也不利于持续深化供给侧结构性改革。在2019年、2020年持续加强建材行业垄断协议执法的基础上，2021年反垄断执法机构依法查处丰城市预拌混凝土协会及其会员企业达成并实施垄断协议案、淄博联和水泥企业管理有限公司及相关企业达成并实施垄断协议案、重庆市丰都县2家商砼生产企业达成并实施垄断协议案（见表2–2），涉及1个行业协会、18家企业，2起案件罚没款均超2亿元，3起案件罚没款合计5.37亿元，约占全年垄断协议案件罚没款的1/3，释放出严厉查处建材行业垄断行为、保护市场公平竞争的清晰信号。其中，江西省市场监督管理局对丰城市预拌混凝土协会组织丰城市闽邑建材公司等7家企业达成并实施垄断协议案作出行政处罚决定，罚没款合计2.86亿元。

表2–2　2021年处罚的建材行业垄断协议案件

案件名称	罚没金额（万元）	处罚日期	执法机构
淄博联和水泥企业管理有限公司及相关企业达成并实施垄断协议案	22829.51	2021.01.28	山东省市场监督管理局
重庆市丰都县2家商砼生产企业达成并实施垄断协议案	2312.88	2021.06.15	重庆市市场监督管理局
丰城市预拌混凝土协会及其会员企业达成并实施垄断协议案	28552.79	2021.07.23	江西省市场监督管理局

（四）加强燃气、家电等民生领域垄断协议执法

聚焦人民群众关切，依法查处燃气、家电等民生领域典型垄断协议案件（见表2–3），着力做好“六稳”“六保”工作，有效规范市场竞争秩序，着力破解民生领域痛点、难点、堵点问题。其中，2021年2月、5月，重庆市市场监督管理局、广西壮族自治区市场监督管理局分别对重庆巫山县兴隆石化等5家企业达成并实施垄断协议案、广西玉林陆川县龙珠液化气有限公司等5家公司达成并实施垄断协议案作出行政处罚，及时恢复了液化气相关市场的公平竞争。2021年9月，浙江省市场监督管理局对公牛集团股份有限公司达成并实施垄断协议案作出行政处罚，责令当事人停止违法行为，并处罚款2.95亿元，维护公平竞争的市场环境，

切实增强民生福祉。

表 2-3 2021 年处罚的燃气、家电等民生领域垄断协议案件

案件名称	罚没金额（万元）	处罚日期	执法机构
重庆巫山县兴隆石化等 5 家企业达成并实施垄断协议案	6.84	2021.02.20	重庆市市场监督管理局
广西玉林陆川县龙珠液化气有限公司等 5 家公司达成并实施垄断协议案	13.48	2021.05.26	广西壮族自治区市场监督管理局
公牛集团股份有限公司达成并实施垄断协议案	29481	2021.09.27	浙江省市场监督管理局

（五）不断提升垄断协议执法能力水平

“打铁还需自身硬”。2021 年，市场监管总局注重运用法治思维，不断健全垄断协议法规制度，与省级反垄断执法机构加强联动、形成合力，切实提高垄断协议执法效能。编写出版《垄断协议经典案例选编》等教材，组织开展培训授课、会议交流、抽调办案，积极探索交叉执法、联合调查等方式不断提高垄断协议执法能力水平。主动加强与第三方机构合作，借助专家智库力量研究破解垄断协议执法难点问题，不断夯实垄断协议执法理论支撑。

案例一　扬子江药业集团有限公司达成并实施垄断协议案

2019 年 11 月，市场监管总局对扬子江药业集团有限公司涉嫌达成并实施垄断协议行为立案调查。

经调查，扬子江药业集团有限公司生产的药品在零售渠道经过一级经销商、二级经销商、连锁型药店及其他零售药店等多个环节销售至终端消费者，与上述各级经销商之间存在纵向上下游关系。2015 年至 2019 年，扬子江药业集团有限公司在全国范围内（不含我国港澳台地区）通过与上述各级经销商签署合作协议、下发调价函、口头通知等方式，与药品批发商、零售药店等下游企业达成固定药品转售价格和限定药品最低转售价格的协议，并通过制定实施规则、强化考核监督、惩罚低价销售经销商、委托中介机构监督线上销售药品价格等措施保证协议实施。

扬子江药业集团有限公司实施的上述行为违反了《反垄断法》第 14 条“禁止经营者与交易相对人达成下列垄断协议：（一）固定向第三人转售商品的价格；（二）限定向第三人转售商品的最低价格”的规定。2021 年 4 月，市场监管总

局依法责令扬子江药业集团有限公司停止违法行为，并处以其2018年度销售额254.67亿元3%的罚款，共计7.64亿元。

案例二　淄博联和水泥企业管理有限公司及相关企业达成并实施垄断协议案

2019年4月，根据举报，山东省市场监督管理局对淄博联和水泥企业管理有限公司和7家水泥企业涉嫌达成并实施垄断协议行为立案调查。

经调查，2017年2月，淄博市区域内具有竞争关系的7家水泥企业共同发起成立联合公司，并以该公司为平台达成《淄博联和水泥企业管理有限公司运营细则》等一系列协议性质的文件。随后各水泥经营企业依托平台通过周例会、电子邮件、专用信息系统等形式频繁交流生产情况、销售价格、区域市场情况等经营信息，共同商定和实施生产销售策略。通过频繁的经营信息交换和意思联络，实施了包括固定商品价格、限制商品生产数量、分割销售市场等一系列文件中约定的垄断行为。

上述行为违反了《反垄断法》第13条第1款第1项、第2项、第3项的规定，属于具有竞争关系的经营者达成并实施"固定或者变更商品价格"、"限制商品的生产数量或者销售数量"以及"分割销售市场或者原材料采购市场"的情形，构成了达成并实施垄断协议的行为。2021年1月28日，山东省市场监督管理局对8家涉案当事人依法作出没收违法所得8657.2万元，并处2018年度销售额2%的罚款计14172.3万元，罚没款共计2.28亿元。

案例三　丰城市预拌混凝土协会及其会员企业达成并实施垄断协议案

2020年1月，根据公安机关移交线索，江西省市场监督管理局于当月对丰城市预拌混凝土协会及其8家会员企业涉嫌垄断行为立案调查。

经调查，丰城俊祥建材有限公司与其他7家混凝土生产公司自2012年7月17日开始签订了《丰城商砼企业行业自律小组协议》，协议中对固定和变更商品的价格、限制商品的生产数量、分割销售市场、原材料采购市场、联合抵制交易等做了约定。其后，丰城俊祥建材有限公司与其他混凝土生产公司协同，又多次达成固定和变更商品的价格、限制商品的生产数量、分割销售市场、原材料采购市场、联合抵制交易等垄断协议。在之后的经营活动中，8家公司也履行了该协议，多次按照协会发出的《价格调整通知》统一上调各等级混凝土价格，实施固定和变更商品的价格。协会对会员单位商品混凝土的生产数量进行限制，分配月生产量，以此限制商品的生产数量。由协会销售中心统一承接工程，款到发货，并依照就近供应为原则进行工程分配，并统一从指定的石场购进原料，禁止私自采购原料，分割了销售市场、原材料采购市场。丰城市有关建筑企业只能向协会指定的混凝土生产公司购买混凝土，各当事人一旦发现建筑企业未从指定公司购买的，则采取各种手段阻挠其他预拌混凝土企业送货，并集体拒绝与建筑企业进行交易。同时，联合抵制丰城市新增预拌混凝土企业，对在建或将建企业要求其减少设备投入，采取多种手段阻挠外地预拌混凝土企业进入丰城市新老城区、工业园、循环企业园。各当事人通过上述行为垄断了丰城市城区预拌混凝土的供应，控制了混凝土市场价格。

上述行为违反了《反垄断法》第 13 条第 1 款第 1 项、第 2 项、第 3 项、第 5 项的规定，属于具有竞争关系的经营者达成并实施“固定或者变更商品价格”、“限制商品的生产数量或者销售数量”、“分割销售市场或者原材料采购市场”以及“联合抵制交易”的情形，构成了达成并实施垄断协议的行为。2021 年 7 月 23 日，江西省市场监督管理局对丰城市预拌混凝土协会作出罚款 50 万元的行政处罚，并建议丰城市民政局依法撤销其社会团体法人登记；对丰城市闽邑建材公司等 6 家会员公司责令停止违法行为，没收违法所得，并处 2018 年销售额 8% 的罚款；对丰城市晨峰建材公司等 2 家会员公司责令停止违法行为，没收违法所得，并处 2018 年度销售额 3% 的罚款。以上罚没款共计 2.86 亿元。

案例四　公牛集团股份有限公司达成并实施垄断协议案

2021 年 4 月，浙江省市场监督管理局对公牛集团股份有限公司涉嫌与交易相对人达成并实施垄断协议行为立案调查。

经调查，2014 年至 2020 年，公牛集团股份有限公司制定含有固定产品转售价格、限定最低转售价格内容的市场运营规范、经销商管理规则、线上市场管理规范、承诺书等文件，并通过发布价格政策，与经销商签订经销合同、承诺书等方式，实现对产品价格的管控。公牛集团股份有限公司通过上述方式在全国范围内在转换器、墙壁开关插座、LED 照明、数码配件等电源连接和用电延伸性产品销售渠道与交易相对人（经销商）达成并实施固定和限定价格的垄断协议。当事人固定和限定价格的行为在线上和线下均得到了实际执行，当事人还通过强化考核监督、委托中介机构维价、惩罚经销商等措施，进一步强化固定和限定价格协议的实施。

公牛集团股份有限公司实施的上述行为违反了《反垄断法》第 14 条“禁止经营者与交易相对人达成下列垄断协议：（一）固定向第三人转售商品的价格；（二）限定向第三人转售商品的最低价格”的规定，构成与交易相对人达成并实施垄断协议的行为。2021 年 9 月，浙江省市场监督管理局依法责令公牛集团股份有限公司停止违法行为，并对公牛集团股份有限公司处 2020 年度中国境内销售额 98.27 亿元 3% 的罚款，共计 2.95 亿元。

二、滥用市场支配地位执法

2021年，反垄断执法机构认真贯彻落实党中央、国务院决策部署，紧紧围绕维护市场公平竞争和保护消费者利益，持续加强滥用市场支配地位行为监管执法，工作取得积极成效，查处滥用市场支配地位案件11件，罚没金额218.47亿元。从执法主体来看，市场监管总局查办3件（占27%），省级反垄断执法机构查办8件（占73%）。从行业分布来看，药品、供水、供气等民生领域案件7件（占64%），平台经济领域案件3件（占27%），能源领域案件1件（占9%）。从违法行为类型来看，涉及不公平高价行为3件（占27%），拒绝交易行为1件（占9%），限定交易行为3件（占27%），附加不合理条件行为4件（占37%）。

（一）突出强化平台经济领域反垄断监管

针对社会反映强烈的互联网电商、外卖等平台“二选一”行为严重限制市场竞争，限制中小经营者发展等问题，反垄断执法机构依法查处阿里巴巴集团“二选一”垄断案、美团“二选一”垄断案和上海食派士商贸发展有限公司滥用市场支配地位案，促使平台企业自觉规范经营行为，取得明显成效，平台经济领域“二选一”行为基本叫停，市场竞争秩序明显好转，平台内商家特别是中小经营者获得更广阔发展空间，进一步增强发展活力。

一是依法查处阿里巴巴集团“二选一”垄断案。2020年12月24日，市场监管总局依法对阿里巴巴集团“二选一”涉嫌垄断行为立案调查，2021年4月10日，依法作出行政处罚，责令停止违法行为，并处以上一年度中国境内销售额4%的罚款，共计182.28亿元。同时，向阿里巴巴集团发出《行政指导书》，从5个方面提出16项整改要求，督促阿里巴巴集团全面整改。该案作为国内外第一起网络零售平台服务领域垄断案件，在全行业起到了立规矩、儆效尤的震慑警示作用，对防止平台垄断、规范竞争秩序具有重要意义和示范作用，取得了良好的法律效果和社会效果。

二是依法查处美团“二选一”垄断案。2021年4月，在前期广泛核查和深入研究基础上，市场监管总局依法对美团实施“二选一”等涉嫌垄断行为立案调查。10月8日，依法作出行政处罚决定，责令美团停止违法行为、全额退还独家合作保证金12.89亿元，并处以上一年度中国境内销售额3%的罚款，计34.42亿元。同时，向美团发出《行政指导书》，督促其围绕完善收费机制、维护平台中小商家合法利益等 4 个方面 15 项要求进行整改。该案调查处理充分体现了国家公平公正加强反垄断监管的决心和坚决治理“二选一”行为的态度，有力维护了市场公平竞争秩序和多方市场主体的合法利益，获得社会各方面广泛支持和肯定。

三是全面规范平台经济领域竞争秩序。上海市市场监督管理局依法对上海食派士商贸发展有限公司滥用在上海市英语在线餐饮外送平台服务市场支配地位案作出行政处罚，对其处以上一年度销售额 3% 的罚款，共计 116.86 万元。2021 年 2 月，国务院反垄断委员会制定发布《关于平台经济领域的反垄断指南》，为加强平台经济领域反垄断监管提供了科学有效、针对性强的制度规定，明确规则、划出底线，为企业依法合规经营提供清晰指引。2021 年 4 月，结合阿里巴巴集团“二选一”垄断案等查处情况，市场监管总局组织召开 34 家头部平台企业行政指导会，对企业自查自纠情况开展核查，全面规范平台经济竞争秩序。

（二）持续加强原料药领域反垄断执法

当前，我国部分原料药市场集中度较高，原料药领域垄断行为时有发生，导致下游药品价格不合理上涨和短缺断供，影响消费者利益和用药稳定安全。反垄断执法机构高度重视，将原料药领域作为执法重点，聚焦垄断突出问题，不断加大执法力度，保持高压态势，坚决维护原料药领域公平竞争市场秩序，力促常用药、低价药、救命药“保供稳价”，不断增强人民群众的获得感、幸福感、安全感。

一是依法查处先声药业集团巴曲酶原料药垄断案。2020 年 9 月，市场监管总局根据举报对先声药业集团有限公司涉嫌滥用中国境内巴曲酶原料药销售市场支配地位，实施拒绝交易行为立案调查，2021 年 1 月 22 日，依法作出行政处罚，责令停止违法行为，对其处以上一年度销售额 2% 的罚款，共计 1.007 亿元，及时恢复相关原料药市场正常供应，化解下游制剂停产断供风险，恢复公平竞争的市场秩序，确保患者有药可用。

二是开展原料药领域反垄断集中执法。市场监管总局坚持全国一盘棋，加强统筹协调和督促指导，部署开展原料药领域集中执法。2021 年 10 月，河南省市场监督管理局对商丘市新先锋药业有限公司滥用中国境内苯酚原料药销售市场支配地位案依法作出行政处罚，责令停止违法行为，对其处以上一年度销售额 1% 的罚款，并处没收违法所得，合计 1104.84 万元。2021 年 11 月，上海市市场监督管理局对南京宁卫医药有限公司滥用中国境内氯解磷定原料药销售市场支配地位案依法作出行政处罚，责令停止违法行为，对其处以上一年度销售额 4% 的罚款，并处没收违法所得，合计 658.4 万元。山东、辽宁、浙江、安徽、广东等省市反垄断执法机构不断深化原料药领域垄断案件查处工作，持续加大执法力度，有力遏制原料药领域垄断乱象。

三是构建原料药领域反垄断监管长效机制。针对原料药领域垄断风险较高的特点，反垄断执法机构坚持监管执法和制度建设并重，着力构建监管长效机制，深入开展调查研究，对行业竞争状况进行全面评估，结合原料药领域经营模式和行业特点等，研究制定《关于原料药领域的反垄断指南》，2021 年 11 月国务院反垄断委员会正式印发实施。该指南进一步细化原料药领域垄断行为分析思路和认定因素，明确法律底线、红线，有助于企业提升合规经营意识和水平，提高反垄断监管科学性、针对性和有效性。

（三）积极推动公用事业等民生领域反垄断执法

供水、供电、供气公用事业等领域与百姓民生福祉密切相关，反垄断执法机构坚持将公用事业等领域反垄断执法作为工作重点，积极查处民生领域垄断行为。2021 年 1 月，云南省市场监督管理局对蒙自四通泰兴供水有限公司滥用市场支配地位案依法作出行政处罚，责令停止违法行为，对其处以上一年度销售额 6% 的罚款，共计 249.54 万元。2021 年 3 月，四川省市场监督管理局对富顺县天然气有限责任公司滥用市场支配地位案作出行政处罚，责令停止违法行为，对其处以上一年度销售额 1% 的罚款，共计 165.83 万元。2021 年 8 月，陕西省市场监督管理局对陕西水务集团泾阳县供水公司滥用市场支配地位案作出行政处罚，责令停止违法行为，对其处以上一年度销售额 2% 的罚款，并处没收违法所得，合计 19.08 万元。2021 年 11 月，江苏省市场监督管理局对宜兴港华燃气有限公司滥用市场支配地位案作出行政处罚，责令停止违法行为，对其处以上一年度销售额 2% 的罚款，并处没收违法所得，合计 4044.22 万元。2021 年 6 月，云南省市场监督管理局对中国航空油料有限责任公司云南分公司滥用市场支配地位案作出行政处罚，责令停止违法行为，对其处以上一年度销售额 1% 的罚款，并处没收违法所得，合计 1252.64 万元。通过积极开展民生领域反垄断执法，切实维护公平竞争市场秩序，保护广大人民群众切身利益。

案例一　阿里巴巴集团控股有限公司滥用市场支配地位案

2020 年 12 月，市场监管总局对阿里巴巴集团控股有限公司（以下简称阿里巴巴集团）涉嫌滥用市场支配地位行为立案调查。

经调查，阿里巴巴集团在中国境内网络零售平台服务市场具有支配地位。自 2015 年以来，阿里巴巴集团滥用市场支配地位，对平台内商家提出“二选一”要求，禁止平台内商家在其他竞争性平台开店或参加促销活动，并借助市场力量、平台规则和数据、算法等技术手段，采取多种奖惩措施保障“二选一”要求得到执行，以维持、增强自身市场力量，获得不正当的竞争优势。阿里巴巴集团的行为排除了网络零售平台服务市场的竞争，损害了消费者利益。

阿里巴巴集团实施的上述行为违反了《反垄断法》第 17 条“禁止具有市场支配地位的经营者从事下列滥用市场支配地位的行为：（四）没有正当理由，限定交易相对人只能与其进行交易”的规定。2021 年 4 月，市场监管总局依法作出行政处罚，责令当事人停止违法行为，对当事人处以其 2019 年度中国境内销售额 4557.12 亿元 4% 的罚款，共计 182.28 亿元，并发出《行政指导书》，要求当事人从严格落实平台企业主体责任、加强内控合规管理、保护消费者权益等方面进行全面整改，依法合规经营，建立健全公平参与市场竞争的长效机制。

案例二　美团滥用市场支配地位案

2021 年 4 月，市场监管总局对美团涉嫌滥用市场支配地位行为立案调查。

经调查，自 2018 年以来，美团在中国境内网络餐饮外卖平台服务市场具有支配地位。美团滥用市场支配地位，以实施差别费率、拖延商家上线等方式，促使平台内商家与其签订独家合作协议，通过建立考评机制、开展攻坚“战役”、加强培训指导、强化代理商管理等方式系统推进“二选一”行为，采取多种措施有效保障“二选一”要求实施。

美团实施的上述行为违反了《反垄断法》第 17 条“禁止具有市场支配地位的经营者从事下列滥用市场支配地位的行为：（四）没有正当理由，限定交易相对人只能与其进行交易”的规定。2021 年 10 月，市场监管总局依法责令当事人停止违法行为，全额退还独家合作保证金 12.89 亿元，处以 2020 年度中国境内销售额 3% 的罚款，共计 34.42 亿元，并发出《行政指导书》，要求其全面规范自身竞争行为。

案例三　南京宁卫医药有限公司滥用市场支配地位案

2020 年 11 月，上海市市场监督管理局对南京宁卫医药有限公司涉嫌滥用市场支配地位行为立案调查。

经调查，南京宁卫医药有限公司在中国境内氯解磷定原料药销售市场具有支配地位，2018 年 3 月至 2019 年 12 月实施了滥用市场支配地位的行为，具体表现在两个方面：一是以不公平的高价销售氯解磷定原料药，2018 年至 2019 年该原料药销售价格是 2014 年 12 月的 26.09 ~ 52.17 倍。二是要求制剂生产企业采购最低数量的原料药并支付没有实质内容的技术服务费，增加了制剂生产企业的经营成本，损害了制剂生产企业的合法权益。

南京宁卫医药有限公司实施的上述行为违反了《反垄断法》第 17 条第 1 款第 1 项“以不公平的高价销售商品或者以不公平的低价购买商品”、第 5 项“没有正当理由搭售商品，或者在交易时附加其他不合理的交易条件”的规定。2021 年 11 月，上海市市场监督管理局依法责令当事人停止违法行为，没收违法所得

2547169.81 元，处 2019 年度销售额 4% 的罚款，共计 4036538.44 元，以上罚没款合计 658.4 万元。

三、经营者集中审查

2021 年，市场监管总局着力加强和改进经营者集中反垄断审查工作，有力保护市场公平竞争，防止资本无序扩张，助力企业优化重组和经济转型升级。全年收到经营者集中申报 824 件，审结 727 件，同比分别增长 58.5% 和 52.9%，其中禁止 1 件，附加限制性条件批准 4 件，当事方因无法解决我竞争关注放弃交易 2 件，涉及互联网、半导体、高端装备制造和民生等领域。

（一）基本情况

一是从主体构成来看，集中涵盖了各类市场主体，且相关案件数量均有明显增长。全年境内企业间集中 332 件，同比增长 59%。境外企业间集中 282 件，同比增长 55%。境内外企业间集中 113 件，同比增长 33%。其中，境内收购境外企业 16 件，同比增长 7%；境外收购境内企业 56 件，同比增长 51%；境内外企业新设合营 41 件，同比增长 24%。国有企业参与集中 155 件，同比增长 5%；民营企业参与集中 290 件，同比增长 99%。各类市场主体集中数量增加表明，随着改革的不断深入和营商环境的持续改善，市场主体活力得到有效激发，为经济平稳健康发展提供了有力支撑。同时，随着反垄断执法力度的不断加大，执法权威进一步树立，威慑力不断提升，社会影响逐步扩大，企业的公平竞争合规意识不断增强。

二是从行业分布来看，集中主要围绕实体经济主线，注重产业重组和资源整合。全年审结涉及制造业、采矿业等工业行业案件 363 件，同比增长 31%，占所有国民经济行业的 50%，表明我国实体经济长期向好的基本面没有改变，行业结构调整和转型升级不断深入。交通运输、仓储和邮政（75 件）和房地产（72 件）等行业案件增长迅速，同比分别增长 127% 和 118%，显示行业集中度进一步提升，市场分化不断加剧，市场竞争格局进一步调整。

三是从交易类型和模式特点来看，横向集中占比最高，股权收购仍为主要交易模式。从交易类型来看，审结横向集中案件 341 件，占比 47%，同比增长 43%；纵向集中案件 116 件，占比 16%，同比增长 49%；混合集中案件 270 件，占比 37%，同比增长 69%。从交易模式来看，审结股权收购案件 516 件，占比

71%，同比增长 52%；组建合营企业案件 194 件，占比 27%，同比增长 72%；资产收购案件 8 件，占比 1%；通过合同取得控制权案件 5 件和企业合并案件 4 件，占比 1%。横向集中形式的股权收购成为主流的原因在于在全球经济增速普遍放缓叠加疫情影响，企业盈利能力面临考验，有的资源需要被整合，以更有效率的方式参与经济活动。横向集中能够帮助企业扩大规模，降低成本，提高市场占有率，增强抵御风险的能力。

四是从交易规模来看，总交易金额的增长幅度远低于案件总量的增长幅度，超大规模案件数量明显减少。全年审结案件涉及的交易金额共 3.76 万亿元，同比增长 5%；其中交易金额过百亿元的案件 83 件，同比增长 38%；交易金额过千亿元的案件 4 件，同比减少 50%。造成这一现象的原因在于虽然 2021 年全球经济整体复苏，但基础并不稳固，波动性大、脆弱性高、结构性失衡等问题较为明显。企业面临的现金流挑战较为严峻，高估值泡沫逐渐出清，并购交易估值渐趋理性。

（二）强化事前有效预防，有力防范资本无序扩张

密切关注平台经济、高新技术和知识产权等领域竞争动态，严格依法审查相关案件，防止“掐尖式并购”，保护市场公平竞争和消费者利益，坚决维护国家安全和发展利益。

一是促进平台经济规范健康持续发展。以维护平台经济创新、健康发展为主线，全面落实平台企业并购行为依法申报义务，依法严格审查平台企业并购行为，维护市场公平竞争，防止资本无序扩张，推动形成大中小企业良性互动、协同发展良好格局。密切关注平台企业在民生、金融、科技、传媒等重点领域的竞争行为，全年审查涉及平台企业经营者集中申报案件 40 件，全面准确评估竞争影响，及时提出竞争关注，预防和制止可能妨碍市场竞争和创新发展的并购行为。依法禁止游戏直播领域腾讯系虎牙与斗鱼合并案，这是我国平台经济领域禁止经营者集中第一案，释放出防止资本无序扩张的明确信号，对维护市场公平竞争，特别是规范平台企业有序竞争具有重要示范引导作用。

二是维护重点领域公平竞争市场秩序。依法严格审查半导体、高端装备制造等行业并购案件，为相关产业的高质量发展提供坚强保障。依法对思科收购阿卡夏、丹佛斯收购伊顿、伊利诺斯收购美特斯、SK 海力士收购英特尔部分业务等案件附加限制性条件，有力保护相关市场公平竞争秩序，维护创新发展良好竞争环境，保护产业链上下游企业合法利益。

三是围绕高质量发展助推产业结构升级。按照“把握新发展阶段、贯彻新发展理念、构建新发展格局”的要求，支持企业依法实施集中，扩大经营规模，提高市场竞争能力，打造核心竞争力，促进我国经济长期高质量发展。依法高效审

查港口、钢铁、矿产、建材等领域重大并购重组案件，推进传统产业转型升级，不断增强产业链供应链韧性和竞争力，推动我国经济实现质量更高、效益更好、结构更优的发展。

（三）坚持高位推进，构建全方位多层次立体化监管体系

从统一认识、政策研究、完善制度、探索实践等方面入手，强化顶层设计，完善经营者集中审查监管体系，为营造公平、高效、有序的市场竞争环境提供有力保障。

一是积极推进经营者集中申报标准修订工作。坚持立足国情的基本定位，深入总结《反垄断法》实施以来的审查经验，将构建新发展格局、推动高质量发展、促进共同富裕作为修订的出发点和落脚点，全面推动经营者集中申报标准修订工作。坚持鼓励投资创新与防止资本无序扩张并重、发展规模经济与预防产生垄断并举，统筹考虑审查实践需要和减轻企业制度性成本，设置好申报规则的“红绿灯”。

二是探索委托地方试点实施经营者集中审查。按照助力构建新发展格局、建设高标准市场体系和推动高质量发展的要求，以提升反垄断审查效能、便利企业申报为目的，探索试点委托部分省级反垄断执法机构开展经营者集中审查。充分调动地方积极性，优化央地执法资源配置，充分发挥经营者集中审查的事先预防功能，为强化反垄断和防止资本无序扩展提供坚强保证。

三是全面提升经营者集中整体监管效能。加强行政执法与行业管理协调、竞争政策与产业政策协同，打造事前、事中、事后全闭合监管链条。加强部门间协同联动，增强监管前瞻性、针对性、有效性。与欧盟、日本等重要司法辖区反垄断执法机构开展重大案件执法交流，共同维护公平竞争市场秩序，不断提升我国反垄断国际影响力。

案例一　虎牙公司与斗鱼国际控股有限公司合并案

2020年11月，市场监管总局收到腾讯控股有限公司（以下简称腾讯）提交的虎牙公司与斗鱼国际控股有限公司合并案经营者集中反垄断申报。2021年1月，市场监管总局予以立案审查。2021年6月24日，进一步审查延长阶段届满前，申报方申请撤回案件并得到市场监管总局同意。2021年6月，市场监管总局对申报方的再次申报予以立案审查。

经审查，本案涉及中国境内网络游戏运营服务市场和游戏直播市场。集中完成后将进一步强化腾讯在游戏直播市场的支配地位，可能对消费者造成不利影响，可能损害游戏直播从业者利益。集中完成后，腾讯在上下游均拥有较强的市场控制力，有能力和动机对下游游戏直播市场的竞争对手实施网络游戏著作权许

可封锁，对上游网络游戏运营服务市场的竞争对手实施直播推广渠道封锁，在上下游市场形成闭环，排挤现有竞争对手，扼杀潜在竞争对手。集中具有或者可能具有排除、限制竞争效果。

审查过程中，市场监管总局与申报方就如何减少该经营者集中对竞争产生的不利影响等有关问题进行了多轮商谈，并对申报方提交的承诺方案进行了评估。经评估，市场监管总局认定，申报方提交的承诺方案不能有效减少集中对中国境内游戏直播市场和网络游戏运营服务市场竞争的不利影响。2021 年 7 月，市场监管总局决定依法禁止此项经营者集中。

案例二　SK 海力士株式会社收购英特尔公司部分业务案

2020 年 12 月 15 日，市场监管总局收到 SK 海力士株式会社（以下简称 SK 海力士）收购英特尔公司部分业务案经营者集中反垄断申报。2021 年 3 月，市场监管总局予以立案审查。2021 年 9 月，在进一步审查延长阶段届满前，申报方申请撤回案件并得到市场监管总局同意。2021 年 9 月，市场监管总局对申报方的再次申报予以立案审查。

经审查，本案对全球和中国境内 SATA 企业级固态硬盘、PCIe 企业级固态硬盘市场具有或者可能具有排除、限制竞争效果：一是交易将提高 SATA 企业级固态硬盘市场集中度，增强集中后实体的市场控制力。二是交易将提高 PCIe 企业级固态硬盘市场集中度，增强集中后实体的控制力。三是集中可能增强相关市场竞争者协调价格的动机和能力。四是市场进入壁垒高，短期内难以出现新的有效竞争者。

2021 年 12 月，市场监管总局依法附加限制性条件批准本项集中，限制性条件包括：一是不得以不合理的价格向中国境内市场供应 PCIe 企业级固态硬盘产品和 SATA 企业级固态硬盘产品。向中国境内市场销售的 PCIe 企业级固态硬盘产品和 SATA 企业级固态硬盘产品的价格，在交易条款相当的情况下，不得高于其在生效日前 24 个月内的平均价格。二是在生效日起 5 年内持续扩大 PCIe 企业级固态硬盘产品和 SATA 企业级固态硬盘产品的产量。三是依据公平、合理、无歧视原则向中国境内市场继续供应所有产品。四是不得强制或者变相强制中国境内市场的客户从 SK 海力士或 SK 海力士控制的任何公司排他性地采购产品；不得将 PCIe 企业级固态硬盘产品与其他产品，SATA 企业级固态硬盘产品与其他产品强制搭售或捆绑销售。五是帮助一个第三方竞争者进入 PCIe 企业级固态硬盘和 SATA 企业级固态硬盘市场。六是不得在销售价格、产量或销量方面与其在中国境内的主要竞争对手达成任何排除或限制竞争的书面或口头协议、决定或进行其他协同行为（包括默示协同）。限制性条件自生效日起 5 年后，集中后实体可以向市场监管总局提出解除条件的申请。市场监管总局将依申请并根据市场竞争状况作出是否解除的决定。未经市场监管总局批准解除，集中后实体应继续履行限制性条件。

四、经营者集中合规监管

经营者集中合规监管是经营者集中全链条监管的重要环节，是维护经营者集中审查制度权威的有力抓手。2021 年，市场监管总局持续加强经营者集中合规监管，稳步推进未依法申报案件查处，落实企业依法申报义务，努力提升附条件案件监督执行效能，确保审查决定落到实处。

（一）未依法申报案件查处取得重大突破

2021 年，市场监管总局坚持核查和企业自查相结合，对大量举报线索核查并要求重点企业自查，累计核查涉嫌未依法申报线索千余起，对近 200 起案件立案调查，对 107 起未依法申报案件公开作出行政处罚，涉及多个行业、各类市场主体，案件数量和处罚金额均创历史新高，彰显了市场监管总局强化反垄断和防止资本无序扩张的坚定决心，特别是持续强化平台经济领域的反垄断监管，释放出互联网领域不是法外之地的强烈信号，有力促进平台经济规范有序持续健康发展。

一是依法调查违法行为，有效遏制资本无序扩张态势。针对一些平台企业发展不规范的问题，市场监管总局高度重视，坚持发展与依法规范并重，制定工作方案，分批分类稳妥推进调查工作。2021 年，先后分 6 批对百余起互联网领域涉嫌未依法申报案件统一立案调查，合计对 98 起互联网领域案件公开作出行政处罚，涉及腾讯、阿里、美团、滴滴、京东、百度、苏宁、字节跳动等主要平台企业，涵盖电商、新零售、物流、游戏视频、影视传媒、软件服务、互联网医疗、在线旅游、汽车租赁等多个行业。2021 年 7 月 24 日，市场监管总局依法对腾讯控股有限公司收购中国音乐集团股权违法实施经营者集中案作出行政处罚，责令腾讯解除广受诟病的网络音乐独家版权，该案是《反垄断法》施行以来对未依法申报经营者集中采取必要措施恢复市场竞争状态的第一起案件，有利于重塑我国网络音乐市场竞争格局。通过稳妥有力查办一批大案要案，立规矩、儆效尤，有力促进市场公平竞争秩序持续向好，平台经济经营者集中常态化监管趋势逐步形成。

二是发挥警示震慑作用，有力强化市场主体合规意识。市场监管总局对企业作出处罚后，及时将行政处罚决定在官网公布，强化警示震慑，既督促各类市场主体公平参与竞争，维护反垄断法权威，不断优化公平、透明、可预期的竞争环境，又能有效指引企业提升合规意识和能力，推动企业和行业持续健康发展。自2021年下半年以来，企业经营者集中合规意识明显提升，特别是平台企业申报意识明显增强，对历史交易的自查和整改工作主动性明显提升。随着平台企业经营者集中申报义务的落实，对存量交易的核查调查以及对增量交易的审查使资本无序扩张动向有所减弱。投资基金、其他行业经营者合规意识也进一步提高，申报数量不断增加，进一步提升和维护了经营者集中审查制度权威。

三是持续释放监管红利，获得社会舆论高度评价。市场监管总局坚决治理竞争失序问题，不仅起到及时规制大企业，防止资本无序扩张的直接效果，还有力保护中小企业健康发展，激发市场主体创新活力，提振国内行业发展信心，更好实现了政治效果、法律效果和社会效果的统一。2021年，市场监管总局先后分批公布多起未依法申报案件处罚决定书，对于不具有排除、限制竞争效果的案件加快处理并处以罚款，稳定市场预期，对超大型平台企业实施的具有排除、限制竞争效果的案件依法要求恢复市场竞争状态，减少对竞争的不利影响，提高企业合规意识和促进行业监管。监管机构灵活运用事后处罚和事前纠偏两种执法模式，“精准拆弹”，监管精细度和成熟度逐步提升。

（二）附条件案件监督执行取得重大进展

附条件案件监督执行是确保经营者集中反垄断审查实效的重要保障。2021年，市场监管总局附加限制性条件批准经营者集中4件，确认到期解除限制性条件案件3件。自《反垄断法》实施以来，累计附加限制性条件批准集中案件54件，目前正在监督执行31件。

一是不断提升监督执行效能，有效确保限制性条件履行。附加限制性条件案件数量多，部分案件执行期限较长，监督难度较大。市场监管总局持续对该类案件加强监督执行，确保限制性条件发挥作用，实现经营者集中审查制度效果。在多起重大案件监督中，市场监管总局成立监督执行工作小组，直接负责监督执行工作，指导当事方有效落实审查决定义务，充分听取市场主体意见，严格核实有关投诉举报事项，确保监督执行工作有效实施。同时，充分发挥监督受托人作用，严格督促监督受托人尽职履责，扎实做好监督受托人评选、委托协议评估以及监督执行推进。除自行监督与委托监督受托人监督外，市场监管总局通过公告、官方网站等多种方式做好相关信息的公开工作，保障社会公众及时全面了解限制性条件内容、实施期限、预期效果，积极引导社会公众对经营者履行限制性条件情况进行监督。实践中，下游企业和同行业竞争者，密切关注经营者集中当事方行为，及时向执法机构反映问题，为执法机构开展监督提供了有力支持，并通过日常商业合作向当事方施加约束，对限制性条件履行发挥了重要的监督作用。

二是积极推进附限制性条件解除，扎实服务企业“轻装上阵”。严格执行《经营者集中审查暂行规定》关于限制性条件解除的相关规定，在重大案件限制性条件解除评估中，结合不同行业特点及市场发展现状，充分征求相关政府部门、行业协会、同业竞争者、上下游客户、行业专家等各方意见，认真研判监督执行过程中暴露的疑难复杂问题与利益冲突，以高度的客观性和中立性全面评估当事方履行义务情况，确保在解决竞争关注和保护集中的经济效率之间取得较好平衡。2021 年，及时完成安谋、捷德与金雅拓设立合营企业案、嘉能可收购斯特拉塔案、马士基收购汉堡南美股权案（部分条件）的限制性条件到期解除工作，切实减轻企业负担，受到企业一致认可和好评。

三是创新优化工作机制，全面提升审查监督协同效能。从执法实践来看，审查决定是后期监督执行工作的依据和基础，有关限制性条件的内容和表述是否清晰、准确、可行至关重要。在总结执法经验基础上，为提高附加限制性条件监督执行效果，市场监管总局优化审查、监督衔接机制，形成限制性条件评估制度，由审查人员和监督执行人员共同开展限制性条件商谈、评估等相关工作，重点考察承诺方案能否减少集中对竞争产生的不利后果以及是否有效、可行和及时。从工作效果来看，监督执行人员及早参与审查工作大幅提高了限制性条件的可执行性和可操作性，确保后期限制性条件的顺利履行。

案例　腾讯控股有限公司收购中国音乐集团股权违法实施经营者集中案

2021 年 1 月，市场监管总局对腾讯控股有限公司（以下简称腾讯）收购中国音乐集团股权违法实施经营者集中案依法立案调查。

经调查，2016 年 7 月，腾讯获得中国音乐集团 61.64% 的股权，取得对中国音乐集团的单独控制权。2016 年 12 月，整合后的中国音乐集团更名为腾讯音乐娱乐集团。2017 年 12 月 6 日，交易完成股权变更登记手续。在此之前未向市场监管总局申报。本项集中对中国境内网络音乐播放平台市场具有或者可能具有排除、限制竞争效果：一是集中后实体在相关市场具有较高市场份额；二是集中减少相关市场主要竞争对手；三是集中可能进一步提高相关市场进入壁垒。

腾讯实施的上述行为违反了《反垄断法》第 21 条，构成未依法申报违法实施的经营者集中。经评估，本项集中对中国境内网络音乐播放平台市场具有或者可能具有排除、限制竞争效果。2021 年 7 月，市场监管总局依法责令腾讯及其关联公司采取措施恢复相关市场竞争状态：一是不得与上游版权方达成或变相达成独家版权协议或其他排他性协议，已经达成的，须在本决定发布之日起 30 日内解除，与独立音乐人或新歌首发的独家合作除外。与独立音乐人的独家合作期限不得超过3年，与新歌首发的独家合作期限不得超过30日。二是没有正当理由，不得要求或变相要求上游版权方给予当事人优于其他竞争对手的条件。三是依据版权实际使用情况、用户付费情况、歌曲单价、应用场景、签约期限等因素向上游版权方报价，不得通过高额预付金等方式变相提高竞争对手成本，排除、限制竞争。同时，市场监管总局对腾讯处以50万元罚款，要求其依法申报经营者集中，依法合规经营，建立健全公平参与市场竞争的长效机制。

五、滥用行政权力排除、限制竞争执法

2021年，反垄断执法机构坚决贯彻落实党中央、国务院决策部署，聚焦“打破行政性垄断”精准发力，加强制止滥用行政权力排除、限制竞争反垄断执法，全国共调查滥用行政权力排除、限制竞争案件80件，办结46件，坚决维护全国统一大市场，服务构建新发展格局。

（一）坚持以人民为中心，将消费者利益作为执法的出发点和落脚点

从违法领域来看，2021年在办结案件中，民生领域占比60%，其他占比40%。其中交通、建筑、医药卫生、教育、保险等服务领域分别占18%、18%、13%、7%、4%。

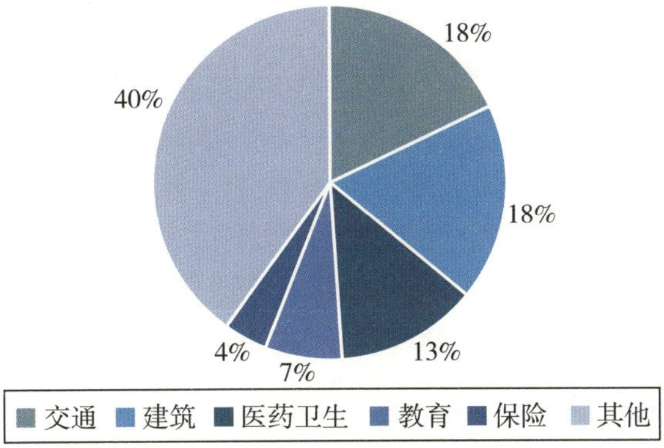

图2-4 2021年办结案件行业领域分布

交通运输行业案件主要涉及共享单车、巡游出租车、二手车交易等多个领域，具体行为包括限定共享单车企业运营、优先采购本地产新能源汽车等。例如，山西省市场监督管理局纠正晋中市人民政府办公室等部门出台奖励补贴本地产汽车制造商以及优先采购本地产新能源汽车的政策文件排除、限制竞争的行为，维护了市场公平竞争。

建筑行业案件主要涉及工程施工、建筑材料等领域，以限定交易和限制外地企业参与招投标行为最具典型。例如，江西省市场监督管理局纠正万载县财政局在投资评审中心评审任务协作机构遴选项目中，要求非本地企业须在宜春市或万载县城区有固定办公场所的排除、限制竞争行为，优化了营商环境。

医药卫生行业案件主要涉及医药配送、医药采购、健康体测、非急救转运等领域，以实施限定或者变相限定交易行为最具典型。例如，山东省市场监督管理局纠正临沂市兰山区卫生健康局选定配送企业作为本区基层医疗机构及村卫生室的基本药物配送单位导致其他医药配送企业无法进入该区域市场的行为。

教育行业案件主要涉及学生服装、缴费平台、培训机构等方面，具体行为包括指定学生装供应商、指定缴费渠道、指定培训机构等。例如，吉林省市场监督管理厅纠正松原市教育局直接指定市直学校中小学生学生装供应商的排除、限制竞争行为，保护了学生和家长的自主选择权。

保险行业案件主要涉及老年人保险、安全生产责任险等，具体行为包括指定保险机构提供的保险产品等。例如，安徽省市场监督管理局纠正省老龄工作委员会办公室指定某保险机构提供老年人保险保障产品及服务的行为，最大限度惠及广大老年人。

（二）坚持以维护全国统一大市场为使命，大力破除地方保护和市场分割

从违法行为类型来看，2021 年办结案件中，涉及限定交易行为的案件占比 43%；涉及制定排除、限制竞争规定行为的案件占比 42%；涉及限制外地经营者招投标行为的案件占比 13%；涉及妨碍商品流通行为的案件占比 2%，通过执法切实打破地方保护，优化市场营商环境。

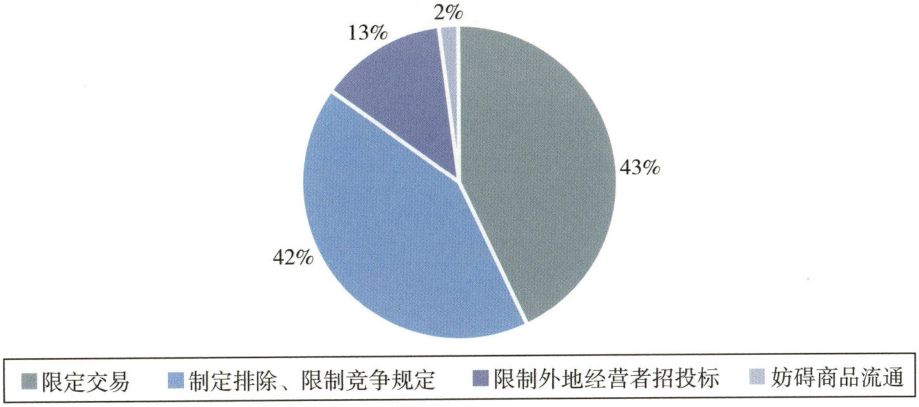

图 2-5 2021 年办结案件违法行为类型

其中，限定或者变相限定交易行为在违法行为类型中仍然高发频发，既有通过出台政策措施等方式直接指定企业的行为，也有通过招投标方式变相指定企业的行为等，如湖北省市场监督管理局依法纠正鄂州市住房和城乡建设局以印发通知的形式指定职业教育培训机构的行为。制定含有排除、限制竞争内容的规定的行为涉及市场准入、经营行为规范、资质标准等多个方面，如广东省市场监督管理局依法查处深圳市交通运输局和深圳市公安局交通警察局对当地运营的泥头车制定排除、限制竞争规定，违法增设行政许可，提高市场准入门槛，限制外地运输企业、小规模运输企业、个体运输司机进入本地市场从事砂石渣土运输等行为。限制招投标行为表现为拒绝或者变相限制外地经营者参与招投标、在资质方面歧视外地经营者等，如甘肃省市场监督管理局依法纠正嘉峪关市财政局在招投标中要求供货商须提供嘉峪关地区经营场所证明的行为。

（三）全面规范滥用行政权力排除、限制竞争行为，增强行政机关公平竞争意识

从涉案主体来看，2021 年办结案件中，基本涵盖了省、市、县人民政府及所属部门，其中，涉及省级政府及所属部门的案件占比 2%，涉及市级政府及所属部门的案件占比 57%，涉及县级政府及所属部门的案件占比 41%。

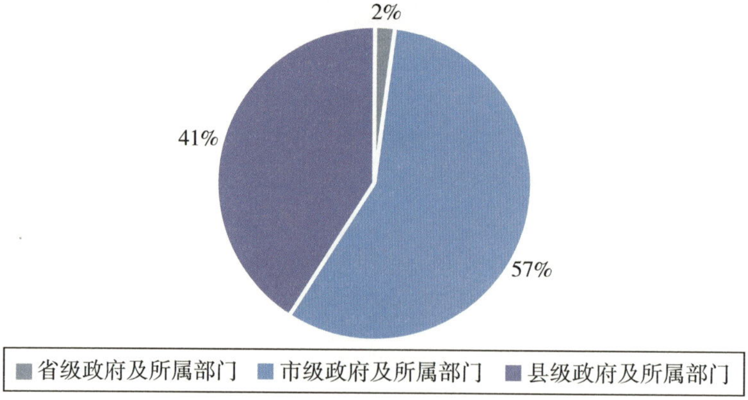

图 2–6　2021 年办结案件涉案主体

市场监管总局与省级反垄断执法机构上下联动、同频共振，通过制止和纠正违法行为，提高政府部门公平竞争意识，积极促进政府职能转变。如福建省市场监督管理局纠正福州市交通运输局涉嫌滥用行政权力排除、限制竞争行为案，反垄断执法机构向其上级机关发出行政建议书，建议责令当事人改正相关行为，引起社会较好反响，被评为福建省首届“十大法治事件”。山东、安徽、江西、甘肃等省主动公开滥用行政权力排除、限制竞争案件信息，通过以案释法等方式发挥案件警示教育作用。重庆市、湖北省市场监督管理局开展反行政性垄断专项行动，切实加大执法力度。吉林省市场监督管理厅将公平竞争审查工作与制止滥用行政权力排除、限制竞争执法工作相结合，进一步提升执法成效。

案例一　宁夏回族自治区石嘴山市应急管理局滥用行政权力排除、限制竞争案

2021 年 9 月，宁夏回族自治区市场监督管理厅对石嘴山市应急管理局涉嫌滥用行政权力排除、限制竞争的行为依法立案调查。

经调查，2020 年 5 月，石嘴山市应急管理局牵头，与中国石油和化学工业联合会共同制定《石嘴山市安全生产责任保险统保项目保险经纪人比选文件》；2020 年 5 月 8 日，石嘴山市应急管理局以石嘴山市安全生产委员会办公室名义印发《市安委会办公室关于进一步深化安全生产责任保险工作实施意见》（石安办发〔2020〕9 号），其中规定“引入第三方机构和获得共保体资格的保险公司共同承担石嘴山市安全生产责任保险运行”；2020 年 5 月 28 日，石嘴山市应急管理局牵头与中国石油和化学工业联合会共同在其官网发布《比选邀请书》；6 月 1 日，又共同在其官网发布《石嘴山市安全生产责任保险统保项目保险经纪人比选

中选公告》，通过比选确定江泰保险经纪有限公司宁夏分公司为负责采购石嘴山市安全生产责任保险统保项目保险的唯一供应商。2020 年 11 月 1 日，石嘴山市应急管理局作为监督方，参与签订《石嘴山市安全生产责任保险统保项目框架协议书》，建立了由石嘴山市应急管理局局长和分管领导任组长、副组长的石嘴山市安全生产责任保险统保项目组织体系，并在该协议中约定了“划分承保份额、统一保险费率”等内容。2021 年 5 月 11 日，石嘴山市应急管理局以石嘴山市安全生产委员会办公室名义制定印发《关于认真做好安全生产责任保险投保工作的通知》(石安办发〔2021〕23 号)，其中规定了“对高危行业未投保安责险的，不予办理安全生产有关手续，各部门要加强与安责险经纪公司的沟通协作，此项工作纳入年度安全生产工作考核”等内容。

石嘴山市应急管理局实施的上述行为违反了《反垄断法》第 32 条“行政机关和法律、法规授权的具有管理公共事务职能的组织不得滥用行政权力，限定或者变相限定单位或者个人经营、购买、使用其指定的经营者提供的商品”、第 37 条“行政机关不得滥用行政权力，制定含有排除、限制竞争内容的规定”的规定，构成滥用行政权力排除、限制竞争行为。2021 年 10 月，宁夏回族自治区市场监督管理厅向石嘴山市人民政府依法提出处理建议，石嘴山市人民政府复函表示，当事人已整改到位，并对相关责任人员进行了追责问责。

案例二　河北省沧州市城市管理综合行政执法局滥用行政权力排除、限制竞争案

2021 年 8 月，河北省市场监督管理局对沧州市城市管理综合行政执法局涉嫌滥用行政权力排除、限制竞争的行为依法立案调查。

经调查，2020 年 12 月 10 日，沧州市城市管理综合行政执法局制定《共享电动单车准入基本条件》和《共享电动单车项目竞争性谈判比选文件》，确定由 1 家企业运营沧州市城区共享电动单车，并于当日公开发布《沧州市城市管理综合行政执法局“共享电动单车”项目竞争性谈判比选公告》。2020 年 12 月 31 日，经竞争性谈判比选最终确定上海钧正网络科技有限公司中选，并于当天发布中标公告。2021 年 5 月 31 日，沧州市城市管理综合行政执法局与上海钧正网络科技有限公司签订《共管合作协议》，约定“本协议自签订之日起两年内有效，根据双方合作的实际运营成果，到期后乙方无违规操作、无不良社会反响且考核合格优先顺延”。

沧州市城市管理综合行政执法局实施的上述行为违反了《反垄断法》第 32 条“行政机关和法律、法规授权的具有管理公共事务职能的组织不得滥用行政权力，限定或者变相限定单位或者个人经营、购买、使用其指定的经营者提供的商品”、第 37 条“行政机关不得滥用行政权力，制定含有排除、限制竞争内容的规

定”的规定，构成滥用行政权力排除、限制竞争行为。2021 年 10 月，河北省市场监督管理局向沧州市人民政府依法提出处理建议，沧州市人民政府复函表示，当事人已整改到位。

第三章

行业执法

一、互联网行业

（一）反垄断执法概况

2021 年，反垄断执法机构共查办互联网行业滥用市场支配地位案件 3 件，滥用行政权力排除、限制竞争案件 2 件；审结平台经济领域经营者集中 28 件，对 98 件平台经济领域未依法申报违法实施经营者集中案件作出行政处罚。以上案件罚没金额共计 217.4 亿元。

审结的 28 件经营者集中案件交易总金额 1164 亿元。申报程序上，适用简易程序 21 件，适用非简易程序 7 件；交易类型上，横向集中 12 件，纵向集中 7 件，混合集中 9 件；交易形式上，股权收购 18 件，新设合营企业 10 件；审查结果上，无条件批准 27 件，禁止 1 件。

（二）案件特点及行业主要竞争问题分析

近年来，我国平台经济快速发展，在提高资源配置效率、畅通国民经济循环、便利人民群众生活等方面发挥了重要作用。与此同时，平台经济领域垄断和竞争失序问题逐步显现，亟须加以规范。平台经济具有区别于传统经济的明显特点，竞争问题更为复杂，给反垄断监管带来较大挑战。

一是“二选一”垄断行为成为执法重点。我国平台经济快速发展的同时，“二选一”等问题引发社会各方面广泛关注。头部平台企业实施“二选一”行为破坏了市场公平竞争、遏制了创新发展、损害了中小企业和消费者合法权益。市场监管部门突出重点，坚决治理社会反映强烈的“二选一”垄断行为，先后依法查处阿里巴巴集团和美团垄断案，持续释放坚决治理“二选一”行为的强烈政策信号，促使平台企业自觉规范经营行为，从违法低水平竞争向主要依靠创新和提升服务质量的高水平竞争转变。阿里巴巴集团垄断案后，市场监管总局组织召开 34 家平台企业行政指导会，“一企一单”要求全面整改，严格履行平台主体责任，由点及面规范平台经济竞争秩序。目前平台经济领域“二选一”行为基本停止，市场环境不断优化，公平竞争的行业生态不断改善，平台内经营者，特别是中小企业获得更加广阔的发展空间，促进我国平台经济规范健康持续发展。

二是平台企业在服务业领域投资并购较为活跃。从 2021 年查处的涉及平台企业未依法申报经营者集中案件情况来看，近年来，平台企业投资并购活动主要发生在服务业领域，制造业领域投资并购较少。在服务业投资并购中，以零售、信息软件技术、出行领域为主，分别占 19.4%、14.3%、14.3%，其他领域包括商务、餐饮、金融、医疗、房地产、教育、文化体育娱乐、物流等。在 2021 年涉及的平台企业的经营者集中申报案件中，交易所涉领域以信息传输、计算机服务和软件、房地产、金融为主，分别占 25.0%、17.9%、14.3%。

三是平台经济领域经营者集中执法实现突破。2021 年，市场监管总局加大平台经济领域经营者集中反垄断执法力度，在经营者集中申报审查和未依法申报经营者集中调查领域均取得突破，有力维护市场公平竞争，防止资本无序扩张。2021 年 7 月 10 日，市场监管总局依法禁止腾讯系虎牙公司与斗鱼国际控股有限公司合并案。本案是我国平台经济领域禁止经营者集中第一案，也是自《反垄断法》施行以来第三起禁止经营者集中案件，释放出防止资本无序扩张的明确信号，对规范平台企业有序竞争具有重要示范引导作用。7 月 24 日，市场监管总局依法对腾讯控股有限公司收购中国音乐集团股权违法实施经营者集中案作出行政处罚，责令腾讯解除广受诟病的网络音乐独家版权，该案是自《反垄断法》施行以来对未依法申报经营者集中采取必要措施恢复市场竞争状态的第一起案件，重塑我国网络音乐市场竞争格局。

四是少数股权收购可能构成经营者集中。根据《反垄断法》规定，经营者集中是指经营者合并、经营者通过取得股权或者资产的方式取得对其他经营者的控制权，以及经营者通过合同等方式取得对其他经营者的控制权或者能够对其他经营者施加决定性影响的情形。取得控制权是判断是否构成经营者集中的关键，《经营者集中审查暂行规定》第 5 条规定了判断是否取得控制权应当考虑的因素。实践中，平台经济领域投资并购存在大量少数股权收购情形，在市场监管总局立案调查的未依法申报违法实施经营者集中案件中，相当数量交易的收购方取得的股权比例都在 50% 以下，但由于对目标公司重大经营决策事项拥有否决权等因素，进而取得对目标公司的控制权，构成了《反垄断法》规定的经营者集中，应依法进行申报。

五是坚持发展与规范并重开展平台经济反垄断监管执法。由于平台经济具有发展速度快、辐射范围广、影响程度深、竞争问题复杂等特点，开展反垄断监管需要深刻理解平台经济在经济社会发展全局中的地位和作用，准确把握平台经济发展的规律，深刻认识监管的长期性、艰巨性、复杂性，通过常态化反垄断监管执法，维护市场公平竞争，促进我国平台经济在更深层次、更高水平发展。特别是在强化反垄断执法的背景下，平台经济领域垄断行为日趋隐蔽化、复杂化，平台经营者利用资本、算法、数据等方面的优势实施垄断行为值得关注。市场监管总局始终坚持规范和发展并重的原则，持续拓展监管执法的广度和深度，着力解决我国平台经济发展的深层次垄断问题，不断优化数字经济生态，为我国平台经济规范健康持续发展营造公平竞争的市场环境。

（三）典型案例

1. 阿里巴巴集团控股有限公司滥用市场支配地位案

详见本报告第二章案例。

2. 美团滥用市场支配地位案

详见本报告第二章案例。

3. 虎牙公司与斗鱼国际控股有限公司合并案

详见本报告第二章案例。

4. 腾讯控股有限公司收购中国音乐集团股权违法实施经营者集中案

详见本报告第二章案例。

5. 洛阳市城市管理局滥用行政权力排除、限制竞争案

2020 年 11 月，河南省市场监督管理局对洛阳市城市管理局（以下简称洛阳市城管局）涉嫌滥用行政权力排除、限制竞争案立案调查。经调查，自 2017 年以来先后有 3 家共享单车公司入驻洛阳市城区。洛阳市城管局在当地共享单车管理中，于 2019 年 12 月以洛阳市城市管理委员会办公室名义印发《关于印发市区道路保洁人员参与共享单车停放管理工作实施方案（试行）的通知》（洛城管委办〔2019〕68 号），要求 3 家共享单车公司与各区环卫部门、河南控尘公司共同承担共享单车的停放管理。2020 年 3 月，洛阳市城管局以招投标的方式确定上海钧正网络科技有限公司为洛阳市城区唯一一家共享单车经营企业，并在双方签订的《共享单车管理与服务合作协议》中约定“期限届满后，甲方再招标时，同等条件下，优先考虑乙方”。未中标企业被要求于招标结束后 10 日内无条件退出洛阳地域市场。

洛阳市城管局上述行为违反了《反垄断法》第 32 条和第 37 条等有关规定，构成滥用行政权力排除、限制竞争行为，应当依法予以纠正。2021 年 3 月，依据《反垄断法》第 51 条规定，河南省市场监督管理局向洛阳市人民政府发出《行政建议书》，建议洛阳市人民政府责令洛阳市城管局改正相关行为，恢复相关市场的公平竞争。2021 年 11 月，洛阳市人民政府向河南省市场监督管理局报送整改报告，废止了《关于印发市区道路保洁人员参与共享单车停放管理工作实施方案（试行）的通知》（洛城管委办〔2019〕68 号）等含有排除、限制竞争内容的文件，解除有关合作协议，恢复相关市场公平竞争。

二、公用事业行业

（一）反垄断执法概况

2021 年，反垄断执法机构共查办公用事业行业垄断协议案件 1 件，滥用市场支配地位案件 4 件，滥用行政权力排除、限制竞争案件 16 件；审结公用事业行业经营者集中案件 51 件。以上案件罚没金额共计 4486 万元。

2021 年公用事业行业办结的 1 件垄断协议案主要涉及供气领域，违反《反垄断法》第 13 条规定，达成并实施了固定或者变更商品价格、分割销售市场或者原材料采购市场的横向垄断协议。

办结的 4 件滥用市场支配地位案主要涉及供气、供水领域，违反《反垄断法》第 17 条规定，实施以不公平高价销售商品、限定交易、附加不合理交易条件等行为。

已办结的 16 件滥用行政权力排除、限制竞争案主要涉及供气、公共交通等领域，违反《反垄断法》第 32 条和第 37 条规定，实施了限定或者变相限定交易和制定含有排除、限制竞争内容的规定。

审结的 51 件经营者集中案件交易总金额为 1978 亿元，主要涉及供水、供电、供气领域，均为无条件批准。从申报程序来看，49 件适用简易程序，2 件适用非简易程序。从交易形式来看，38 件为股权收购，13 件为新设合营企业。从交易类型来看，23 件为横向集中，4 件为纵向集中，24 件为混合集中。

（二）案件特点及行业主要竞争问题分析

从 2021 年查办案件情况来看，公用事业行业垄断案件和竞争问题呈现以下特点：

一是滥用市场支配地位行为是执法重点。供水、供电、供气、供热等公用事业是经济运行和社会发展的重要保障，与人民群众日常生活密切相关，反垄断执法机构始终将其作为反垄断执法的重点领域。2021 年，市场监管总局指导江苏、云南、四川、陕西等地反垄断执法机构分别对江苏宜兴港华燃气有限公司案、云南蒙自四通泰兴供水有限公司案、四川富顺县天然气有限责任公司案、陕西水务集团泾阳县供水有限公司案 4 件供水、供气领域滥用市场支配地位案件进行了处罚，进一步优化营商环境，降低实体经济成本，有效维护公平竞争的市场秩序和消费者合法权益。

二是垄断行为具有明显的区域性特征。供水、供电、供气、供热等公用事业的经营区域限于管道、电网等基础设施覆盖范围内，具有很强的区域性特征。公用企业通过与地方政府签订特许经营协议等方式，成为本地区本行业唯一利用管网从事相关经营活动的企业，其他经营者无法再利用该管网开展业务，该地区的用户也无法选择其他地区公用企业提供的相应服务。因此，公用企业实施的垄断行为通常发生于管网设施所在区域，从 2021 年查处的 4 件滥用市场支配地位案件来看，均发生于相关市、县行政区域内。

三是滥用行政权力排除、限制竞争案件特点突出。从 2021 年办结的公用事业行业滥用行政权力排除、限制竞争案件来看，主要呈现以下特点：一是供气行业案件多发，公用事业行业已办结及在办滥用行政权力排除、限制竞争案件主要集中在供气行业；二是违法行为类型相对单一，滥用行政权力排除、限制竞争行为主要涉及限定交易和制定含有排除、限制竞争内容的规定等行为，行政机关强制或者变相强制用户接受其指定经营者提供的服务；三是实施主体类型集中，主要为市、县（区）级行政机关或所属部门。

（三）典型案例

1. 江苏宜兴港华燃气有限公司滥用市场支配地位案

根据举报，2019 年 1 月，江苏省市场监督管理局对宜兴港华燃气有限公司（以下简称港华公司）涉嫌滥用市场支配地位行为立案调查。经调查，港华公司在宜兴市范围内独家提供城市管道天然气供应及管道设施安装服务，在宜兴市管道天然气供应及管道设施安装服务市场具有市场支配地位。港华公司滥用其市场支配地位，实施了以下行为：一是向居民用户收取高额采暖增容费，并对非居民用户燃气管道安装工程费实施不公平高价。二是在推行高污染燃料锅炉或者燃煤工业窑炉整治中，与部分非居民用户签订《天然气供用合同》，将优惠气价作为谈判条件，约定港华公司为唯一气源或燃料供应商，并要求用户未达到约定用量时仍按约定用量付款（照付不议）。三是在与非居民用户签订的《天然气供用合同》中，要求用户按 7 日用量提前支付预付款，并规定用户如逾期将加收滞纳金。

港华公司上述行为损害了市场公平竞争和消费者利益，具有明显的排除、限制竞争的效果，违反了《反垄断法》第 17 条第 1 款第 1 项、第 4 项、第 5 项规定，构成以不公平的高价销售商品、限定交易、附加不合理交易条件的滥用市场支配地位行为。2021 年 11 月，江苏省市场监督管理局依法作出行政处罚决定，责令港华公司停止违法行为，没收违法所得 558.58 万元，并处以其 2018 年度销售额 2% 的罚款 3485.64 万元，罚没合计 4044.22 万元。

2. 云南蒙自四通泰兴供水有限公司滥用市场支配地位案

根据国务院第五次大督查反馈线索，2019 年 7 月，云南省市场监督管理局对蒙自四通泰兴供水有限公司（以下简称四通泰兴公司）涉嫌滥用市场支配地位行为立案调查。经查，四通泰兴公司是蒙自市北京路（西环路）以西、天马路西延线西南的红河工业园区规划范围及凤凰路以西、红河大道以北、天马路以南、北京路（西环路）以东区域的唯一供水企业，在该区域城市公共自来水供水服务市场具有支配地位。四通泰兴公司滥用其市场支配地位，对于首次提出用水申请的用水单位，要求签订由四通泰兴公司拟定的《供水合同》，并以合同条款的形式将委托四通泰兴公司建设供水设施作为供水和抄表到户的必需条件，对自行建设供水设施的用水单位，拒绝为其办理抄表到户，或在供水工程竣工验收时不予验收或拖延验收。

四通泰兴公司上述行为在客观上对其他施工企业在该供水范围内开展经营活动形成明显阻碍，侵害项目建设单位自主选择建筑区划红线内供水设施施工企业的权利，严重损害终端用水户的利益，增加项目建设成本，加重群众购房负担，违反了《反垄断法》第 17 条第 1 款第 5 项规定，构成附加不合理交易条件的滥用市场支配地位行为。2021 年 1 月，云南省市场监督管理局依法作出行政处罚决定，责令四通泰兴公司停止违法行为，并处以其 2018 年度销售额 6% 的罚款，计 249.54 万元。

3. 安徽省芜湖市湾沚区人民政府滥用行政权力排除、限制竞争案

2021 年 5 月，安徽省市场监督管理局对芜湖市湾沚区人民政府涉嫌滥用行政权力排除、限制竞争行为进行立案调查。经调查，原芜湖县（现湾沚区）人民政府和芜湖县中燃城市燃气发展有限公司（现芜湖湾沚中燃城市燃气发展有限公司）于 2004 年 11 月签订《安徽省芜湖县天然气项目投资开发合同》，合同中约定燃气管道工程安装由原芜湖县中燃城市燃气发展有限公司实施。原芜湖县人民政府于 2005 年 3 月以县政府办公室的名义下发了《关于芜湖县天然气利用工程合资建设经营优惠政策的通知》（芜政办〔2005〕7 号），要求芜湖县所有房地产开发公司在办理房屋开工许可证前要向原芜湖县中燃城市燃气发展有限公司交纳管道燃气用户建设安装费。截至 2021 年 6 月，该通知内容一直有效实施。

芜湖市湾沚区人民政府上述行为违反了《反垄断法》第 32 条规定，构成滥用行政权力排除、限制竞争行为。调查期间，芜湖市湾沚区人民政府积极主动整改，消除违法行为造成的不良影响。

三、医药行业

（一）反垄断执法概况

2021 年，反垄断执法机构共查办医药行业垄断协议案件 3 件，滥用市场支配地位案件 3 件；滥用行政权力排除、限制竞争案件 6 件；审结医药行业经营者集中案件 26 件。以上案件罚没金额共计 9.5 亿元。

2021 年医药行业办结的 3 件垄断协议案分别涉及药品和原料药领域，其中 2 件违反《反垄断法》第 13 条规定，达成并实施了固定或者变更商品价格、分割销售市场或者原材料采购市场的横向垄断协议；1 件违反《反垄断法》第 14 条规定，达成并实施了固定向第三人转售商品的价格、限定向第三人转售商品最低价格的纵向垄断协议。

办结的 3 件滥用市场支配地位案主要涉及原料药领域，违反《反垄断法》第 17 条规定，实施以不公平高价销售商品、拒绝交易、附加不合理交易条件等行为。

已办结的 6 件医药行业滥用行政权力排除、限制竞争案主要涉及医药配送、医药采购、体检等领域，违反《反垄断法》第 32 条规定，实施了限定或者变相限定交易行为。

审结的 26 件经营者集中案件交易总金额为 3007 亿元，主要涉及医药和医疗器械生产销售等领域，均为无条件批准。从申报程序来看，20 件适用简易程序，6 件适用非简易程序。从交易形式来看，22 件为股权收购，3 件为新设合营企业，1 件为资产收购。从交易类型来看，9 件为横向集中，3 件为纵向集中，14 件为混合集中。

（二）案件特点及行业主要竞争问题分析

从 2021 年查办案件情况来看，医药行业垄断案件和竞争问题呈现以下特点：

一是原料药领域反垄断执法持续深入推进。2021 年，原料药仍为反垄断执法重点领域，市场监管总局在全国范围内持续开展集中执法，维护市场公平竞争秩序，保护人民群众切身利益。市场监管总局直接查处先声药业巴曲酶原料药垄断案，指导天津、江苏、河南、上海等地反垄断执法机构先后对醋酸氟轻松、樟脑、苯酚、氯解磷定4个原料药品种的生产、经销企业垄断行为作出处罚，表明了反垄断执法机构依法查处垄断行为的坚定决心。同时，坚持监管执法与制度建设并重，研究制定《关于原料药领域的反垄断指南》，明确原料药领域经营行为的法律"红线"，提高反垄断监管的科学性、针对性和有效性，推动原料药领域经营者依法加强合规自律，降低违法风险。进一步运用好短缺药品保供稳价协同机制，加强与卫生健康委、国家医保局、国家药监局等成员单位的沟通协调，及时发现涉嫌垄断问题线索并予以处置。打通执法效果"最后一公里"，查处垄断案件后及时通报卫生健康委、国家医保局等部门，形成工作合力，将反垄断执法效果传递到终端。

二是药品领域限制转售价格行为得到有效整治。2021年，市场监管总局直接查处了扬子江药业集团限制下游企业药品转售价格的纵向垄断协议行为。该案的查处，不但打破了扬子江药业集团对相关药品的价格管控，推动蓝芩口服液等部分常用药品价格下降30%以上，而且对其他医药企业依法合规经营起到示范作用，促使药品企业对自身经营行为开展自查整改，建立健全反垄断合规管理制度，依法履行主体责任，废除固定或限定价格条款，不干涉下游企业自主定价权，净化了药品市场的公平竞争秩序，对相关药品保供应、稳价格发挥重要作用。

三是滥用行政权力排除、限制竞争案件涉及领域集中。与2020年情况类似，2021年办结的医药行业案件仍主要集中于药品配送和体检领域，主要表现为：行政机关通过制定出台政策措施等方式限定职工健康体检医院；有关政府部门通过招投标方式遴选药品配送企业，导致其他医药配送企业无法进入该区域市场；行政机关制定含有排除、限制竞争内容的规定，鼓励优先采购本地生产的中药饮片。此外，需要关注药品带量采购中的滥用行政权力排除、限制竞争行为。

（三）典型案例

1. 扬子江药业集团有限公司达成并实施垄断协议案

详见本报告第二章案例。

2. 先声药业集团有限公司滥用市场支配地位案

根据举报，2020年9月，市场监管总局对先声药业集团有限公司（以下简称先声药业）涉嫌滥用市场支配地位行为立案调查。巴曲酶原料药是生产巴曲酶注射液的基本原料。巴曲酶注射液主要用于突发性聋、振动病、急性脑梗死、血栓闭塞性脉管炎、深部静脉炎、肺栓塞等疾病的治疗。经调查，先声药业取得中国境内巴曲酶原料药的全部货源后，在中国巴曲酶原料药销售市场的市场份额为100%。自2019年11月以来，下游制剂企业多次向其询价，希望购买巴曲酶原料药，先声药业以多种理由始终不予报价，并将原料药供应作为制约手段，要求收购下游制剂企业股权。因无法获得原料药，下游制剂企业于2020年6月起停产，巴曲酶注射液不能稳定供应。

先声药业滥用在中国巴曲酶原料药销售市场的支配地位，实施了没有正当理由，拒绝与交易相对人进行交易的垄断行为，损害了市场公平竞争和消费者利益，违反了《反垄断法》第17条第1款第3项规定。2021年1月，市场监管总局依法作出行政处罚决定，责令先声药业停止违法行为，并处以其2019年度销售额2%的罚款，共计1.007亿元。

3. 山东省临沂市兰山区卫生健康局滥用行政权力排除、限制竞争案

2020年9月，山东省市场监督管理局对临沂市兰山区卫生健康局（以下简称兰山区卫健局）涉嫌滥用行政权力排除、限制竞争行为进行调查。经调查，2012年6月，兰山区卫健局以开展基层医疗机构基本药物集中配送试点工作的名义，联合区纪检、药监、财政等多部门组成监督小组和领导小组对配送企业进行遴选，最终选定了5家配送企业作为本区基层医疗机构及村卫生室的基本药物配送单位，各基层医疗机构在采购基本药物时，必须通过相关业务系统进行填报，而该系统设定的配送企业只有这5家企业。在此后长达8年的时间内，兰山区卫健局没有更换或组织新的遴选，由此导致其他医药配送企业无法进入该区域市场。

兰山区卫健局上述行为违反了《反垄断法》第32条规定，构成滥用行政权力，排除、限制竞争行为。调查期间，兰山区卫健局进行整改，印发通知明确区各公立医疗机构基药采购及配送业务自主遴选配送企业，直接配送到区、镇、村三级医疗机构，并将该通知在兰山区政府网站进行了公示。

四、建筑材料行业

（一）反垄断执法概况

2021年，反垄断执法机构继续加大对水泥、混凝土、玻璃等建筑材料行业的反垄断执法力度。全年共立案调查建筑材料行业垄断协议案件4件，作出行政处罚3件，罚没款5.37亿元。查处滥用行政权力排除、限制竞争案件4件。在办结的 3 件垄断协议案件中，1 件水泥领域，2 件混凝土领域，均为横向垄断协议案，违反了《反垄断法》第 13 条规定，其中 1 件涉及行业协会。从行为表现来看，包括固定或者变更商品价格、限制商品的生产数量或者销售数量、分割销售市场或者原材料采购市场、联合抵制交易等。

此外，2021 年审结建材和玻璃领域经营者集中案件 10 件，交易总金额约 488.22 亿元，均为无条件批准。从行业类型来看，涉及水泥业 3 件，金属加工业 2 件，建筑材料制造业 3 件，玻璃制造业 1 件，家居装饰业 1 件。从申报程序来看，7 件案件适用简易程序，3 件案件适用非简易程序。从集中类型来看，7 件为股权收购，1 件为资产收购，2 件为新设合营企业。从交易形式来看，境内收购境内企业案件 3 件，境内收购境外企业案件 2 件，境外收购境外企业案件 3 件，境内外企业新设合营案件 1 件，境外企业之间新设合营案 1 件。

（二）案件特点及行业主要竞争问题分析

建材是各类基础设施、房地产等建设工程的重要原材料，市场需求量大，在经济发展中具有举足轻重的作用。从 2021 年查处的案件来看，主要特点如下：

一是建材行业的垄断案件主要以横向垄断协议为主。2021 年办结的 3 件建材行业垄断协议案件，均为横向垄断协议，违反了《反垄断法》第 13 条规定，其中 1 件涉及行业协会。从行为表现上看，包括固定或者变更商品价格、限制商品的生产数量或者销售数量、分割销售市场或者原材料采购市场、联合抵制交易等。由于近年来建材行业上下游市场环境变动较大，劳动力、原材料、土地、燃料成本，以及能耗环保安全等压力和挑战日趋上升，行业利润存在一定的不确定性。同时由于建材行业市场范围较小，具有一定的地域性，产品同质化程度高，价格竞争较为激烈，导致建材领域垄断行为较为多发。

二是部分行业协会或者公司成为垄断协议达成和实施的平台。根据《反垄断法》第 16 条的规定，行业协会不得组织本行业的经营者从事本章禁止的垄断行为。2021 年 10 月公布的《中华人民共和国反垄断法（修正草案）》第 18 条规定，经营者不得组织其他经营者达成垄断协议或者为其他经营者达成垄断协议提供实质性帮助。从一些案件来看，部分涉案企业为方便达成垄断协议，依托行业协会或者发起成立平台企业，以此作为经营者之间的自律组织，实施操控价格、限产限量、分割市场等行为，使行业协会成为组织垄断协议的温床，甚至成为部分企业实施垄断行为的工具。

三是企业的反垄断合规建设有待进一步加强。从查处的案例来看，部分企业的经营合规人员对《反垄断法》学习理解还不够深入，反垄断法律风险意识还较为薄弱，部分市场主体还会在企业微信公众号发布消息，要求统一调整产品价格，积极参与行业垄断协议的执行。近年来，各地反垄断执法机构不断推出经营者反垄断合规指引类文件，帮助市场主体提升反垄断合规意识和能力。

（三）典型案例

1. 淄博市联和水泥企业管理有限公司及相关企业达成并实施垄断协议案

详见本报告第二章案例。

2. 重庆市丰都县 2 家商砼生产企业达成并实施垄断协议案

2019 年 10 月，重庆市市场监督管理局对重庆江都建材有限公司、重庆建典混凝土有限公司涉嫌垄断行为立案调查。

经调查，当事人是重庆市丰都县内相互独立的两家商砼生产企业，于 2014 年经协商后达成《丰都县预拌商品混凝土企业行业自律协定书》，协议中约定按区域划分市场，按协商的市场份额划分销量方量和利润，约定了双方商砼销售的标准价，约定了天泵和地泵特殊灌注方式的费用和运输距离超过 20 公里的运输费用，确定了自 2014 年 4 月开始，双方互派统计人员到对方公司上班进行相互监督。协议实施的过程中，双方执行的商砼销售价不能低于以 C30 商砼 360 元 / 方为基准的标准价，当互派的监督人员发现受监督公司因特殊情况低于标准价进行销售时，会将销售情况向自己公司老板进行汇报、请示。互派的工作人员每天要相互检查混凝土罐车的行车全球定位系统，确保供货地址与合同、票单一致，确保对方公司的水泥罐车按划分的商品销售地域实施销售，未前往本公司供应的工地中供货。互派的监督人员每天收集对方公司的商砼销售合同和票据，统计对方公司每天销售商砼的方量和价格，计算成本和利润，每月初核算销售总方量和总利润，并按约定比例进行分配。为了落实按照约定比例分配方量和利润，双方根据实际的生产成本估算了以 C30 商砼为基准的商砼核定成本、20 公里以外的运输费和泵费核定成本。

上述行为违反了《反垄断法》第 13 条第 1 款第 1 项、第 3 项规定，属于具有竞争关系的经营者达成并实施“固定或者变更商品价格”“分割销售市场或者原材料采购市场”的情形，构成了达成并实施垄断协议行为。2021 年 6 月 15 日重庆市市场监督管理局对 2 家涉案当事人处以 2018 年度销售额 5% 的罚款，共计 2312.88 万元。

3. 丰城市预拌混凝土协会及其会员企业达成并实施垄断协议案

详见本报告第二章案例。

五、半导体行业

（一）反垄断执法概况

2021年，市场监管总局收到半导体行业经营者集中案件27件，立案24件，审结案件26件，交易总金额7361亿元。在审结案件中，半导体设备行业2件，半导体制造行业23件，半导体分销行业1件。从申报程序来看，适用简易程序15件，适用非简易程序11件。从交易形式来看，23件为股权收购，2件为新设合营企业，1件为资产和业务收购。从审查结果来看，无条件批准24件，附加限制性条件批准2件。除经营者集中案件外，市场监管总局正在对三星、SK海力士、美光公司涉嫌滥用市场支配地位案进行调查。

（二）案件特点及行业主要竞争问题分析

一是全球半导体供应短缺，供应稳定风险较高。2021年，受新冠肺炎疫情和相关产品需求上涨影响，半导体产业面临大规模供应短缺，全球产业链供需失衡，多次出现价格上涨。因此，半导体行业经营者集中审查需要关注相关市场供应稳定性。在SK海力士收购英特尔公司部分业务案中，交易导致PCIe企业级固态硬盘市场、SATA企业级固态硬盘市场的竞争者减少，需要关注集中可能对产品供应产生的影响。在该案附加限制性条件承诺方案中，交易双方和集中后实体承诺，在交易条款相当的情况下向中国境内市场销售的企业级固态硬盘产品价格，不高于其在生效日前24个月内的平均价格；同时其将持续扩大相关产品产量，并依据公平、合理、无歧视原则供应所有产品，有力保障了中国境内企业级固态硬盘市场的稳定供应。

二是市场集中度不断提升，进入壁垒进一步提高。自2020年下半年以来，半导体行业并购频发，市场集中度提升的同时，相关行业进入门槛进一步提高。考虑到目前半导体产业的技术节点以及行业特性，新进入者需要面临巨额的资金投入、技术风险，以及较高的专利壁垒。同时，在全球供需失衡的格局下，新进入者获得上游材料、设备、代工产能的成本更高，难以对市场在位者产生足够的竞争约束。在此情况下，集中更易对市场竞争产生不利影响，需要通过反垄断审查进行干预，保护和促进市场公平竞争。

三是在国际化竞争环境下深入分析中国市场竞争状况。在产品设计、设备制造、原料采购、生产代工、人才结构、资金流动、渠道布局、客户需求等多个方面，半导体行业已实现国际化竞争，案件审查中相关地域市场多界定为全球市场。但实践中，各个国家产业发展阶段、细分领域的竞争环境、供应链所处环节都不相同。中国是全球最主要的半导体市场，大部分半导体产品以及上游的设备、材料高度依赖进口，反垄断执法机构在考察全球市场的基础上还需要特别关注交易可能对中国市场产生的影响。

四是相关商品市场界定和救济措施需充分考虑技术发展及创新趋势。近年来，半导体行业领先企业通过并购竞争对手、新兴企业，在人工智能、5G、数据中心、智能驾驶、汽车电子等高速增长的新兴市场中迅速扩张。引发全球关注的英伟达收购安谋公司、超威收购赛灵思等交易，收购方均意在通过收购在人工智能、数据中心等市场获取技术优势。执法机构在案件审查过程中需要充分考虑行业技术发展趋势，促进市场公平竞争，保护技术创新的持续发展。

（三）典型案例

1. 思科系统公司收购阿卡夏通信公司股权案

2019 年 7 月，思科系统公司（以下简称思科）与阿卡夏通信公司（以下简称阿卡夏）签署协议，以 26 亿美元收购阿卡夏。2019 年 10 月 22 日，市场监管总局收到本案经营者集中反垄断申报，并于 2019 年 12 月 20 日立案审查。2021 年 1 月 14 日，市场监管总局决定附加限制性条件批准本项集中。

本案涉及相干数字信号处理器、光传输系统市场，适用非简易程序。经审查，市场监管总局认为此项集中对中国境内光传输系统市场可能具有排除、限制竞争效果：一是集中后实体在上游独立相干数字信号处理器市场具有较强市场力量。在全球和中国境内相干数字信号处理器市场上，阿卡夏市场份额分别为 45%~50% 和 40%~45%，均排名第一，与其他竞争者相比优势明显；相干数字信号处理器是光传输系统的核心部件，光传输系统厂商更换独立相干数字信号处理器供应商成本高、难度大；独立相干数字信号处理器市场进入壁垒高，研发投入大、失败概率高，短期内难以出现能够形成有效竞争约束的进入者。二是集中后实体具有实施原料封锁的动机。光传输系统市场在 5G、数据中心市场的推动下增长迅速，集中后实体有动机提高光传输系统市场占有率；集中后实体可能减少甚至停止对外销售相干数字信号处理器，以限制光传输系统市场上的竞争者，增强自身产品竞争优势，获得更多市场份额；集中后实体提高相干数字信号处理器价格能够增加利润。三是集中可能在中国境内光传输系统市场产生排除、限制竞争效果。中国境内光传输系统市场发展迅速，是全球最大的相干数字信号处理器需求国，如果集中后实体提高相干数字信号处理器产品价格或者实施原料封锁，其他光传输系统厂商将因为成本增加削弱竞争力，甚至可能被直接排挤出市场，失去发展机会，影响中国境内光传输系统市场竞争，并损害下游客户和消费者的利益。

市场监管总局附加限制性条件批准本项集中，具体条件包括：一是交易双方和集中后实体将继续履行现有客户合同，包括各项商业条款以及现有销售做法和程序。除非相关中国客户自行决定终止现有客户合同，交易双方和集中后实体不得终止现有客户合同。二是交易双方和集中后实体应按照公平、合理、无歧视的原则，继续向中国客户供应相干数字信号处理器。三是交易双方和集中后实体不得在销售相干数字信号处理器时对中国客户强制搭售商品，或附加其他不合理的交易条件。四是交易双方和集中后实体应对其相关管理人员和员工进行培训，采取必要措施，确保承诺方案落实。上述限制性条件自公告之日起 5 年内有效，期限届满后经评估解除。

2.SK 海力士株式会社收购英特尔公司部分业务案

详见本报告第二章案例。

六、仓储物流行业

（一）反垄断执法概况

2021 年，在新冠肺炎疫情催化及内循环经济需求不断增长的背景下，物流仓储行业继续迎来快速发展。反垄断执法机构对仓储物流行业的执法主要集中于经营者集中领域，审结仓储物流行业经营者集中案件 41 件，均为无条件批准，交易金额超过 1000 亿元。审结案件主要涉及通用仓储开发和租赁、冷库开发和租赁、快递服务、第三方物流服务、冷链物流服务等领域。从集中性质来看，横向集中案件 30 件，纵向集中案件 5 件，混合集中案件 6 件。从申报程序来看，39 件适用简易程序，2 件适用非简易程序。从交易形式来看，16 件为新设合营企业，25 件为股权收购。

（二）案件特点及行业主要竞争问题分析

通过经营者集中审查案件情况来看，仓储物流行业主要有以下特点：

一是仓储物流行业具有较为显著的规模经济和先发优势特征。由于仓储物流极为重视地理位置，在优质土地资源稀缺的前提下，已率先进入相关市场且形成一定规模的公司具有较明显的先发优势，在地理位置、开发管理成本控制、客户获取、议价能力方面不断形成和夯实市场进入壁垒，市场集中度逐步提升。

二是近年来资本入局频繁，转型升级需求旺盛。在电子商务等新零售业态蓬勃发展的推动下，仓储物流行业需求不断增长，市场布局逐步向二三线城市延伸。除了传统物流地产企业持续发力，商业地产企业、电商企业、快递企业以及各类资本均积极布局。同时，以智能仓储为主要方向的行业转型升级成为诸多企业和资本的布局重点。预计未来行业竞争将逐步向智能化、数字化、服务化和差异化趋势发展。

三是外商投资企业更为活跃，具有一定竞争优势。目前，以普洛斯、嘉民、易商红木等为代表的外资企业对中国仓储物流行业投资步伐较为快速。伴随市场的进一步开放和相关政策的鼓励，外资有可能进一步加快市场扩张和布局速度，凭借技术经验、管理模式和资本运作方面的显著优势，使其更容易获取行业优质资源，从而进一步提升竞争优势。

（三）典型案例

1.JD Property Group Corporation 收购中国物流资产控股有限公司股权案

2021 年 9 月 15 日，市场监管总局收到 JD Property Group Corporation 收购中国物流资产控股有限公司股权案经营者集中申报，于 2021 年 10 月 19 日立案审查。

本案为横向和纵向集中，涉及通用仓库开发与租赁、冷库开发与租赁、快递服务、第三方物流服务、冷链物流服务共计 5 个相关商品市场，相关地域市场均为中国境内市场。市场监管总局根据《反垄断法》第 27 条规定，从相关市场的市场集中度、市场进入、经营者集中对下游用户的影响等方面，分析了此项经营者集中对市场竞争的影响。审查认为，集中不会对中国境内通用仓库开发与租赁市场、冷库开发与租赁市场、快递服务市场、第三方物流服务市场、冷链物流服务市场竞争产生不利影响。2021 年 12 月 31 日，市场监管总局无条件批准此项交易。

2. 深圳顺丰泰森控股（集团）有限公司收购嘉里物流联网有限公司股权案

2021 年 3 月 23 日，市场监管总局收到深圳顺丰泰森控股（集团）有限公司收购嘉里物流联网有限公司股权案经营者集中申报，于 2021 年 3 月 29 日立案审查。

本案为横向集中，相关商品市场界定为第三方物流服务市场、国际货运代理服务市场，相关地域市场均为中国境内市场。市场监管总局根据《反垄断法》第 27 条规定，从相关市场的市场集中度、市场进入、经营者集中对下游用户的影响等方面，分析了此项经营者集中对市场竞争的影响。审查认为，集中不会对第三方物流服务市场、国际货运代理服务市场竞争产生不利影响。2021 年 4 月 8 日，市场监管总局无条件批准此项交易。

3. 普洛斯中国控股有限公司与中邮资本管理有限公司新设合营企业案

2021 年 7 月 9 日，市场监管总局收到普洛斯中国控股有限公司与中邮资本管理有限公司新设合营企业案经营者集中申报，于 2021 年 7 月 16 日立案审查。

本案为横向和纵向集中，相关商品市场界定为通用仓库开发和租赁市场、快递服务市场。通用仓库的开发和租赁服务的相关地域市场界定为城市市场，快递服务的相关地域市场界定为中国境内市场。市场监管总局根据《反垄断法》第 27 条规定，从相关市场的市场集中度、市场进入、经营者集中对下游用户的影响等方面，分析了此项经营者集中对市场竞争的影响。审查认为，集中不会对通用仓库开发和租赁市场、快递服务市场竞争产生不利影响。2021 年 7 月 30 日，市场监管总局无条件批准此项交易。

七、新能源汽车及充换电行业

（一）反垄断执法概况

2021 年市场监管总局共审结新能源汽车及充换电行业经营者集中案件 27 件，交易总金额约 90.8 亿元，均为无条件批准。从行业类型来看，涉及汽车充电销售业 23 件，汽车及零部件制造业 4 件。从申报程序来看，27 件案件均适用简易程序。从集中类型来看，23 件为新设合营企业，4 件为股权收购。从交易形式来看，境内企业之间新设合营案件 22 件，境外收购境外企业案件 3 件，境外企业之间新设合营案件 2 件。查处违法实施经营者集中案件 1 件，处罚款 100 万元。

（二）案件特点及行业主要竞争问题分析

通过经营者集中审查案件情况来看，新能源汽车及充换电行业主要有以下特点：

一是新能源汽车充电销售领域并购较为活跃。受到政策驱动和市场需求的双重推动，新能源汽车市场规模快速增长，充电基础设施建设不断加快。从经营者集中案件审查情况来看，2021 年电动汽车充电销售领域案件申报数量达 23 件，以混合集中为主，参与集中主体多样化，电动汽车充电桩生产运营企业通过与城市基础设施建设、电力行业开发或交通公共服务等领域企业共同设立合营企业的方式进行整合，开展电动汽车充电服务。电动汽车充电服务市场存在较多经营者，除前几位充电运营商处于强势地位，还有众多市场份额较低的小型充电服务运营企业。由于大部分案件为混合集中，交易没有改变相关市场结构，且很多电动汽车充电桩设备生产商同时也是下游电动汽车充电服务提供商，无须依赖第三方电动汽车充电服务供应商向其采购充电桩设备产品，因此交易并未对相关市场竞争产生不利影响。

二是动力电池市场集中度较高。受益于新能源汽车发展，我国动力电池装机量一直保持高速增长，2021 年我国共有 58 家动力电池企业实现装车配套，虽然新进入者不断出现，市场竞争激烈，但排名前 3 家、前 5 家、前 10 家动力电池企业的动力电池装车量占总装车量比分别为 74.2%、83.4%、92.3%，市场集中度较高，少数头部动力电池企业通过持续加大研发投入来提高技术实力，拥有较高的市场份额。动力电池技术的发展催生了上游锂电铜箔、石墨负极材料等原材料的技术迭代，并导致下游对原材料需求的持续增长。部分动力电池市场的竞争者通过新设合营企业扩大原材料生产线，降低动力电池产品整体成本，以提升市场竞争力。

三是新能源汽车行业申报案件体现出新的商业创新尝试。目前，汽车生产企业在不断探索新能源车销售新的商业模式。相较于以往的申报案件，新能源汽车行业并购呈现车企与电池生产企业之间相邻集中的新趋势。具有行业内领先技术实力和雄厚资金实力的动力电池企业和新能源汽车企业，通过新设合营企业来整合资源，开展新能源汽车的“车电分离”业务。随着“车电分离”模式的发展，国内更多汽车企业从技术、产品、资本、商业模式等维度对“车电分离”展开布局，推进相关技术与模式的快速发展，同时也加剧了该领域的竞争。

（三）典型案例

1. 湖南中科电气股份有限公司与惠州亿纬锂能股份有限公司新设合营企业案

2021 年 10 月 28 日，湖南中科电气股份有限公司与惠州亿纬锂能股份有限公司签署协议，拟共同设立一家合资公司，在中国境内从事石墨负极材料的生产和销售业务。湖南中科电气股份有限公司与惠州亿纬锂能股份有限公司分别持有合资公司 60% 和 40% 的股权，实施共同控制。2021 年 12 月 13 日，市场监管总局收到本案经营者集中反垄断申报，并于 2021 年 12 月 16 日予以立案审查。

经审查，该案为横向和纵向集中，涉及锂离子电池石墨负极材料、锂离子消费电池、锂离子动力电池、锂离子储能电池市场，适用简易程序。审查认为，在上游中国境内锂离子电池石墨负极材料市场以及下游中国境内锂离子消费电池、锂离子动力电池、锂离子储能电池市场，集中各方面临有效竞争约束，集中不会对相关市场产生不利影响。2021 年 12 月 28 日，市场监管总局无条件批准此项交易。

2. 汕头市能源投资有限公司与特来电新能源股份有限公司等经营者新设合营企业案

2021 年 9 月，汕头市能源投资有限公司、特来电新能源股份有限公司与汕头市中驰新能源科技有限公司签署协议，新设一家合营企业从事电动汽车充电服务业务。三方分别持股 51%、34%、15%，实施共同控制。2021 年 10 月 15 日，市场监管总局收到本案经营者集中反垄断申报，并于 2021 年 10 月 20 日予以立案审查。

经审查，该案为横向和纵向集中，涉及电动汽车充电桩、电动汽车充电服务市场，适用简易程序。审查认为，在上游中国境内电动汽车充电桩市场以及下游汕头市电动汽车充电服务市场，集中各方面临有效竞争约束，集中不会对相关市场产生不利影响。2021 年 11 月 3 日，市场监管总局无条件批准此项交易。

3. 上海汽车集团股份有限公司与宁德时代新能源科技股份有限公司等经营者新设合营企业案

2021 年 8 月 25 日，上海汽车集团股份有限公司（以下简称上汽集团）、宁德时代新能源科技股份有限公司（以下简称宁德时代）、福建闽东时代乡村投资发展合伙企业（有限合伙）（以下简称宁德时代关联基金）与上海国际汽车城（集团）有限公司（以下简称国际汽车城）签署协议，拟共同出资在上海设立合营企业，从事电动乘用车的动力电池租赁服务。上汽集团、宁德时代及其关联基金、国际汽车城将分别持有合营企业 60%、30%、10% 的股份，合营企业由上汽集团和宁德时代实施共同控制。2021 年 8 月 30 日，市场监管总局收到本案经营者集中反垄断申报，并于 2021 年 10 月 11 日予以立案审查。

经审查，该案为纵向和相邻集中，涉及锂离子动力蓄电池、换电车型电动乘用车、动力电池资产管理服务市场，适用非简易程序。审查认为，在上游中国境内锂离子动力蓄电池市场、下游中国境内动力电池资产管理服务以及中国境内换电车型电动乘用车市场，集中各方面临有效竞争约束，集中不会对相关市场产生不利影响。2022 年 1 月 25 日，市场监管总局无条件批准此项交易。

4. 腾讯控股有限公司与河南和谐汽车贸易有限公司新设合营企业未依法申报违法实施经营者集中案

2015 年 5 月 28 日，腾讯控股有限公司（以下简称腾讯）通过旗下深圳市腾讯产业投资基金有限公司与河南和谐汽车贸易有限公司（以下简称和谐汽车）等签署协议，共同设立合营企业，分别持股 30%、40%，对合营企业实施共同控制。2015 年 7 月 2 日，合营企业取得营业执照。腾讯主要从事社交和通信服务、社交网络平台、游戏、网络视频服务、互动娱乐直播等业务；和谐汽车主要从事传统燃油汽车的销售及售后等业务。合营企业设立后从事纯电动乘用车生产销售业务。

经查，腾讯与和谐汽车分别持股 30%、40%，共同控制合营企业，属于《反垄断法》第 20 条规定的经营者集中。腾讯、和谐汽车 2014 年度全球和中国境内营业额达到《国务院关于经营者集中申报标准的规定》第 3 条规定的申报标准，但未按规定进行经营者集中申报，违反《反垄断法》第 21 条，构成未依法申报违法实施的经营者集中。经评估，该项经营者集中不具有排除、限制竞争的效果。市场监管总局根据《反垄断法》第 48 条、第 49 条规定，对腾讯、和谐汽车各处以 50 万元人民币罚款。

八、化工行业

（一）反垄断执法概况

2021 年，市场监管总局审结化工行业经营者集中案件 57 件，交易总金额约 2400 亿元，均为无条件批准。从申报程序来看，适用简易程序案件 46 件，适用非简易程序案件 11 件；从集中类型来看，股权收购案件 42 件，资产收购案件 2 件，新设合营企业案件 13 件；从集中性质来看，横向集中案件 21 件、纵向集中案件 18 件、混合集中案件 18 件。

（二）案件特点及行业主要竞争问题分析

通过经营者集中审查案件情况来看，化工行业主要有以下特点：

一是化工行业申报数量整体稳定但大型并购显著减少。化工行业历年均为申报数量最多的行业之一，近 3 年案件数量稳中有增，但涉及交易总金额逐步降低。2021 年，交易总金额约 2400 亿元，为 2020 年交易总金额的 50%，2019 年交易总金额的 30%。表明在 2017 年前后全球化工巨头大型并购潮后，大型并购减少迅速，集中多为小型横向整合，增加抗风险能力，或为纵向适度延长产品链条，降低生产成本，或为新建项目合营，分摊经营成本和风险，完成环保要求。受近年石化市场震动剧烈、市场需求整体增长乏力影响，化工领域投资动力不足，因并购产生的全球化工行业大型结构调整放缓、渐趋稳定。

二是化工行业不同细分领域竞争结构差别较大。化工行业相关市场界定遵从个案分析。石化产品专业性较强，但彼此间成分差别较大且功能用途相对单一，一般比较容易通过需求替代界定市场，如乙二醇、丙烯、乙烯等。石化行业产业链长，涉及产品种类繁多。通常情况下，大宗石化产品的市场结构较为分散，如苯丙烯、对二甲苯、聚丙烯苯等相关市场的市场集中度均不高。但也有部分石化产品市场集中度较高，这些石化产品相对于大宗产品通常用途较为单一，市场规模有限，基于技术、成本或历史等多种原因，导致市场竞争者数量较少。

三是我国高端化工材料产业与国际水平相比还有一定差距。改革开放以来，我国化工产业发展取得了巨大成就，但从全球产业链的分布角度来看，我国化工产业主要集中于基础化工原材料生产，处于价值链的低端层次。竞争充分、产能过剩的产品多属于技术含量较低的基础化学原材料和相对传统的塑料产品原材料，而竞争不足、产能严重短缺的产品则多属于高档特种化学品，在高端化工材料、精细化工等领域我国进口依赖度较高，企业市场竞争力较弱，与国际水平相比还有一定差距，有较大提升空间。

（三）典型案例

1. 中国石油化工股份有限公司与利安德中国控股有限公司新设合营企业案

2021 年 1 月 25 日，市场监管总局收到中国石油化工股份有限公司（以下简称中国石化）与利安德中国控股有限公司（以下简称利安德）新设合营企业案申报，并于 2021 年 2 月 24 日予以立案审查。

根据协议，中国石化与利安德拟在浙江省宁波市设立一家合营企业，从事苯乙烯和环氧丙烷等生产和销售。交易完成后，中国石化与利安德共同控制该公司。本案为横向与纵向集中。从合营企业拟从事业务出发，根据《反垄断法》第 12 条及《国务院反垄断委员会关于相关市场界定的指南》规定，本案相关市场涉及石化产业链多个产品，包括乙烯、苯、丙烯、苯乙烯、环氧丙烷等。根据《反垄断法》第 27 条规定，经审查，交易方在上下游市场均受到有效竞争约束，并且本交易为新设合营企业，所新设的合营企业将新增产能投放，进一步丰富市场供给。市场监管总局认为本项集中不会对相关市场产生排除、限制竞争的效果，于 2021 年 4 月 2 日无条件批准本交易。

2. 万华化学（宁波）有限公司与河南神马尼龙化工有限责任公司新设合营企业案

2021 年 5 月 17 日，市场监管总局收到万华化学（宁波）有限公司（以下简称万华宁波）与河南神马尼龙化工有限责任公司（以下简称河南神马）新设合营企业案申报，并于 2021 年 6 月 3 日予以立案审查。

根据协议，万华宁波与河南神马拟在浙江省宁波市设立一家合营企业，从事己二胺生产和销售业务。交易完成后，万华宁波与河南神马共同控制该公司。本案为横向与纵向集中。从合营企业拟从事业务出发，根据《反垄断法》第 12 条及《国务院反垄断委员会关于相关市场界定的指南》规定，本案相关市场涉及多个产品，包括位于产业链上游的己二胺，以及下游的六亚甲基二异氰酸酯和尼龙 66 等。根据《反垄断法》第 27 条规定，经审查，交易方在上下游市场均受到有效竞争约束。市场监管总局认为本项集中不会对相关市场产生排除、限制竞争的效果，于 2021 年 7 月 26 日无条件批准本交易。

第四章

公平竞争政策

一、深化竞争政策实施试点

2021 年，在市场监管总局和地方政府的大力支持和指导下，海南、上海、山东自贸试验区和粤港澳大湾区有序推进强化竞争政策实施试点工作，取得新的进展和成效。

（一）推进公平竞争制度集成创新，健全公平竞争制度体系

一是创新完善公平竞争制度。2021 年 9 月 29 日，《海南自由贸易港公平竞争条例》经海南省人大常委会审议通过发布实施，是国内首部公平竞争整体性地方性法规。《海南自由贸易港公平竞争条例》以公平竞争为核心，借鉴国际高标准通行规则及先进经验，结合海南自由贸易港实际，推进公平竞争制度集成创新。

二是系统推进政策落实。2021 年 2 月，广东省政府公布了《广东省进一步推动竞争政策在粤港澳大湾区先行落地的实施方案》，省政府新闻办公室举行新闻发布会，专题介绍《广东省进一步推动竞争政策在粤港澳大湾区先行落地的实施方案》相关情况，引发社会普遍关注。

三是完善政策实施体制机制。海南省将“中国（海南）自由贸易试验区反垄断委员会”更名为“海南自由贸易港公平竞争委员会”，由省政府分管领导担任主任，代表省政府统筹协调公平竞争政策实施。广东省筹建粤港澳大湾区竞争政策委员会，由省领导担任该委员会主任。

四是持续深化试点领域和范围。广东省将竞争政策试点区域从自贸区扩大到广东省粤港澳大湾区 9 市，并探索与粤港澳大湾区内的我国香港特区、澳门特区建立合作机制，开展跨法域竞争政策合作的尝试。支持深圳市开展竞争监管工作试点，指导深圳市探索公平竞争集中审查、专业审查的工作模式，支持深圳市建立专门的公平竞争审查机构。

（二）推进公平竞争审查制度深入开展，强化制度刚性约束

一是完善公平竞争审查制度。海南省制定出台了公平竞争审查举报处理暂行办法、第三方评估办法、抽查工作暂行办法、会审工作暂行办法、征求意见工作规范等工作制度。上海市建立完善公平竞争审查联席会议制度，由管委会分管领导担任召集人，形成了《临港新片区公平竞争审查联席会议工作规则》，结合公平竞争审查典型案例，编制了临港新片区公平竞争审查工作指引。广东省市场监督管理局经省政府同意，联合四部门转发《公平竞争审查制度实施细则》。

二是创新公平竞争审查机制。广东省市场监督管理局批准深圳、广州开展第三方独立审查制度试点工作，并在深圳市等 3 个市开展公平竞争审查报送制度试点工作。上海市在全市范围内率先建立公平竞争集中审查工作机制，明确审查路径和规则，实行“起草部门初审—市场局专审—办公室（审计室）复核”的三级把关制。海南省 40 个省级相关单位已有 70% 实行了内部集中统一审查或者复核的审查方式，全省 28 个市、县、区（含洋浦经济开发区）已有 87% 的单位建立内部审查机制。

三是强化公平竞争审查制度刚性约束。海南省审查增量政策措施 5094 件，经审查修改出台的政策措施 1597 件，不予出台的政策措施 23 件；梳理存量政策措施 5352 件，发现妨碍统一市场和公平竞争的政策措施 130 件，其中修改 27 件，废止 53 件，其余正在进一步核实。广东省市场监督管理局联合省发展改革委等 5 部门部署开展招投标领域政策措施抽查工作，梳理抽查招投标领域政策类、招标类文件 2636 件，发现涉嫌违反公平竞争审查标准政策措施 127 件，并联合省发展改革委等 3 部门及时对典型问题进行通报。上海市市场监督管理局委托第三方对管委会公开的 149 份存量政策文件进行审查，对临港新片区 2021 年新出台的 6 份政策措施进行实时审查，建立投诉举报绿色通道并主动加强信息公开。山东省各级各有关部门共梳理涉及市场主体经济活动的现行有效政策措施 9616 件，修改、废止含有歧视性和不公平市场待遇内容的政策文件 50 件。

（三）强化反垄断监管执法，规范市场竞争秩序

一是加大反垄断执法力度。2021 年，山东省共查办垄断案件 17 件。海南省围绕建材、医药、燃气等民生领域，依法调查涉及 25 家企业和协会的 3 起涉嫌垄断行为案件。上海市组织对本市 9 家平台企业整改情况开展督查评估，提出整改指导意见；对南京宁卫医药有限公司滥用市场支配地位销售氯解磷定原料药垄断行为作出行政处罚。广东省开展原料药、饲料、平台企业、玻璃行业等系列反垄断执法行动，查处教育、交通等部门滥用行政权力系列案件。

二是做好承接经营者集中反垄断审查试点准备工作。上海市对全市及临港新片区既往经营者集中案件进行分析研究，梳理企业违反审查规定的风险点，形成报告。摸底临港新片区企业情况，将有潜在需求的列为重点服务对象。在临港新片区行政服务大厅初步设立受理窗口，邀请专家开展审查业务全员培训。

三是优化平台经济监管机制。海南省以查禁离岛免税商品违法违规网上销售为重点，与浙江省、上海市反垄断执法机构构建数据共享、协同治理的网络交易监管工作机制。与多家平台签订信息共享、协同监管、数字化监管战略协作协议，不断完善政府、平台共治机制。

（四）坚持竞争倡导，培育公平竞争文化

一是创新反垄断合规制度体系。上海市制定出台《临港新片区经营者反垄断合规指引（汽车领域）》和《临港新片区经营者反垄断合规指引（医药领域）》，成为全国首批行业反垄断合规制度文件。根据《经营者竞争合规指南》上海市地方标准的贯标试点要求，开展企业竞争合规管理体系建设试点工作，已开展首批试点企业 2 家。广东省加强反垄断合规辅导，加紧制定出台《广东省平台企业反垄断合规指引》和《粤港澳大湾区企业竞争合规手册》。

二是深入开展地区性竞争状况评估。广东省开展区域竞争环境评估指标体系课题研究，逐步构建以竞争政策为基础的政策协调机制，推动各级政府、各有关部门产业政策向普惠化和功能性转型。上海市探索开展长三角区域竞争状况试评估工作，以公平竞争对优化营商环境的支持效应为切入口，对标 RCEP、CPTPP 等国际经贸规则，在临港新片区营商环境“18+N”特色指标体系中，探索构建营商环境公平竞争子指标体系。子指标采用半定量评估方式，已由普华永道开展第三方测评。

三是建立专业性竞争政策指导机制。山东省成立由 11 名专家组成的自贸区竞争政策专家咨询组，围绕完善竞争政策框架、建立健全竞争政策实施机制、强化竞争政策基础地位等重大课题开展全局性、前瞻性学术研究。广东省筹建省一级竞争政策专家咨询组及人才库，在和暨南大学共建广东省反垄断执法基地基础上，支持暨南大学建立粤港澳大湾区竞争与发展研究院。

四是加强宣传培训。山东省将反垄断法和竞争政策实施纳入《2021 年省委组织部重点培训计划》。海南省编印《海南自由贸易港公平竞争审查学习辅导百问》《海南自由贸易港公平竞争审查案例汇编》等学习读本，为政策制定机关公平竞争审查提供学习指导，全省组织开展为期 3 个月的竞争政策宣传活动，制作张贴、发放宣传资料等 7 万余份。上海市聚焦集成电路、人工智能、生物医药、航空航天等 7 大战略性新兴产业，梳理形成 71 家重点企业名单，依托“竞课堂”

品牌，组织开展6场共35家企业参加的培训。广东省组织培训82次，举办2期反垄断和公平竞争审查业务培训班。利用局网站、微信公众号等宣传平台，开辟“竞争课堂”。

二、全面落实公平竞争审查制度

2021年，公平竞争审查工作坚决贯彻落实党中央、国务院决策部署，以强化制度刚性约束为主线，深入推进制度实施，有效预防和纠正排除、限制竞争的政策措施。全国共审查新出台政策措施文件24.4万件，清理各类存量政策措施44.2万件，纠正废止违反公平竞争审查标准的政策措施1.1万件，制度效能进一步提升，有效维护了全国统一大市场和公平竞争。

（一）以提升效能为目标，充分发挥联席会议统筹协调作用

一是组织召开公平竞争审查工作部际联席会议第四次全体会议，统筹研究和谋划公平竞争审查重点工作。全面总结2020年和“十三五”时期公平竞争审查制度实施取得的成绩，制定《公平竞争审查工作部际联席会议2021年工作要点》，审议《2020年公平竞争审查督查发现典型问题及整改情况》，督促指导各地区、各部门结合实际抓好落实。围绕贯彻落实新修订出台的《公平竞争审查制度实施细则》，研究部署完善制度体系、健全审查机制、加强督查考核等重点任务。

二是各地联席会议统筹协调作用进一步增强。各级公平竞争审查工作联席会议逐步实现“提格扩容”，21个省级联席会议召集人由本级人民政府分管负责同志担任。联席会议办公室在安排部署重点工作、推动工作有效落实、总结制度实施成效、分析存在问题中充分发挥了牵头抓总作用。

三是各地将贯彻落实公平竞争审查制度作为完善市场经济体制的重要内容和目标。广西壮族自治区、宁夏回族自治区等地将全面落实公平竞争审查制度相关要求列入《国民经济和社会发展第十四个五年规划和2035年远景目标纲要》等重要文件，强化制度贯彻落实。

（二）以法治建设为保障，全面提升制度法治化水平

一是推动公平竞争审查制度纳入《反垄断法》，提高制度法律位阶，为制度进一步落实提供法治保障。**二是**修订出台《公平竞争审查制度实施细则》，2021

年6月29日，经国务院同意，市场监管总局等五部门印发修订后的《公平竞争审查制度实施细则》，进一步明确审查范围，细化审查标准，强化程序监督，切实补短板强弱项，增强制度科学性和可操作性。三是各地自觉将贯彻落实新修订的《公平竞争审查制度实施细则》作为优化营商环境、建设高标准市场体系、推动高质量发展的重要举措，出台专门文件，提出贯彻落实要求。辽宁推进《公平竞争条例》地方立法，将落实公平竞争审查制度纳入地方法规，进一步提升公平竞争审查的权威性，强化制度刚性约束。湖南起草形成《中国（湖南）自由贸易试验区政策措施公平竞争审查工作规则》，持续推进自贸试验区强化竞争政策实施试点。

（三）以机制建设为抓手，切实强化制度刚性约束

一是推动建立重大政策措施会审机制，优化审查方式，提升审查质量。福建、广东、云南、甘肃等地制定《公平竞争审查政策措施会审办法》等制度文件，推动会审制度有效落实。

二是建立健全投诉举报制度，明确举报处理程序和回应机制。河北、内蒙古、上海、湖南等地研究制定《公平竞争审查举报处理办法》等规定，对举报处理的主体、职责和方式等进行细化，畅通投诉举报渠道，做到及时回应。

三是鼓励政策制定机关引入第三方对有关政策措施进行评估，或者对公平竞争审查整体工作进行评估，推动公平竞争审查制度深入实施。目前，已有29个省（市、区）通过引入第三方，对拟出台政策措施或者公平竞争审查制度落实整体情况开展第三方评估。北京对38个市政府组成部门及16个区政府公布的800余件政策措施文件的公平竞争审查效果进行第三方评估。陕西对各级政府及其所属部门共153个单位实施公平竞争审查制度的情况进行综合评估。新疆对2个自治区政府部门、4个地（州、市）级政府部门、8个县（市、区）政府及县级政府部门落实公平竞争审查制度情况进行评估。

四是建立公平竞争审查专家库，充分发挥专家智力支持作用，进一步提升公平竞争审查质量和水平。北京建立公平竞争审查专家库，并印发《北京市公平竞争审查专家库管理办法（试行）》，辽宁确认公平竞争审查专家库第一批入库专家109名。

五是探索建立公平竞争审查信息化管理系统。在开展公平竞争审查过程中，通过引入大数据技术，实现对政策措施的实时监测、精准评估，提高公平竞争审查工作效能。江苏探索运行大数据监测评估系统，监测范围覆盖500余家单位，监测评估政策措施47.3万份。浙江开发建设“行政垄断”监测系统，建立包含全省2万多个政策文件的公平竞争审查数据库，梳理30多组高频搜索关键词，

实现对行政性垄断行为的智能监测，开发上线以来已监测发现各地问题政策文件101件。

（四）以监督考核为约束，全面提升制度实施效果

一是各地推动将公平竞争审查工作纳入政府绩效、营商环境、法治建设和质量工作等考评体系，对制度落实情况进行考核、打分和排名，有效推动公平竞争审查工作全面开展。湖北建立公平竞争审查制度落实情况通报制度，及时通报各地、各部门审查机制落实、新增政策措施审查、存量政策措施清理以及典型案例等情况，督促各地压实责任，推动制度落实。

二是政策措施抽查检查力度不断增强。各地公平竞争审查联席会议办公室充分发挥统筹协调作用，牵头对已出台政策措施进行抽查检查，对发现的问题进行督促整改。吉林、江西、广西建立公平竞争审查抽查工作制度、机制，从抽查范围、抽查方式、抽查内容、抽查时间、问题整改、情况通报等方面对抽查工作作出规范要求。京津冀、长三角（沪苏浙皖）、川渝地区构建公平竞争审查区域协作机制，组织开展政策措施交叉检查、第三方评估等工作，打破地区封锁，提升区域协作一体化水平。

三是督促整改督查发现的典型问题。督促指导四川省乐山市及时整改国务院督查发现的建筑领域限制公平竞争干预市场主体自主经营等问题，第一时间废止问题文件，举一反三开展专项清理，从源头上防止建筑等领域出台排除、限制竞争的规定。组织开展2021年公平竞争审查督查，通过交叉检查抽取31个省级人民政府和187个重点单位近年来出台的涉及市场主体经济活动的文件1452件，对经5轮复核后确认违反公平竞争审查标准的文件，及时督促有关地方进行整改。

（五）以竞争倡导为纽带，着力营造公平竞争文化氛围

一是强化制度解读，全面落实主体责任。各地充分发挥公平竞争审查联席会议机制作用，通过召开联席会议、开展政策解读、共同会商研究、深化协同协作等措施，准确领会党中央、国务院有关决策部署，强化制度落实主体责任。

二是强化学习培训，不断增强审查业务能力。《公平竞争审查制度实施细则》修订出台以后，在市场监督总局行政学院举办全国公平竞争审查业务培训班，培训各地各有关部门业务骨干。在全国反垄断执法机构市、县级局主要负责人网络培训班和反垄断骨干人才培训班设置公平竞争审查课程，贯彻落实制度新要求，提升干部业务能力和水平。山东省将“反垄断法和竞争政策实施”纳入《2021年省委组织部重点培训计划》、天津市编印《公平竞争审查工作规范指南及文件

汇编手册》、青海省编印《反垄断和公平竞争审查制度文件汇编》等工作指南和学习读本，为政策制定机关提供公平竞争审查业务学习指导。

三是强化舆论宣传，不断提升公平竞争理念。各地联席会议办公室设计制作了一批宣传海报、微视频，通过融媒体多渠道广泛宣传公平竞争审查制度，弘扬公平竞争文化，形成有利于制度深入实施的良好社会氛围。北京制作公益宣传视频并通过全市 6000 余块楼宇电视和户外大屏循环播放，受众量达 158 万人次，扩展了社会公众对公平竞争审查制度的认知。

四是深化公平竞争国际交流合作。落实中欧公平竞争审查和国家援助制度对话机制，加强与欧盟、世界银行等国际组织沟通交流，分享公平竞争审查制度实施进展，不断扩大中国公平竞争审查制度国际影响力。

第五章 法治建设

一、推动修订《反垄断法》

（一）修改的背景和过程

党中央、国务院高度重视强化反垄断和防止资本无序扩张。习近平总书记多次作出重要指示，强调反垄断、反不正当竞争是完善社会主义市场经济体制、推动高质量发展的内在要求，要健全法律法规，加强对平台企业垄断的规制，坚决反对垄断和不正当竞争，要更好统筹发展和安全、国内和国际，促进公平竞争，反对垄断，防止资本无序扩张。李克强总理强调，国家支持平台企业创新发展、增强国际竞争力，同时要依法规范发展，健全数字规则，坚决维护公平竞争市场环境。

《反垄断法》是市场经济的基础性法律制度。我国现行《反垄断法》自2008年施行以来，对于保护公平竞争、提高经济运行效率、维护消费者利益和社会公共利益、促进高质量发展等发挥了十分重要的作用。实践证明，现行《反垄断法》的框架和主要制度总体可行。同时，随着我国社会主义市场经济的发展，《反垄断法》在实施中也暴露出相关制度规定较为原则、对部分垄断行为处罚力度不够、执法体制需要进一步健全等问题。特别是随着平台经济等新业态快速发展，一些大型平台经营者滥用数据、技术、资本等优势实施垄断行为、进行无序扩张，导致妨碍公平竞争、抑制创业创新、扰乱经济秩序、损害消费者权益等问题日益突出，迫切需要明确反垄断相关制度在平台经济领域的具体适用规则，以加强反垄断监管。

为贯彻落实党中央、国务院决策部署，市场监管总局起草了《中华人民共和国反垄断法（修订草案送审稿）》，并向社会公开征求意见。积极配合司法部征求有关部门、省级政府和部分行业协会、企业的意见，反复研究论证重点难点问题，进一步修改完善后形成《中华人民共和国反垄断法（修正草案）》（以下简称草案）。目前，草案已经提请全国人大常委会审议。

（二）修改的总体思路

在《反垄断法》修改过程中，主要遵循以下思路：一是深入贯彻落实习近平总书记重要指示批示精神和党中央、国务院决策部署，确保修法工作的正确方向。二是坚持问题导向和目标导向，处理好规范与发展的关系，针对反垄断法实施中存在的突出问题，进一步完善反垄断相关制度，加大对垄断行为的处罚力度，为强化反垄断和防止资本无序扩张提供更加明确的法律依据和更加有力的制度保障。三是准确把握反垄断法作为基础性法律的定位和反垄断执法的专业性、复杂性等特点，在完善基本制度规则的同时，为制定反垄断指南和其他配套规定留出空间。

（三）主要内容

草案共 27 条，对现行反垄断法主要作了四个方面修改，内容如下：

1. 明确了竞争政策的基础地位和公平竞争审查制度的法律地位。草案在规定国家强化竞争政策基础地位的同时，规定国家建立健全公平竞争审查制度；行政机关和法律、法规授权的具有管理公共事务职能的组织，在制定涉及市场主体经济活动的规定时，应当进行公平竞争审查。（第 1 条、第 2 条）

2. 进一步完善反垄断相关制度规则。草案总结反垄断执法实践，借鉴国际经验，对反垄断相关制度规则作了进一步完善，包括：增加规定经营者不得滥用数据和算法、技术、资本优势以及平台规则等排除、限制竞争（第 3 条）；规定经营者不得组织其他经营者达成垄断协议或者为其他经营者达成垄断协议提供实质性帮助（第 7 条）；建立“安全港”制度，规定达成垄断协议的经营者能够证明其在相关市场的市场份额低于国务院反垄断执法机构规定的标准的，原则上不予禁止（第 8 条）；明确规定具有市场支配地位的经营者利用数据和算法、技术以及平台规则等设置障碍，对其他经营者进行不合理限制的，属于滥用市场支配地位的行为（第 9 条）；建立经营者集中审查期限“停钟”制度，规定在经营者未按规定提交文件、资料导致审查工作无法进行，以及出现对经营者集中审查具有重大影响的新情况、新事实需要进行核实等情况下，国务院反垄断执法机构可以决定中止计算经营者集中的审查期限（第 11 条）；规定国务院反垄断执法机构应当依法加强民生、金融、科技、媒体等领域经营者集中的审查（第 12 条）；为防止行政机关和法律、法规授权的具有管理公共事务职能的组织滥用行政权力，形成单一市场主体垄断，妨碍其他市场主体公平参与市场竞争，规定行政机关和法律、法规授权的具有管理公共事务职能的组织不得滥用行政权力，通过与经营者签订合作协议、备忘录等方式，妨碍其他经营者进入相关市场或者对其他经营者实行不平等待遇，排除、限制竞争。（第13条）

3. 进一步加强对反垄断执法的保障。 增加规定了反垄断执法机构依法对滥用行政权力排除、限制竞争的行为进行调查时有关单位或者个人的配合义务，并规定对涉嫌违法行为的经营者、行政机关和法律、法规授权的具有管理公共事务职能的组织，反垄断执法机构可以对其法定代表人或者负责人进行约谈，要求其采取措施进行整改。（第14条、第15条）

4. 完善法律责任，加大处罚力度。 针对反垄断执法中反映出的问题，大幅提高了对相关违法行为的罚款数额，增加了对达成垄断协议的经营者的法定代表人、主要负责人和直接责任人员的处罚规定。（第16条、第17条、第18条、第21条、第22条）增加了信用惩戒的规定。（第23条）

此外，根据机构改革情况，明确国务院市场监督管理部门作为国务院反垄断执法机构，负责反垄断统一执法工作。（第4条）为更好维护社会公共利益，规定经营者实施垄断行为，侵害社会公共利益的，人民检察院可以依法向人民法院提起民事公益诉讼。（第19条）

二、关于平台经济领域的反垄断指南

近年来，我国平台经济快速发展，新业态、新模式层出不穷，对推动经济高质量发展、满足人民日益增长的美好生活需要发挥了重要作用。与此同时，平台经济领域经营者要求商家“二选一”、“大数据杀熟”、未依法申报实施经营者集中等涉嫌垄断问题逐步显现，损害了市场公平竞争和消费者合法权益，不利于充分激发全社会创新创造活力、促进平台经济创新发展、构筑经济社会发展新优势和新动能。为进一步明确平台经济领域反垄断执法原则，促进平台经济和数字经济规范有序创新健康发展，国务院反垄断委员会于2021年2月7日印发了《关于平台经济领域的反垄断指南》（以下简称《指南》）。《指南》以反垄断法为依据，共6章，24条，主要规定了以下7个方面的内容。

（一）确立了对平台经济领域开展反垄断监管的基本原则

《指南》立足我国平台经济发展实际，深入把握平台经济发展规律，坚持规范和发展并重，从保护市场公平竞争、依法科学高效监管、激发创新创造活力、维护各方合法利益四方面明确了开展反垄断监管执法的基本原则和思路。

（二）根据平台经济领域垄断协议行为的新特点，明确了垄断协议行为的表现形式和认定因素

结合平台经济领域垄断协议行为的新特点，《指南》一是分析了垄断协议的执法思路，明确垄断协议的形式，特别是对其他协同行为作出了具体的解释。二是结合平台经济特点，对经营者达成或者实施垄断协议的具体方式、执法考量因素等作出说明，明确了经营者可能利用技术手段、数据、算法、平台规则等方式达成横向垄断或者纵向垄断协议，阐述了相关案件的分析思路。三是对轴辐协议的原理进行说明，提出该类协议适用《反垄断法》的分析思路。四是对认定经营者通过数据、算法、平台规则等方式实施协同行为和宽大制度等作了细化规定。

（三）细化了认定平台经济领域经营者具有市场支配地位的考量因素

《指南》结合平台经济的特点，提出在反垄断法认定经营者市场支配地位的框架下，认定平台经济领域经营者具有市场支配地位需要考虑的重点因素。

一是关于市场份额以及相关市场竞争状况。《指南》明确了计算平台经济领域经营者市场份额可以考虑交易金额、交易数量、活跃用户数、点击量、使用时长等指标。

二是关于控制市场的能力。《指南》明确了分析控制市场的能力，可以考虑该经营者控制上下游市场或者其他关联市场的能力，阻碍、影响其他经营者进入相关市场的能力，相关平台经营模式、网络效应，以及影响或者决定价格、流量或者其他交易条件的能力等。

三是关于财力和技术条件。《指南》明确了包括资产规模、盈利能力、融资能力、技术创新和应用能力、拥有的知识产权，以及该财力和技术条件能够以何种程度促进该经营者业务扩张或者巩固、维持市场地位等传统因素，还包括该经营者的投资者情况、资本来源、掌握和处理相关数据的能力等需要特殊考虑的因素。

四是关于依赖程度。《指南》明确了分析其他经营者对平台经济领域经营者的依赖程度，可以考虑其他经营者与该平台经济领域经营者的交易关系、交易量、交易持续时间，锁定效应、用户黏性，以及其他经营者转向其他平台的可能性及转换成本等。

五是进入相关市场的难易程度。《指南》细化规定了相关考虑因素，包括市场准入、平台规模效应、资金投入规模、技术壁垒、用户多栖性、用户转换成本、

数据获取的难易程度、用户习惯等。

（四）列举了平台经济领域经营者实施滥用市场支配地位行为时可能存在的正当理由

根据《反垄断法》第 17 条规定，《指南》针对平台经济的特点，列举了平台经济领域经营者实施低于成本销售、拒绝交易、限定交易、搭售或者附加不合理交易条件、差别待遇等滥用市场支配地位行为时可能存在的正当理由。有关经营者实施上述行为，并不必然构成滥用市场支配地位行为，如果实施上述行为具有正当理由则不构成违法。如《指南》规定了低于成本销售的正当理由，包括在合理期限内为吸引新用户、开展促销活动等商业实践中的常见情形等。考虑到商业行为的复杂性，除明示列举外，《指南》还规定了“能够证明行为具有正当性的其他理由”这一兜底条款，对可能存在的正当理由作了开放式规定。

（五）确立了“二选一”“大数据杀熟”构成垄断行为的判断标准

一是明确“二选一”可能构成滥用市场支配地位限定交易行为。“二选一”是社会公众对平台经营者要求平台内经营者不得在其他竞争性平台经营等不合理限制行为的概括性说法。《指南》明确了构成限定交易行为可以考虑的因素，其中包括平台经营者要求平台内经营者在竞争性平台间进行“二选一”或者其他具有相同效果的行为。同时，《指南》从惩罚性措施和激励性措施两个角度，进一步细化了判断“二选一”等行为是否构成限定交易的标准。

二是明确“大数据杀熟”可能构成滥用市场支配地位差别待遇行为。“大数据杀熟”是社会公众对互联网平台利用大数据和算法对用户进行“画像”分析，从而收取不同价格等行为的概括性说法。《指南》明确了构成差别待遇可以考虑的因素，其中包括平台经济领域经营者基于大数据和算法，根据交易相对人的支付能力、消费偏好、使用习惯等，实行差异性交易价格或者其他交易条件。

（六）阐释了如何审查平台经济领域经营者集中

《指南》围绕审查平台经济领域经营者集中需要考虑的特殊因素、如何计算参与集中经营者的营业额、对未达到申报标准的经营者集中进行主动调查等内容作出详细说明。

一是列举了审查平台经济领域经营者集中需要考量的特殊因素，如计算平台经济领域经营者的市场份额，可能需要采用交易金额、交易数量、活跃用户数、点击量、使用时长或其他指标，并对经营者在较长一段时间内的市场份额动态变化趋势进行评估等。此外，《指南》还明确评估平台经济领域经营者集中的竞争影响，还可能需要综合考虑平台的双边或者多边业务，以及经营者从事的其他业务，并对直接和间接网络外部性进行评估。

二是明确参与集中经营者营业额的计算，平台经济领域经营者的营业额包括销售商品和提供服务所获得的收入。《指南》对经营者集中申报标准作出了更加明确的解释，有利于平台经济领域经营者判断相关集中行为是否需要申报，进一步降低经营者违法实施集中的法律风险。

三是明确对未达到申报标准的经营者集中进行主动调查，同时对国务院反垄断执法机构重点关注的平台经济领域经营者集中类型作出了指引。

（七）对依法制止滥用行政权力排除、限制竞争行为作出专门规定

《指南》中设置了规制平台经济领域滥用行政权力排除、限制竞争行为的相关条款，以提高执法透明度，统一执法标准，为行政主体提供重要指引，提高平台经济领域经营者有关交易的确定性。

一是确立了制止滥用行政权力排除、限制竞争行为执法依据。《指南》指出，行政机关和法律、法规授权的具有管理公共事务职能的组织实施涉及平台经济领域市场主体的行政行为时，必须严格遵守反垄断法，不得滥用行政权力，排除、限制竞争。

二是列举了滥用行政权力排除、限制竞争行为的具体表现。《指南》细化了限定交易、妨碍商品自由流通、限制招投标、限制投资、强制实施垄断行为、制定含有排除限制竞争内容的规定等违法行为的具体表现形式，有利于提高可操作性。

三是设置了公平竞争审查相关内容。《指南》提出行政机关和法律、法规授权的具有管理公共事务职能组织制定涉及平台经济领域市场主体经济活动的规章、规范性文件、其他政策性文件以及“一事一议”形式的具体政策措施，应当进行公平竞争审查。

三、关于原料药领域的反垄断指南

为认真贯彻落实党中央、国务院决策部署，加强原料药领域反垄断监管，预防和制止垄断行为，进一步明确市场竞争规则，维护原料药领域市场公平竞争，

保护消费者利益和社会公共利益，根据《反垄断法》等有关法律规定，国务院反垄断委员会制定出台《关于原料药领域的反垄断指南》（以下简称《指南》），于2021年11月15日印发实施。《指南》着眼于我国原料药领域发展现状、市场竞争状况和经营行为特点，在深入总结《反垄断法》实施以来我国原料药领域反垄断执法经验基础上，制定形成符合现阶段反垄断实践要求的原料药领域监管规则。《指南》共29条，主要包括以下五方面内容。

（一）总则

一是明确《指南》的目的和依据，并界定相关基础概念。二是提出反垄断执法机构对原料药领域开展反垄断监管应当坚持保护市场公平竞争、依法科学高效监管、注重保护消费者利益、持续强化法律威慑的监管原则。三是考虑到原料药领域产业链覆盖广、业务类型多的特点，对相关商品市场和相关地域市场的界定思路进行详细阐释。

（二）垄断协议

一是分析垄断协议反垄断执法的基本思路，明确垄断协议的形式，并针对其他协同行为作出了具体的解释。二是结合原料药领域特点，列举了经营者达成、实施垄断协议的常见方式以及执法考量因素，明确原料药经营者对交易相对人实施地域限制或者客户限制可能构成纵向垄断协议行为，阐述了纵向垄断协议的竞争损害效果。三是对经营者实施协同行为的分析思路进行了细化。四是明确了轴辐协议的具体形式，提出了适用《反垄断法》的分析思路。五是对豁免和宽大制度做了说明，并对规范行业协会行为进行了规定。

（三）滥用市场支配地位

一是结合原料药领域特点，阐明滥用市场支配地位行为反垄断执法的基本思路，明确认定或者推定经营者具有市场支配地位的考量因素，包括经营者的市场份额、相关市场竞争状况、经营者的实际产能和产量、经营者控制原料药销售市场或者采购市场的能力、经营者的财力和技术条件、交易相对人的依赖程度、现实和潜在交易相对人的数量、交易相对人的制衡能力、市场进入难易程度等，并明确市场份额计算方法。二是重点细化常见滥用市场支配地位行为的表现形式，包括不公平高价、拒绝交易、限定交易、搭售、附加不合理交易条件、差别待遇等，有针对性地回应垄断涨价、控销断供、要求回购制剂等原料药领域常见的垄断行为，增强法律制度的可操作性，为市场主体提供明确的合规指引。三是结合原料药领域经营特点和执法实践，阐明共同滥用市场支配地位行为的认定思路和考虑因素。

（四）经营者集中

一是针对部分原料药品种市场规模相对较小，经营者年度营业额可能没有达到《国务院关于经营者集中申报标准的规定》的申报标准，但证据表明经营者实施的集中具有或者可能具有排除、限制竞争效果的情况，明确规定国务院反垄断执法机构应当依法进行调查。二是对符合上述情形的经营者集中，鼓励原料药领域经营者在实施集中前尽早与反垄断执法机构进行商谈。

（五）滥用行政权力排除、限制竞争

主要细化原料药领域涉及限定交易、妨碍商品自由流通、招标投标限制、投资或设立分支机构限制、强制经营者从事垄断行为、制定含有排除、限制竞争内容的规定等滥用行政权力排除、限制竞争行为的表现形式，明确对涉及原料药领域市场主体经济活动的规章、规范性文件和其他政策措施等应当进行公平竞争审查，维护全国统一大市场。

《指南》进一步完善了反垄断监管制度规则，有利于增强原料药领域反垄断执法的统一性、科学性和有效性，提高执法的可预期性和透明度。同时，也有利于原料药领域经营者明确行为界限，依法加强合规自律，降低违法风险。

四、企业境外反垄断合规指引

为鼓励企业培育公平竞争的合规文化，引导企业建立和加强境外反垄断合规管理制度，增强企业境外经营反垄断合规管理意识，提升境外经营反垄断合规管理水平，防范境外反垄断法律风险，保障企业持续健康发展，2011 年 11 月市场监管总局出台《企业境外反垄断合规指引》（以下简称《合规指引》）。《合规指引》以指导企业做好境外反垄断风险防范和应对为目标，紧紧围绕当前企业存在的法律意识不强、基础知识不多、保障措施不足等突出问题，从总体要求、合规管理制度、合规风险重点、合规风险的管理和防范等方面为企业建立境外反垄断合规制度和防范风险提供了制度框架和基本要求。《合规指引》共 27 条，主要包括以下五方面内容。

（一）总则

总则明确《合规指引》的目的和依据，对反垄断合规的重要意义和适用范围作了阐明。突出强调反垄断法是市场经济国家调控经济的重要政策工具，加强境外反垄断合规建设，可以帮助企业识别、评估和管控各类反垄断法律风险。明确《合规指引》适用于在境外从事经营业务的中国企业以及在境内从事经营业务但可能对境外市场产生影响的中国企业，包括从事进出口贸易、境外投资、并购、知识产权转让或者许可、招投标等涉及境外的经营活动。

（二）境外反垄断合规管理制度

一是明确企业可以根据业务规模、业务涉及的主要司法辖区、所处行业特性及市场状况、业务经营面临的法律风险等制定境外反垄断合规制度，或者将境外反垄断合规要求嵌入现有整体合规制度中。同时，提示企业，建立并有效实施良好的合规制度在部分司法辖区可以作为减轻反垄断处罚责任的依据。**二是**鼓励企业尤其是大型企业设置境外反垄断合规管理部门或者岗位，或者依托现有合规管理制度开展境外反垄断合规管理专项工作，并且可以对境外反垄断合规管理制度进行定期评估。**三是**明确境外反垄断合规 7 个方面的管理职责，包括提供合规建议、制定并更新合规政策、审核评估合规性、开展合规培训、建立合规报告制度、应对合规风险事件以及其他合规有关工作。**四是**鼓励企业建立境外反垄断合规承诺机制，明确反垄断合规承诺主体，并对合规承诺机制的积极意义予以阐释。

（三）境外反垄断合规风险重点

一是概括介绍各司法辖区反垄断法调整的行为类型，包括垄断协议、滥用市场支配地位和具有或者可能具有排除、限制竞争影响的经营者集中等；详细描述主要行为的相关基础概念、具体表现形式，列举不同司法辖区的考量评估因素、判断依据等；同时，提示企业，应当根据相关司法辖区的情况，关注特殊规制情形，例如有的司法辖区规定禁止滥用相对优势地位、禁止在竞争者中兼任董事等安排，规制行政性垄断行为等。**二是**介绍境外反垄断调查方式，明确反垄断执法机构开展调查的一般依据，列举多数司法辖区反垄断执法机构的调查手段，介绍“黎明突袭”调查方式的概念及实施特点；概括各司法辖区对企业配合反垄断调查的义务的一般规定，列举相关义务内容以及不配合调查行为的法律责任；提示企业在境外反垄断调查中的权利，特别说明不同司法辖区关于企业依法享有的陈述、说明和申辩权利。**三是**明确企业境外面临反垄断诉讼的风险，列举不同司法辖区提起诉讼的主体、诉讼种类，提示企业败诉面临的严重不利后果；指导企业建立法律风险应对和损害减轻机制，介绍相关司法辖区的豁免申请制度以及宽大制度、承诺制度、和解程序等。四是介绍垄断行为可能导致的行政责任、民事责任和刑事责任，详细介绍不同类型法律责任的表现形式以及不利后果。

（四）境外反垄断合规风险管理

一是鼓励企业可以根据境外业务规模、所处行业特点、市场情况、相关司法辖区反垄断法律法规以及执法环境等因素识别企业面临的主要反垄断风险，并详细列举了垄断协议、滥用市场支配地位、经营者集中等有关风险的表现形式。二是提出企业可以建立风险评估程序和标准，强调了评估主体、评估内容、风险等级等内容，并列举了可以专项评估的情形；提示企业可以根据员工不同情况开展风险评级，采取不同级别的风险管理措施，从而起到更有效的风险防控效果。三是鼓励企业可以建立反垄断合规系列制度机制，包括合规报告机制、合规咨询机制以及合规审核机制，同时，鼓励企业对境外管理人员和员工进行定期培训，并列举了培训应包括的相关内容。四是介绍其他防范反垄断风险的具体措施，提示企业加入行业协会、参加有关会议、与竞争者交流、商业合作等方面的注意事项，特别指出，具有较高市场份额的企业，可以对存在风险的行为进行事前评估，及时防范潜在风险。

（五）附则

附则主要明确《合规指引》的效力，强调企业应当结合各司法辖区关于合规制度以及经营行为是否违反反垄断法等方面的具体要求，有针对性地建设反垄断合规体系和开展合规工作。

《合规指引》的制定与出台，是开展竞争倡导的重要措施，有利于引导企业建立和加强境外反垄断合规管理制度，防范法律风险。同时，也有利于企业更好地把握国际规则，维护自身合法权益，进一步提升国际竞争力。

第六章

国际合作交流

公平竞争是市场经济健康发展的基础和原则，也是经济全球化朝着更加开放、包容、普惠、平衡、共赢方向发展的重要基础。党的十九届五中全会提出要“建设更高水平开放型经济新体制，全面提高对外开放水平”。《中共中央关于制定国民经济和社会发展第十四个五年规划和二〇三五年远景目标的建议》明确提出，要加强政策、规则联通，推动完善更加公正合理的全球经济治理体系。当前，世界百年未有之大变局和新冠肺炎疫情全球大流行交织影响，全球经济不稳定不确定因素增多，公平竞争对经济发展的重要意义更加凸显。2021 年，市场监管总局克服疫情不利影响，采用线上会议、远程会见等方式，不断深化与其他国家和地区执法机构交流合作，积极参与国际竞争治理，为国际经贸往来营造公平竞争市场环境。全年开展外事活动 50 余次、参与案件执法交流 20 余次，反垄断国际合作取得良好成效。

一、成功举办第七届金砖国家国际竞争大会

2021 年 11 月 16~17 日，由市场监管总局和四川省人民政府共同承办的第七届金砖国家国际竞争大会成功召开，国务委员、国务院反垄断委员会主任王勇在京出席大会并致辞。2021 年是金砖国家合作机制成立 15 周年，本届大会是落实《金砖国家领导人第十三次会晤新德里宣言》的重要举措，也是时隔 10 年后大会再次在中国举办。大会设北京、成都两个会场，来自 36 个国家和地区、7 个国际组织的 2000 多名嘉宾在线上线下参加会议，参会规模创历史新高。

国务委员、国务院反垄断委员会主任王勇在开幕大会上强调，中国政府一贯高度重视、坚定维护公平竞争市场环境，总结中国强化反垄断和公平竞争政策实施取得的积极成效，并提出加强竞争政策协调对接、强化竞争监管执法合作、创

新竞争监管理念方法、积极促进更高水平开放、推动完善国际竞争规则 5 项倡议，得到与会各方积极响应。大会在国内外产生广泛影响，取得积极成效，成为展示成果、扩大开放、促进发展、倡导竞争、深化合作、增进友谊的国际盛会。

一是统筹开放发展，倡导竞争理念。大会以“开放·竞争·发展”为主题，设置公平竞争与疫后经济增长、打击跨境卡特尔的国际合作、数字经济时代的竞争政策发展、反垄断与市场化改革、经济全球化下的竞争政策 5 场分论坛，突出强调公平竞争和高水平对外开放对推动高质量发展的重要意义。与会嘉宾围绕大会主题分享交流、贡献智慧，广泛凝聚保护市场公平竞争、加强竞争政策协调、深化国际执法协作、扩大对外开放等共识，充分展现了我国坚定不移全面深化改革和扩大对外开放的决心，同时发出以公平竞争推动开放创新增长、助力世界经济平稳复苏的积极倡议。

二是统筹国内国际，践行多边主义。习近平主席在金砖国家领导人第十三次会晤上发表重要讲话强调，要推动践行真正的多边主义。大会期间，金砖国家竞争机构有关负责人，以及俄罗斯、南非、巴西等国 12 位驻华大使、公参、参赞，国务院反垄断委员会和公平竞争审查工作部际联席会议成员单位有关负责同志，四川省委省政府有关负责同志，企业代表、专家学者等现场参加大会，充分表达携手维护公平竞争市场环境、共促开放合作和高质量发展的美好愿景。

三是统筹务实创新，落实金砖精神。经济合作是金砖机制的根基，竞争领域合作是经济合作的重要内容。金砖五国竞争机构秉持相互尊重、务实合作、积极作为、共谋发展的原则，共同制定《金砖五国竞争机构负责人成都联合声明》，充分体现开放、包容、合作、共赢的金砖精神。大会期间，市场监管总局副局长、国家反垄断局局长甘霖与金砖国家竞争机构主要负责人分别开展 4 场线上双边交流，围绕反垄断立法执法最新进展、加强数字经济反垄断监管、深化双边反垄断合作等议题进行探讨，推动竞争领域国际合作内容更加深入、形式更加丰富、规则更加完善、措施更加务实。

二、不断深化竞争领域制度型开放

一是统筹加强与“一带一路”沿线国家反垄断合作。市场监管总局深入贯彻落实党中央、国务院战略部署，积极推进与“一带一路”沿线国家竞争领域国际交流合作，为“一带一路”经贸合作创造公平竞争的市场环境，促进我国与沿线国家经贸关系健康发展。2021 年，市场监管总局与新加坡、巴基斯坦及欧亚经济委员会等“一带一路”沿线国家竞争机构或国际组织竞争协调机构签署竞争领域合作谅解备忘录，在反垄断案件通报、信息交换、执法协作、技术交流等方面进一步深化务实合作，共同维护良好的国际竞争环境，更好服务国际经贸关系深化发展。组织翻译出版《“一带一路”相关国家反垄断法汇编》，为我国反垄断执法机构同“一带一路”沿线国家开展反垄断国际交流合作提供参考，为我国企业在“一带一路”沿线国家开展经贸活动提供法律指引。

二是积极参加多边反垄断交流和国际竞争规则制定。积极参与联合国贸发会（UNCTAD）、亚太经合组织（APEC）、经济合作与发展组织（OECD）等多边平台竞争领域交流合作，发出中国声音，贡献中国智慧。参加联合国贸发会竞争政策与反垄断工作组“打击跨境卡特尔”议题讨论和第十九届竞争法与竞争政策政府间专家组会议，就“数字时代的竞争法律、政策和法规”议题发表意见。就亚太经合组织竞争政策与法律工作组职责范围和协调人换届问题提出中方意见，参加竞争政策与法律工作组年度会议，分享我国数字市场领域反垄断立法执法经验。会见经济合作与发展组织驻华代表，围绕强化反垄断执法、国际交流合作和竞争政策实施等交换意见。参加第十一届首尔国际竞争论坛、第二十届德国国际竞争大会、《全球竞争评论》（GCR）北亚圆桌会议，宣传介绍我国平台经济反垄断监管成效，并就《区域全面经济伙伴关系协定》（RCEP）竞争章节实施、政府和企业在市场竞争中的作用等议题交流经验。

三是为多双边贸易和投资营造公平竞争的环境。参加世界贸易组织（WTO）第八次对华贸易政策审议工作，介绍我国反垄断立法和执法成效，审议其他成员贸易政策，促进其他成员加强反垄断执法。积极加强多双边自贸协定反垄断和竞争政策议题谈判，推动贸易和投资自由化便利化，维护国际市场公平竞争。做好《区域全面经济伙伴关系协定》（RCEP）竞争章节实施准备工作。积极研究《全面与进步跨太平洋伙伴关系协定》（CPTPP）和《数字经济伙伴关系协定》（DEPA）竞争政策。就中国－挪威自贸协定竞争政策与反垄断议题达成一致，积极推进中国－以色列、中国－白俄罗斯自贸协定竞争章节谈判。

三、积极开展反垄断执法合作和多双边交流

一是及时交流立法执法进展。与美国联邦贸易委员会和司法部反垄断局举行视频会议、与欧盟竞争总司举办第二十一届和第二十二届中欧竞争周研讨会，交流平台经济领域反垄断立法和监管进展，分享数字经济时代竞争监管有益经验。

组织市场监管部门反垄断执法人员参加欧洲学院反垄断暑期线上视频培训，为反垄断执法队伍能力建设发挥积极作用。

二是持续加强竞争法律制度沟通协调。利用中欧竞争周平台，与欧盟竞争总司就公平竞争审查和国家援助审查制度相关法律规定及实施情况交流经验与做法，增进相互理解。会见韩国大使馆公平交易官，就中韩两国反垄断领域合作和韩国公平交易委员会机构设置情况进行深入交流。与中国香港竞争事务委员会召开视频会议，就国务院反垄断委员会《关于平台经济领域的反垄断指南》及相关问题开展深入探讨。

三是不断强化个案执法合作。为有效推动开展跨国并购类经营者集中案件审查，2021年，市场监管总局就“英伟达收购安谋股权案”“丹佛斯公司收购伊顿股份有限公司部分业务案”等案件与美国、欧盟等司法辖区竞争机构进行20余次案件执法合作，对提高经营者集中审查质量和效率，共同维护国际市场公平竞争发挥重要作用。

第七章

竞争倡导

一、强化反垄断宣传培训

（一）以案件公开为抓手，增强企业公平竞争意识

2021 年，及时公布垄断案件处罚决定书和经营者案件审查决定，加强以案释法，营造公开透明、规范有序、公平高效的法治环境。其中，针对平台企业“二选一”行为、医药企业垄断协议行为、数字音乐平台违法实施经营者集中行为等案件的行政处罚决定书详细说明了查证的违法事实、判定违法的分析逻辑和相关证据，推动企业更加准确把握反垄断法律法规的实践要求，增强公平竞争意识。推动社会公众了解和监督反垄断执法工作，引导企业、行政机关明确法律适用边界，自觉依法合规经营。

（二）以权威解读为引领，培育社会公平竞争文化

接受美国律师协会采访，表达中国高度重视公平竞争在疫后经济复苏和增长中重要作用的坚定态度，分享市场监管总局在构建央地两级反垄断执法体制、完善法律规则体系、强化反垄断执法、发挥系统合力等方面的经验做法。接受《中国纪检监察报》采访，回顾反垄断执法机构的历史沿革，介绍充实反垄断监管力量、增强监管权威性的最新进展，解析当前反垄断监管执法面临的主要挑战和反垄断执法机构下一步工作重点。通过持续的权威解读，及时回应社会关切，广泛倡导公平竞争，培育社会公平竞争文化。

（三）以专题培训为保障，提高系统公正监管效能

举办全国市场监管部门反垄断执法人才培训班，突出反垄断理论与法律意识的培养、突出国际视野和大局思维、突出基本素质和执法能力提升，贴近反垄断

执法干部的工作实际，全国各省、自治区、直辖市市场监管部门从事反垄断执法的业务骨干 96 人参加培训。举办反垄断骨干人才培训班，首次邀请欧盟、美国等国家和地区反垄断执法机构工作人员、跨国企业和律师事务所从事反垄断工作的实务界人士进行远程视频授课，是市场监管总局成立以来首次举办规格高、周期长、覆盖广、针对性强的反垄断集中培训，对提升反垄断骨干人才能力水平、扩展反垄断国际视野发挥了积极作用。举办全国公平竞争审查业务培训班，培训各地各有关部门业务骨干 100 人，深入讲授"十四五"规划纲要、公平竞争审查制度理论、中外公平竞争审查制度先进经验。在全国市场监管部门市、县级局主要负责人网络培训班和反垄断骨干人才培训班设置公平竞争审查课程，派员为北京、天津、山西、黑龙江、安徽、湖北、湖南、广东、贵州、甘肃、新疆 11 个省（自治区、直辖市）举办的公平竞争审查培训班，以及长三角公平竞争审查业务技能竞赛参赛选手授课，介绍公平竞争审查制度及实施细则最新要求，培训业务骨干 1500 余人次。

二、开展重点行业市场竞争状况评估

（一）玻璃行业市场竞争状况评估

玻璃行业，又称为玻璃及玻璃制品制造业，是指任何形态的玻璃和玻璃制品、玻璃纤维及其制品的生产，以及利用废玻璃、废玻璃纤维再生产玻璃制品的行业。根据《国民经济行业分类》的定义和分类，玻璃行业一般包括玻璃制造、玻璃制品制造以及玻璃纤维和玻璃纤维增强塑料制品制造。按照生产工艺和产品形式来划分，玻璃通常分为平板玻璃和加工玻璃两大类，其中采取浮法工艺制造的玻璃因其独特品质而成为平板玻璃的主流产品，而加工玻璃相对来说种类繁多，主要有镀膜玻璃、钢化玻璃、夹层玻璃和中空玻璃等。

1. 行业竞争状况

一是市场结构。随着科技发展和投入增加，我国逐步建立起了工艺相对发达、种类相对齐全、产业链相对完备的玻璃工业体系，但与国际先进水平相比仍有不小差距。就产品结构而言，我国目前普通浮法玻璃产能过剩，同时存在结构性缺口，部分电子玻璃、高档建筑玻璃等产品仍需进口。深加工水平有待提高，不少加工玻璃制品仍处于产业链、价值链低端，附加值不高。就市场特征来说，我国玻璃行业科技创新贡献率相对较低、创新产品偏少，产品技术水平趋同、同质竞争现象普遍，制造加工企业全国范围内较为分散、企业规模有待扩展、市场集中度仍较低，市场竞争较为激烈和充分。但从整个产业发展来看，我国玻璃行业正进入结构调整和技术革新的新发展阶段，通过供给侧结构性改革、优化产业结构、推进技术创新、提升产品品质等手段和方式，进一步提高产品创新能力和自主保障能力，从总体上提升我国玻璃行业的整体市场竞争力，从而使我国玻璃行业相关市场能够呈现出高质量的竞争格局。

二是行业管理体制。我国玻璃行业并不存在直接的行业管制法律或措施，但在节能环保、淘汰落后产能、化解过剩产能等方面有门槛要求和相关标准。目前，面对我国玻璃行业存在的产能过剩、工艺相对落后等情形，国家从整体上强调要加快建立和完善以市场为主导的化解产能过剩长效机制，更加注重运用市场化、法治化手段，更加注重能耗、环保、质量、安全、技术标准的协调推进，来解决玻璃行业发展中面临的转方式、调结构、补短板等问题，促进产业链各环节优化整合和协调发展，提升玻璃产业整体发展水平。

2. 垄断协议行为评估

我国玻璃行业相关市场内产品技术创新能力仍有一定的提升空间，产品技术水平趋同、产品质量同质化现象普遍，加之企业规模不大且在全国范围内较为分散，本应属于市场集中度较低、竞争相对充分的市场。但近年来，由于互联网社交平台等通信手段的发展、相关协会的作用，玻璃行业面临垄断协议的现实挑战或潜在风险。行业协会通过微信群、组织会议、发布倡导或通知等方式组织玻璃生产加工企业从事涨价、限产甚至划分市场等行为，排除、限制相关市场竞争。2021 年市场监管总局依法对中国建筑玻璃与工业玻璃协会组织部分企业涉嫌垄断协议案开展调查，中国建筑材料联合会、中国水泥协会先后发文要求会员引以为戒、依法严肃开展行业自律，部分建材企业迅速开展反垄断合规自查，行业竞争秩序初步恢复向好。

3. 滥用市场支配地位行为评估

由于我国玻璃行业市场结构相对分散，企业数量相对较多且规模较小，相关市场的集中度通常较低，产品替代性较强，企业的市场份额和控制力有限，因而相关企业不仅难以实施滥用市场支配地位行为，而且认定其具有市场支配地位都有很大的难度。但值得注意的是，随着我国玻璃行业和市场的进一步开放，国外相关玻璃企业及其产品进入我国市场，在某些细分的高端产品市场上，不排除市场集中度高、相关企业市场力量强的可能性，在此情形下企业滥用其市场支配地位，则可能具有排除限制竞争、损害良性有序的竞争环境，并损害消费者利益，因而仍需关注个别玻璃产品或市场中的滥用市场支配地位行为的可能性和动态。

4. 经营者集中行为评估

近年来，我国玻璃行业每年都会发生经营者集中交易的情形（自 2014 年起至 2021 年止，平均每年发生约 4 起集中交易）。这既有国内企业之间的资产重组或股权收购的交易情形，也有国外企业投资或收购国内玻璃企业的集中方式，但由于我国玻璃行业市场结构状况和玻璃企业规模等因素，此类集中大多以简易案件的方式审查通过。由于我国目前玻璃行业企业规模相对较小、工艺技术水平整体上较为落后、产品品质有待提升等客观因素的存在，我国对玻璃行业的投资或并购交易持相对开放的态度，鼓励资源整合、结构调整，但随着集中交易的增加和产业升级要求的提高，在玻璃行业集中交易的反垄断审查中更多地关注潜在竞争的可能性和玻璃市场的竞争格局。

5. 滥用行政权力排除、限制竞争行为

由于玻璃行业本身并非管制产业，且其市场相对开放，因而涉及滥用行政权力排除限制竞争行为的可能性相对较低。但值得注意的是，玻璃行业及其企业通常会涉及节能环保、安监、就业等方面的政策法规，实践中不排除地方政府及其相关职能部门为了本地区经济社会发展而采取排除限制竞争的措施，损害市场竞争和公平竞争秩序，破坏全国统一大市场。因此，滥用行政权力排除限制竞争行为在玻璃行业的反垄断监管执法中不应被忽视。

6. 政策建议

一是我国玻璃行业市场集中度不高，企业分散且规模较小，应当警惕行业协会提供会员企业达成垄断协议的空间，以及存在相关企业在高端细分产品市场滥用市场支配地位的可能性。二是加强对行业协会的监督，倡导行业协会加强自律，宣传和贯彻《反垄断法》的适用范围和作用，强调行业协会不得从事反垄断法所禁止的垄断行为。三是在推进行业资源整合和产业升级过程中，注意竞争政策和产业政策之间的协调，坚持竞争政策的基础地位，落实公平竞争审查制度，对滥用行政权力排除、限制竞争行为予以规制。

（二）新型零售业态市场竞争状况评估

新型零售，是指企业以互联网为工具，通过运用大数据、人工智能等先进技术手段，对商品的生产、流通、销售，以及对服务的供给、能力输出、实际应用等环节进行数字化升级改造，并达成上游、中游、下游的高效连接和快速反应，并对线上、线下的交易、体验、服务进行有机融合的零售新模式。新型零售业态的良好发展对促进我国消费增长和完善内循环发展具有重要的意义。新型零售脱胎于传统零售，本质是对传统零售的改造升级，仍然处于快速发展和演变中。当前市场已出现的一些商业形态可能还处于新型零售业态的发展初期，与传统零售的联系仍然非常紧密，甚至具有较强的竞争关系，主要包括社交电商、跨境电商、直播电商、精品电商、社区团购、生鲜新零售、在线商超、网络餐饮外卖平台、即时配送平台、无人零售等。

1. 行业竞争状况。相比传统零售行业，新型零售企业不仅注重整体规模的竞争，而且注重用户使用体验的竞争，其竞争要素更趋于多元，竞争强度也更大，但也可能会出现“赢家通吃”的迹象。新型零售领域当前已经成为众多互联网巨头竞争最为活跃的领域之一。在部分细分领域，一些互联网平台企业已占据较高份额，需要关注。总体而言，新型零售行业市场竞争呈现出几大特点：**一是**价格竞争仍然激烈；**二是**市场集中度逐步提升，市场进入和市场退出均较频繁；**三是**科技元素的大量引入使竞争越来越靠创新驱动；**四是**竞争边界不断模糊，跨界竞争越发常态化。

2. 相关行为评估。在垄断协议方面，新型零售行业可能出现算法共谋、轴辐协议、独家交易、转售价格维持协议以及最惠国待遇条款等垄断协议行为；在滥用市场支配地位行为方面，新型零售行业可能出现“二选一”、自我偏好、强制收集数据、大数据杀熟、平台封禁、低价补贴等行为违法风险较高。在滥用行政权力排除、限制竞争行为方面，指定平台发放消费券和对零售企业的政府补贴等行为违法风险较高。在经营者集中方面，新型零售行业可能存在部分未依法申报违法实施经营者集中的行为。同时，相关行业可能存在较多对具有创新技术的新兴企业的并购行为，需要关注上述行为可能对竞争和创新造成损害的风险。

3. 政策建议。为应对新型零售行业的竞争问题和规制挑战，需要从多个方面加强制度建设。**一是**在数字经济时代，要更加强调对反垄断法多元价值和多元利益的动态平衡。**二是**考虑到平台垄断行为的破坏性以及不可逆性，要强化对互联网平台的规制，加强事前监管，并通过更加注重柔性监管手段和强化企业合规制度建设等方式提升监管效能。**三是**在新型零售领域相关执法案例中拓展反竞争效果分析的维度，包括质量维度、数据和隐私维度、注意力维度等分析。**四是**在新型零售领域的并购行为中增强反垄断介入的主动性，完善对掐尖式并购问题的解决措施。**五是**为应对技术不透明带来的监管困境，有必要引入科技监管技术，强化对数字垄断行为的发现和处理能力。

（三）石油化工行业市场竞争状况评估

石油化学工业，简称石油化工，是指以石油和天然气为原料，生产石油产品和石油化工产品的加工工业。石油化工行业通常可分为上游勘探和生产、中游运输和交易、下游提炼和营销三部分。

1. 行业竞争状况

关于市场结构。从石化产业市场总体看，上游的石油天然气开采市场集中度较高，基本上处于高度垄断状态，中下游行业市场化程度较高，现有竞争者竞争较为激烈、行业潜在进入者威胁较小。从具体成因来看，结构性壁垒是市场进入的主要壁垒，包括技术壁垒、资金壁垒、规模经济和范围经济壁垒、政策壁垒和资源壁垒。同时，大型化、规模化的政策导向、炼化一体化趋势以及下游用户议价能力相对较低的现实情况，导致石化行业市场集中度逐步提升。

关于行业管理体制。目前我国正在不断推进石油化工行业管理体制改革，我国提出的增强油气保障能力、加快产业结构调整、提升创新能力、提升数字化、智能化发展水平、提高技术研发能力等发展目标，有助于我国石化行业产业链上下游的市场结构优化，真正融入全球石化行业市场竞争，做到以国内循环为主、国内国际双循环相互促进。

2. 垄断协议行为评估

鉴于我国石化行业在部分原材料供应市场上存在供应结构较为集中的情况，在与竞争对手交流产品价格、折扣、成本等敏感信息过程中，出现固定价格的横向垄断协议的风险较高。同时，由于我国石化行业的石化产品常常通过经销或代理模式进行销售，在生产商和代理商之间的协议中，可能会出现固定转售价格等纵向垄断协议。

3. 滥用市场支配地位行为评估

石化行业可能存在的滥用市场支配地位行为包括拒绝交易、差别待遇、不公平高价、限定交易等。

一是拒绝交易或差别待遇。在石化进入壁垒较高的领域，有些产品可能仅有一家或有限家企业生产，市场呈现“一家独大”的竞争状况。在纵向一体化整合程度比较深的大型石化企业中，其往往同时在多个环节开展经营和竞争。为了排挤下游竞争者，纵向一体化的大企业可能拒绝向下游竞争对手供货，或进行差别待遇，以最终获得在另一相关市场上的优势地位。

二是不公平高价。纵向一体化的大企业还可能对下游企业涨价，以提升竞争对手的成本。数量多、市场份额小的中小企业可能难以以合理价格获得上游原料供应以及其他资源。如果炼化一体化企业实施纵向原料封锁，停止或减少对下游竞争对手的原料供应，将导致下游竞争对手获取某种重要原材料的成本上升。

三是限定交易。在石油化工行业中，由于石化产品的生产往往需要进行较高的一次性投入用于建设大规模的生产装置，且大部分石化产品的生产装置具有专门性，很难转以生产其他产品，因此很多石化产品的生产和销售往往都建立在相对稳定的供需关系上，石化企业的产能和产量受其长期下游客户的经营状况影响较大，石化企业与下游客户之间的合作关系也相对比较稳定。同时，石化企业生产所需原材料往往也来自稳定的上游供应商，其可供选择的油气供应商并不多，一旦建立合作关系，双方之间的合作也会保持高度稳定。因此，某些具有市场优势地位的企业可能利用这种事实上的独家或限定交易状态强迫相对交易人进行独家或限定交易，具有一定的隐蔽性。

4. 经营者集中行为评估

近年来，石化行业经营者集中出现了高端石化产品领域并购重组加速、基于产业链一体化的并购增多以及部分石化企业退出压力增大的趋势。总体来看，石油化工领域经营者集中行为较为活跃和频繁。从集中类型上看，石化行业经营者集中横向合并案件占比较大，纵向合并以及通过合营企业共同控制的情形仍存在。从相关商品市场来看，主要集中于石化领域的中游和下游环节，按照石化产品的主要成分、特性及用途进行市场细分。从相关地域市场来看，根据涉案经营者业务经营地域范围、涉案石化产品使用、营销地域范围以及产品特性、运输及销售壁垒之间的关系进行分析，大部分案件都将地域市场界定为全球市场或中国境内市场。

在审查石化行业的经营者集中时，反垄断执法机构通常考察市场份额、市场集中度、市场控制力、行业特性、政府政策和消费者选择等多重因素。当审查发现经营者集中后可能导致集中方获得市场优势或领先地位、对石化市场竞争产生损害或导致石油产品价格上涨时，反垄断执法机构将考虑附条件批准经营者集中，救济措施包括结构性、行为性和混合型 3 种方式。

5. 滥用行政权力排除、限制竞争行为评估

石油化工产业是经济运行的基础行业之一，其发展受产业政策影响颇深，因此非市场的行政因素对产业竞争会产生较大影响，需要重点关注以下方面：一是地方政府可能会通过设置不合理的产品进入壁垒阻碍其他地区石化产品进入，保护本地石化企业。二是由于石化行业环保要求较高，相关政府部门可能在环保上设置不同障碍阻止企业进入，也可能会在环保评审、环保设备等相关市场中设置不合理的行政壁垒。

6. 政策建议

一是鼓励国有、民营和外资企业开展公平竞争，激发竞争活力，为石化企业创造良好的竞争环境，提升上下游企业和最终消费者福利。二是降低市场进入与退出壁垒。加强石化行业的整体规划和监管，进一步加大外资准入放开的幅度、加快放开的步伐，引入更多具有竞争力和较高技术水平的石化企业，与国内企业公平竞争。三是逐步清理石化行业地方保护政策，全面落实公平竞争审查制度，杜绝环境保护执法中的地方保护与选择性执法。**四是**加强反垄断执法，关注具有隐蔽性的垄断协议，警惕滥用市场支配地位实施的垄断价格、掠夺性定价、搭售和附加不合理交易条件、拒绝交易以及差别待遇等行为。

三、加强企业合规建设

（一）以案促改，压实企业合规主体责任

按照行政处罚法坚持处罚与教育相结合的原则，在对阿里巴巴集团作出行政处罚的同时，向当事人发出《行政指导书》，要求其围绕严格落实平台企业主体责任、加强内控合规管理、维护公平竞争、保护平台内商家和消费者合法权益 5 个方面 16 项内容进行全面整改，并连续 3 年向市场监管总局提交自查合规报告。在对美团作出行政处罚的同时，向当事人发出《行政指导书》，要求其围绕完善平台佣金收费机制和算法规则、维护平台内中小餐饮商家合法利益、加强外卖骑手合法权益保护等进行全面整改。

（二）协同发力，加强企业合规事前引导

综合运用反垄断、反不正当竞争、价格、广告等各类法律，规则引导、行政指导、约谈警示、跟进执法等梯次工具，更好引导企业自觉加强经营行为自律。联合中央网信办、国家税务总局召开 34 家头部平台企业行政指导会，一企一单，全面规范平台经济竞争秩序。指导广东、北京、浙江等省份督促辖区内互联网平台企业全面自查自纠，开展企业内部“全身体检”，把监管要求转化为企业经营管理的思想指引和行为规范，着力加强反垄断、反不正当竞争等方面企业内部合规建设，加快实现企业依法合规健康发展。

（三）多措并举，靶向解决企业合规难点

在总结我国执法实践经验和借鉴其他国家（地区）做法的基础上，制定出台《经营者反垄断合规指南》，从提示企业反垄断合规风险、指导企业建立健全合规管理制度、加强合规风险管理和合规管理保障等多个层面对企业统筹做好反垄断合规工作作出了系统性的指导，从合规管理文化、制度建设、风险管理等多个方面确立经营者反垄断合规管理的基本要求和关键环节，阐明经营者行为边界和底

线，对合规工作中存在的问题和挑战给予有效回应和精准指导。同时，组织制作经营者反垄断合规宣传片，在企业经营的真实场景下解析合规风险重点、合规管理要点，靶向精准解决企业反垄断合规问题。

第八章
地方工作

北　京　市

一、积极作为，加大民生领域反垄断执法力度

以维护市场公平竞争和消费者利益为宗旨，聚焦民生热点、发展重点，扎实推进教育培训、医药、公用事业等领域反垄断执法工作，全年办结反垄断案件5件，实施行政处罚645万余元，新增立案案件5件，核查垄断线索39条。

二、强化指导，规范平台经济领域竞争秩序

出台《北京市平台经济领域反垄断合规指引》，引导企业建立和加强反垄断合规管理制度，保障企业持续健康有序发展。指导美团等17家平台企业开展自查，评估企业整改成效。综合运用约谈、指导整改等手段提早发现、提前介入部分平台企业存在的苗头性、倾向性问题。组织40余家平台企业开展反垄断合规培训，切实规范企业经营行为。

三、积极推进公平竞争审查，助力优化营商环境

有序推进存量清理和增量审查，审查政策措施3665件，经审查修改后出台的文件38件，废止8件。加强政策措施抽查检查，审查文件1312件，针对54件问题文件制发《整改建议书》39件。

四、探索完善区域执法协作，构建京津冀审查区域协作

签署《京津冀反垄断执法和公平竞争审查协作协议》，制定《2021年京津冀市场监管政策措施抽查工作方案》，开展京津冀反垄断执法人员专项培训。

天　津　市

一、突出“五个着力”，实现全面落实公平竞争审查制度进入新阶段

一是着力提升统筹推动公平竞争审查工作能级。及时将市、区联席会议召集人调整为本级政府分管负责同志担任。全市完成审查新增政策措施文件1230件，对50件存量文件提出清理意见，并废止修订4件。

二是着力增强公平竞争审查工作的权威性和科学性。将公平竞争审查工作纳入市级政府部门绩效考评体系，试点开展对部分区级政府、市级政府部门落实公平竞争审查制度情况第三方评估，有效提升审查科学性。

三是着力推进公平竞争审查工作标准化建设。出版印发《天津市公平竞争审查工作规范指南手册》，实现将公平竞争审查嵌入文件办理系统，公平竞争审查

标准化建设初现成效。

四是着力扩大公平竞争审查影响力。举办公平竞争审查专题培训班，在全市开展专题培训 16 场次，参训共计 1200 余人次，实现全市各区、各街镇全覆盖。

五是着力深化京津冀区域协作优势。推动三地制定签署了《京津冀反垄断执法和公平竞争审查协作协议》，联合开展京津冀公平竞争审查交叉互评，实现三地交叉检查结果通报互认。

二、精准“三个发力”，反垄断执法取得突破进展

一是加大民生领域垄断行为查处力度。查办天津天药药业股份有限公司等实施横向垄断协议案件，对其固定、变更重要原料药价格行为罚没款总计 5077.82 万元。

二是全力配合查处全国性垄断大要案件。全程参与市场监管总局组织对阿里巴巴集团滥用市场支配地位案件查办，为平台经济领域监管执法积累了宝贵经验。

三是大力倡导公平竞争。制定出台天津市《反垄断合规指引》，进一步强化反垄断法宣传，有效指引市场主体经营行为。与南开大学竞争法研究中心签订战略合作协议，建立全国首个竞争政策创新实验室，对竞争政策进行创新性研究，强化竞争政策理论支撑。

河　北　省

一、高度重视竞争政策实施

省委深改委先后两次召开专题会议研究部署，制定《关于强化反垄断深入推进公平竞争实施的若干措施》。各级各部门制定涉及市场主体经济活动政策措施时均把反垄断纳入其中，从制度机制上推动构建高标准公平竞争秩序。

二、加强重点行业反垄断监管

以公用事业和平台经济为重点，组织开展专项执法行动，全省各级市场监管部门召开公用企业宣传会4119次，行政指导1527次，组织行业开展自查4635次，检查企业2190家，全省反垄断意识明显提高。同时，聚焦限定交易、妨碍生产要素自由流动等排除限制竞争行为，立案调查了沧州市城市行政管理综合执法局滥用行政权力排除、限制共享电动单车市场竞争案，维护市场竞争秩序。

三、全面落实公平竞争审查制度

发挥省公平竞争审查工作联席会议办公室牵头作用，制定出台《河北省公平竞争审查举报处理办法》《河北省公平竞争审查政策措施会审办法》《河北省公平竞争审查政策措施抽查办法》，提高公平竞争审查工作的制度化规范化水平。全省各级审查新出台政策措施4177件，修改调整38件，清理涉及市场主体经济活动的各类政策措施21475件，废止修订222件，有力规范政府行政行为。

四、提升竞争治理能力

建立省反垄断和反不正当竞争执法人才库和专家库。签订《京津冀市场监管执法协作框架协议》《京津冀反垄断执法和公平竞争审查协作协议》。召开反垄断和反不正当竞争执法新闻发布会，发布典型案例，形成有力震慑。

山　西　省

一、聚焦社会关注和民生领域加大案件查办力度

对山西省建设监理协会及其 175 家会员企业涉嫌达成垄断协议的违法行为予以立案调查；对朔州市蓝天机动车检测有限公司等 7 家机动车检测公司涉嫌构成固定商品价格，达成垄断协议的违法行为立案调查。对大同华润燃气有限公司涉嫌在建筑区划内以及户内管道燃气安装工程中滥用市场支配地位行为立案调查。同时，完成市场监管总局交办的核查任务和其他省局转来的协办核查任务 7 件。制定发布了《山西省经营者反垄断合规指引》，引导经营者建立和加强反垄断合规管理制度，防范垄断法律风险，保障企业持续健康发展。

二、聚焦政策措施推进公平竞争审查制度实施

2021 年全省共梳理存量政策文件 12419 份，废止 428 份，修订调整 252 份；对新增的 17108 份涉及市场主体经济活动的政策措施进行公平竞争审查，各级联席会议办公室共计抽查检查文件 3600 余份，通过抽查检查督促整改文件 136 份。省联席会议办公室会同相关部门通过查验资料、抽查文件等方式面对面指导，抽查检查文件 360 份，对 86 份存疑文件现场交换意见。举办专题培训班，共计 3000 余人参加，不断提升审查能力。

内蒙古自治区

一、扎实推进公平竞争审查制度全面落实

一是印发《关于贯彻落实〈公平竞争审查制度实施细则〉的通知》，要求各级公平竞争审查联席会议办公室及时按照《实施细则》的要求，印发《内蒙古自治区公平竞争审查工作政策措施抽查制度（试行）》和《内蒙古自治区公平竞争审查工作存量政策措施清理制度（试行）》，持续完善工作机制，统筹推进本地区公平竞争审查制度有序实施。**二是**发布《公平竞争审查第三方评估指南》，为第三方评估在程序和实体上提供更为具体细致、具有可操作性的指南。**三是**将公平竞争审查抽查列入政府督查工作计划，强化制度刚性约束。共抽查文件215份，发现涉嫌违反公平竞争审查标准文件5份，正在与政策措施出台部门核实确认。

二、改进反垄断执法方式，构建全区“一盘棋”统一高效执法体系

印发《内蒙古自治区反垄断工作指引》，对下级市场监管部门受委托核查反垄断案件线索的路径和方向等提供工作指引，进一步完善自治区局统一指挥调度、盟市局有效配合的反垄断执法机制。按照市场监管总局的委托，完成相关案件的调查工作，配合兄弟省、市对反垄断案件线索开展调查。在北京大学举办竞争执法和公平竞争审查业务培训班，全区市场监管部门执法业务骨干及自治区公平竞争审查厅际联席会议成员单位约100人参加培训。

三、坚持竞争倡导，培育竞争文化

印发《关于加大竞争政策宣传力度的通知》，对各级市场监管部门和公平竞争审查联席会议办公室在日常工作中深入开展竞争政策宣传提出明确要求。成立竞争政策宣传组，为各地开展竞争政策宣传提供有力支撑。自治区局多次深入基层开展竞争政策宣讲，培训人次达3000人。

辽　宁　省

一、持续加大民生领域反垄断执法力度

组织省、市反垄断执法业务骨干，对美团沈阳（直营）、鞍山（直营）、沈阳辽中（代理）3家机构和平台内9家商户，共计12家单位进行调查。完成某制药企业滥用市场支配地位不公平高价案、某市燃气有限公司涉嫌滥用市场支配地位指定交易案调查工作。配合市场监管总局对中国建筑玻璃与工业玻璃协会组织部分玻璃企业涉嫌垄断案补充调查，赴武汉开展某原料药生产企业反垄断案件调查。

二、加大行政性垄断案件调查力度

委托6个市市场监督管理局，对各市“多测合一”政策措施进行调查，推动自然资源部门主动废止相关文件或者修改不合理的政策。对某市公章刻制企业联名举报5区营商局涉嫌滥用行政权力排除、限制竞争行为进行调查。

三、开展反垄断“清源”专项行动

组织指导省直部门审查涉及市场主体的政策措施 1013 件，清理妨碍统一市场和公平竞争的政策措施 241 件；各市人民政府审查涉及市场主体的政策措施 49662 件，清理妨碍统一市场和公平竞争的政策措施 1429 件。

四、积极推进竞争文化倡导工作

各级联席会议加大宣传培训力度，建立审查政务微信号等方式，加强公平竞争审查培训，完成 5 个市政府、7 个省直部门的培训工作，参加人员 1000 余人次，努力营造公平竞争的良好社会氛围。

吉　林　省

一、加强公平竞争审查力度，深入推进公平竞争政策实施

全省共审查增量文件 5527 份，存量文件 4344 份，修改废止违反审查标准的文件 67 份。

一是联席会议提格扩容。调整联席会议组成人员，召集人提格为分管副省长担任，成员单位由 25 家扩充至省级主要政策制定机关 42 家，各地区参照省级模式推进，长春市、吉林市、通化市、白山市等已完成提格扩容，省级公平竞争审查工作联席会议首次实现省、市、县三级成员单位全部参加。**二是文件抽查形式多样。**对 2021 年出台的文件进行网络抽查，以发改、财政、住建、教育、粮食等部门为重点开展调研实地抽查，对近 3 年来出台的文件引入第三方评估全面抽

查，全年共抽查涉及市场主体经济活动的政策措施万余份，对发现的违反审查标准的文件积极督促相关部门整改。三是绩效考核应纳尽纳。将审查制度要求纳入政府绩效考评、营商环境评价指标体系和地市级人民政府质量工作评价全口径考核。

二、加强执法办案，保障市场主体公平竞争

聚焦关系民生和营商环境的重点领域，加强滥用行政权力排除限制竞争执法，核查行政性垄断案件 20 件，立案调查 2 件，纠正 4 件；立案调查垄断协议案件 1 件，核查滥用市场支配地位案件 2 件，维护公平竞争的市场环境。

三、加强竞争倡导，培育弘扬公平竞争文化

举办各类反垄断业务培训班，2021 年全省累计培训 1.4 万人，相关部门公平竞争理念不断深入。在市场监管总局官网、《市场监管报》头版、吉林卫视、《吉林日报》头版等媒体宣传倡导公平竞争理念 100 余次。在吉林省“服务企业周”活动对大型企业进行反垄断辅导，会同省委网信办召开平台企业行政指导会，26 家平台企业代表共同签署《吉林省互联网平台经营者依法合规经营倡议书》，不断提升企业公平竞争意识。

四、加强制度创新，提升反垄断监管效能

委托吉林大学开展全省公平竞争审查第三方评估，对 419 个市、县级政策制定机关近 3 年来出台的政策措施进行全覆盖、大起底式的评估，并将评估情况进行通报强化成果运用。制定《吉林省反垄断专家咨询制度》，面向社会公开选聘反垄断专家，强化外部智力支持。

黑龙江省

一、多措并举，全力推进公平竞争审查制度有效落实

一是开展“特定机构统一审”试点工作。在省、市、县人民政府3个层面同步开展“特定机构统一审”试点工作，解决自我审查标准不统一、审查质量不高等实际问题。二是落实重大政策措施会审制度。对拟以省政府名义出台的31项政策措施以及拟以市（地）级政府名义出台的117项政策措施提出了会审意见。三是持续开展存量清理和增量审查。清理2020年12月31日前的存量政策措施4231件，废止263件。审查2021年1~10月的增量政策措施5277件，修改调整15件。四是强化监督考核刚性约束。将公平竞争审查制度落实情况纳入省委2021年督查考核内容，印发督查方案，开展全面自查、网上交叉检查及实地督查。

二、突出重点，着力加大反垄断执法力度

核查燃气管道安装、共享单车等重点领域涉嫌垄断线索15件，办结案件3件，受市场监管总局委托调查中国建筑玻璃与工业玻璃协会等涉嫌垄断案件。召开行政指导会，督促省植保站将招标公告中设置的不合理门槛及时纠正，提高有关部门公平竞争意识。

三、加强宣传培训，全面提升反垄断和公平竞争审查意识

在《黑龙江日报》、微博、快手等媒介发布信息18条，播放量达56W+，宣

传反垄断和公平竞争审查工作情况及有关政策精神。采取权威专家授课、座谈交流、上门培训等形式，举办 3 期反垄断和公平竞争审查培训班，全面提升反垄断和公平竞争审查能力水平。

上 海 市

一、强化竞争政策实施试点有新进展，推进高水平制度型开放

建立临港新片区政策措施公平竞争集中审查机制，完成对临港新片区管委会公开发布的 149 份存量政策文件、6 份新增政策措施进行集中审查。开展企业竞争合规管理体系建设试点工作，探索开展长三角区域竞争状况试评估工作，对标 RCEP、CPTPP 等国际经贸规则，探索构建营商环境公平竞争子指标体系。出台《公平竞争审查举报处理试行办法》，建立投诉举报绿色通道并主动信息公开。继续打造“竞课堂”品牌，加强不同类别市场主体的竞争法律合规培训。

二、反垄断执法有新作为，推动形成高质量发展动力源

依法查处上海食派士商贸发展有限公司滥用市场支配地位“二选一”案，组织对本市 9 家平台企业整改情况开展督查评估，提出整改指导意见，规范平台经济领域竞争秩序。对南京宁卫医药有限公司滥用市场支配地位销售氯解磷定原料药垄断行为作出行政处罚，配合总局对阿里巴巴、美团、玻璃行业协会、先声药业、扬子江药业等多起案件进行查处。

三、公平竞争审查工作步入新阶段，促进实现经济循环畅通

组织召开市公平竞争审查联席会议全体会议。对全市各政策制定机关近两年来出台的 802 份规范性文件进行自查，抽取 114 份规范性文件进行重点核查。实施市级政策文件公平竞争审查三级把关，共审查政策措施 25 件。组织实施第三方评估，开展公平竞争审查业务培训和“长三角公平竞争审查技能提升立功竞赛”。组织对各区公平竞争审查制度实施情况进行执法检查考核，将公平竞争审查工作纳入本市法治政府建设实地督查。

江　苏　省

一、聚焦主责主业，攥起执法办案的“硬拳头”

依法对宜兴港华燃气垄断案处罚 4044.22 万元，对樟脑原料药垄断案处罚 1688.42 万元。核查 20 余件行政垄断线索，抓好 5 起排除、限制竞争行为的督促整改。协调系统执法力量 100 余人次，协助对阿里、美团等垄断案开展调查取证。联合行业主管部门开展安责险领域等研究，强化理论支撑。

二、强化刚性约束，谋划公平竞争审查的“新招式”

省公平竞争审查联席会议实现提档升格，分管副省长担任召集人并召开联席会议全体会议。部署开展公平竞争审查交叉互查，督促纠正 8 件有违公平竞争的政策措施，将公平竞争审查纳入 2021 年省级督查检查考核计划。开展公平竞争审查制度第三方评估，发布公平竞争审查白皮书。指导南京上线全国首家公平竞争

审查监测评估系统，推动6个地级市开展第三方评估工作，持续强化公平竞争审查刚性约束。

三、坚持多措并举，打好竞争倡导的“组合拳”

举办全省公平竞争审查业务培训班，参加长三角地区“公平竞争审查业务能力提升行动”技能竞赛，提升审查业务水平。出台江苏省经营者反垄断合规指引，对67家重点医药企业、91家公用事业、140家行业协会开展合规培训。集中对全省奔驰4S店开展现场反垄断宣讲，辅导长安马自达、SK新能源、斯堪尼亚3家企业完成经营者集中申报，提升企业公平竞争意识。

浙　江　省

一、强化平台经济反垄断监管

组建省平台经济工作专班，省委、省政府在全国率先制定出台《关于进一步加强监管促进平台经济规范健康发展的意见》，项目化、清单式予以落实。创新上线全国首个平台经济数字化监管系统“浙江公平在线”，建立全链条闭环监管机制。制定出台全国首个平台企业竞争合规指引，组织开展重点平台竞争合规评估，组建反垄断专家指导委员会，开展组合式反垄断合规辅导。对全省平台企业开展自查整改和评估督导，督促阿里巴巴集团全链条、全方位、全过程自查整改，促进平台经济持续健康发展。

二、全面实施公平竞争审查制度

审查增量政策文件10432份，经审查修改或不予出台的50份；共清理存量政策文件 7313 份，经清理修订、废止 505 份。下发贯彻落实《公平竞争审查制度实施细则》的意见，压实地方和部门主体责任，强化公平竞争审查刚性约束。开展全省妨碍统一市场和公平竞争政策措施专项清理“回头看”活动，开展全省滥用行政权力排除限制竞争行为交叉检查，坚决打破市场壁垒和地方保护。

三、强化全链条反垄断监管

开展重点企业反垄断合规辅导，引导企业健全反垄断合规体系，防范反垄断合规风险。以自然垄断行业、民生领域为重点，立案调查涉嫌垄断案件 7 件，其中对公牛集团股份有限公司罚款 2.95 亿元，为全国省级反垄断执法机构处罚金额最大的案件。组织对自然垄断行业市场竞争状况进行评估，不断夯实执法基础。

安　徽　省

一、围绕主责，不断加大反垄断执法力度

受市场监管总局委托对美团涉嫌垄断行为进行调查。对滁州市凤阳县某供水公司、芜湖市湾沚区某燃气公司涉嫌滥用市场支配地位行为立案调查，对蚌埠市怀远县 10 家瓶装液化气经营者涉嫌垄断案进行检查。办结马鞍山和县人民政府及住建局、淮北市濉溪县住建局滥用行政权力限定燃气经营价格案件，查办安徽省老龄工作委员会办公室在老年保险领域滥用行政权力限定交易行为并予以公示。组织召开社区团购平台企业宣传告诫会，对省政府拟出台的涉及平台经济的政策措施以及与相关平台企业签署的合作协议进行公平竞争审查复审。

二、多措并举，深入推进公平竞争审查工作

组织召开 2021 年省级公平竞争审查联席会议全体会议，对 2020 年工作不到位的市依照考核细则予以扣分。联合开展长三角地区公平竞争审查业务技能竞赛并取得良好成绩，建立长三角地区政策措施互查机制，组织开展长三角地区 2021 年公平竞争审查交叉检查，对政府政策措施实行起草单位初审、市场监管部门复审的审查机制，不断提升审查效能。

三、完善机制，夯实执法工作基础

建立全省反垄断执法人才库，制定优化反垄断执法机制办法，完善反垄断执法装备保障，与上海市、江苏省、浙江省（市）局共同建立反垄断执法协作平台，形成季度会商机制，推动形成执法合力。

福　建　省

一、向垄断“亮剑”，反垄断执法取得新突破

依法查办 5 起行政性垄断案和 1 起垄断协议案，“福建反垄断第一案”被评为福建省首届“十大法治事件”。积极指导省内有关企业开展经营者集中审查申报，联合龙岩市市场监督管理局组织召开龙岩市房地产中介领域反垄断合规指导会，促进行业持续健康发展。

二、为市场“护航”，公平竞争审查取得新成效

将公平竞争审查有关内容纳入新修订的省政府规章《福建省行政规范性文件备案审查办法》，在起草地方性法规《福建省优化营商环境条例》《福建省促进公平竞争条例》时，预设公平竞争审查条款，推动公审制度纳入法治轨道。将公平竞争审查工作纳入省委法治政府建设示范创建指标考核和省政府绩效考评体系，由省政府分管领导担任联席会议召集人并召开全体会议，各地市均已调整市政府分管领导为联席会议召集人，不断完善公平竞争审查工作机制。指导各地市以政策措施增量审查、存量清理为手段，大量减少政府部门对微观经济的不当干预，有效遏制市、县层面地方保护、指定交易等损害营商环境的行政行为。

三、以法治“保驾”，公平竞争制度建设取得新进展

积极推动《福建省促进公平竞争条例》修法项目，将反垄断、竞争政策基础地位、公平竞争审查等相关内容纳入，进一步完善公平竞争法律制度体系。

江　西　省

一、加强反垄断执法力度

对丰城市预拌混凝土协会及 9 家成员公司作出罚没 2.86 亿元的行政处罚，对公用事业和中介行业垄断案件继续开展调查；立案查处纠正 4 起滥用行政权力排除、限制竞争行为，责令纠正 1 起滥用行政权力排除、限制竞争行为，配合协助总局对电商平台、医药、中介、建材等领域开展反垄断调查。对相关平台经营

者实施“二选一”涉嫌垄断行为涉及江西省相关平台内商户、美团部分代理商及直营机构开展调查，组织召开社区团购平台依法合规经营行政指导工作会，引导平台经营者强化合规经营意识。

二、推进公平竞争审查制度

建立《江西省公平竞争审查抽查机制》，印发《江西省公平竞争审查第三方评估实施方案》，完善机制建设。全省共对 1454 件相关政策措施进行了公平竞争审查。通过第三方评估机构，对江西省 5 个设区市、3 个省直管试点县（市）政府及部分部门的公平竞争审查工作情况进行全面评估。组织部分地区开展了交叉审查工作，拓展审查方式，提高审查工作质量。对基层开展公平竞争审查业务授课，开展《公平竞争审查制度实施细则》宣传解读，切实提升公平竞争审查能力。

三、推行竞争政策强化队伍建设

组织省内平台经济、教育、粮食、医药、保险、水泥等 60 余家重点企业和相关重点行业协会开展了经营者反垄断合规指导培训，切实提升企业法律意识通过“以案代训”的方式，选拔 50 余名基层一线执法骨干参与反垄断案件的查办工作，提升执法人员办案能力和业务水平。

山　东　省

一、狠抓执法办案，树立反垄断执法权威

一是加强民生领域反垄断执法。全年共查办滥用市场支配地位案 5 件、垄断协议案 4 件，涉及原料药、建材、供水、供热等多个领域。办结 2 件，其中

依法对淄博多家水泥企业的垄断协议行为处罚 2.28 亿元。**二是强力破除行政性垄断。**立案查办滥用行政权力排除、限制竞争行为 8 件，办结 5 件，涉及药品配送、二手车交易、共享单车等多个领域。**三是圆满完成反垄断协查任务。**协助总局对 5 起重大案件开展调查，协助外省完成 3 次调查，核查涉嫌垄断线索 20 余件。

二、对标一流标准，推进公平竞争审查工作

一是提升公平竞争审查工作格局。省公平竞争审查联席会议召集人调整由分管副省长担任，印发贯彻落实《公平竞争审查制度实施细则》的通知，督促各级政府和部门对照 2020 年典型问题进行举一反三、自查自纠，防止相关问题发生。**二是强化重大政策“会审制”。**省联席会议办公室对省直有关部门或专班代省政府起草的 140 余件政策文件作出咨询回复，共发现 70 余处涉嫌违反审查标准的内容，及时提出修改建议；对以省政府和部门名义印发的 50 多个专项规划进行公平竞争审查再把关。**三是持续开展存量专项清理。**共梳理涉及市场主体经济活动的现行有效政策措施 9616 件，修改、废止问题文件 50 件。**四是大力推进第三方评估。**制发《山东省实施公平竞争审查制度综合评估指标体系（2021）》，委托第三方机构进行评估，推进制度落实生效。

三、加强宣传培训，营造公平竞争市场环境

省委组织部将反垄断法律制度和竞争政策列入 2021 年重点培训计划，并由省市场监督管理局在 10 月举办专题培训班，对各市政府分管负责同志、省公平竞争审查联席会议成员单位负责同志等进行专题培训，收到良好效果。

河　南　省

一、加大垄断违法行为的查处力度

对涉及原料药、中药材、住建、信用、汽车、医药配送、燃气、共享单车等领域的26个案件线索进行核查，配合市场监管总局对阿里巴巴、美团、中国建筑玻璃协会等重大案件进行调查，配合兄弟省、市对涉及医药领域的相关案件进行核查。

二、推动公平竞争审查制度深入开展

建立由副省长为召集人的省公平竞争审查工作联席会议制度。推动将公平竞争审查工作纳入省委2021年督查检查考核计划和法治河南（法治政府）建设考核。组织开展对各省辖市、济源示范区、各省直管县（市）的公平竞争审查工作情况的第三方评估，联合省司法厅开展政策措施专项清理，共梳理文件14512份，发现含有歧视性和不公平市场待遇内容的文件28份，已修改或废止7份，拟修改或废止21份，不断提高审查质量和效果。

三、强化竞争意识宣传引导

与河南省电视台联合录制了反垄断和反不正当竞争专题节目，增强社会对反垄断认识。召集驻豫19家互联网平台企业召开河南省规范平台企业竞争秩序行政指导会，签订《反垄断合规经营承诺书》，强化企业公平竞争意识。

湖 北 省

一、加强反垄断执法

组织开展制止滥用行政权力排除、限制竞争行为专项行动，督促纠正涉嫌行政垄断行为10起。配合市场监管总局对平台经济领域开展反垄断执法，及时约谈省内相关平台企业，指导企业合规经营；配合市场监管总局和其他省局核查原料药、建材、家电等领域举报案件线索20件，依法立案1起。

二、落实公平竞争审查制度

明确由分管副省长担任联席会议召集人，将公平竞争审查制度落实情况纳入质量工作考核体系和法治化营商环境考核内容。出台《湖北省公平竞争审查会审办法》，开展审查制度落实情况专项抽查，开通公平竞争审查网络举报系统，开设网络专栏，畅通投诉举报和回应渠道。组织开展审查政策业务培训117次。全省共开展督查452次，下达督导函127件，组织开展第三方评估73次；审查政策措施4008件，出台3918件；清理政策措施13132件，其中修改、废止1189件，切实提升审查质效。

三、加强竞争倡导

约谈相关行业协会及企业，加强对供水、供气等公用企业配套工程建设市场竞争状况的调查分析，督促相关协会和企业加强合规经营。举办企业法律培训班和系统工作人员业务培训班，印发《企业反垄断合规管理文件汇编》3000本，不断提升企业公平竞争合规能力。建立省市场监督管理局反垄断专家库，选聘省内外35名专家、学者，开展竞争政策及法律咨询以及反垄断执法重大案件论证。

湖　南　省

一、双管齐下，扎实推进反垄断执法

一是着力查办案件。协助市场监管总局查办阿里巴巴、美团等案件。先后对公职人员体验、学生视力检测、学生校服、旅游、医药购销等领域行政部门涉嫌滥用行政权力排除限制竞争线索进行了核查，相关行政部门均进行了改正。对驾驶培训、工业用气、高速公路安责险、通信行业涉嫌垄断问题进行立案调查。**二是着力夯实基础。**制定出台《进一步加强反垄断执法工作的指导意见》《湖南省经营者反垄断合规指引》等文件，在《湖南日报》《中国市场监管报》等媒体大力宣传政策法律、反垄断执法与公平竞争审查工作情况，举办全省系统反垄断执法与公平竞争审查工作培训班。

二、多措并举，全面推进公平竞争审查工作

一是组织领导不断加强。省公平竞争审查工作联席会议提格，由分管副省长出任召集人。将公平竞争审查工作纳入省直单位和市、州政府绩效考核，并作为省委依法治省优化法治化营商环境和自贸试验区建设的重要内容。**二是审查制度不断完善。**出台《湖南省增量政策措施公平竞争审查指南》，起草《中国（湖南）自由贸易试验区政策措施公平竞争审查工作规则》，印发《关于贯彻落实〈公平竞争审查制度实施细则〉的通知》。**三是审查质量不断提升。**全省共审查政策措施 5000 余件，对存量文件进行清理，修订 193 件，废止 161 件。省联席会议办公室组织第三方机构对株洲等 7 市公平竞争审查工作进行评估，共抽查涉及市场主体经济活动的规范性文件 344 件，抽查发现涉嫌排除、限制竞争问题的文件 12 件，督促相关地方政府和部门及时整改。

广 东 省

一、推动竞争政策先行先试

推动省政府印发《广东省进一步推动竞争政策在粤港澳大湾区先行落地的实施方案》，加强工作组织保障。

二、加强和改进反垄断执法

开展原料药、饲料、平台企业、玻璃行业等系列反垄断执法行动，查处教育部门、交通、交警部门滥用行政权力排除、限制竞争案件，配合市场监管总局对阿里巴巴、美团等企业开展反垄断调查，建立平台企业反垄断合规风险提示机制，引导平台经济健康发展。

三、提升公平竞争审查制度效能

省公平竞争审查工作部门间联席会议召集人调整为分管副省长，在深圳市等 3 个市开展公平竞争审查报送制度试点工作，批准深圳市通过建立独立审查机构、广州市通过引入第三方评估方式开展第三方独立审查制度试点。联合 5 部门梳理抽查招投标领域文件 2636 件，发现涉嫌违反公平竞争审查标准政策措施 127 件。

四、强化公平竞争倡导

全省共组织培训 82 次，参训人员超 2000 人次。举办两期反垄断和公平竞争审查业务培训班，约 150 人次参训。开辟“竞争课堂”，加紧制定出台《广东省平台企业反垄断合规指引》和《粤港澳大湾区企业竞争合规手册》，加强反垄断合规辅导，提升企业合规能力。

广西壮族自治区

一、持续强化反垄断执法

核查涉嫌垄断线索 34 条，办理垄断案件 8 件，新立案 5 件，结案 1 件，有效维护市场公平竞争。加强平台经济监管，配合市场监管总局对美团案开展调查。组织 25 家区内外平台企业召开广西互联网平台企业行政指导会，对阿里巴巴、拼多多等 5 家平台进行一对一约谈，有力规范市场秩序。

二、扎实推进公平竞争审查制度实施

出台《公平竞争审查工作操作指引》，将推进落实公平竞争审查制度工作情况纳入 2021 年广西优化营商环境、对设区市依法治市和质量工作等考评体系。出台《中国（广西）自由贸易试验区强化竞争政策实施试点方案》，推动在自贸试验区创新工作举措。全年会审复核以政府名义出台的涉及市场主体经济活动的各类政策措施 1807 件，存量清理 8193 件，废止修订 116 件。

三、大力倡导竞争文化

制作《公平竞争审查制度若干问题解读》微课，发放《公平竞争小知识》宣传材料，加强对竞争政策的宣传。举办全区公平竞争审查业务培训班、培训人员1600余人次。

海　南　省

一、立法先行，构建公平竞争法治环境

建立“海南自由贸易港公平竞争委员会”，由省政府分管领导担任主任，统筹协调公平竞争政策实施。出台全国首部公平竞争条例，制定出台公平竞争审查举报处理暂行办法、第三方评估办法、抽查工作暂行办法、会审工作暂行办法等5项工作制度，公平竞争制度体系建设加速推进。

二、突出重点，营造公平竞争制度环境

审查增量政策措施5094件，经审查修改出台的政策措施1597件，不予出台的政策措施23件；梳理政策措施5352件，修改废止80件妨碍统一市场和公平竞争的政策措施，审查成效不断提升。开展市、县（区）政府政策措施交叉抽查，将公平竞争审查制度落实情况纳入年度法治政府建设考核评估指标和全省质量工作建设考核指标，开展落实公平竞争审查制度情况第三方评估，推动修改废止44件政策措施，以评估促改进、强落实的实效显现。

三、规范扶正，促进公平竞争市场环境

依法调查、办理2起涉嫌垄断协议案件，根据市场监管总局委托完成4起案件调查，依法协助其他省局开展2起案件调查。与浙江省、上海市构建数据共享、协同治理的网络交易监管工作机制，与多家平台签订合作协议，完善平台竞争治理机制。加强宣传培训，率先编印《海南自由贸易港公平竞争审查学习辅导百问》《海南自由贸易港公平竞争审查案例汇编》学习读本，为政策制定机关公平竞争审查提供学习指导。

重　庆　市

一、制度机制不断完善

建立反垄断反不正当竞争部门联席会议制度，共计25个成员单位。调整由市政府分管副市长任公平竞争审查工作联席会议召集人，制定《重庆市涉公平竞争审查举报处理办法》《公平竞争审查会审工作规范》等系列制度，将公平竞争审查工作纳入市委督查项目，制定《公平竞争审查督查评价指标》，强化审查刚性约束。制定《网络社区团购合规经营指南》，有效规范网络社区团购市场竞争秩序。创新开展市场竞争状况评价工作，制定完善指标评价体系。

二、监管执法日益强化

对丰都县2家混凝土企业垄断协议案处罚2312.88万元，对巫山县5家液化气充装企业垄断协议案处罚6.84万元。对永康燃气公司涉嫌滥用市场支配地位案、江津区6家液化气充装企业涉嫌垄断协议案、太极医药集团涉嫌垄断协议案

开展立案调查。查处 3 件地方政府出台产业政策、招标投标中滥用行政权力排除限制竞争行为案件。

三、公平竞争审查深入推进

全市审查新增政策措施 3455 件，修订出台 63 件。组织开展对 4 个市级部门、8 个区、县公平竞争审查制度落实情况第三方评估，指导 13 个区、县开展公平竞争审查第三方评估工作。“创新公平竞争审查第三方评估机制”入选我市第一批法治政府建设示范项目。

四、公平竞争文化逐步深入

联合市级相关部门对 15 家网络平台进行行政约谈和指导，编印《反垄断法律条文及案例汇编》《经营者反垄断合规知识集锦》等资料，公开曝光反垄断典型案例和妨碍公平竞争政策措施的典型事例，制定印发公平竞争审查案例选编，举办政策解读和操作培训班，制作竞争政策宣传微视频 3 件，进一步弘扬竞争文化。

四　川　省

一、持续强化反垄断执法

一是配合市场监管总局对阿里巴巴案、美团案等进行调查，对泸州老窖等川酒企业开展现场核查。**二是**办结富顺县天然气有限责任公司滥用市场支配地位案，处罚 165.83 万元；对简阳海天水务涉嫌滥用市场支配地位行为及时立案调查。**三是**对 6 家川酒企业召开反垄断提醒告诫会，发挥警示作用。

二、不断推进公平竞争审查工作

四川省市场监督管理局共审查政策措施56件，省直机关审查政策措施167件。全省各市、州共初审各类政策措施140358件，其中涉及市场主体经济活动文件28087件，需修改调整48件，适用例外规定24件。委托四川大学、西南财经大学、西南政法大学对省市场监督管理局、省发改委、成都市公平竞争审查联席会议开展第三方评估工作。制定《川渝公平竞争审查第三方交叉评估工作方案》，组织四川省绵阳市和重庆市北碚区进行第三方交叉互评，深化川渝公平竞争审查合作。推动各省直机关指定内部特定机构统一审查和把公平竞争程序嵌入到发文流程，部分市、州将公平竞争审查纳入全市公文办理流程，持续完善内部审查机制。

贵　州　省

一、反垄断执法全面深入

聚焦公用事业、平台企业、液化气、药品等领域，启动反垄断线索核查12件，立案6件。查处遵义市气象局滥用行政权力排除、限制竞争案，立案调查贵州水投水务威宁公司、滴滴网约车兴义代理商涉嫌滥用市场支配地位垄断案和遵义市中心城区瓶装液化气行业协议垄断案，立案调查遵义市综合行政执法局、遵义市正安县综合行政执法局涉嫌滥用行政权力排除、限制竞争案。

二、公平竞争审查工作向纵深推进

将落实公平竞争审查制度纳入《贵州省优化营商环境条例》及考核体系，召开2021年省公平竞争审查联席会议全体会议，下发《关于深入贯彻落实〈公平竞争审查制度实施细则〉的通知》，审查增量政策4145件，调整出台33件；清理存量政策4068件，废止85件。对全省260人进行竞争政策宣传培训，提高对公平竞争审查制度的系统认识。

三、抓实反垄断合规建设

制定发布《贵州省行业协会和经营者反垄断合规指引》，对中石油、茅台集团等60余家企业和协会进行合规培训，以“公平竞争　和谐发展”为主题开展20期以案释法反垄断宣传，提升全社会公平竞争意识。

云　南　省

一、不断强化反垄断执法

2021年，立案查处垄断案件4件，接受市场监管总局委托调查和协助调查案件4件，协助其他省局调查案件4件。下发《关于进一步加强和规范垄断案件线索管理工作的通知》等工作规则，指导州（市）做好垄断线索的收集、研判和上报，进一步健全和完善反垄断执法工作机制。

二、扎实推进公平竞争审查制度实施

一是充分发挥联席会议统筹协调和监督指导作用。印发《关于做好2021年公平竞争审查重点工作的通知》，召开省公平竞争审查工作部门联席会议第五次全体会议，部署下一步重点工作。

二是组织开展公平竞争审查第三方评估。对省公平竞争审查部门联席会议成员单位等部门落实公平竞争审查制度和营造公平竞争制度环境情况开展第三方评估，推动公平竞争审查制度深入实施。

三是强化制度刚性约束。2021 年共审查增量文件 11885 件，经审查修改 80 件，建立健全公平竞争审查举报处理和回应机制，强化监督考核作用，提升审查效能。

西藏自治区

一、反垄断执法实现新突破

立案查处反垄断案件 3 件，积极协助市场监管总局依法调查美团（拉萨）公司涉嫌“二选一”滥用市场支配地位案，切实维护市场公平竞争。

二、公平竞争审查展现新作为

贯彻落实《公平竞争审查制度实施细则》，指定专门负责本单位公平竞争审查工作的机构等。出台《西藏自治区公平竞争审查工作厅际联席会议制度》《关于进一步加强公平竞争审查工作的意见》。组织第三方评估机构抽取自治区 4 个部门和林芝市、日喀则市 4 个部门政策文件 240 件，经评估存在问题的政策措施文件 59 件。清理政策措施文件 465 件，需废止、修改的政策措施 19 件，其中向政府提出废止、修改要求的文件 12 件，修改 4 件，废止文件 3 件。

陕 西 省

一、强化重点领域反垄断监管

办理市场监管总局交办核查线索和委托调查案件3起，协助其他省核查垄断案件2起，在办垄断协议案件1起，办结滥用市场支配地位案件1起。查处陕西省水务集团泾阳县供水有限公司滥用市场支配地位案件。印发《粮食购销领域反垄断核查整治指引》，开展相关领域反垄断核查工作。

二、强化公平竞争审查制度实施

召开2021年度省级公平竞争审查工作联席会议全体会议，委托第三方机构西安交通大学对我省公平竞争审查制度实施情况开展评估工作。

三、强化经营者反垄断合规指导

出台《陕西省经营者反垄断合规指引》，从反垄断合规管理、反垄断合规风险识别、反垄断合规风险应对等方面引导企业和协会建立完善反垄断合规制度，降低竞争合规风险。

四、强化反垄断人才队伍建设

通过线上、线下多种形式提升各地市市场监管系统公平竞争审查及反垄断执法能力，建立陕西省反垄断专家智库，进一步发挥外部智力支持。

甘　肃　省

一、强化协调指导，全力推进公平竞争审查制度落实

充分发挥各级公平竞争审查工作联席会议的作用，对全省贯彻落实新修订的《公平竞争审查制度实施细则》（以下简称实施细则）作出全面安排部署。组织对10个省级成员单位和8个市、州政府开展第三方评估，督促各地各部门强化审查工作，组织开展全省公平竞争审查工作督查和交叉检查；为省直部门和市、州政府提供有关公平竞争政策咨询意见82件（次），审查政策措施4982件，其中修订废止81件；清理存量政策措施33502件，修订废止29件，适用例外规定2件，不断提高审查质量和效果。

二、加大执法力度，着力抓好市场垄断案件调查工作

组织核查涉嫌市场垄断线索9条，摸排甄别行政性垄断问题线索17条，立案调查滥用行政权力排除、限制竞争案件5起，办结3起。依法公布办结案件，达到以案释法的目的。

三、完善工作机制，为推进工作落实提供制度保障

与青海省市场监督管理局签署《反垄断执法和公平竞争审查工作合作协议》，建立反垄断和公平竞争审查区域合作机制，助力兰西城市群建设高质量发展。研

究起草《甘肃省经营者反垄断合规指引》《甘肃省市场监督管理局竞争政策专家库管理办法》，夯实制度支撑。

青　海　省

一、加强反垄断执法

对省内某行政单位涉嫌滥用行政权力排除限制竞争行为，依法依规责令该单位限期整改。组织全省10余家企业召开互联网平台经济及相关领域反垄断反不正当竞争提醒告诫会，进一步规范我省互联网平台经济及相关领域市场秩序。

二、不断健全审查机制

联合省发展改革委等共同印发《关于落实〈公平竞争审查制度实施细则〉进一步健全公平竞争审查工作机制的通知》，出台《青海省公平竞争审查投诉举报受理回应制度（试行）》《青海省公平竞争审查政策措施抽查制度（试行）》《青海省重大政策措施公平竞争审查会审制度（试行）》三项制度，进一步推进公平竞争审查规范性建设。召开省级公平竞争审查工作联席会议，部署重点工作。抽查各地区、各部门门户网站公开的涉及市场主体经济活动的规章、规范性文件和其他政策措施369件。全省各地区、各部门共审查各类文件586件，修改调整5件，梳理存量政策340件，废止修订17件。

三、加强培训宣传

举办反垄断暨公平竞争审查业务骨干培训班，进一步提高我省反垄断工作执法水平。对部分地区和部门开展"送学上门"培训指导。编制印发《反垄断和公平竞争审查制度文件汇编》，全年发放宣传材料 3000 余份。

宁夏回族自治区

一、加强反垄断执法工作

梳理摸排涉嫌垄断案件线索 11 条，立案 7 起，结案 1 起，协助调查“美团二选一”等 5 起案件，案件类型涵盖垄断协议、滥用市场支配地位及行政性垄断。印发《宁夏回族自治区市场监督管理部门反垄断执法规定》《反垄断执法人才库建设与管理办法》，建立全区全系统竞争执法专业人才库，提高执法效能。

二、强化公平竞争审查

召开自治区公平竞争审查联席会议全体会议，印发 2021 年工作要点。制定《自治区公平审查第三方评估办法》，全区 28 个公平竞争审查工作联席会议均由各级政府分管领导担任召集人，实现联席会议制度全覆盖。协调推动将公平竞争审查工作纳入自治区党委政府对市县（区）效能目标考核，并写入《自治区优化营商环境条例》，推动在全区政务协同办公系统中统一嵌入审查流程，使审查成为出台政策的必经程序。各级政策制定机关审查增量文件 8195 份、修改调整 63 份、适用例外规定 2 份，清理 2020 年以前出台的存量文件 9493 份、修改 94 份，形成良好工作局面。

三、深化竞争文化倡导

举办“全区公平竞争审查制度电视电话专题培训会”，深入市、县进行指导和培训，宣传反垄断典型案例。通过集中宣传、媒体报道、制作短视频、抖音在线直播执法行动等方式宣传竞争法律和职责成果，积极营造公平竞争的社会氛围。

新疆维吾尔自治区

一、坚持执法为民，强化反垄断执法力度

加大民生等重点领域线索排查力度，核查各类涉嫌垄断线索 12 项，立案调查 4 起。立案查处并纠正某县人民政府滥用行政权力排除限制竞争行为，及时向社会公布，产生良好的法律效果和社会效果。

二、坚持竞争政策基础地位，深入推进公平竞争审查

积极推动将落实公平竞争审查制度作为自治区党委和政府考核指标，在全国先行先试“两机制一制度”，完成三级政府 14 个部门第三方评估工作，抽查文件 280 件，及时督促相关部门（单位）抓好整改。检查各级政府官方网站 99 个、抽查文件 2.6 万余份，对抽查发现的排除、限制竞争问题及时整改。全区共审查新出台政策措施 8400 余件，存量政策措施 5.2 万余件，废止和修订政策措施 125 件，适用例外规定 1 件，不断提升公平竞争审查工作效能。累计组织 2000 余人次参加培训，刊发公平竞争审查新闻信息 10 余篇，大力倡导竞争文化。

新疆生产建设兵团

一、科学安排部署，公平竞争审查工作机制不断优化

印发《兵团公平竞争审查工作第三方评估实施方案》等文件，建立了两制度两机制和局内部公平竞争审查制度，进一步健全审查机制，促使各师市、各部门工作向纵深推进。

二、创新审查方式，通过第三方评估助推公平竞争审查走深走实

首次引入第三方评估机制，对两家兵团联席会议成员单位兵团司法局、住建局，三家师市联席会议成员单位第三师交通运输管理局、第七师商务局和第八师卫生健康委开展了第三方评估，以评估“倒逼”各师市、各部门深入贯彻落实公平竞争审查制度。审查梳理政策措施 8392 件，纳入公平竞争审查的政策措施 890 件，清理废除的文件 10 件，修订后有效的政策措施 1 件。先后就部分部门、师市在相关行业领域限定交易及地方保护行为建议政策制定机关及时纠正其妨碍竞争的政策和行为，保障各类市场主体平等参与市场竞争。

三、强化执法，竞争监管取得突破

聚焦市场主体反应比较强烈、问题比较集中的行政性垄断，组织开展专项整治行动，维护公平竞争市场秩序。

第九章

大事记

2021 年 1 月 14 日，市场监管总局附加限制性条件批准思科系统公司收购阿卡夏通信公司股权案。

2021 年 1 月 21 日，云南省市场监督管理局对蒙自四通泰兴供水有限公司滥用市场支配地位案作出行政处罚决定，共处以罚款 249.54 万元。

2021 年 1 月 21 日，云南省市场监督管理局依法纠正德宏州人民政府办公室滥用行政权力排除限制竞争行为；江西省市场监督管理局依法纠正安福县水利局滥用行政权力排除、限制竞争行为；湖北省市场监督管理局依法纠正鄂州市住房和城乡建设局、荆门市自然资源和规划局滥用行政权力排除、限制竞争行为。

2021 年 1 月 22 日，市场监管总局对先声药业集团有限公司滥用市场支配地位案作出行政处罚决定，共处以罚款 1.007 亿元。

2021 年 1 月 27 日，市场监管总局对珠海华发物业管理服务有限公司与北京仲量联行物业管理服务有限公司设立合营企业未依法申报违法实施经营者集中案作出行政处罚决定，共处以罚款 70 万元。

2021 年 1 月 28 日，山东省市场监督管理局对淄博联和水泥企业管理有限公司等 8 家水泥企业达成并实施垄断协议案作出行政处罚决定，共处以罚款 2.28 亿元。

2021 年 1 月 29 日，福建省市场监督管理局依法纠正福州市交通运输局滥用行政权力排除限、制竞争行为；重庆市市场监督管理局依法纠正巴南区人民政府办公室滥用行政权力排除、限制竞争行为；山东省市场监督管理局依法纠正日照市卫生健康委员会、临沂市兰山区卫生健康局滥用行政权力排除、限制竞争行为。

2021 年 2 月 7 日，国务院反垄断委员会发布《国务院反垄断委员会关于平台经济领域的反垄断指南》。

2021 年 2 月 9 日，福建省市场监督管理局依法纠正宁德市古田县人民政府滥用行政权力排除、限制竞争行为。

2021 年 2 月 20 日，重庆市市场监督管理局对重庆巫山县兴隆石化等 5 家企业达成并实施垄断协议案作出行政处罚决定，共处以罚款 6.84 万元。

2021 年 2 月 23 日，市场监管总局对宝能汽车集团有限公司收购观致汽车有限公司股权未依法申报违法实施经营者集中案作出行政处罚决定，处以罚款 35 万元。

2021 年 2 月 23 日，市场监管总局对中山乐兴企业管理咨询有限公司通过合同取得深圳市索菱实业股份有限公司控制权未依法申报违法实施经营者集中案作出行政处罚决定，处以罚款 30 万元。

2021 年 2 月 24 日，市场监管总局对武汉金宇综合保税发展有限公司与敦豪物流（北京）有限公司设立合营企业未依法申报违法实施经营者集中案作出行政处罚决定，处以罚款 30 万元。

2021 年 2 月 26 日，河南省市场监督管理局依法纠正洛阳市城市管理局滥用行政权力排除、限制竞争行为；吉林省市场监督管理厅依法纠正长春市经济开发区财政局等单位滥用行政权力排除、限制竞争行为。

2021 年 3 月 2 日，"强化反垄断执法"专栏在市场监管总局官网首页上线。

2021 年 3 月 4 日，市场监管总局反垄断局派员参加了线上举行的第二十届国际竞争大会。欧盟委员会执行副主席兼竞争事务专员玛格丽特·维斯塔格、德国联邦卡特尔局局长安德烈斯·蒙特等出席开幕式。

2021 年 3 月 12 日，市场监管总局对滴滴移动私人有限公司与软银股份有限公司设立合营企业、上海东方报业有限公司与北京量子跃动科技有限公司设立合营企业、银泰商业（集团）有限公司收购开元商业有限公司股权、腾讯控股有限公司收购猿辅导股权等 10 起违法实施经营者集中案件作出行政处罚决定，对涉案企业分别处以 50 万元罚款。

2021 年 3 月 12 日，四川省市场监督管理局对富顺县天然气有限责任公司滥用市场支配地位案作出行政处罚决定，共处以罚款 165.83 万元。

2021 年 3 月 22 日，市场监管总局对弘云久康数据技术（北京）有限公司与上海云鑫创业投资有限公司设立合营企业未依法申报违法实施经营者集中案作出行政处罚决定，对涉案企业分别处以罚款 50 万元。

2021 年 4 月 8 日，市场监管总局副局长甘霖在北京主持召开第七届金砖国家国际竞争大会第二次筹备工作会。

2021 年 4 月 10 日，市场监管总局对阿里巴巴集团控股有限公司在中国境内网络零售平台服务市场垄断案作出行政处罚决定，共处以罚款 182.28 亿元。同时，向阿里巴巴集团发出《行政指导书》，要求其进行全面整改。

2021 年 4 月 12 日，甘肃省市场监督管理局依法纠正张掖市甘州区人力资源和社会保障局滥用行政权力排除、限制竞争行为。

2021 年 4 月 13 日，市场监管总局会同中央网信办、税务总局召开 34 家互联网平台企业行政指导会，要求充分发挥阿里案警示作用，明确提出互联网平台企业要知敬畏守规矩，限期全面整改问题，建立平台经济新秩序。

2021 年 4 月 14~18 日，市场监管总局在深圳举办全国公平竞争审查业务培训班，各地区、各部门从事公平竞争审查工作人员共 100 人参加培训。

2021 年 4 月 15 日，市场监管总局对扬子江药业集团有限公司达成并实施垄断协议案作出行政处罚决定，共处以罚款 7.64 亿元。

2021 年 4 月 19 日，市场监管总局反垄断局与欧盟竞争总司共同举办第二十一届中欧竞争政策周线上研讨会。

2021 年 4 月 22 日，全国市场监管系统反垄断工作会议在云南省昆明市召开，市场监管总局副局长甘霖出席会议并讲话。

2021 年 4 月 25 日，天津市市场监督管理委员会对天津天药药业股份有限公司等 3 家企业达成并实施垄断协议案作出行政处罚决定，共处以罚款 5077.82 万元。

2021 年 4 月 25 日，吉林省市场监督管理厅依法纠正松原市教育局滥用行政权力排除、限制竞争行为；福建省市场监督管理局依法纠正仙游县工信局滥用行政权力排除、限制竞争行为；甘肃省市场监督管理局依法纠正嘉峪关市财政局滥用行政权力排除、限制竞争行为。

2021 年 4 月 28 日，市场监管总局对嘉兴创业环球有限公司与丰田汽车公司设立合营企业、林芝腾讯科技有限公司与大连万达商业管理集团股份有限公司设立合营企业、上海汉涛信息咨询有限公司收购上海领健信息技术有限公司股权等 8 起违法实施经营者集中案件作出行政处罚决定，对涉案企业分别处以 50 万元罚款。

2021 年 5 月 8~12 日，反垄断执法人才培训班在总局深圳行政学院举行，来自各省（区、市）和新疆生产建设兵团市场监督管理局（厅、委）反垄断执法条线共 96 人参加本期培训学习。

2021 年 5 月 21 日，甘肃省市场监督管理局依法纠正天水市财政局滥用行政权力排除、限制行为。

2021 年 5 月 26 日，广西壮族自治区市场监督管理局对广西玉林陆川县龙珠液化气有限公司等 5 家公司达成并实施垄断协议案作出行政处罚决定，共处以罚款 13.48 万元。

2021 年 5 月 27 日，市场监管总局副局长甘霖出席金砖国家反垄断政策协调委员会视频会议。

2021 年 5 月 28 日，黑龙江省市场监督管理局依法纠正鸡西市鸡冠区人民政府滥用行政权力排除、限制竞争行为。

2021 年 6 月 3 日，市场监管总局对中国银泰投资有限公司收购杭银消费金融股份有限公司股权未依法申报违法实施经营者集中案作出行政处罚决定，处以罚款 50 万元。

2021 年 6 月 4 日，市场监管总局附加限制性条件批准丹佛斯公司收购伊顿股份有限公司部分业务案。

2021 年 6 月 8 日，江苏省市场监督管理局对梧州黄埔化工药业有限公司等 3 家企业达成并实施垄断协议案作出行政处罚决定，共处以罚款 1688.42 万元。

2021 年 6 月 11 日，安徽省市场监督管理局依法纠正和县人民政府及住建局滥用行政权力排除、限制竞争行为。

2021 年 6 月 15 日，重庆市市场监督管理局对重庆市丰都县 2 家商砼生产企业达成并实施垄断协议案作出行政处罚决定，共处以罚款 2312.88 万元。

2021 年 6 月 29 日，市场监管总局会同国家发展改革委、财政部、商务部、司法部印发《关于印发〈公平竞争审查制度实施细则〉的通知》（国市监反垄规〔2021〕2 号）。

2021 年 6 月 30 日，云南省市场监督管理局对中国航空油料有限责任公司云南分公司滥用市场支配地位案作出行政处罚决定，共处以罚款 1252.64 万元。

2021 年 7 月 2 日，市场监管总局对北京三快科技有限公司收购奥琦玮信息科技（北京）有限公司股权未依法申报违法实施经营者集中案作出行政处罚决定，处以罚款 50 万元。

2021 年 7 月 5 日，公平竞争审查部际联席会议召开第四次联席会议。

2021 年 7 月 5 日，市场监管总局对中国国际海运集装箱（集团）股份有限公司收购中国消防企业集团控股有限公司股权未依法申报违法实施经营者集中案作出行政处罚决定，处以罚款 30 万元；对萃联（中国）消防设备制造有限公司收购沈阳捷通消防车有限公司股权未依法申报违法实施经营者集中案作出行政处罚决定，处以罚款 30 万元。

2021 年 7 月 5 日，黑龙江省市场监督管理局依法纠正鸡西市住房和城乡建设局滥用行政权力排除、限制竞争行为。

2021 年 7 月 6 日，市场监管总局对北京小桔新能源汽车科技有限公司、海南省交通投资控股有限公司、南方电网电动汽车服务有限公司、海南电网有限责任公司设立合营企业，惠迪（天津）商务服务有限公司与特来电新能源股份有限公司设立合营企业，惠迪（天津）商务服务有限公司与西藏奥通创业投资有限责任公司设立合营企业，腾讯移动有限公司收购 58 同城股权等 22 起违法实施经营者集中案件作出行政处罚决定，对涉案企业分别处以 50 万元罚款。

2021 年 7 月 10 日，市场监管总局禁止虎牙公司与斗鱼国际控股有限公司合并案。

2021 年 7 月 23 日，江西省市场监督管理局对丰城市预拌混凝土协会组织会员企业达成并实施垄断协议案作出行政处罚决定，共处以罚款 2.86 亿元。

2021 年 7 月 24 日，市场监管总局对腾讯收购中国音乐集团股权未依法申报违法实施经营者集中案作出行政处罚决定，责令腾讯及关联公司采取解除独家音乐版权、停止高额预付金等版权费用支付方式、无正当理由不得要求上游版权方给予其优于竞争对手的条件等恢复市场竞争状态的措施，并处以罚款 50 万元。

2021 年 7 月 26 日，反垄断骨干人才培训班举行开班仪式，市场监管总局副局长甘霖、中国政法大学校长马怀德出席开班仪式，甘霖副局长作动员讲话。

2021 年 7 月 26 日，山西省市场监督管理局依法纠正晋中市人民政府办公室等部门滥用行政权力排除限、制竞争行为。

2021 年 7 月 27 日，市场监管总局会同国家发展改革委、财政部、商务部印发《公平竞争审查工作部际联席会议 2021 年工作要点》（国市监反垄发〔2021〕39 号）、《关于 2020 年公平竞争审查督查发现典型问题及整改情况的通报》（国市监反垄发〔2021〕43 号）。

2021 年 8 月 11 日，福建省市场监督管理局依法纠正明溪县人民政府、诏安县人民政府办公室滥用行政权力排除、限制竞争行为。

2021 年 8 月 12 日，陕西省市场监督管理局对陕西省水务集团泾阳县供水有限公司滥用市场支配地位案作出行政处罚决定，共处以罚款 19.08 万元。

2021 年 8 月 20 日，广东省市场监督管理局依法纠正深圳市交通运输局、深圳市公安局交通警察局滥用行政权力排除、限制竞争行为。

2021 年 8 月 27 日，安徽省市场监督管理局依法纠正安徽省老龄工作委员会办公室滥用行政权力排除、限制竞争行为。

2021 年 8 月 30 日，中央全面深化改革委员会第二十一次会议审议通过《关于强化反垄断深入推进公平竞争政策实施的意见》。

2021 年 9 月 3 日，市场监管总局发布《中国反垄断执法年度报告（2020）》。

2021 年 9 月 9 日，市场监管总局反垄断局与美国联邦贸易委员会和司法部反垄断局举行视频会议，就双方反垄断立法进展进行交流。

2021 年 9 月 27 日，浙江省市场监督管理局对公牛集团股份有限公司达成并实施垄断协议案作出行政处罚决定，共处以罚款 2.95 亿元。

2021 年 9 月 27 日，河南省市场监督管理局对商丘市新先锋药业有限公司滥用市场支配地位案作出行政处罚决定，共处以罚款 1104.84 万元。

2021 年 9 月 29 日，山东省市场监督管理局依法纠正汶上县人民政府滥用行政权力排除、限制竞争行为。

2021 年 10 月 8 日，市场监管总局对美团在中国境内网络餐饮外卖平台服务市场垄断案作出行政处罚决定，共处以罚款 34.42 亿元。同时，向美团发出《行政指导书》，要求其进行全面整改。

2021 年 10 月 8 日，浙江省市场监督管理局对日邮汽车物流（中国）有限公司等 3 家物流企业达成并实施垄断协议案作出行政处罚决定，共处以罚款 222.93 万元。

2021 年 10 月 12 日，河北省市场监督管理局依法纠正沧州市城市管理综合执法局滥用行政权力排除、限制竞争案。

2021 年 10 月 15 日，宁夏回族自治区市场监督管理厅依法纠正石嘴山市应急管理局滥用行政权力排除、限制竞争行为。

2021 年 10 月 19 日，十三届全国人大常委会第三十一次会议初次审议《中华人民共和国反垄断法（修正草案）》。

2021 年 11 月 2 日，山东省市场监督管理局依法纠正淄博市张店区人民政府滥用行政权力排除、限制竞争行为。

2021 年 11 月 8 日，新疆维吾尔自治区市场监督管理局依法纠正阿勒泰地区青河县人民政府滥用行政权力排除、限制竞争行为。

2021 年 11 月 15 日，国务院反垄断委员会印发《关于原料药领域的反垄断指南》；市场监管总局印发《企业境外反垄断合规指引》。

2021 年 11 月 15 日，市场监管总局附加限制性条件批准伊利诺斯工具制品有限公司收购美特斯系统公司股权案。

2021 年 11 月 15 日，贵州省市场监督管理局依法纠正遵义市气象局滥用行政权力排除、限制竞争行为；江西省市场监督管理局依法纠正永丰县人民政府办公室、万载县财政局、分宜县财政局滥用行政权力排除、限制竞争行为。

2021 年 11 月 16 日，第七届金砖国家国际竞争大会开幕，国务委员、国务院反垄断委员会主任王勇出席大会并致辞。市场监管总局副局长、国家反垄断局局长、国务院反垄断委员会秘书长甘霖与金砖国家竞争机构负责人共同签署《成都联合声明》。大会发布了《金砖国家在审查全球并购中适用保密弃权声明的示范模板》《金砖国家汽车行业研究报告》等合作文件。甘霖分别与印度竞争委员会主席阿绍克·库玛·古普塔、俄罗斯联邦反垄断局局长马克西姆·沙思科利斯基、南非竞争委员会主席泰宾克斯·博纳科勒、巴西经济防务行政理事会主席亚历山大·科代罗·马塞多、巴基斯坦竞争委员会主席拉哈特·考因·哈桑、欧亚经济委员会竞争与反垄断法规部部长阿曼·沙卡利耶夫举行线上双边会谈，并签署有关合作文件。

2021 年 11 月 17 日，江苏省市场监督管理局对宜兴港华燃气有限公司滥用市场支配地位案作出行政处罚决定，共处以罚款 4044.22 万元。

2021 年 11 月 17 日，上海市市场监督管理局对南京宁卫医药有限公司滥用市场支配地位案作出行政处罚决定，共处以罚款 658.4 万元。

2021 年 11 月 18 日，国务委员、国务院反垄断委员会主任王勇出席国家反垄断局挂牌仪式并调研反垄断工作情况。

2021 年 11 月 20 日，市场监管总局公布阿里巴巴投资有限公司收购高德软件控股有限公司股权、腾讯控股有限公司收购中国医疗在线公司股权、滴滴商业服务有限公司收购优点网络科技（深圳）有限公司股权等 43 起违法实施经营者集中行政处罚案，对涉案企业分别处以 50 万元罚款。

2021 年 12 月 14 日，安徽省市场监督管理局依法纠正芜湖市湾沚区人民政府滥用行政权力排除、限制竞争行为。

2021 年 12 月 19 日，市场监管总局附加限制性条件批准 SK 海力士公司收购英特尔公司部分业务案。

2021 年 12 月 21 日，湖南省市场监督管理局依法纠正长沙市芙蓉区医疗保障局滥用行政权力排除、限制竞争行为。

2021 年 12 月 22 日，市场监管总局对三花控股集团有限公司收购北京威卡威汽车零部件股份有限公司有关业务未依法申报违法实施经营者集中案作出行政处罚决定，处以罚款 30 万元。

2021 年 12 月 28 日，山东省市场监督管理局依法纠正济南市生态环境局滥用行政权力排除、限制竞争行为。

2021 年 12 月 29 日，在中、新两国副总理级双边合作机制会议期间，市场监管总局副局长、国家反垄断局局长甘霖与新加坡竞争与消费者委员会首席执行官余奕可签署《关于竞争法领域的合作谅解备忘录》。

2021 年 12 月 29 日，市场监管总局对龙湖嘉悦物业服务有限公司收购亿达物业服务集团有限公司股权未依法申报违法实施经营者集中案作出行政处罚决定，处以罚款 30 万元。

2021 年 12 月 31 日，市场监管总局对阿里巴巴（中国）网络技术有限公司与贵阳星力百货集团有限公司设立合营企业、腾讯控股有限公司收购北京有狐科技发展有限公司股权、宁波誉衡健康投资有限公司与江苏京东邦能投资管理有限公司设立合营企业等 13 起违法实施经营者集中案件作出行政处罚决定，对涉案企业分别处以罚款 50 万元。

附 录

关于平台经济领域的反垄断指南

国反垄发〔2021〕1号

（2021年2月7日　国务院反垄断委员会印发）

第一章　总则

第一条　指南的目的和依据

为了预防和制止平台经济领域垄断行为，保护市场公平竞争，促进平台经济规范有序创新健康发展，维护消费者利益和社会公共利益，根据《中华人民共和国反垄断法》（以下简称《反垄断法》）等法律规定，制定本指南。

第二条　相关概念

（一）平台，本指南所称平台为互联网平台，是指通过网络信息技术，使相互依赖的双边或者多边主体在特定载体提供的规则下交互，以此共同创造价值的商业组织形态。

（二）平台经营者，是指向自然人、法人及其他市场主体提供经营场所、交易撮合、信息交流等互联网平台服务的经营者。

（三）平台内经营者，是指在互联网平台内提供商品或者服务（以下统称商品）的经营者。

平台经营者在运营平台的同时，也可能直接通过平台提供商品。

（四）平台经济领域经营者，包括平台经营者、平台内经营者以及其他参与平台经济的经营者。

第三条　基本原则

反垄断执法机构对平台经济领域开展反垄断监管应当坚持以下原则：

（一）保护市场公平竞争。坚持对市场主体一视同仁、平等对待，着力预防和制止垄断行为，完善平台企业垄断认定的法律规范，保护平台经济领域公平竞争，防止资本无序扩张，支持平台企业创新发展，增强国际竞争力。

（二）依法科学高效监管。《反垄断法》及有关配套法规、规章、指南确定的基本制度、规制原则和分析框架适用于平台经济领域所有市场主体。反垄断执法机构将根据平台经济的发展状况、发展规律和自身特点，结合案件具体情况，强化竞争分析和法律论证，不断加强和改进反垄断监管，增强反垄断执法的针对性和科学性。

（三）激发创新创造活力。营造竞争有序开放包容发展环境，降低市场进入壁垒，引导和激励平台经营者将更多资源用于技术革新、质量改进、服务提升和模式创新，防止和制止排除、限制竞争行为抑制平台经济创新发展和经济活力，有效激发全社会创新创造动力，构筑经济社会发展新优势和新动能。

（四）维护各方合法利益。平台经济发展涉及多方主体。反垄断监管在保护平台经济领域公平竞争，充分发挥平台经济推动资源配置优化、技术进步、效率提升的同时，着力维护平台内经营者、消费者和从业人员等各方主体的合法权益，加强反垄断执法与行业监管统筹协调，使全社会共享平台技术进步和经济发展成果，实现平台经济整体生态和谐共生和健康发展。

第四条　相关市场界定

平台经济业务类型复杂、竞争动态多变，界定平台经济领域相关商品市场和相关地域市场需要遵循《反垄断法》和《国务院反垄断委员会关于相关市场界定的指南》所确定的一般原则，同时考虑平台经济的特点，结合个案进行具体分析。

（一）相关商品市场

平台经济领域相关商品市场界定的基本方法是替代性分析。在个案中界定相关商品市场时，可以基于平台功能、商业模式、应用场景、用户群体、多边市场、线下交易等因素进行需求替代分析；当供给替代对经营者行为产生的竞争约束类似于需求替代时，可以基于市场进入、技术壁垒、网络效应、锁定效应、转移成本、跨界竞争等因素考虑供给替代分析。具体而言，可以根据平台一边的商品界定相关商品市场；也可以根据平台所涉及的多边商品，分别界定多个相关商品市场，并考虑各相关商品市场之间的相互关系和影响。当该平台存在的跨平台网络效应能够给平台经营者施加足够的竞争约束时，可以根据该平台整体界定相关商品市场。

（二）相关地域市场

平台经济领域相关地域市场界定同样采用需求替代和供给替代分析。在个案中界定相关地域市场时，可以综合评估考虑多数用户选择商品的实际区域、用户的语言偏好和消费习惯、相关法律法规的规定、不同区域竞争约束程度、线上线下融合等因素。

根据平台特点，相关地域市场通常界定为中国市场或者特定区域市场，根据个案情况也可以界定为全球市场。

（三）相关市场界定在各类垄断案件中的作用

坚持个案分析原则，不同类型垄断案件对于相关市场界定的实际需求不同。

调查平台经济领域垄断协议、滥用市场支配地位案件和开展经营者集中反垄断审查，通常需要界定相关市场。

第二章 垄断协议

《反垄断法》禁止经营者达成、实施垄断协议。认定平台经济领域的垄断协议，适用《反垄断法》第二章和《禁止垄断协议暂行规定》。对《反垄断法》第十三条、第十四条明确列举的垄断协议，依法予以禁止；对符合《反垄断法》第十五条规定条件的垄断协议，依法予以豁免。

根据《反垄断法》第十三条第（六）项和第十四条第（三）项认定相关行为是否构成垄断协议时，可以考虑平台相关市场竞争状况、平台经营者及平台内经营者的市场力量、对其他经营者进入相关市场的阻碍程度、对创新的影响等因素。

第五条 垄断协议的形式

平台经济领域垄断协议是指经营者排除、限制竞争的协议、决定或者其他协同行为。协议、决定可以是书面、口头等形式。其他协同行为是指经营者虽未明确订立协议或者决定，但通过数据、算法、平台规则或者其他方式实质上存在协调一致的行为，有关经营者基于独立意思表示所作出的价格跟随等平行行为除外。

第六条 横向垄断协议

具有竞争关系的平台经济领域经营者可能通过下列方式达成固定价格、分割市场、限制产（销）量、限制新技术（产品）、联合抵制交易等横向垄断协议：

（一）利用平台收集并且交换价格、销量、成本、客户等敏感信息；

（二）利用技术手段进行意思联络；

（三）利用数据、算法、平台规则等实现协调一致行为；

（四）其他有助于实现协同的方式。

本指南所称价格，包括但不限于商品价格以及经营者收取的佣金、手续费、会员费、推广费等服务收费。

第七条 纵向垄断协议

平台经济领域经营者与交易相对人可能通过下列方式达成固定转售价格、限定最低转售价格等纵向垄断协议：

（一）利用技术手段对价格进行自动化设定；

（二）利用平台规则对价格进行统一；

（三）利用数据和算法对价格进行直接或者间接限定；

（四）利用技术手段、平台规则、数据和算法等方式限定其他交易条件，排除、限制市场竞争。

平台经营者要求平台内经营者在商品价格、数量等方面向其提供等于或者优于其他竞争性平台的交易条件的行为可能构成垄断协议，也可能构成滥用市场支配地位行为。

分析上述行为是否构成《反垄断法》第十四条第（三）项规定的纵向垄断协议，可以综合考虑平台经营者的市场力量、相关市场竞争状况、对其他经营者进入相关市场的阻碍程度、对消费者利益和创新的影响等因素。

第八条　轴辐协议

具有竞争关系的平台内经营者可能借助与平台经营者之间的纵向关系，或者由平台经营者组织、协调，达成具有横向垄断协议效果的轴辐协议。分析该协议是否属于《反垄断法》第十三条、第十四条规制的垄断协议，可以考虑具有竞争关系的平台内经营者之间是否利用技术手段、平台规则、数据和算法等方式，达成、实施垄断协议，排除、限制相关市场竞争。

第九条　协同行为的认定

认定平台经济领域协同行为，可以通过直接证据判定是否存在协同行为的事实。如果直接证据较难获取，可以根据《禁止垄断协议暂行规定》第六条规定，按照逻辑一致的间接证据，认定经营者对相关信息的知悉状况，判定经营者之间是否存在协同行为。经营者可以提供相反证据证明其不存在协同行为。

第十条　宽大制度

反垄断执法机构鼓励参与横向垄断协议的平台经济领域经营者主动报告横向垄断协议有关情况并提供重要证据，同时停止涉嫌违法行为并配合调查。对符合宽大适用条件的经营者，反垄断执法机构可以减轻或者免除处罚。

经营者申请宽大的具体标准和程序等，适用《禁止垄断协议暂行规定》和《国务院反垄断委员会横向垄断协议案件宽大制度适用指南》。

第三章　滥用市场支配地位

《反垄断法》禁止具有市场支配地位的经营者从事滥用市场支配地位行为。认定平台经济领域的滥用市场支配地位行为，适用《反垄断法》第三章和《禁止滥用市场支配地位行为暂行规定》。通常情况下，首先界定相关市场，分析经营者在相关市场是否具有支配地位，再根据个案情况具体分析是否构成滥用市场支配地位行为。

第十一条　市场支配地位的认定

反垄断执法机构依据《反垄断法》第十八条、第十九条规定，认定或者推定经营者具有市场支配地位。结合平台经济的特点，可以具体考虑以下因素：

（一）经营者的市场份额以及相关市场竞争状况。确定平台经济领域经营者市场份额，可以考虑交易金额、交易数量、销售额、活跃用户数、点击量、使用时长或者其他指标在相关市场所占比重，同时考虑该市场份额持续的时间。

分析相关市场竞争状况，可以考虑相关平台市场的发展状况、现有竞争者数量和市场份额、平台竞争特点、平台差异程度、规模经济、潜在竞争者情况、创新和技术变化等。

（二）经营者控制市场的能力。可以考虑该经营者控制上下游市场或者其他关联市场的能力，阻碍、影响其他经营者进入相关市场的能力，相关平台经营模式、网络效应，以及影响或者决定价格、流量或者其他交易条件的能力等。

（三）经营者的财力和技术条件。可以考虑该经营者的投资者情况、资产规模、资本来源、盈利能力、融资能力、技术创新和应用能力、拥有的知识产权、掌握和处理相关数据的能力，以及该财力和技术条件能够以何种程度促进该经营者业务扩张或者巩固、维持市场地位等。

（四）其他经营者对该经营者在交易上的依赖程度。可以考虑其他经营者与该经营者的交易关系、交易量、交易持续时间，锁定效应、用户黏性，以及其他经营者转向其他平台的可能性及转换成本等。

（五）其他经营者进入相关市场的难易程度。可以考虑市场准入、平台规模效应、资金投入规模、技术壁垒、用户多栖性、用户转换成本、数据获取的难易程度、用户习惯等。

（六）其他因素。可以考虑基于平台经济特点认定经营者具有市场支配地位的其他因素。

第十二条　不公平价格行为

具有市场支配地位的平台经济领域经营者，可能滥用市场支配地位，以不公平的高价销售商品或者以不公平的低价购买商品。分析是否构成不公平价格行为，可以考虑以下因素：

（一）该价格是否明显高于或者明显低于其他同类业务经营者在相同或者相似市场条件下同种商品或者可比较商品的价格；

（二）该价格是否明显高于或者明显低于该平台经济领域经营者在其他相同或者相似市场条件下同种商品或者可比较商品的价格；

（三）在成本基本稳定的情况下，该平台经济领域经营者是否超过正常幅度提高销售价格或者降低购买价格；

（四）该平台经济领域经营者销售商品提价幅度是否明显高于成本增长幅度，或者采购商品降价幅度是否明显低于成本降低幅度。

认定市场条件相同或者相似，一般可以考虑平台类型、经营模式、交易环节、成本结构、交易具体情况等因素。

第十三条　低于成本销售

具有市场支配地位的平台经济领域经营者，可能滥用市场支配地位，没有正当理由，以低于成本的价格销售商品，排除、限制市场竞争。

分析是否构成低于成本销售，一般重点考虑平台经济领域经营者是否以低于成本的价格排挤具有竞争关系的其他经营者，以及是否可能在将其他经营者排挤出市场后，提高价格获取不当利益、损害市场公平竞争和消费者合法权益等情况。

在计算成本时，一般需要综合考虑平台涉及多边市场中各相关市场之间的成本关联情况。

平台经济领域经营者低于成本销售可能具有以下正当理由：

（一）在合理期限内为发展平台内其他业务；

（二）在合理期限内为促进新商品进入市场；

（三）在合理期限内为吸引新用户；

（四）在合理期限内开展促销活动；

（五）能够证明行为具有正当性的其他理由。

第十四条　拒绝交易

具有市场支配地位的平台经济领域经营者，可能滥用其市场支配地位，无正当理由拒绝与交易相对人进行交易，排除、限制市场竞争。分析是否构成拒绝交易，可以考虑以下因素：

（一）停止、拖延、中断与交易相对人的现有交易；

（二）拒绝与交易相对人开展新的交易；

（三）实质性削减与交易相对人的现有交易数量；

（四）在平台规则、算法、技术、流量分配等方面设置不合理的限制和障碍，使交易相对人难以开展交易；

（五）控制平台经济领域必需设施的经营者拒绝与交易相对人以合理条件进行交易。

认定相关平台是否构成必需设施，一般需要综合考虑该平台占有数据情况、其他平台的可替代性、是否存在潜在可用平台、发展竞争性平台的可行性、交易相对人对该平台的依赖程度、开放平台对该平台经营者可能造成的影响等因素。

平台经济领域经营者拒绝交易可能具有以下正当理由：

（一）因不可抗力等客观原因无法进行交易；

（二）因交易相对人原因，影响交易安全；

（三）与交易相对人交易将使平台经济领域经营者利益发生不当减损；

（四）交易相对人明确表示或者实际不遵守公平、合理、无歧视的平台规则；

（五）能够证明行为具有正当性的其他理由。

第十五条　限定交易

具有市场支配地位的平台经济领域经营者，可能滥用市场支配地位，无正当理由对交易相对人进行限定交易，排除、限制市场竞争。分析是否构成限定交易行为，可以考虑以下因素：

（一）要求平台内经营者在竞争性平台间进行“二选一”，或者限定交易相对人与其进行独家交易的其他行为；

（二）限定交易相对人只能与其指定的经营者进行交易，或者通过其指定渠道等限定方式进行交易；

（三）限定交易相对人不得与特定经营者进行交易。

上述限定可能通过书面协议的方式实现，也可能通过电话、口头方式与交易相对人商定的方式实现，还可能通过平台规则、数据、算法、技术等方面的实际设置限制或者障碍的方式实现。

分析是否构成限定交易，可以重点考虑以下两种情形：一是平台经营者通过屏蔽店铺、搜索降权、流量限制、技术障碍、扣取保证金等惩罚性措施实施的限制，因对市场竞争和消费者利益产生直接损害，一般可以认定构成限定交易行为。二是平台经营者通过补贴、折扣、优惠、流量资源支持等激励性方式实施的限制，可能对平台内经营者、消费者利益和社会整体福利具有一定积极效果，但如果有证据证明对市场竞争产生明显的排除、限制影响，也可能被认定构成限定交易行为。

平台经济领域经营者限定交易可能具有以下正当理由：

（一）为保护交易相对人和消费者利益所必须；

（二）为保护知识产权、商业机密或者数据安全所必须；

（三）为保护针对交易进行的特定资源投入所必须；

（四）为维护合理的经营模式所必须；

（五）能够证明行为具有正当性的其他理由。

第十六条　搭售或者附加不合理交易条件

具有市场支配地位的平台经济领域经营者，可能滥用市场支配地位，无正当理由实施搭售或者附加不合理交易条件，排除、限制市场竞争。分析是否构成搭售或者附加不合理交易条件，可以考虑以下因素：

（一）利用格式条款、弹窗、操作必经步骤等交易相对人无法选择、更改、拒绝的方式，将不同商品进行捆绑销售；

（二）以搜索降权、流量限制、技术障碍等惩罚性措施，强制交易相对人接受其他商品；

（三）对交易条件和方式、服务提供方式、付款方式和手段、售后保障等附加不合理限制；

（四）在交易价格之外额外收取不合理费用；

（五）强制收集非必要用户信息或者附加与交易标的无关的交易条件、交易流程、服务项目。

平台经济领域经营者实施搭售可能具有以下正当理由：

（一）符合正当的行业惯例和交易习惯；

（二）为保护交易相对人和消费者利益所必须；

（三）为提升商品使用价值或者效率所必须；

（四）能够证明行为具有正当性的其他理由。

第十七条　差别待遇

具有市场支配地位的平台经济领域经营者，可能滥用市场支配地位，无正当理由对交易条件相同的交易相对人实施差别待遇，排除、限制市场竞争。分析是否构成差别待遇，可以考虑以下因素：

（一）基于大数据和算法，根据交易相对人的支付能力、消费偏好、使用习惯等，实行差异性交易价格或者其他交易条件；

（二）实行差异性标准、规则、算法；

（三）实行差异性付款条件和交易方式。

条件相同是指交易相对人之间在交易安全、交易成本、信用状况、所处交易环节、交易持续时间等方面不存在实质性影响交易的差别。平台在交易中获取的交易相对人的隐私信息、交易历史、个体偏好、消费习惯等方面存在的差异不影响认定交易相对人条件相同。

平台经济领域经营者实施差别待遇行为可能具有以下正当理由：

（一）根据交易相对人实际需求且符合正当的交易习惯和行业惯例，实行不同交易条件；

（二）针对新用户在合理期限内开展的优惠活动；

（三）基于平台公平、合理、无歧视的规则实施的随机性交易；

（四）能够证明行为具有正当性的其他理由。

第四章　经营者集中

《反垄断法》禁止经营者实施具有或者可能具有排除、限制竞争效果的集中。

国务院反垄断执法机构依据《反垄断法》《国务院关于经营者集中申报标准的规定》和《经营者集中审查暂行规定》，对平台经济领域的经营者集中进行审查，并对违法实施的经营者集中进行调查处理。

第十八条　申报标准

在平台经济领域，经营者的营业额包括其销售商品和提供服务所获得的收入。根据行业惯例、收费方式、商业模式、平台经营者的作用等不同，营业额的计算可能有所区别。对于仅提供信息匹配、收取佣金等服务费的平台经营者，可以按照平台所收取的服务费及平台其他收入计算营业额；平台经营者具体参与平台一侧市场竞争或者发挥主导作用的，还可以计算平台所涉交易金额。

经营者集中达到国务院规定的申报标准的，经营者应当事先向国务院反垄断执法机构申报，未申报的不得实施集中。涉及协议控制架构的经营者集中，属于经营者集中反垄断审查范围。

第十九条　国务院反垄断执法机构主动调查

根据《国务院关于经营者集中申报标准的规定》第四条，经营者集中未达到申报标准，但按照规定程序收集的事实和证据表明该经营者集中具有或者可能具有排除、限制竞争效果的，国务院反垄断执法机构应当依法进行调查。

经营者可以就未达到申报标准的经营者集中主动向国务院反垄断执法机构申报。

国务院反垄断执法机构高度关注参与集中的一方经营者为初创企业或者新兴平台、参与集中的经营者因采取免费或者低价模式导致营业额较低、相关市场集中度较高、参与竞争者数量较少等类型的平台经济领域的经营者集中，对未达到申报标准但具有或者可能具有排除、限制竞争效果的，国务院反垄断执法机构将依法进行调查处理。

第二十条　考量因素

国务院反垄断执法机构将依据《反垄断法》第二十七条和《经营者集中审查暂行规定》第三章有关规定，评估平台经济领域经营者集中的竞争影响。结合平台经济的特点，可以具体考虑以下因素：

（一）经营者在相关市场的市场份额。计算市场份额，除以营业额为指标外，还可以考虑采用交易金额、交易数量、活跃用户数、点击量、使用时长或者其他指标在相关市场所占比重，并可以视情况对较长时间段内的市场份额进行综合评估，判断其动态变化趋势。

（二）经营者对市场的控制力。可以考虑经营者是否对关键性、稀缺性资源拥有独占权利以及该独占权利持续时间，平台用户黏性、多栖性，经营者掌握和处理数据的能力，对数据接口的控制能力，向其他市场渗透或者扩展的能力，经营者的盈利能力及利润率水平，技术创新的频率和速度、商品的生命周期、是否存在或者可能出现颠覆性创新等。

（三）相关市场的集中度。可以考虑相关平台市场的发展状况、现有竞争者数量和市场份额等。

（四）经营者集中对市场进入的影响。可以考虑市场准入情况，经营者获得技术、知识产权、数据、渠道、用户等必要资源和必需设施的难度，进入相关市场需要的资金投入规模，用户在费用、数据迁移、谈判、学习、搜索等各方面的转换成本，并考虑进入的可能性、及时性和充分性。

（五）经营者集中对技术进步的影响。可以考虑现有市场竞争者在技术和商业模式等创新方面的竞争，对经营者创新动机和能力的影响，对初创企业、新兴平台的收购是否会影响创新。

（六）经营者集中对消费者的影响。可以考虑集中后经营者是否有能力和动机以提高商品价格、降低商品质量、减少商品多样性、损害消费者选择能力和范围、区别对待不同消费者群体、不恰当使用消费者数据等方式损害消费者利益。

（七）国务院反垄断执法机构认为应当考虑的影响市场竞争的其他因素。包括对其他经营者的影响、对国民经济发展的影响等。

对涉及双边或者多边平台的经营者集中，可能需要综合考虑平台的双边或者多边业务，以及经营者从事的其他业务，并对直接和间接网络外部性进行评估。

第二十一条　救济措施

对于具有或者可能具有排除、限制竞争效果的经营者集中，国务院反垄断执法机构应当根据《反垄断法》第二十八条规定作出决定。对不予禁止的经营者集中，国务院反垄断执法机构可以决定附加以下类型的限制性条件：

（一）剥离有形资产，剥离知识产权、技术、数据等无形资产或者剥离相关权益等结构性条件；

（二）开放网络、数据或者平台等基础设施、许可关键技术、终止排他性协议、修改平台规则或者算法、承诺兼容或者不降低互操作性水平等行为性条件；

（三）结构性条件和行为性条件相结合的综合性条件。

第五章　滥用行政权力排除、限制竞争

《反垄断法》禁止行政机关和法律、法规授权的具有管理公共事务职能的组织滥用行政权力排除、限制竞争。对于平台经济领域的滥用行政权力排除、限制竞争行为，反垄断执法机构依法进行调查，并提出处理建议。

第二十二条　滥用行政权力排除、限制竞争行为表现

行政机关和法律、法规授权的具有管理公共事务职能的组织从事下列行为，排除、限制平台经济领域市场竞争，可能构成滥用行政权力排除、限制竞争行为：

（一）限定或者变相限定单位或者个人经营、购买、使用其指定的平台经济领域经营者提供的商品，或者其他经营者提供的与平台服务相关的商品；

（二）对外地平台经济领域经营者设定歧视性标准、实行歧视性政策，采取专门针对外地平台经济领域经营者的行政许可、备案，或者通过软件、互联网设置屏蔽等手段，阻碍、限制外地平台经济领域经营者进入本地市场，妨碍商品在地区之间的自由流通；

（三）以设定歧视性资质要求、评标评审标准或者不依法发布信息等方式，排斥或者限制外地平台经济领域经营者参加本地的招标采购活动；

（四）对外地平台经济领域经营者实行歧视性待遇，排斥、限制或者强制外地经营者在本地投资或者设立分支机构；

（五）强制或者变相强制平台经济领域经营者从事《反垄断法》规定的垄断行为；

（六）行政机关以规定、办法、决定、公告、通知、意见、会议纪要等形式，制定、发布含有排除、限制竞争内容的市场准入、产业发展、招商引资、招标投标、政府采购、经营行为规范、资质标准等涉及平台经济领域市场主体经济活动的规章、规范性文件和其他政策性文件以及“一事一议”形式的具体政策措施。

第二十三条　公平竞争审查

行政机关和法律、法规授权的具有管理公共事务职能的组织制定涉及平台经济领域市场主体经济活动的规章、规范性文件、其他政策性文件以及“一事一议”形式的具体政策措施，应当按照国家有关规定进行公平竞争审查。

第六章　附则

第二十四条　指南的解释

本指南由国务院反垄断委员会解释，自发布之日起实施。

关于原料药领域的反垄断指南

国反垄发〔2021〕3号

（2021年11月15日　国务院反垄断委员会印发）

第一章　总则

第一条　目的和依据

为了预防和制止原料药领域垄断行为，进一步明确市场竞争规则，维护原料药领域市场竞争秩序，保护消费者利益和社会公共利益，根据《中华人民共和国反垄断法》（以下简称《反垄断法》）等法律规定，制定本指南。

第二条　相关概念

（一）原料药，是指符合药品管理相关法律法规要求、用于生产各类药品的原材料，是药品中的有效成份。本指南所称原料药包括化学原料药、中药材。

（二）药品，是指用于预防、诊断、治疗人的疾病，有目的地调节人的生理机能并规定有适应症或者功能主治、用法和用量的物质，包括中药、化学药和生物制品等。

（三）原料药经营者，是指经相关监督管理部门批准，从事原料药生产、经营的各类企业。

（四）原料药生产企业，是指经相关监督管理部门批准，采用化学合成、动植物提取、生物技术等方式生产并销售原料药的企业。

（五）原料药经销企业，是指经相关监督管理部门批准，不生产原料药，仅从事原料药经营销售的企业。

（六）药品生产企业，是指经相关监督管理部门批准，取得药品生产许可证，生产、销售药品的企业。

（七）药品经销企业，是指经相关监督管理部门批准，取得药品经营许可证，从事药品经营销售业务的企业。

第三条　基本原则

反垄断执法机构对原料药领域开展反垄断监管坚持以下原则：

（一）保护市场公平竞争。坚持对市场主体一视同仁、平等对待，依法加强规范和监管，着力预防和制止原料药领域垄断行为，保护市场公平竞争，维护良好竞争秩序，支持原料药经营者创新发展，增强国际竞争力。

（二）依法科学高效监管。《反垄断法》及有关配套法规、规章、指南确定的基本制度、规制原则和分析框架适用于原料药领域市场主体。反垄断执法机构根据原料药领域案件具体情况，强化竞争分析和法律论证，不断加强和改进反垄断监管，增强反垄断执法的针对性和科学性。

（三）注重保护消费者利益。反垄断执法机构严厉打击各种类型的原料药垄断行为，促进企业提高运营效率，维护市场竞争价格，引导和鼓励原料药经营者将更多资源用于工艺改进、质量和效率提升，促进原料药有效供给和药品稳定供应，保护消费者利益。

（四）持续强化法律威慑。反垄断执法机构持续加大原料药领域执法力度，对明知有关行为违反《反垄断法》故意实施或者采取措施规避调查的，依法从严从重作出处理，强化法律威慑，有效遏制原料药领域垄断行为，着力增进民生福祉。

第四条　相关市场界定

原料药产业链涵盖生产、运输、经销等环节，涉及业务类型多样，界定相关商品市场和地域市场需要遵循《反垄断法》和《国务院反垄断委员会关于相关市场界定的指南》确定的一般原则，同时考虑原料药行业特点，结合个案进行具体分析。

（一）相关商品市场

原料药领域相关商品市场界定的基本方法是替代性分析。在个案中界定相关市场时，可以基于原料药的产品特性、质量标准、用途、价格等因素进行需求替代分析。必要时，可以同时基于市场进入、生产能力、生产设施改造、技术壁垒等因素进行供给替代分析。

根据具体情形，可能需要将相关商品市场进一步细分为原料药生产市场和原料药经销市场。

由于原料药对于生产药品具有特殊作用，一种原料药一般构成单独的相关商品市场，并可能根据具体情况作进一步细分。如不同品种原料药之间具有替代关系，可能根据具体情况认定多个品种原料药构成同一相关商品市场。

（二）相关地域市场

原料药领域相关地域市场界定采用需求替代和供给替代分析。不同国家关于原料药生产、经销的相关资质和监管标准不同。在中国生产、经销原料药，原料药经营者应当按照核准的工艺组织生产，严格遵守药品生产质量管理规范和药品经营质量管理规范，确保生产和经营过程符合法定要求；进口原料药需获得中国相关监督管理部门批准。因此，生产、经销原料药的相关地域市场一般界定为中国市场。

根据不同原料药运输的特点和成本，特定品种原料药的地域市场可能界定为一定的地域范围。

第二章 垄断协议

《反垄断法》禁止经营者达成、实施垄断协议。认定原料药领域的垄断协议，适用《反垄断法》第三章和《禁止垄断协议暂行规定》。对《反垄断法》第十三条、第十四条明确列举的垄断协议，依法予以禁止；对符合《反垄断法》第十五条规定条件的垄断协议，依法予以豁免。

第五条 垄断协议的形式

原料药领域垄断协议是指经营者排除、限制竞争的协议、决定或者其他协同行为。协议、决定可以是书面、口头等形式。其他协同行为是指经营者虽未明确订立协议或者决定，但通过其他方式实质上存在协调一致的行为，有关经营者基于独立意思表示所作出的价格跟随等平行行为除外。

第六条 横向垄断协议

禁止具有竞争关系的原料药经营者达成《反垄断法》第十三条规定的横向垄断协议。原料药经营者下列行为，一般会构成《反垄断法》第十三条禁止的垄断协议行为：

（一）原料药生产企业与具有竞争关系的其他经营者通过联合生产协议、联合采购协议、联合销售协议、联合投标协议等方式商定原料药生产数量、销售数量、销售价格、销售对象、销售区域等；

（二）原料药生产企业通过第三方（如原料药经销企业、下游药品生产企业）及展销会、行业会议等沟通协调原料药销售价格、产能产量、产销计划等敏感信息；

（三）原料药生产企业与具有竞争关系的其他原料药经营者达成不生产或者不销售原料药、其他原料药经营者给予补偿的协议；

（四）原料药经销企业与具有竞争关系的其他原料药经营者就采购数量、采购对象、销售价格、销售数量、销售对象等进行沟通协调。

原料药领域与其他领域和行业横向垄断协议在竞争分析方面并无显著差别，本指南不再进一步细化。

第七条 纵向垄断协议

禁止原料药经营者与交易相对人达成《反垄断法》第十四条规定的纵向垄断协议。原料药经营者下列行为，一般会构成《反垄断法》第十四条禁止的垄断协议行为：

（一）通过合同协议、口头约定、书面函件、电子邮件、调价通知等形式对原料药经销企业、药品生产企业等实施直接固定转售价格和限定最低转售价格（以下简称转售价格限制）；

（二）采取固定经销企业利润、折扣和返点等手段对原料药经销企业、药品生产企业等实施变相转售价格限制；

以提供返利、优先供货、提供支持等奖励措施，或者以取消返利、减少折扣甚至拒绝供货或者解除协议等惩罚措施相威胁，对原料药经销企业、药品生产企业进行转售价格限制，一般会认为是实施纵向垄断协议而设置的监督和惩罚措施。

原料药经营者实施地域限制或者客户限制，可能构成《反垄断法》第十四条禁止的垄断协议行为。其中，地域限制是指原料药经营者限定交易相对人只在特定经销区域对下游一个或者若干个原料药经销企业供货，下游原料药经销企业不向其他经销区域销售；客户限制是指原料药经营者限定交易相对人只能将原料药销售给或者不得销售给特定的原料药经销企业、药品生产企业。地域限制和客户限制可能导致市场分割、价格歧视，削弱原料药市场竞争，也可能导致其他原料药经销企业或者药品生产企业难以获得相关产品供应，使原料药和药品价格维持在高位。

通常情形下，单个原料药经营者实施纵向垄断协议会限制品牌内竞争，损害原料药经销企业、药品生产企业利益。特别是如果相关市场上多个甚至全部经营者均采用相似纵向垄断协议，原料药市场竞争将被明显削弱，损害原料药经销企业、药品生产企业利益，使原料药及相关药品的价格明显高于竞争水平，损害原料药及相关药品市场竞争。

第八条　协同行为的认定

认定原料药领域协同行为，可以通过直接证据判定是否存在协同行为的实施。如果直接证据较难获取，可以根据《禁止垄断协议暂行规定》第六条规定，按照逻辑一致的间接证据，认定经营者对相关信息的知悉情况，判定经营者之间是否存在协同行为。经营者可以提供相反证据证明不存在协同行为。

第九条　轴辐协议

经营者不得组织原料药经营者达成垄断协议或者为其达成垄断协议提供实质性帮助。

具有竞争关系的原料药经营者可能借助与其他经营者之间的纵向关系，或者由其他经营者组织、协调，达成具有横向垄断协议效果的轴辐协议。分析该协议是否属于《反垄断法》第十三条规制的垄断协议，主要考虑原料药经营者是否应知或者明知其他经营者与同一原料药经销企业签订相同、相似或者具有相互配合关系的协议。

第十条 豁免

原料药经营者如果主张其协议可以适用《反垄断法》第十五条，需要提交其协议符合《反垄断法》第十五条规定法定条件的证据。反垄断执法机构根据个案具体情况依法作出判定。

第十一条 宽大制度

反垄断执法机构鼓励参与横向垄断协议的原料药领域经营者主动报告横向垄断协议有关情况并提供重要证据，同时停止涉嫌违法行为并配合调查。对符合宽大适用条件的经营者，反垄断执法机构可以减轻或者免除处罚。

经营者申请宽大的具体标准和程序等，适用《禁止垄断协议暂行规定》和《国务院反垄断委员会横向垄断协议案件宽大制度适用指南》。

第十二条 行业协会

行业协会不得组织原料药经营者达成垄断协议，也不得为原料药经营者达成垄断协议提供便利条件。

第三章 滥用市场支配地位

《反垄断法》禁止具有市场支配地位的经营者从事滥用市场支配地位，排除、限制竞争的行为。认定原料药领域的滥用市场支配地位行为，适用《反垄断法》第三章和《禁止滥用市场支配地位行为暂行规定》。通常情况下，首先需要界定相关市场，分析经营者在相关市场是否具有市场支配地位，再根据个案情况具体分析是否构成滥用市场支配地位行为。

第十三条 市场支配地位的认定

认定原料药经营者在相关市场上是否具有支配地位，应依据《反垄断法》第十八条、第十九条规定的认定或者推定经营者具有市场支配地位的因素和情形进行分析。结合原料药行业的特点，可以具体考虑以下因素：

（一）原料药经营者的市场份额；

（二）相关市场竞争状况；

（三）原料药经营者的实际产能和产量；

（四）原料药经营者控制原料药销售市场或者采购市场的能力；

（五）原料药经营者的财力和技术条件；

（六）交易相对人对原料药经营者的依赖程度；

（七）现实和潜在交易相对人的数量，以及交易相对人对原料药经营者的制衡能力；

（八）其他原料药经营者进入相关市场的难易程度。

评估原料药经销企业市场份额时，可以考虑其销售额、销售量、库存量，以及该经销企业控制生产企业销售量的比例等因素。在有证据证明原料药经营者对其他经营者进行实际控制时，一般将该原料药经营者与被实际控制经营者的市场份额合并计算。

第十四条　常见的滥用市场支配地位行为

从执法实践看，原料药领域常见的滥用市场支配地位行为包括以不公平的高价销售原料药、拒绝与交易相对人交易、限定交易相对人只能与其交易、搭售商品或者在交易时附加不合理交易条件、对条件相同的交易相对人实行差别待遇等。

第十五条　不公平高价

具有市场支配地位的原料药经营者，滥用其市场支配地位，以不公平的高价销售原料药，不仅排除、限制市场竞争，推高原料药及相关药品市场价格，损害交易相对人合法权益和消费者利益，而且造成国家医保基金浪费。分析是否构成上述行为，可以考虑以下因素：

（一）销售价格明显高于其他经营者在相同或者相似市场条件下销售同种原料药或者可比较原料药的价格，以及相关期间的成本变化；

（二）销售价格明显高于同一经营者在其他相同或者相似市场条件区域销售原料药的价格；

（三）在市场环境稳定、成本（进价）未受显著影响的情况下，超过合理幅度提高原料药销售价格；

（四）在成本（进价）增长的情况下，销售原料药的提价幅度明显高于成本增长幅度；

（五）通过其他经营者以流转过票等方式，高价销售原料药。

第十六条　拒绝交易

具有市场支配地位的原料药经营者，滥用其市场支配地位，没有正当理由拒绝销售原料药，排除、限制市场竞争，影响药品正常供应，损害交易相对人合法权益和消费者利益。分析是否构成上述行为，可以考虑以下因素：

（一）没有正当理由，在与交易相对人开展交易过程中，实质性削减与交易相对人的现有销售数量或者拖延、中断与交易相对人的现有交易；

（二）没有正当理由，拒绝与交易相对人开展新的交易；

（三）没有正当理由，将原料药包销后，拒绝与交易相对人交易；

（四）没有正当理由，设置限制性条件，变相导致交易相对人难以与其进行交易。

第十七条　限定交易

具有市场支配地位的原料药经营者，滥用其市场支配地位，没有正当理由限定交易相对人只能与其进行交易或者只能与其指定的经营者进行交易，排除、限制市场竞争，影响药品正常供应，损害交易相对人合法权益和消费者利益。分析是否构成上述行为，可以考虑以下因素：

（一）没有正当理由，限定交易相对人只能向其购买或者销售原料药，不得与其他经营者进行交易；

（二）没有正当理由，限定交易相对人只能向其指定的经营者购买或者销售原料药；

（三）没有正当理由，限定交易相对人不得与特定的经营者进行原料药交易。

第十八条　搭售

具有市场支配地位的原料药经营者，滥用其市场支配地位，没有正当理由搭售商品，排除、限制市场竞争，损害交易相对人合法权益和消费者利益。分析是否构成上述行为，可以考虑以下因素：

（一）搭售其他原料药；

（二）搭售药用辅料、包材、医疗器械等；

（三）搭售药品；

（四）搭售其他商品。

第十九条　附加不合理交易条件

具有市场支配地位的原料药经营者，滥用其市场支配地位，在涉及原料药的交易中附加不合理交易条件，排除、限制市场竞争，损害交易相对人合法权益和消费者利益。分析是否构成上述行为，可以考虑以下因素：

（一）要求药品生产企业将全部或者部分药品交由其销售；

（二）要求药品生产企业按照指定的交易对象、价格、数量等条件销售药品；

（三）要求药品生产企业或者经销企业提供药品收入分成；

（四）要求提供不合理的保证金，或者在原料药价款之外附加其他不合理费用；

（五）对原料药销售的合同期限、支付方式、运输及交付方式等附加不合理的限制；

（六）对原料药或者药品的销售地域、销售对象等附加不合理限制；

（七）附加与交易标的无关的其他不合理交易条件。

第二十条　差别待遇

具有市场支配地位的原料药经营者，滥用其市场支配地位，没有正当理由对条件实质相同的交易相对人实施不同的交易条件，排除、限制竞争，损害交易相对人合法权益和消费者利益。分析是否构成上述行为，在同等交易条件下，可以考虑以下因素：

（一）原料药的交易价格或者给予的折扣明显不同；

（二）原料药的品质、等级等明显不同；

（三）原料药交易的付款方式、交付方式等其他影响交易相对人参与市场竞争的条件明显不同。

第二十一条　其他滥用市场支配地位行为

原料药领域经营者实施以不公平的低价购买商品、以低于成本的价格销售商品以及国务院反垄断执法机构认定的其他滥用市场支配地位行为的，依据《反垄断法》第三章和《禁止滥用市场支配地位行为暂行规定》分析。

第二十二条　共同滥用市场支配地位

两个以上的原料药经营者分工负责、相互配合实施本章规定的垄断行为，可能构成共同滥用市场支配地位行为。认定两个以上的原料药经营者具有市场支配地位，还应当考虑市场结构、相关市场透明度、相关商品同质化程度、经营者行为一致性等因素。

第四章　经营者集中

《反垄断法》禁止经营者实施具有或者可能具有排除、限制竞争效果的经营者集中。原料药行业经营者集中的反垄断审查与其他行业并无显著差别，达到《国务院关于经营者集中申报标准的规定》(以下简称《规定》）中申报标准的经营者集中，应当事先向国务院反垄断执法机构申报，未依法申报的不得实施集中。国务院反垄断执法机构依据《反垄断法》《规定》和《经营者集中审查暂行规定》，对原料药领域的经营者集中进行审查，并对违法实施的经营者集中进行调查处理。

第二十三条　未达申报标准的经营者集中

由于部分原料药品种市场规模相对较小，经营者年度营业额可能没有达到《规定》中的申报标准。但当该品种原料药经营者数量较少，在相关市场的市场份额和市场集中度较高时，经营者实施的集中具有或者可能具有排除、限制竞争的效果，参与集中的经营者可以主动申报。

原料药领域的经营者集中未达到《规定》的申报标准，但有证据表明该经营者集中具有或者可能具有排除、限制竞争效果的，国务院反垄断执法机构应当依法进行调查。

第二十四条　经营者与执法机构的商谈

对于可能符合本指南第二十三条情形的经营者集中，鼓励原料药经营者在实施集中前，尽早就相关问题与反垄断执法机构进行商谈。

第五章 滥用行政权力排除、限制竞争

《反垄断法》禁止行政机关和法律法规授权的具有管理公共事务职能的组织滥用行政权力排除、限制竞争。滥用行政权力排除、限制原料药市场竞争的行为，由反垄断执法机构依据《反垄断法》等相关法律、法规处理。

第二十五条 滥用行政权力限定交易或者限制商品自由流通行为

行政机关和法律法规授权的具有管理公共事务职能的组织从事下列行为，排除、限制原料药市场竞争，属于《反垄断法》所禁止的行为：

（一）限定或者变相限定单位或者个人经营、购买、使用其指定的经营者提供的原料药；

（二）对外地原料药经营者设定歧视性标准、政策，采取歧视性技术措施，或者采用专门针对外地原料药经营者的行政许可、备案、关卡、屏蔽手段等，限制外地原料药经营者进入本地市场，妨碍外地原料药在本地自由流通；

（三）以设定歧视性资质要求、评审标准或者不依法发布信息等方式，排斥或者限制外地原料药经营者参加本地的招标投标活动；

（四）采取与本地原料药经营者不平等待遇等方式，排斥或者限制外地原料药经营者在本地投资或者设立分支机构。

第二十六条 滥用行政权力强制经营者从事垄断行为

行政机关和法律、法规授权的具有管理公共事务职能的组织强制或者变相强制原料药经营者从事垄断行为，属于《反垄断法》所禁止的行为。

第二十七条 公平竞争审查

行政机关和法律、法规授权的具有管理公共事务职能的组织制定市场准入和退出、产业发展、招商引资、招标投标、政府采购、经营行为规范、资质标准等涉及原料药领域市场主体经济活动的规章、规范性文件、其他政策性文件以及“一事一议”形式的具体政策措施，应当按照国务院的规定进行公平竞争审查。

第六章 附则

第二十八条 适用范围

生产原料药和药用辅料所需的上游化工原料、医药中间体等适用本指南。

第二十九条 指南的解释

本指南由国务院反垄断委员会解释，自发布之日起施行。

公平竞争审查制度实施细则

国市监反垄规〔2021〕2号

（2021年6月29日　市场监管总局、国家发展改革委、财政部、商务部、司法部印发）

第一章　总则

第一条　为全面落实公平竞争审查制度，健全公平竞争审查机制，规范有效开展审查工作，根据《中华人民共和国反垄断法》、《国务院关于在市场体系建设中建立公平竞争审查制度的意见》（国发〔2016〕34号，以下简称《意见》），制定本细则。

第二条　行政机关以及法律、法规授权的具有管理公共事务职能的组织（以下统称政策制定机关），在制定市场准入和退出、产业发展、招商引资、招标投标、政府采购、经营行为规范、资质标准等涉及市场主体经济活动的规章、规范性文件、其他政策性文件以及"一事一议"形式的具体政策措施（以下统称政策措施）时，应当进行公平竞争审查，评估对市场竞争的影响，防止排除、限制市场竞争。

经公平竞争审查认为不具有排除、限制竞争效果或者符合例外规定的，可以实施；具有排除、限制竞争效果且不符合例外规定的，应当不予出台或者调整至符合相关要求后出台；未经公平竞争审查的，不得出台。

第三条　涉及市场主体经济活动的行政法规、国务院制定的政策措施，以及政府部门负责起草的地方性法规、自治条例和单行条例，由起草部门在起草过程中按照本细则规定进行公平竞争审查。未经公平竞争审查的，不得提交审议。

以县级以上地方各级人民政府名义出台的政策措施，由起草部门或者本级人民政府指定的相关部门进行公平竞争审查。起草部门在审查过程中，可以会同本级反垄断执法机构进行公平竞争审查。未经审查的，不得提交审议。

以多个部门名义联合制定出台的政策措施，由牵头部门负责公平竞争审查，其他部门在各自职责范围内参与公平竞争审查。政策措施涉及其他部门职权的，政策制定机关在公平竞争审查中应当充分征求其意见。

第四条　市场监管总局、发展改革委、财政部、商务部会同有关部门，建立健全公平竞争审查工作部际联席会议制度，统筹协调和监督指导全国公平竞争审查工作。

县级以上地方各级人民政府负责建立健全本地区公平竞争审查工作联席会议

制度（以下简称联席会议），统筹协调和监督指导本地区公平竞争审查工作，原则上由本级人民政府分管负责同志担任联席会议召集人。联席会议办公室设在反垄断执法机构，承担联席会议日常工作。

地方各级联席会议应当每年向本级人民政府和上一级联席会议报告本地区公平竞争审查制度实施情况，接受其指导和监督。

第二章 审查机制和程序

第五条 政策制定机关应当建立健全公平竞争内部审查机制，明确审查机构和程序，可以由政策制定机关的具体业务机构负责，也可以采取内部特定机构统一审查或者由具体业务机构初审后提交特定机构复核等方式。

第六条 政策制定机关开展公平竞争审查应当遵循审查基本流程（可参考附件 1），识别相关政策措施是否属于审查对象、判断是否违反审查标准、分析是否适用例外规定。属于审查对象的，经审查后应当形成明确的书面审查结论。审查结论应当包括政策措施名称、涉及行业领域、性质类别、起草机构、审查机构、征求意见情况、审查结论、适用例外规定情况、审查机构主要负责人意见等内容（可参考附件 2）。政策措施出台后，审查结论由政策制定机关存档备查。

未形成书面审查结论出台政策措施的，视为未进行公平竞争审查。

第七条 政策制定机关开展公平竞争审查，应当以适当方式征求利害关系人意见，或者通过政府部门网站、政务新媒体等便于社会公众知晓的方式公开征求意见，并在书面审查结论中说明征求意见情况。

在起草政策措施的其他环节已征求过利害关系人意见或者向社会公开征求意见的，可以不再专门就公平竞争审查问题征求意见。对出台前需要保密或者有正当理由需要限定知悉范围的政策措施，由政策制定机关按照相关法律法规处理。

利害关系人指参与相关市场竞争的经营者、上下游经营者、行业协会商会、消费者以及政策措施可能影响其公平参与市场竞争的其他市场主体。

第八条 政策制定机关进行公平竞争审查，可以咨询专家学者、法律顾问、专业机构的意见。征求上述方面意见的，应当在书面审查结论中说明有关情况。

各级联席会议办公室可以根据实际工作需要，建立公平竞争审查工作专家库，便于政策制定机关进行咨询。

第九条 政策制定机关可以就公平竞争审查中遇到的具体问题，向本级联席会议办公室提出咨询。提出咨询请求的政策制定机关，应当提供书面咨询函、政策措施文稿、起草说明、相关法律法规依据及其他相关材料。联席会议办公室应当在收到书面咨询函后及时研究回复。

对涉及重大公共利益，且在制定过程中被多个单位或者个人反映或者举报涉嫌排除、限制竞争的政策措施，本级联席会议办公室可以主动向政策制定机关提出公平竞争审查意见。

第十条 对多个部门联合制定或者涉及多个部门职责的政策措施，在公平竞争审查中出现较大争议或者部门意见难以协调一致时，政策制定机关可以提请本级联席会议协调。联席会议办公室认为确有必要的，可以根据相关工作规则召开会议进行协调。仍无法协调一致的，由政策制定机关提交上级机关决定。

第十一条 政策制定机关应当对本年度公平竞争审查工作进行总结，于次年1月15日前将书面总结报告报送本级联席会议办公室。

地方各级联席会议办公室汇总形成本级公平竞争审查工作总体情况，于次年1月20日前报送本级人民政府和上一级联席会议办公室，并以适当方式向社会公开。

第十二条 对经公平竞争审查后出台的政策措施，政策制定机关应当对其影响统一市场和公平竞争的情况进行定期评估。评估报告应当向社会公开征求意见，评估结果应当向社会公开。经评估认为妨碍统一市场和公平竞争的，应当及时废止或者修改完善。定期评估可以每三年进行一次，或者在定期清理规章、规范性文件时一并评估。

第三章 审查标准

第十三条 市场准入和退出标准。

（一）不得设置不合理或者歧视性的准入和退出条件，包括但不限于：

1. 设置明显不必要或者超出实际需要的准入和退出条件，排斥或者限制经营者参与市场竞争；

2. 没有法律、行政法规或者国务院规定依据，对不同所有制、地区、组织形式的经营者实施不合理的差别化待遇，设置不平等的市场准入和退出条件；

3. 没有法律、行政法规或者国务院规定依据，以备案、登记、注册、目录、年检、年报、监制、认定、认证、认可、检验、监测、审定、指定、配号、复检、复审、换证、要求设立分支机构以及其他任何形式，设定或者变相设定市场准入障碍；

4. 没有法律、行政法规或者国务院规定依据，对企业注销、破产、挂牌转让、搬迁转移等设定或者变相设定市场退出障碍；

5. 以行政许可、行政检查、行政处罚、行政强制等方式，强制或者变相强制企业转让技术，设定或者变相设定市场准入和退出障碍。

（二）未经公平竞争不得授予经营者特许经营权，包括但不限于：

1. 在一般竞争性领域实施特许经营或者以特许经营为名增设行政许可；

2. 未明确特许经营权期限或者未经法定程序延长特许经营权期限；

3. 未依法采取招标、竞争性谈判等竞争方式，直接将特许经营权授予特定经营者；

4. 设置歧视性条件，使经营者无法公平参与特许经营权竞争。

（三）不得限定经营、购买、使用特定经营者提供的商品和服务，包括但不限于：

1. 以明确要求、暗示、拒绝或者拖延行政审批、重复检查、不予接入平台或者网络、违法违规给予奖励补贴等方式，限定或者变相限定经营、购买、使用特定经营者提供的商品和服务；

2. 在招标投标、政府采购中限定投标人所在地、所有制形式、组织形式，或者设定其他不合理的条件排斥或者限制经营者参与招标投标、政府采购活动；

3. 没有法律、行政法规或者国务院规定依据，通过设置不合理的项目库、名录库、备选库、资格库等条件，排斥或限制潜在经营者提供商品和服务。

（四）不得设置没有法律、行政法规或者国务院规定依据的审批或者具有行政审批性质的事前备案程序，包括但不限于：

1. 没有法律、行政法规或者国务院规定依据，增设行政审批事项，增加行政审批环节、条件和程序；

2. 没有法律、行政法规或者国务院规定依据，设置具有行政审批性质的前置性备案程序。

（五）不得对市场准入负面清单以外的行业、领域、业务等设置审批程序，主要指没有法律、行政法规或者国务院规定依据，采取禁止进入、限制市场主体资质、限制股权比例、限制经营范围和商业模式等方式，限制或者变相限制市场准入。

第十四条 商品和要素自由流动标准。

（一）不得对外地和进口商品、服务实行歧视性价格和歧视性补贴政策，包括但不限于：

1. 制定政府定价或者政府指导价时，对外地和进口同类商品、服务制定歧视性价格；

2. 对相关商品、服务进行补贴时，对外地同类商品、服务，国际经贸协定允许外的进口同类商品以及我国作出国际承诺的进口同类服务不予补贴或者给予较低补贴。

（二）不得限制外地和进口商品、服务进入本地市场或者阻碍本地商品运出、服务输出，包括但不限于：

1. 对外地商品、服务规定与本地同类商品、服务不同的技术要求、检验标准，或者采取重复检验、重复认证等歧视性技术措施；

2. 对进口商品规定与本地同类商品不同的技术要求、检验标准，或者采取重复检验、重复认证等歧视性技术措施；

3. 没有法律、行政法规或者国务院规定依据，对进口服务规定与本地同类服务不同的技术要求、检验标准，或者采取重复检验、重复认证等歧视性技术措施；

4. 设置专门针对外地和进口商品、服务的专营、专卖、审批、许可、备案，或者规定不同的条件、程序和期限等；

5. 在道路、车站、港口、航空港或者本行政区域边界设置关卡，阻碍外地和进口商品、服务进入本地市场或者本地商品运出和服务输出；

6. 通过软件或者互联网设置屏蔽以及采取其他手段，阻碍外地和进口商品、服务进入本地市场或者本地商品运出和服务输出。

（三）不得排斥或者限制外地经营者参加本地招标投标活动，包括但不限于：

1. 不依法及时、有效、完整地发布招标信息；

2. 直接规定外地经营者不能参与本地特定的招标投标活动；

3. 对外地经营者设定歧视性的资质资格要求或者评标评审标准；

4. 将经营者在本地区的业绩、所获得的奖项荣誉作为投标条件、加分条件、中标条件或者用于评价企业信用等级，限制或者变相限制外地经营者参加本地招标投标活动；

5. 没有法律、行政法规或者国务院规定依据，要求经营者在本地注册设立分支机构，在本地拥有一定办公面积，在本地缴纳社会保险等，限制或者变相限制外地经营者参加本地招标投标活动；

6. 通过设定与招标项目的具体特点和实际需要不相适应或者与合同履行无关的资格、技术和商务条件，限制或者变相限制外地经营者参加本地招标投标活动。

（四）不得排斥、限制或者强制外地经营者在本地投资或者设立分支机构，包括但不限于：

1. 直接拒绝外地经营者在本地投资或者设立分支机构；

2. 没有法律、行政法规或者国务院规定依据，对外地经营者在本地投资的规模、方式以及设立分支机构的地址、模式等进行限制；

3. 没有法律、行政法规或者国务院规定依据，直接强制外地经营者在本地投资或者设立分支机构；

4. 没有法律、行政法规或者国务院规定依据，将在本地投资或者设立分支机构作为参与本地招标投标、享受补贴和优惠政策等的必要条件，变相强制外地经营者在本地投资或者设立分支机构。

（五）不得对外地经营者在本地的投资或者设立的分支机构实行歧视性待遇，侵害其合法权益，包括但不限于：

1. 对外地经营者在本地的投资不给予与本地经营者同等的政策待遇；

2. 对外地经营者在本地设立的分支机构在经营规模、经营方式、税费缴纳等方面规定与本地经营者不同的要求；

3. 在节能环保、安全生产、健康卫生、工程质量、市场监管等方面，对外地经营者在本地设立的分支机构规定歧视性监管标准和要求。

第十五条 影响生产经营成本标准。

（一）不得违法给予特定经营者优惠政策，包括但不限于：

1. 没有法律、行政法规或者国务院规定依据，给予特定经营者财政奖励和补贴；

2. 没有专门的税收法律、法规和国务院规定依据，给予特定经营者税收优惠政策；

3. 没有法律、行政法规或者国务院规定依据，在土地、劳动力、资本、技术、数据等要素获取方面，给予特定经营者优惠政策；

4. 没有法律、行政法规或者国务院规定依据，在环保标准、排污权限等方面给予特定经营者特殊待遇；

5. 没有法律、行政法规或者国务院规定依据，对特定经营者减免、缓征或停征行政事业性收费、政府性基金、住房公积金等。

给予特定经营者的优惠政策应当依法公开。

（二）安排财政支出一般不得与特定经营者缴纳的税收或非税收入挂钩，主要指根据特定经营者缴纳的税收或者非税收入情况，采取列收列支或者违法违规采取先征后返、即征即退等形式，对特定经营者进行返还，或者给予特定经营者财政奖励或补贴、减免土地等自然资源有偿使用收入等优惠政策。

（三）不得违法违规减免或者缓征特定经营者应当缴纳的社会保险费用，主要指没有法律、行政法规或者国务院规定依据，根据经营者规模、所有制形式、组织形式、地区等因素，减免或者缓征特定经营者需要缴纳的基本养老保险费、基本医疗保险费、失业保险费、工伤保险费、生育保险费等。

（四）不得在法律规定之外要求经营者提供或扣留经营者各类保证金，包括但不限于：

1. 没有法律、行政法规依据或者经国务院批准，要求经营者交纳各类保证金；

2. 限定只能以现金形式交纳投标保证金或履约保证金；

3. 在经营者履行相关程序或者完成相关事项后，不依法退还经营者交纳的保证金及银行同期存款利息。

第十六条 影响生产经营行为标准。

（一）不得强制经营者从事《中华人民共和国反垄断法》禁止的垄断行为，主要指以行政命令、行政授权、行政指导等方式或者通过行业协会商会，强制、组织或者引导经营者达成垄断协议、滥用市场支配地位，以及实施具有或者可能具有排除、限制竞争效果的经营者集中等行为。

（二）不得违法披露或者违法要求经营者披露生产经营敏感信息，为经营者实施垄断行为提供便利条件。生产经营敏感信息是指除依据法律、行政法规或者国务院规定需要公开之外，生产经营者未主动公开，通过公开渠道无法采集的生产经营数据。主要包括：拟定价格、成本、营业收入、利润、生产数量、销售数量、生产销售计划、进出口数量、经销商信息、终端客户信息等。

（三）不得超越定价权限进行政府定价，包括但不限于：

1. 对实行政府指导价的商品、服务进行政府定价；

2. 对不属于本级政府定价目录范围内的商品、服务制定政府定价或者政府指导价；

3. 违反《中华人民共和国价格法》等法律法规采取价格干预措施。

（四）不得违法干预实行市场调节价的商品和服务的价格水平，包括但不限于：

1. 制定公布商品和服务的统一执行价、参考价；

2. 规定商品和服务的最高或者最低限价；

3. 干预影响商品和服务价格水平的手续费、折扣或者其他费用。

第四章　例外规定

第十七条　属于下列情形之一的政策措施，虽然在一定程度上具有限制竞争的效果，但在符合规定的情况下可以出台实施：

（一）维护国家经济安全、文化安全、科技安全或者涉及国防建设的；

（二）为实现扶贫开发、救灾救助等社会保障目的；

（三）为实现节约能源资源、保护生态环境、维护公共卫生健康安全等社会公共利益的；

（四）法律、行政法规规定的其他情形。

属于前款第一项至第三项情形的，政策制定机关应当说明相关政策措施对实现政策目的的不可或缺，且不会严重限制市场竞争，并明确实施期限。

第十八条　政策制定机关应当在书面审查结论中说明政策措施是否适用例外规定。认为适用例外规定的，应当对符合适用例外规定的情形和条件进行详细说明。

第十九条 政策制定机关应当逐年评估适用例外规定的政策措施的实施效果，形成书面评估报告。实施期限到期或者未达到预期效果的政策措施，应当及时停止执行或者进行调整。

第五章 第三方评估

第二十条 政策制定机关可以根据工作实际，委托具备相应评估能力的高等院校、科研院所、专业咨询公司等第三方机构，对有关政策措施进行公平竞争评估，或者对公平竞争审查有关工作进行评估。

各级联席会议办公室可以委托第三方机构，对本地公平竞争审查制度总体实施情况开展评估。

第二十一条 政策制定机关在开展公平竞争审查工作的以下阶段和环节，均可以采取第三方评估方式进行：

（一）对拟出台的政策措施进行公平竞争审查；

（二）对经公平竞争审查出台的政策措施进行定期评估；

（三）对适用例外规定出台的政策措施进行逐年评估；

（四）对公平竞争审查制度实施情况进行综合评价；

（五）与公平竞争审查工作相关的其他阶段和环节。

第二十二条 对拟出台的政策措施进行公平竞争审查时，存在以下情形之一的，应当引入第三方评估：

（一）政策制定机关拟适用例外规定的；

（二）被多个单位或者个人反映或者举报涉嫌违反公平竞争审查标准的。

第二十三条 第三方评估结果作为政策制定机关开展公平竞争审查、评价制度实施成效、制定工作推进方案的重要参考。对拟出台的政策措施进行第三方评估的，政策制定机关应当在书面审查结论中说明评估情况。最终做出的审查结论与第三方评估结果不一致的，应当在书面审查结论中说明理由。

第二十四条 第三方评估经费纳入预算管理。政策制定机关依法依规做好第三方评估经费保障。

第六章 监督与责任追究

第二十五条 政策制定机关涉嫌未进行公平竞争审查或者违反审查标准出台政策措施的，任何单位和个人可以向政策制定机关反映，也可以向政策制定机关的上级机关或者本级及以上反垄断执法机构举报。反映或者举报采用书面形式并提供相关事实依据的，有关部门要及时予以处理。涉嫌违反《中华人民共和国反垄断法》的，由反垄断执法机构依法调查。

第二十六条 政策制定机关未进行公平竞争审查出台政策措施的，应当及时补做审查。发现存在违反公平竞争审查标准问题的，应当按照相关程序停止执行或者调整相关政策措施。停止执行或者调整相关政策措施的，应当依照《中华人民共和国政府信息公开条例》要求向社会公开。

第二十七条 政策制定机关的上级机关经核实认定政策制定机关未进行公平竞争审查或者违反审查标准出台政策措施的，应当责令其改正；拒不改正或者不及时改正的，对直接负责的主管人员和其他直接责任人员依据《中华人民共和国公务员法》、《中华人民共和国公职人员政务处分法》、《行政机关公务员处分条例》等法律法规给予处分。本级及以上反垄断执法机构可以向政策制定机关或者其上级机关提出整改建议；整改情况要及时向有关方面反馈。违反《中华人民共和国反垄断法》的，反垄断执法机构可以向有关上级机关提出依法处理的建议。相关处理决定和建议依法向社会公开。

第二十八条 市场监管总局负责牵头组织政策措施抽查，检查有关政策措施是否履行审查程序、审查流程是否规范、审查结论是否准确等。对市场主体反映比较强烈、问题比较集中、滥用行政权力排除限制竞争行为多发的行业和地区，进行重点抽查。抽查结果及时反馈被抽查单位，并以适当方式向社会公开。对抽查发现的排除、限制竞争问题，被抽查单位应当及时整改。

各地应当结合实际，建立本地区政策措施抽查机制。

第二十九条 县级以上地方各级人民政府建立健全公平竞争审查考核制度，对落实公平竞争审查制度成效显著的单位予以表扬激励，对工作推进不力的进行督促整改，对工作中出现问题并造成不良后果的依法依规严肃处理。

第七章 附则

第三十条 各地区、各部门在遵循《意见》和本细则规定的基础上，可以根据本地区、本行业实际情况，制定公平竞争审查工作办法和具体措施。

第三十一条 本细则自公布之日起实施。《公平竞争审查制度实施细则（暂行）》（发改价监〔2017〕1849号）同时废止。

企业境外反垄断合规指引

国市监反垄发〔2021〕72号

（2021年11月15日 市场监管总局印发）

第一章 总则

第一条 目的和依据

为了鼓励企业培育公平竞争的合规文化，引导企业建立和加强境外反垄断合规管理制度，增强企业境外经营反垄断合规管理意识，提升境外经营反垄断合规管理水平，防范境外反垄断法律风险，保障企业持续健康发展，根据工作实际，制定本指引。

第二条 反垄断合规的重要意义

反垄断法是市场经济国家调控经济的重要政策工具，制定并实施反垄断法是世界上大多数国家或者地区（以下称司法辖区）保护市场公平竞争、维护市场竞争秩序的普遍做法。不同司法辖区对反垄断法的表述有所不同，例如“反垄断法”、“竞争法”、“反托拉斯法”、“公平交易法”等，本指引以下统称反垄断法。

企业境外经营应当坚持诚信守法、公平竞争。企业违反反垄断法可能面临高额罚款、罚金、损害赔偿诉讼和其他法律责任，企业相关负责人也可能面临罚款、罚金甚至刑事责任等严重后果。加强境外反垄断合规建设，可以帮助企业识别、评估和管控各类反垄断法律风险。

第三条 适用范围

本指引适用于在境外从事经营业务的中国企业以及在境内从事经营业务但可能对境外市场产生影响的中国企业，包括从事进出口贸易、境外投资、并购、知识产权转让或者许可、招投标等涉及境外的经营活动。

多数司法辖区反垄断法规定域外管辖制度，对在本司法辖区以外发生但对本司法辖区内市场产生排除、限制竞争影响的垄断行为，同样适用其反垄断法。

第二章　境外反垄断合规管理制度

第四条　建立境外反垄断合规管理制度

企业可以根据业务规模、业务涉及的主要司法辖区、所处行业特性及市场状况、业务经营面临的法律风险等制定境外反垄断合规制度，或者将境外反垄断合规要求嵌入现有整体合规制度中。

部分司法辖区对企业建立健全反垄断合规体系提出了具体指引，企业可以以此为基础制定相应的反垄断合规制度。企业建立并有效实施良好的合规制度在部分司法辖区可以作为减轻反垄断处罚责任的依据。

第五条　境外反垄断合规管理机构

鼓励企业尤其是大型企业设置境外反垄断合规管理部门或者岗位，或者依托现有合规管理制度开展境外反垄断合规管理专项工作。

反垄断合规管理部门和合规管理人员可以按照国务院反垄断委员会发布的《经营者反垄断合规指南》履行相应职责。

企业可以对境外反垄断合规管理制度进行定期评估，该评估可以由反垄断合规管理部门实施或者委托外部专业机构协助实施。

第六条　境外反垄断合规管理职责

境外反垄断合规管理职责主要包括以下方面：

（一）持续关注企业业务所涉司法辖区反垄断立法、执法及司法的发展动态，及时为决策层、高级管理层和业务部门提供反垄断合规建议；

（二）根据所涉司法辖区要求，制定并更新企业反垄断合规政策，明确企业内部反垄断合规要求和流程，督促各部门贯彻落实，确保合规要求融入各项业务领域；

（三）审核、评估企业竞争行为和业务经营的合规性，及时制止、纠正不合规的经营行为，并制定针对潜在不合规行为的应对措施；

（四）组织或者协助业务、人事等部门开展境外反垄断合规培训，并向业务部门和员工提供境外反垄断合规咨询；

（五）建立境外反垄断合规报告制度，组织开展企业内部反垄断合规检查，对发现的合规风险向管理层提出处理建议；

（六）妥善应对反垄断合规风险事件，就潜在或者已发生的反垄断调查或者诉讼，组织制定应对和整改措施；

（七）其他与企业境外反垄断合规有关的工作。

第七条　境外反垄断合规承诺机制

鼓励企业建立境外反垄断合规承诺机制。企业决策人员、在境外从事经营的高级管理人员和业务人员等可以作出反垄断合规承诺。

建立反垄断合规承诺机制，可以提高相关人员对反垄断法律风险的认识和重视程度，确保其对企业履行合规承诺负责。通常情况下，企业决策人员和相关高级管理人员对反垄断合规的承诺和参与是提升合规制度有效性的关键。

第三章 境外反垄断合规风险重点

第八条 反垄断涉及的主要行为

各司法辖区反垄断法调整的行为类型类似，主要规制垄断协议、滥用市场支配地位和具有或者可能具有排除、限制竞争影响的经营者集中。各司法辖区对于相关行为的定义、具体类型和评估方法不尽相同，本章对此作简要阐释，具体合规要求应以各司法辖区反垄断法相关规定为准。

同时，企业应当根据相关司法辖区的情况，关注本章可能未涉及的特殊规制情形，例如有的司法辖区规定禁止滥用相对优势地位、禁止在竞争者中兼任董事等安排，规制行政性垄断行为等。

第九条 垄断协议

垄断协议一般是指企业间订立的排除、限制竞争的协议或者采取的协同行为，也被称为“卡特尔”、“限制竞争协议”、“不正当交易限制”等，主要包括固定价格、限制产量或分割市场、联合抵制交易等横向垄断协议以及转售价格维持、限定销售区域和客户或者排他性安排等纵向垄断协议。部分司法辖区反垄断法也禁止交换价格、成本、市场计划等竞争性敏感信息，某些情况下被动接收竞争性敏感信息不能成为免于处罚的理由。横向垄断协议，尤其是与价格相关的横向垄断协议，通常被视为非常严重的限制竞争行为，各司法辖区均对此严格规制。多数司法辖区也对纵向垄断协议予以规制，例如转售价格维持（RPM）可能具有较大的违法风险。

垄断协议的形式并不限于企业之间签署的书面协议，还包括口头协议、协同行为等行为。垄断协议的评估因素较为复杂，企业可以根据各司法辖区的具体规定、指南、司法判例及执法实践进行评估和判断。比如，有的司法辖区对垄断协议的评估可能适用本身违法或者合理原则，有的司法辖区可能会考虑其是否构成目的违法或者需要进行效果分析。适用本身违法或者目的违法的行为通常推定为本质上存在损害、限制竞争性质，而适用合理原则与效果分析时，会对相关行为促进和损害竞争效果进行综合分析。部分司法辖区对垄断协议行为设有行业豁免、集体豁免以及安全港制度，企业在分析和评估时可以参照有关规定。

此外，大多数司法辖区均规定协会不得组织企业从事垄断协议行为，企业也不会因协会组织的垄断协议而免于处罚。

第十条　滥用市场支配地位

市场支配地位一般是指企业能够控制某个相关市场，而在该市场内不再受到有效竞争约束的地位。一般来说，判断是否具有市场支配地位需要综合考虑业务规模、市场份额和其他相关因素，比如来自竞争者的竞争约束、客户的谈判能力、市场进入壁垒等。通常情况下，除非有相反证据，较低的市场份额不会被认定为具有市场支配地位。

企业具有市场支配地位本身并不违法，只有滥用市场支配地位才构成违法。滥用市场支配地位是指具有市场支配地位的企业没有正当理由，凭借该地位实施排除、限制竞争的行为，一般包括销售或采购活动中的不公平高价或者低价、低于成本价销售、附加不合理或者不公平的交易条款和条件、独家或者限定交易、拒绝交易、搭售、歧视性待遇等行为。企业在判断是否存在滥用市场支配地位时，可以根据有关司法辖区的规定，提出可能存在的正当理由及相关证据。

第十一条　经营者集中

经营者集中一般是指企业合并、收购、合营等行为，有的司法辖区称之为并购控制。经营者集中本身并不违法，但对于具有或可能具有排除、限制竞争效果的，可能被禁止或者附加限制性条件批准。

不同司法辖区判断是否构成集中、是否应当申报的标准不同。有的司法辖区主要考察经营者控制权的持久变动，通过交易取得对其他经营者的单独或者共同控制即构成集中，同时依据营业额设定申报标准；有的司法辖区设置交易规模、交易方资产额、营业额等多元指标判断是否达到申报标准；有的司法辖区考察集中是否会或者可能会对本辖区产生实质性限制竞争效果，主要以市场份额作为是否申报或者鼓励申报的初步判断标准。此外，设立合营企业是否构成经营者集中在不同司法辖区的标准也存在差异，需要根据相关规定具体分析。

多数司法辖区要求符合规定标准的集中必须在实施前向反垄断执法机构申报，否则不得实施；有的司法辖区根据集中类型、企业规模和交易规模确定了不同的申报时点；有的司法辖区采取自愿申报制度；有的司法辖区要求企业不晚于集中实施后的一定期限内申报；有的司法辖区可以在一定情况下调查未达到申报标准的交易。对于采取强制事前申报的司法辖区，未依法申报或者未经批准实施的经营者集中，通常构成违法行为并可能产生严重的法律后果，比如罚款、暂停交易、恢复原状等；采取自愿申报或者事后申报的司法辖区，比如交易对竞争产生不利影响，反垄断执法机构可以要求企业暂停交易、恢复原状、附加限制性条件等。

第十二条 境外反垄断调查方式

多数司法辖区反垄断执法机构都拥有强力而广泛的调查权。一般来说，反垄断执法机构可根据举报、投诉、违法公司的宽大申请或者依职权开展调查。

调查手段包括收集有关信息、复制文件资料、询问当事人及其他关系人（比如竞争对手和客户）、现场调查、采取强制措施等。部分司法辖区还可以开展“黎明突袭”，即在不事先通知企业的情况下，突然对与实施涉嫌垄断行为相关或者与调查相关的必要场所进行现场搜查。在黎明突袭期间，企业不得拒绝持有搜查证、搜查授权或者决定的调查人员进入。调查人员可以检查搜查证、搜查授权或者决定范围内的一切物品，可以查阅、复制文件，根据检查需要可以暂时查封有关场所，询问员工等。此外，在有的司法辖区，反垄断执法机构可以与边境管理部门合作，扣留和调查入境的被调查企业员工。

第十三条 配合境外反垄断调查

各司法辖区对于配合反垄断调查和诉讼以及证据保存均有相关规定，一般要求相关方不得拒绝提供有关材料或信息，提供虚假或者误导性信息、隐匿或者销毁证据，开展其他阻挠调查和诉讼程序并带来不利后果的行为，对于不配合调查的行为规定了相应的法律责任。有的司法辖区规定，提供错误或者误导性信息等情形可面临最高为集团上一财年全球总营业额 1% 的罚款，还可以要求每日缴纳最高为集团上一财年全球日均营业额 5% 的滞纳金；如果最终判定存在违法行为，则拒绝合作可能成为加重罚款的因素。有的司法辖区规定，拒绝配合调查可能被判藐视法庭或者妨碍司法公正，并处以罚金，情节严重的甚至可能被判处刑事责任，比如通过向调查人员提供重大不实陈述的方式故意阻碍调查等情形。通常情况下，企业对反垄断调查的配合程度是执法机构作出处罚以及宽大处理决定时的重要考量因素之一。

企业可以根据需要，由法务部门、外部律师、信息技术部门事先制定应对现场检查的方案和配合调查的计划。在面临反垄断调查和诉讼时，企业可以制定员工出行指南，确保员工在出行期间发生海关盘问、搜查等突发情况时能够遵守企业合规政策，同时保护其合法权利。

第十四条 企业在境外反垄断调查中的权利

多数司法辖区对反垄断执法机构开展调查的程序等作出明确要求，以保障被调查企业的合法权利。反垄断执法机构开展调查时应当遵循法定程序并出具相关证明文件，比如执法机构的身份证明或者法院批准的搜查令等。被调查的企业依法享有陈述、说明和申辩的权利，反垄断执法机构对调查过程中获取的信息应当依法予以保密。

在境外反垄断调查中，企业可以依照相关司法辖区的规定维护自身合法权益，比如就有关事项进行陈述和申辩，要求调查人员出示证件，向执法机构询问企业享有的合法权利，在保密的基础上查阅执法机构的部分调查文件；聘请律师到场，在有的司法辖区，被调查对象有权在律师到达前保持缄默。部分司法辖区对受律师客户特权保护的文件有除外规定，企业在提交文件时可以对相关文件主张律师客户特权，防止执法人员拿走他们无权调阅的特权资料。有的司法辖区规定，应当听取被调查企业或行业协会的意见，并使其享有就异议事项提出答辩的机会。无论是法律或者事实情况，如果被调查对象没有机会表达自己的观点，就不能作为案件裁决的依据。

第十五条　境外反垄断诉讼

企业在境外也可能面临反垄断诉讼。反垄断诉讼既可以由执法机构提起，也可以由民事主体提起。比如，在有的司法辖区，执法机构可以向法院提起刑事诉讼和民事诉讼；直接购买者、间接购买者也可以向法院提起诉讼，这些诉讼也有可能以集团诉讼的方式提起。在有的司法辖区，反垄断诉讼包括对反垄断执法机构决定的上诉，以及受损害主体提起的损害赔偿诉讼、停止垄断行为的禁令申请或者以合同包含违反竞争法律的限制性条款为由对该合同提起的合同无效之诉。

不同司法辖区的反垄断诉讼涉及程序复杂、耗时较长；有的司法辖区可能涉及范围极为宽泛的证据开示。企业在境外反垄断诉讼中一旦败诉，将面临巨额罚款或者赔偿、责令改变商业模式甚至承担刑事责任等严重不利后果。

第十六条　应对境外反垄断风险

企业可以建立对境外反垄断法律风险的应对和损害减轻机制。当发生重大境外反垄断法律风险时，可以立刻通知法务人员、反垄断合规管理人员、相关业务部门负责人开展内部联合调查，发现并及时终止不合规行为，制定内部应对流程以及诉讼或者辩护方案。

部分司法辖区设有豁免申请制度，在符合一定条件的情况下，企业可以针对可能存在损害竞争效果但也有一定效率提升、消费者福利提升或公平利益提升的相关行为，向反垄断执法机构事前提出豁免申请。获得批准后，企业从事相关行为将不会被反垄断执法机构调查或者被认定为违法。企业可以根据所在司法辖区的实际情况评估如何运用该豁免申请，提前防范反垄断法律风险。

企业可以聘请外部律师、法律或者经济学专家、其他专业机构协助企业应对反垄断法律风险，争取内部调查的结果在可适用的情况下可以受到律师客户特权的保护。

第十七条　可能适用的补救措施

出现境外反垄断法律风险时或者境外反垄断法律风险发生后，企业可以根据相关司法辖区的规定以及实际情况采取相应措施，包括运用相关司法辖区反垄断法中的宽大制度、承诺制度、和解程序等，最大程度降低风险和负面影响。

宽大制度，一般是指反垄断执法机构对于主动报告垄断协议行为并提供重要证据的企业，减轻或者免除处罚的制度。比如，有的司法辖区，宽大制度可能使申请企业减免罚款并豁免刑事责任；有的司法辖区，第一个申请宽大的企业可能被免除全部罚款，后续申请企业可能被免除部分罚款。申请适用宽大制度通常要求企业承认参与相关垄断协议，可能在后续民事诉讼中成为对企业的不利证据，同时要求企业承担更高的配合调查义务。

承诺制度，一般是指企业在反垄断调查过程中，主动承诺停止或者放弃被指控的垄断行为，并采取具体措施消除对竞争的不利影响，反垄断执法机构经评估后作出中止调查、接受承诺的决定。对于企业而言，承诺决定不会认定企业存在违法行为，也不会处以罚款；但企业后续如果未遵守承诺，可能面临重启调查和罚款的不利后果。

和解制度，一般是指企业在反垄断调查过程中与执法机构或者私人原告以和解的方式快速结案。有的司法辖区，涉案企业需主动承认其参与垄断协议的违法行为，以获得最多 10% 的额外罚款减免。有的司法辖区，和解包括在民事案件中与执法机构或者私人原告达成民事和解协议，或者在刑事案件中与执法机构达成刑事认罪协议。民事和解通常包括有约束力的同意调解书，其中包括纠正被诉损害竞争行为的承诺。执法机构也可能会要求被调查方退还通过损害竞争行为获得的非法所得。同意调解书同时要求企业对遵守承诺情况进行定期报告。不遵守同意调解书，企业可能被处以罚款，并且重新调查。在刑事程序中，企业可以和执法机构达成认罪协议，达到减轻罚款、更快结案的效果；企业可以综合考虑可能的罚款减免、效率、诉讼成本、确定性、胜诉可能性、对后续民事诉讼的影响等因素决定是否达成认罪协议。

第十八条　反垄断法律责任

垄断行为可能导致相关企业和个人被追究行政责任、民事责任和刑事责任。

行政责任主要包括被处以禁止令、罚款、拆分企业等。禁止令通常禁止继续实施垄断行为，也包括要求采取整改措施、定期报告、建立和实施有效的合规制度等。多数司法辖区对垄断行为规定大额罚款，有的司法辖区规定最高可以对企业处以集团上一年度全球总营业额 10% 的罚款。

民事责任主要有确认垄断协议无效和损害赔偿两种。有的司法辖区规定应当充分赔偿因垄断行为造成的损失，包括实际损失和利润损失，加上从损害发生之日起至支付赔偿金期间的利息；有的司法辖区规定企业最高承担三倍损害赔偿责任以及相关诉讼费用。

部分司法辖区还规定刑事责任，垄断行为涉及的高级管理人员、直接责任人等个人可能面临罚金甚至监禁，对公司违法者的罚金高达1亿美元，个人刑事罚金高达100万美元，最高监禁期为10年。如果违法所得或者受害者经济损失超过1亿美元，公司的最高罚金可以是违法所得或者经济损失的两倍。

有的司法辖区规定，如果母公司对子公司能够施加“决定性影响”，境外子公司违反反垄断法，母公司可能承担连带责任。同时，计算相关罚款的基础调整为整个集团营业额。

除法律责任外，企业受到反垄断调查或者诉讼还可能产生其他重大不利影响，对企业境外经营活动造成极大风险。反垄断执法机构的调查或者反垄断诉讼可能耗费公司大量的时间，产生高额法律费用，分散对核心业务活动的关注，影响企业正常经营。如果调查或者诉讼产生不利后果，企业财务状况和声誉会受到极大损害。

第四章　境外反垄断合规风险管理

第十九条　境外反垄断风险识别

企业可以根据境外业务规模、所处行业特点、市场情况、相关司法辖区反垄断法律法规以及执法环境等因素识别企业面临的主要反垄断风险。

（一）可能与垄断协议有关的风险。大多数司法辖区禁止企业与其他企业达成和实施垄断协议以及交换竞争性敏感信息。企业在境外开展业务时应当高度关注以下行为可能产生与垄断协议有关的风险：一是与竞争者接触相关的风险。比如，企业员工与竞争者员工之间在行业协会、会议以及其他场合的接触；竞争企业之间频繁的人员流动；通过同一个供应商或者客户交换敏感信息等。二是与竞争者之间合同、股权或其他合作相关的风险。比如，与竞争者达成合伙或者合作协议等可能排除、限制竞争的。三是在日常商业行为中与某些类型的协议或行为相关的风险。比如，与客户或供应商签订包含排他性条款的协议；对客户转售价格的限制等。

（二）可能与滥用市场支配地位有关的风险。企业应当对从事经营活动的市场、主要竞争者和自身市场力量做出评估和判断，并以此为基础评估和规范业务经营活动。当企业在某一市场中具有较高市场份额时，应当注意其市场行为的商业目的是否为限制竞争、行为是否对竞争造成不利影响，避免出现滥用市场支配地位的风险。

（三）可能与经营者集中有关的风险。大多数司法辖区设有集中申报制度，企业在全球范围内开展合并、收购、设立合营企业等交易时，同一项交易（包括在中国境内发生的交易）可能需要在多个司法辖区进行申报。企业在开展相关交易前，应当全面了解各相关司法辖区的申报要求，充分利用境外反垄断执法机构的事前商谈机制，评估申报义务并依法及时申报。企业收购境外目标公司还应当特别注意目标公司是否涉及反垄断法律责任或者正在接受反垄断调查，评估该法律责任在收购后是否可能被附加至母公司或者买方。

第二十条　境外反垄断风险评估

企业可以根据实际情况，建立境外反垄断法律风险评估程序和标准，定期分析和评估境外反垄断法律风险的来源、发生的可能性以及后果的严重性等，明确风险等级，并按照不同风险等级设计和实施相应的风险防控制度。评估可以由企业反垄断合规管理部门组织实施或者委托外部专业机构协助实施。

鼓励企业对以下情形开展专项评估：（一）对业务收购、公司合并、新设合营企业等事项作出投资决策之前；（二）实施重大营销计划、签订重大供销协议之前；（三）受到境外反垄断调查或者诉讼之后。

第二十一条　企业员工风险评级

企业根据员工面临境外反垄断法律风险的不同程度开展风险评级，进行更有效的风险防控。对高级管理人员，业务部门的管理人员，经常与同行竞争者交往的人员，销售、市场及采购部门的人员，知晓企业商业计划、价格等敏感信息的人员，曾在具有竞争关系的企业工作并知晓敏感信息的人员，负责企业并购项目的人员等；企业可以优先进行风险管理，采取措施强化其反垄断合规意识。对其他人员，企业可以根据风险管理的优先级采取反垄断风险管理的适当措施。

第二十二条　境外反垄断合规报告

企业可以建立境外反垄断合规报告机制。反垄断合规管理部门可以定期向企业决策层和高级管理层汇报境外反垄断合规管理情况。当发生重大境外反垄断风险时，反垄断合规管理机构应当及时向企业决策层和高级管理层汇报，组织内部调查，提出风险评估意见和风险应对措施；同时，企业可以通过境外企业和对外投资联络服务平台等渠道向商务部、市场监管总局等政府部门和驻外使领馆报告。

第二十三条　境外反垄断合规咨询

企业可以建立反垄断合规咨询机制。由于境外反垄断合规的高度复杂性，鼓励企业及员工尽早向反垄断合规管理部门咨询经营中遇到境外反垄断合规问题。企业反垄断合规管理部门可根据需要聘请外部律师或专家协助开展合规咨询，也可在相关司法辖区法律法规允许的情况下，在开展相关行为前向有关反垄断执法机构进行合规咨询。

第二十四条　境外反垄断合规审核

企业可以建立境外反垄断合规审核机制。反垄断合规管理部门可以对企业在境外实施的战略性决定、商业合同、交易计划、经销协议模板、销售渠道管理政策等进行反垄断合规审核。反垄断合规管理部门可以根据需要聘请外部律师协助评估反垄断法律风险，提出审核意见。

第二十五条　境外反垄断合规培训

企业可以对境外管理人员和员工进行定期反垄断合规培训。反垄断合规培训可以包括相关司法辖区反垄断法律法规、反垄断法律风险、可能导致反垄断法律风险的行为、日常合规行为准则、反垄断调查和诉讼的配合、反垄断宽大制度、承诺制度、和解制度、企业的反垄断合规政策和体系等相关内容。

企业可以定期审阅、更新反垄断合规培训内容；也可以通过员工行为准则、核查清单、反垄断合规手册等方式向员工提供书面指导。

第二十六条　其他防范反垄断风险的具体措施

除本章第十九条至第二十五条规定之外，企业还可以采取以下措施，防范境外反垄断风险。

（一）在加入行业协会之前，对行业协会目标和运营情况进行尽职调查，特别是会籍条款是否可能用来排除限制竞争，该协会是否有反垄断合规制度等。保存并更新所参加的行业协会活动及相关员工的清单。

（二）在参加行业协会组织的或者有竞争者参加的会议前了解议题，根据需要可以安排反垄断法律顾问出席会议和进行反垄断合规提醒；参加行业协会会议活动时认真审阅会议议程和会议纪要。

（三）在与竞争者进行交流之前应当明确范围，避免讨论竞争敏感性话题；记录与竞争者之间的对话或者其他形式的沟通，及时向上级或者反垄断合规管理部门报告。

（四）对与竞争者共同建立的合营企业和其他类型的合作，可以根据需要设立信息防火墙，避免通过合营企业或者其他类型的合作达成或者实施垄断协议。

（五）如果企业的部分产品或者服务在相关司法辖区可能具有较高的市场份额，可以对定价、营销、采购等部门进行专项培训，对可能存在风险的行为进行事前评估，及时防范潜在风险。

第五章　附则

第二十七条　指引的效力

本指引仅对企业境外反垄断合规作出一般性指引，供企业参考。指引中关于境外反垄断法律法规的阐释多为原则性、概括性说明，建议在具体适用时查询相关司法辖区反垄断法律法规的最新版本。企业应当结合各司法辖区关于合规制度以及经营行为是否违反反垄断法等方面的具体要求，有针对性地建设反垄断合规体系和开展合规工作。

本指引未涉及事项，可以参照国务院反垄断委员会发布的《经营者反垄断合规指南》。

Preface

In 2021, the State Administration for Market Regulation (the SAMR) has been unswervingly committed to fully and faithfully implementing the strategic decisions and deployment made by the Central Committee of the Communist Party of China (the CPC Central Committee) and the State Council regarding strengthening of anti-monopoly enforcement and prevention of the disorderly expansion of capital, and while closely centering on the building of a market system with high standards, the promotion of high-quality development, and the enhancement of people's welfare, we have been improving the fair competition system, making further advances in the implementation of the fair competition policies, and improving in an all-round manner the efficacy of anti-monopoly law enforcement. As a result, the business operating environment was improved via the strengthening the supply of fundamental institutions, creative market explorations and development momentum were stimulated via the maintenance of fair competition, public satisfaction was improved as a result of the efforts to safeguard consumer rights and interests and public interest, and a fair, open, transparent, efficient and orderly competition environment has improved steadily.

We have put forth efforts to solidify the foundation for the rule of law for fair competition that is capable of adapting to requirements of high-quality development. The *Anti-monopoly Law* will be amended in an expedited manner in combination with efforts in improvement of supporting legislation, forming a relatively systematic and integrated legal system consisting of the *Anti-monopoly Law* as the core and an array of supporting regulations, rules and guidelines, thereby providing clear and express guidelines for fair competition among market players. In addition, the *Opinions on Strengthening Anti-monopoly and Further Promoting the Implementation of Fair Competition Policies* were formulated, thereby improving the policy framework and implementation mechanism of fair competition policies matching the high-level socialist market economic system. The State Anti-monopoly Bureau as an institutional body was officially appended to the State Administration for Market Regulation, leading to the expansion of regulatory forces, the better exercise of institutional strengths, and the continuous improvement of governance efficacy.

We have put forth efforts to foster a stable, fair, transparent and predictable market competition environment. The anticompetitive behavior of forcing "either-or" choices, which was of great public concern, was investigated and handled promptly, a merger of leading platform enterprises in online game live streaming sector was prohibited, and the widely criticized practice of exclusive copyright licensing in the online music sector was banned; all of these efforts promoted positive interactions and concerted development of large, medium and small-sized enterprises. Meanwhile, in an effort to resolutely maintain a unified national market and promote smooth domestic circulation, the implementation of fair competition review system was pushed ahead deeply, where documents in violation of fair competition policy were corrected or repealed timely, and cases of abuse of administrative power to eliminate or restrict competition in areas such as government procurement, transportation, and housing and construction, were put under stringent investigation and handling, constantly optimizing the institutional environment for fair competition.

We have put forth efforts to meet the public's expectation of a high-quality and good life in a new era. Committed to the people-centered approach and with focus on the most pressing difficulties of great concern to the people, we carried out anti-monopoly law enforcement in the active pharmaceutical ingredients (the APIs), public utilities, construction materials, vehicles and other sectors relating to people's livelihood with a number of typical major cases duly under investigation and handling, safeguarding the vital interests of consumers so as to better meet the people's yearning for good life. Moreover, efforts in review of concentration of undertakings in sectors closely related to people's livelihood such as logistics, public utilities, food production, pharmaceuticals and healthcare were strengthened, thus effectively maintaining the market landscape featuring fair competition, ensuring better and more equitable access of the public to the fruits of high-quality development, and continuously enhancing people's sense of fulfillment, happiness and security.

We have put forth efforts to further promote international opening-up and cooperation in the field of competition law along the new journey. The seventh BRICS

International Competition Conference was successfully held, contributing to the improved practical cooperation and two-way opening-up with anti-monopoly law enforcement authorities of major market-oriented economies and other Belt and Road countries and regions. The international cooperation was expanded by way of concluding a number of memorandums on anti-monopoly cooperation with the Eurasian Economic Commission, Pakistan, Singapore, etc.In addition, the institutional opening-up in the competition field has been steadily pushed ahead by way of actively participating in discussions of various competition topics held under such multi-lateral mechanisms as UNCTAD, WTO, and OECD, contributing China wisdom to international competition governance.

A new starting point brings new hope; and a new blueprint heralds a new journey. The year 2022 represents a time to renew the more arduous yet more glorious mission to maintain fair market competition and facilitate high-quality development after we have improved the anti-monopoly institutions and mechanisms and reinforced our regulatory force. Pursuit of higher goals requires our vigorous and determined effort. Specifically, we shall adhere to the overall working theme of striving for progress while maintaining stability, focus on improving the rule of law in anti-monopoly work, endeavor to improve the system of fair competition legal institution, and promote the fostering of a market-oriented, legal and international business environment; we shall focus on boosting market expectation and confidence, endeavor to deepen the implementation of fair competition policies and promote high-quality development through fair competition; we shall focus on stabilizing macroeconomy, unblocking the economic cycle, and improving people's livelihood, and endeavor to strengthen anti-monopoly law oversight and enforcement in key sectors; we shall focus on advancing the development of modern regulatory system, gaining deeper understanding of the laws of the market development and competition supervision,and endeavor to enhance fair competition regulatory governance capability and level; we shall focus on promoting a higher level of opening-up, and endeavor to enhance the enterprises' compliance capacity of fair competition and deepen international exchanges and cooperation in the field of competition. With more vigorous mindset for overcoming challenges, more proactive accountability and more field-tested work skills, we are poised to open new prospect in anti-monopoly work, so as to greet the successful opening of the CPC's 20th National Congress with remarkable achievements.

Contents

Chapter Ⅰ

Work Overview

Forging Ahead into a New Era and Embarking on a New Journey

In 2021, the SAMR, while following the guidance of Xi Jinping Thought on Socialism with Chinese Characteristics for a New Era, fully and faithfully implementing the decisions and deployment of the CPC Central Committee and the State Council, and unswervingly adhering to the correct political direction, have coordinated development and security, efficiency and fairness, vitality and order, domestic and international conditions, made coordinated efforts to break up market monopoly and administrative monopoly, and coordinated supervision and law enforcement and system construction by starting from the precisely chosen entry points and applying appropriate timing, degree and effects of the enforcement efforts. Accordingly, the anti-monopoly work on all fronts advanced in an effective, orderly, steady and prudent manner; fair competition order has been steadily improving; and the efforts to combat monopoly and curb disorderly expansion of capital have shown initial results.

Ⅰ. Coordinating the Top-Level Design and Legal Support while Continuing to Improve the Fair Competition System

Firstly, intensifying efforts on the top-level institutional design concerning fair competition policies. We studied and formulated the *Opinions on Strengthening Anti-monopoly and Further Promoting the Implementation of Fair Competition Policies*, which was adopted after deliberationat the 21st meeting of the Central Committee for Deepening

Overall Reform, marking the formation of the top-level design of framework policy on fair competition for the first time. Also, we improved the full-process implementation mechanism for fair competition policies covering all *ex-ante*, in-process and *ex-post* stages.

Secondly, further consolidating the foundation of rule of law for anti-monopoly work. By closely centering on the requirements of improving the socialist market economic system and promoting the high-quality development, we proposed comprehensive amendments to the *Anti-monopoly Law* for the first time, and also improved the basic institutional rules on fair competition, thereby enhancing the rule-of-law assurance for anti-monopoly oversight. Currently, the *Draft Amendment to the Anti-monopoly Law* was submitted to the Standing Committee of the 13th National People's Congress for its consideration and deliberation.

Thirdly, improving the supporting anti-monopoly legislation. We promptly formulate and promote the issue of a series of anti-monopoly guidelines, including the *Anti-monopoly Guidelines on Platform Economy Sectors*, the *Anti-monopoly Guidelines on Active Pharmaceutical Ingredients Sector* and the *Overseas Anti-monopoly Compliance Guidelines for Enterprises*, which specified rules and bottom lines and provided clear guidance for enterprises on lawful and compliant business operations.

Ⅱ. Enhancing Full Chain of *Ex Ante*, In-process and *Ex Post* Supervision to Promote the Steady Improvement of Competition Ecosystem

A total of 175 monopoly cases of various types were investigated and handled throughout the year, a 61.5% increase over the same period of the previous year, with the amount of fines and confiscation reaching RMB 23.592 billion; specifically, 11 of the cases involved monopoly agreements, with corresponding amount of fines and confiscations totaling RMB 1.673 billion; 11 of the cases involved abuse of dominant market position, with corresponding amount of fines and confiscations totaling RMB 21.847 billion; 107 of the cases involved illegal implementation of concentrations of undertakings, with corresponding amount of fines and confiscations totaling RMB 72.35 million; and 46 of the cases involved abuse of administrative power to eliminate or restrict competition. In total, the anti-monopoly law enforcement authorities concluded 727 cases of concentrations of undertakings, a 53% increase over the same period of the previous year, among which one concentration of undertakings was prohibited and 4 concentrations of undertakings were approved with restrictive conditions. These enforcement efforts vigorously protected fair market competition, promoted high-quality development, improved people's livelihood and well-being, and achieved the unity of economic, political, legal and social effects.

Firstly, the behavior of forcing "either-or" choices, which was subject to strong public complaint, was resolutely investigated and handled in accordance with the law. The anti-monopoly law enforcement authorities conducted major law enforcement activities in an orderly and smooth manner by focusing on e-commerce, delivery platforms and other key sectors, investigated and handled, in accordance with the law, the monopoly cases of forcing "either-or" choices concerning Alibaba Group and Meituan, imposed fines of RMB 18.228 billion and RMB 3.442 billion on Alibaba and Meituan respectively, and issued *Administrative Guidance Letters* to request the enterprises concerned to take thorough rectification, thereby deterring other undertakings and compelling the platform enterprises to consciously regulate their business operations in a lawful manner. At present, the behavior of forcing "either-or" choices in the platform economy sector has been largely ceased and the market competition order has been improved drastically. As a result, the in-platform merchants, especially small and medium-sized undertakings, have gained more development opportunities and the development vitality has been further enhanced.

Secondly, strictly reviewing the concentrations of undertakings involving platform enterprises in accordance with the law. The anti-monopoly law enforcement authorities strengthened oversight on the mergers and acquisitions (M&As) activities in the platform economy sectors, strictly reviewed 40 notified concentrations of undertakings involving platform enterprises and prohibited the merger of Tencent-affiliated Huya and Douyu in the live gaming sector in accordance with the law. As the first prohibited concentration of undertakings in the platform economy sectors, this case has significant implications on deterring platform monopoly and the disorderly capital expansion.

Thirdly, thoroughly supervising the implementation of the notification obligation by the platform enterprises in accordance with the law. The anti-monopoly law enforcement authorities conducted in-depth investigations on over one thousand clues of cases concerning implementation of concentrations of undertakings without notification in accordance with the law, docketed and investigated nearly 200 cases, and imposed penalties on and published 98 cases of implementation of concentrations of undertakings without notification in accordance with the law. In connection with the case of Tencent's acquisition of equity of China Music Group Limited, the anti-monopoly law enforcement authorities issued a sanction, ordering Tencent to forego the exclusive copyright to online music. This was the first case concerning implementation of concentrations of undertakings without notification in accordance with the law in which necessary measures were taken to restore the market competition status in China, so as to rebuild the competition landscape in

Chinese online music market. At present, the consciousness of platform enterprises to notify concentrations of undertakings in accordance with the law has obviously risen, thereby building the momentum of normalized anti-monopoly oversight.

Fourthly, highlighting the support for development of real economy and enhancing anti-monopoly supervision and law enforcement. To actively respond to people's concerns and expectations, the anti-monopoly authorities made extra efforts to enhance anti-monopoly law enforcement in sectors closely related to people's livelihood such as pharmaceuticals, building materials and public utilities, and investigated and handled, in accordance with the law, several key anti-monopoly cases in real economy sector such as the monopoly agreement cases concerning Yangtze River Pharmaceutical Group and Bull Group, and the case of abuse of dominant market position by Simcere Pharmaceutical, thereby signaling the policy of fairly and justly conducting anti-monopoly law enforcement and promoting stable growth of people's livelihood, and vigorously safeguarding the people's vital interests.

Fifthly, continuously regulating the behavior of abuse of administrative power to eliminate or restrict competition. The anti-monopoly law enforcement authorities amended and issued the *Detailed Rules for Implementation of the Fair Competition Review System*, reviewed 244,000 newly issued policies and measures, cleaned up 442,000 existing policy measures, and corrected and repealed 11,000 policy measures which violated the criteria of fair competition review system, so as to regulate administrative conducts from the source. With governmental procurement, transportation, construction, health and medicine, education, insurance and other crucial sectors as the main focuses, the anti-monopoly law enforcement authorities investigated and handled 46 cases of abuse of administrative power to eliminate or restrict competition, such as restrictive trading, and impairing the free movement of product, so as to resolutely safeguard the unified domestic market and promote the smooth market circulation.

Ⅲ. Reinforcing System Integration and Further Improving the Anti-monopoly Regulatory Efficacy

Firstly, improving the anti-monopoly law enforcement system. The signage of the "State Anti-monopoly Bureau" was posted at the same location of State Administration for Market Regulation, and Wang Yong, State Councilor and Chief of the State Council Anti-Monopoly Commission, attended the opening ceremony and delivered an important speech. The institutional reform and restructure of the anti-monopoly divisions and bureaus have been completed to further improve the working mechanism and build an anti-monopoly working pattern of overall coordination, holistic linkage, efficient operation and strong oversight.

Secondly, enhancing the regulatory synergy. The Publicity Department of the CPC, the Office of the Central Cyberspace Affairs Commission, the Ministry of Public Security, and the Supreme People's Court were included as new members of the State Council Anti-monopoly Commission, and the coordination and cooperation with publicity departments, cyberspace administrations, development and reform commissions, industry and information technology departments, and financial departments were strengthened to coordinate and promote the regulatory synergy.

Thirdly, strengthening the capacity building of the law enforcement forces. Trainings for high-level anti-monopoly talents, on anti-monopoly law enforcement and fair competition review, and the summer online anti-monopoly training by the College of Europe were given to over 500 personnel. The anti-monopoly authorities also wrote a textbook Anti-monopoly Law Enforcement to consolidate the knowledge of personnel in the whole system on anti-monopoly theories, improve law enforcement ability and skills, and build a professional and high-quality anti-monopoly supervision and enforcement force.

Ⅳ. Coordinating Domestic and International Efforts and Actively Fostering a Market Environment of Fair Competition

Firstly, deepening the opening and cooperation in competition field. With the excellent support of Sichuan Province, the 7th BRICS International Competition Conference was successfully held. Wang Yong, State Councilor and Chief of the State Council Anti-monopoly Commission, attended the conference and delivered a speech. During the conference, Chengdu Joint Statement and other documents were issued, and the anti-monopoly cooperation memorandums were executed respectively with Eurasian Economic Commission, the anti-monopoly law enforcement authorities of Pakistan and Singapore, thereby further enhancing China's international influence in the anti-monopoly field and promoting the institutional opening in the competition field.

Secondly, vigorously amplifying the culture of fair competition. The State Administration for Market Regulation published the *Annual Report of Anti-monopoly Law Enforcement in China (2020)*, released a series of books including the *Compilation of Typical Cases on Monopoly Agreements*, produced films of promoting public awareness of anti-monopoly compliance and fair competition, so as to propagate the concept of fair competition and create a social environment conducive to fair competition.

Thirdly, enhancing the enterprises' awareness of fair competition. The anti-monopoly law enforcement authorities gave full play to the deterrent role of major monopoly cases, held administrative guidance meetings in a timely manner to urge the relevant enterprises to consciously operate their business in compliance with laws, thus safeguarding the fair market competition.

General Secretary Xi Jinping incisively pointed out that strengthening anti-monopoly and further promoting the implementation of fair competition policies are the inherent requirements for improving the socialist market economic system.It was stressed during the Central Economic Work Conference held in December 2021 to further promote the implementation of fair competition policy to enhance anti-monopoly work, and to ensure fair competition through just oversight. Entering the stage of high-quality development, an ultra-large size of domestic market and market players have formed in China, with the rapid development of the digital economy, the continuous expansion of enterprise size, the acceleration of integration of online and offline markets, the deepening of concentration of production factors such as industry, capital and data, the profound change of market competition landscape and coopetition relationship of various market players, as well as the co-existence of market monopoly and administrative monopoly,raising new and higher requirements on anti-monopoly work.We shall adhere to the guidance of Xi Jinping Thought on Socialism with Chinese Characteristics for a New Era, fully implement the spirit of CPC's19th National Congress and previous 19th Plenary Sessions, conscientiously implement the decisions and arrangements of the CPC Central Committee and the State Council, adhere to the principles of prioritizing stability and seeking progress while maintaining stability, put more emphasis on the correct political direction and give play to and demonstrate the advantages of the Chinese system, pay more attention to grasping the pattern of competition oversight to coordinate diversified regulatory goals, emphasize the rule-of-law thinking and approach and improve the law-based oversight measures, and strengthen effort on high-level opening up and actively participating in global competition governance. We shall make explorations and innovations, and overcome difficulties,promote the implementation of fair competition policies and anti-monopoly oversight and law enforcement with higher quality,and enhance the regulatory ability and efficacy in the field of fair competition. Moreover, we shall create broad development space for various market players, especially small and medium-sized enterprises, better protect consumer rights and interests,and give better play to the role of anti-monopoly in building a new development pattern, promoting quality development, and advancing common prosperity so as to greet the successful opening of the CPC's 20th National Congress with remarkable achievements.

Chapter Ⅱ

Law Enforcement Achievements

Ⅰ. Law Enforcement against Monopoly Agreements

In 2021, the anti-monopoly law enforcement authorities earnestly implemented the decisions and deployment of the CPC Central Committee and the State Council, made overall planning and coordination for better regulation and efforts to support development, engaged in a coordinated manner with the priorities in monopoly regulation, advanced the law enforcement against monopoly agreements in an active, prudent, powerful and well-ordered manner, and took resolute actions against the disorderly competition, thus fostering a fair competition market for various market players, continuously stimulating active explorations and motivated development of market, and effectively ensuring and improving people's wellbeing and safeguarding the consumers' welfare. During the past year, 30 monopoly agreement cases were accepted and investigated, among them 11 cases resulted in administrative penalties (See Figure 2-1), with the aggregate amount of fines and confiscations reaching RMB 1.673 billion (See Figure 2-2). The monopoly agreement cases concluded in 2021 involved 1 trade association and 43 enterprises, which mainly concern pharmaceutical, building materials, gas and other sectors related to peoples' livelihood. The public concerns were responded to promptly, and the people's sense of fulfillment, happiness and security was improved.

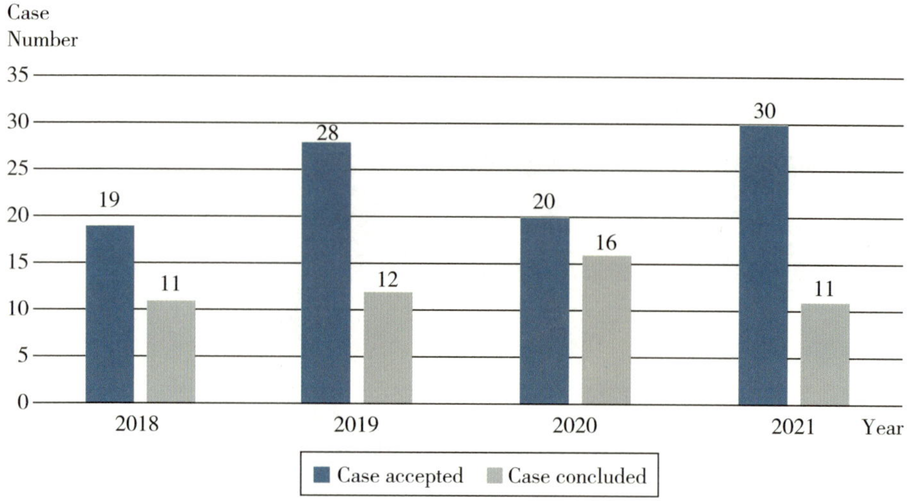

Figure 2-1 Statistics on Monopoly Agreement Cases

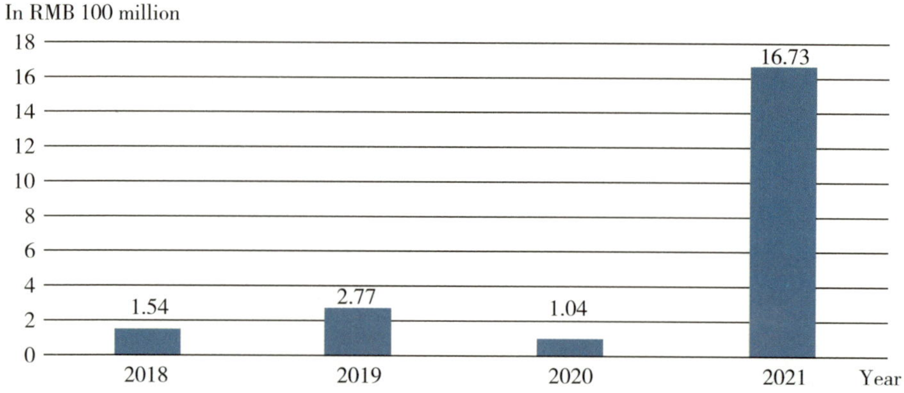

Figure 2-2 Statistics on Fines and Confiscations Imposed in Monopoly Agreement Cases

(I) Investigating and Handling Price Monopoly Agreements in Accordance with Law

Monopoly agreements, especially the monopoly agreements between competing undertakings, are among the economic practices that cause the most severe adverse effects on fair market competition. The anti-monopoly law enforcement authorities have been closely watching for the behaviors involving monopoly agreements such as price fixing and market allocation, etc., and investigated and sanctioned every such case once identified, thus effectively safeguarding fair and orderly market competition. Among the

11 monopoly agreement cases concluded in 2021, 9 cases concern horizontal monopoly agreements (representing a percentage of up to 81.82%) – among them 1 concerned price fixing and 8 concerned multiple violations such as price fixing and allocation of market, etc.; and the remaining 2 cases concern vertical monopoly agreements, both of which concerned resale price maintenance and restricting the minimum resale price (See Figure 2-3).

Efforts taken to duly investigate and sanction the above typical violations resulted in powerful deterrence while helping promptly restore the fair and orderly market competition, giving full play to the role of price signals, and facilitating the optimized resource deployment, which made further and better contributions to the high-quality development.

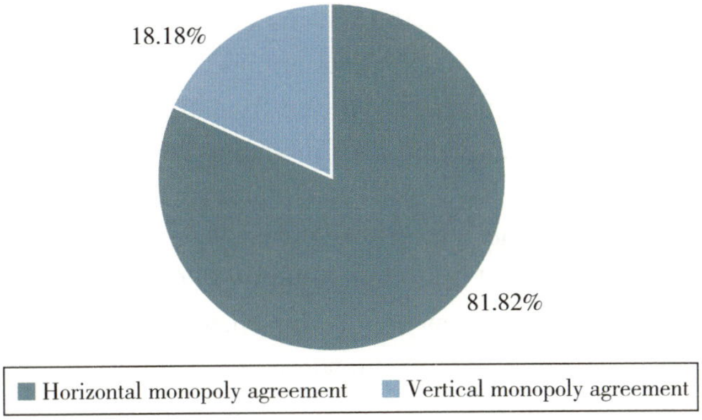

Figure 2-3 Types of Monopoly Agreements in 2021

(Ⅱ) Strengthening Law Enforcement against Monopoly Agreements in the Pharmaceutical Sector

Pharmaceutical prices are connected to the national welfare and people's livelihood, and directly concern key major issues such as lessening the burden of medical services on the public and improving people's livelihood and welfare. In 2021, the anti-monopoly law enforcement authorities, while taking the consumers' benefits as the starting point and foothold of the anti-monopoly work, deeply advanced law enforcement efforts against monopoly agreements in the pharmaceutical sector, and effectively prevented and curbed the monopolistic activities conducted by pharmaceutical enterprises, protecting fair market competition and reducing common people's burdens. Among the cases investigated and handled in the pharmaceutical sector, 2 cases were in the API sector (See Table 2-1), specifically, in April 2021, the Tianjin Administration for Market Regulation imposed administrative penalty with respect to the case concerning fluocinolone acetonide API monopoly agreement, according to which, 3 pharmaceutical enterprises including Tianjin Tianyao Pharmaceutical Co., Ltd. were ordered to cease the implementation of monopoly agreement such as price fixing, and were imposed fines and confiscations of RMB 50.7782 million in total; and in June 2021, the Jiangsu Administration for Market Regulation issued an administrative penalty decision with respect to the case involving camphor API monopoly agreement, ordering 3 pharmaceutical enterprises including Wuzhou Huangpu Chemical Pharmaceutical Co., Ltd. to cease the implementation of monopoly agreement such as price fixing, and imposing fines and confiscations of RMB 16.8842 million in total.

In April 2021, the SAMR imposed an administrative penalty of RMB 764 million on Yangtze River Pharmaceutical Group Co., Ltd. (YRPG) for engaging in monopoly agreement practices, ordering YRPG to fulfill its due obligations and make thorough amendments to the contractual provisions on pricing. Investigations launched by the SAMR into YRPG showed that during the period from 2015 to 2019, YRPG concluded agreements with its downstream enterprises including pharma wholesalers and retail pharmacies on fixing resale price and restricting minimum resale prices on a nationwide scale by means of, among others, execution of cooperation agreements, circulation of letter of price adjustment and oral notices, and YRPG also took various measures to ensure implementation of these monopoly agreements, such as formulating certain implementation rules, strengthening examination and monitoring, imposing penalties on distributors for selling at lower prices, and engaging intermediary agencies to monitor the pharma prices sold online. Those activities conducted by YRPG resulted in the effect of eliminating or restricting competition, and harmed the lawful rights and interests of consumers and the public. By strengthening law enforcement against monopoly agreements and maintaining market competition order in the pharmaceutical sector, the anti-monopoly law enforcement authorities helped ensure better access to medical products and services for the patients and promote the healthy, orderly and innovative development of the pharmaceutical sector.

Table 2-1 Monopoly Agreement Cases Subject to Administrative Penalties in the Pharmaceutical Sector in 2021

Case Name	Fines and Confiscations (in RMB 10,000)	Date of Penalty	Law Enforcement Authority
Case of Yangtze River Pharmaceutical Group Co., Ltd. implementing monopoly agreements	76,400.79	2021.04.15	SAMR
Case of 3 pharmaceutical enterprises including Tianjin Tianyao Pharmaceutical Co., Ltd. concluding and implementing monopoly agreements	5,077.82	2021.04.25	Tianjin Administration for Market Regulation
Case of 3 pharmaceutical enterprises including Wuzhou Huangpu Chemical Pharmaceutical Co., Ltd. concluding and implementing monopoly agreements	1,688.42	2021.06.08	Jiangsu Administration for Market Regulation

(Ⅲ) Enhancing Law Enforcement Strength against Monopoly Agreements in Building Material Industry

In the recent years, during the transformation and upgrading process of the building material industry in an attempt to "reduce excessive capacity", certain building material enterprises have engaged in monopoly agreement practices which impaired the market environment with fair competition, and caused detrimental impact on the deepening supply-side structural reform. Continuing the increasingly intensified efforts in law enforcement against monopoly agreements in the building material industry in 2019 and 2020, the anti-monopoly law enforcement authorities duly investigated and sanctioned the monopoly agreement case of Fengcheng Ready-mix Concrete Industry Association and its member enterprises, the case of Zibo Lianhe Cement Enterprise Management Co., Ltd. and its related enterprises concluding and implementing monopoly agreements, and the monopoly agreement case of 2 commercial concrete manufacturers in Fengdu County, Chongqing in 2021 (See Table 2-2). These 3 cases concerned 1 trade association and 18 enterprises, among which 2 cases each resulted in over RMB 200 million of fines and confiscations. The total amount of fines and confiscations imposed in the 3 cases reached RMB 537 million, which accounted for approximately 1/3 of the aggregate fines and confiscations imposed in all monopoly agreement cases in 2021, clearly signaling the determination to stringent enforcement against anticompetitive behaviors in the building material industry and protection of fair market competition. In particular, the Jiangxi Administration for Market Regulation imposed an administrative penalty decision with respect to the case of Fengcheng Ready-mix Concrete Industry Association coordinating the conclusion and implementation of monopoly agreements among its 7 member enterprises including Fengcheng Minyi Building Material Company, with an amount of fines and confiscations totaling up to RMB 286 million.

Table 2-2 Monopoly Agreement Cases Subject to Penalties in the Building Material Industry in 2021

Case Name	Fines and Confiscations (in RMB 10,000)	Date of Penalty	Law Enforcement Authority
Case of Zibo Lianhe Cement Enterprise Management Co., Ltd. and its related enterprises concluding and implementing monopoly agreements	22,829.51	2021.01.28	Shandong Administration for Market Regulation
Case of 2 commercial concrete manufacturers in Fengdu County, Chongqing concluding and implementing monopoly agreements	2,312.88	2021.06.15	Chongqing Administration for Market Regulation
Case of Fengcheng Ready-mix Concrete Industry Association and its member enterprises concluding and implementing monopoly agreements	28,552.79	2021.07.23	Jiangxi Administration for Market Regulation

(Ⅳ) Intensifying Law Enforcement against Monopoly Agreements in Gas, Household Appliances and Other Sectors Relating to People's Livelihood

Focusing on the issues of concern to the masses, the anti-monopoly law enforcement authorities have stepped up efforts to ensure "six priorities" and "stability in six areas" and strive to resolve the pain-points, difficulties and obstacles in sectors relating to people's livelihood by duly investigating and handling several typical monopoly agreement cases in gas, household appliances and other sectors, and effectively enforcing orderly market competition in these fields and industries (See Table 2-3). Specifically, two administrative penalty decisions were successively issued in February and May 2021 by the Chongqing and Guangxi Administrations for Market Regulation with respect to the case of 5 Chongqing-based enterprises including Xinglong Petrochemical of Wushan County for concluding and implementing monopoly agreements, and the case of 5 enterprises in Yulin, Guangxi including Luchuan Longzhu LNG Co., Ltd. for concluding and implementing monopoly agreements, respectively, which promptly restored fair competition in the relevant LNG markets. In September, 2021, Zhejiang Administration for Market Regulation imposed a penalty of RMB 295 million on Bull Group Co., Ltd. for implementing monopoly agreements, ordering the company to cease its violations, which maintain fair competition in the market and effectively enhance the people's welfare.

Table 2-3 Monopoly Agreement Cases Subject to Penalties in the Gas, Household Appliances and other Sectors Relating to People's Livelihood in 2021

Case Name	Amount of Fines and Confiscations (in RMB 10,000)	Date of Penalty	Law Enforcement Authority
Case of 5 enterprises in Chongqing, including Xinglong Petrochemical of Wushan County, concluding and implementing monopoly agreements	6.84	2021.02.20	Chongqing Administration for Market Regulation
Case of 5 companies in Yulin, Guangxi, including Luchuan Longzhu LNG Co., Ltd., concluding and implementing monopoly agreements	13.48	2021.05.26	Guangxi Administration for Market Regulation
Case of Gongniu Group Co., Ltd. implementing monopoly agreements	29,481	2021.09.27	Zhejiang Administration for Market Regulation

(V) Increasingly Improving Competences in Law Enforcement against Monopoly Agreements

"It takes good blacksmith to forge good tools." In 2021, with an emphasis on application of the rule-of-law mindset, the SAMR has continued to improve the legal regulations and institutions addressing monopoly agreements while strengthening the efforts to coordinate and pursue synergies with provincial anti-monopoly law enforcement authorities, thus effectively improving the efficacy of law enforcement work against monopoly agreements. In addition, the SAMR compiled and published a series of training materials such as the Compilation of Selected Typical Monopoly Agreement Cases and organized events of various forms such as training sessions, exchange meetings and deployment of selected personnel for case handling work, to increasingly improve the competences in law enforcement against monopoly agreements. The SAMR also actively boosted up cooperation with third-party agencies through, for example, resorting to experts and think tanks to assist in resolving difficulties in law enforcement against monopoly agreements, which in turns consolidated the theoretical foundation for law enforcement against monopoly agreements.

Case Ⅰ Case of Conclusion and Implementation of Monopoly Agreements by Yangtze River Pharmaceutical (Group) Co., Ltd.

In November 2019, the SAMR initiated an investigation into Yangtze River Pharmaceutical (Group) Co., Ltd. (YRPG) for suspected conclusion and implementation of monopoly agreements.

Upon investigation, it was found that YRPG's certain pharmaceuticals were sold to end consumers via primary and secondary distributors, chain pharmacies, and other retail stores. These distributors had a vertical relationship with YRPG. During the period from 2015 to 2019, YRPG concluded agreements with its downstream enterprises including pharma wholesalers and retail pharmacies on fixing resale price and restricting minimum resale prices on a nationwide scale by means of, among others, execution of cooperation agreement with those aforesaid distributors at various levels, circulation of letter of price adjustment and oral notices, and YRPG also took various measures to ensure implementation of these monopoly agreements, such as formulating certain implementation rules, strengthening examination and monitoring, imposing penalties on distributors for selling pharma at lower prices, and engaging intermediary agencies to monitor their online prices.

The above behaviors of YRPG were found to be in violation of Article 14 of the Anti-monopoly Law, "the following monopoly agreements between undertakings and their trading partners shall be prohibited: (1) fixing the resale price to a third party; (2) restricting the minimum price for resale to a third party". In April 2021, the SAMR, in accordance with the law, ordered YRPG to cease its violations and imposed a penalty of 3% of its annual sales in 2018 (RMB 25.467 billion), amounting to RMB 764 million.

Case Ⅱ Case of Conclusion and Implementation of Monopoly Agreements by Zibo Lianhe Cement Enterprise Management Co., Ltd. and Other Related Enterprises

In April 2019, the Shandong AMR initiated an investigation based on tip-offs into the suspected monopolistic behaviors of concluding and implementing monopoly agreements by Zibo Lianhe Cement Enterprise Management Co., Ltd. and 7 cement enterprises.

Upon investigation, it was found that in February 2017, a joint venture was sponsored and set up by 7 Zibo-based competing cement enterprises, which used the joint venture as a platform to conclude a series of agreement documents, such as the *Detailed Rules for Operation of Zibo Lianhe Cement Enterprise Management Co., Ltd.* Subsequently, the 7 cement enterprises, by utilizing the platform of the joint venture, conducted frequent exchanges on various operation information such as production status, selling prices and regional market situation, etc. at weekly meetings, via emails or through a special information system, so as to agree on and implement common production and sale strategies. Based on the frequent exchanges of operation information and communication of intention, the 7 cement enterprises engaged in a range of monopolistic behaviors as agreed in certain documents, including fixing product price, restricting output, and allocating sales territories, etc.

The above behaviors constituted conclusion and implementation by competing undertakings of monopoly agreements on "fixing or changing prices of products", "restricting output or sales volume of products" and "allocating sales market or raw material purchasing market", which were in violation of items 1 through 3 of the Paragraph 1 of Article 13 of the Anti-monopoly Law. As a result, on 18 January 2021, the Shandong AMR imposed on the 8 enterprises concerned a fine of 2% of their annual sales in 2018, amounting to RMB 141.723 million, on top of confiscation of illegal gains of RMB 86.572 million, with a total amount of confiscation and penalties reaching RMB 228 million.

Case Ⅲ Case of Conclusion and Implementation of Monopoly Agreements by Fengcheng Ready-mix Concrete Industry Association and Its Member Enterprises

In January 2020, the Jiangxi AMR initiated an investigation based on the referral from local public security authorities into the suspected monopoly agreements among Fengcheng Ready-mix Concrete Industry Association and its 8 member enterprises.

Upon investigation, it was found that as early as on July 17, 2012, Fengcheng Junxiang Building Material Co., Ltd. and the other 7 concrete manufacturers entered into the *Agreement of Industry Self-discipline Group of Commercial Concrete Enterprises* in Fengcheng, which contained certain arrangements on fixing and adjustment of product price, restriction of product output, allocation of sales market and input purchase market, and joint boycott of transactions. Subsequently, Fengcheng Junxiang Building Material Co., Ltd. and the other concrete manufacturers took concerted actions to further conclude a number of monopoly agreements on fixing and adjustment of product price, restriction of product output, allocation of sales market and input purchase market, and joint boycott of transactions. The above 8 companies fulfilled these agreements in subsequent business operation activities and engaged in the practice of fixing and adjusting product price by uniformly raising the prices of concrete products of various grades according to the Notice of Price Adjustment circulated by the Industry Association at times. Meanwhile, the Industry Association restricted the output of commercial concrete products of the member companies by allocating the monthly product output among the member companies. The Industry Association also allocated the sales market and input purchase market among its members. Specifically, the sales center of the Industry Association accepted construction project orders as a single contact point on condition of delivery after payment, and allocated the orders among the members in accordance with the principle of proximity. The members were required to purchase the inputs uniformly from the designated quarries and were strictly prohibited from purchasing inputs without permission. Moreover, the construction enterprises in Fengcheng were forced to purchase concrete products from the concrete manufacturers designated by the Industry Association. Once any of the eight members or the Industry Association found a construction enterprise did not purchase concrete products as designated, they took means to thwart deliveries by other ready-mix concrete enterprises and jointly refused to deal with the construction enterprise. In addition, the Industry Association and its eight members also jointly boycotted emerging ready-mix concrete enterprises in Fengcheng by forcing those to-be-established concrete enterprises or enterprises under establishment to reduce investments in manufacturing equipment, while taking various means to prevent non-local ready-mix concrete enterprises from setting up presence at the old and new urban areas, the industrial park and the circulating enterprise park of Fengcheng. Through the above behaviors, the Fengcheng Ready-mix Concrete Industry Association and its 8 member enterprises monopolized the supply of ready-mix concrete products and controlled the product prices of the concrete market in the urban areas of Fengcheng City.

The above behaviors constituted conclusion and implementation by competing undertakings of monopoly agreements on "fixing or changing prices of products", "restricting output or sales volume of products", "allocating sales market or raw material purchasing market" and "jointly boycotting", which were in violation of Items 1 through 3 and 5 of the Paragraph 1 of Article 13 of the *Anti-monopoly Law*. As a result, on July 23, 2021, the Jiangxi AMR imposed an administrative penalty of RMB 500,000 on Fengcheng Ready-mix Concrete Industry Association while proposing to the Civil Affairs Bureau of Fengcheng City to deregister the Industry Association as a social group legal person, imposed on 6 member companies of Fengcheng Ready-mix Concrete Industry Association, including Fengcheng Minyi Building Material Company, a fine of 8% of their annual sales in 2018 on top of an order on ceasing violations and confiscation of illegal gains, and imposed on 2 member companies of Fengcheng Ready-mix Concrete Industry Association, including Fengcheng Chenfeng Building Material Company, a fine of 3% of the annual sales in 2018 on top of an order on ceasing violations and confiscation of illegal gains, with all these confiscation and fines totaling up to RMB 286 million.

Case Ⅳ Case of Conclusion and Implementation of Monopoly Agreements by Bull Group Co., Ltd.

In April 2021, the Zhejiang AMR initiated an investigation into Bull Group Co., Ltd. for suspected conclusion and implementation of monopoly agreement with its trading counterparties.

Upon investigation, it was found that during the period from 2014 to 2020, Bull Group Co., Ltd. (Bull Group) controlled product prices by formulating a series of documents such as market operation norms, rules on management of distributors, specification for management of online market, and letter of commitment, which contained certain arrangements on fixing resale price and restricting minimum resale price, and also by issuing pricing policies and entering into distribution contracts and letters of commitment with distributors. In these ways, Bull Group concluded and implemented monopoly agreements on fixing and restricting product prices with its trading counterparties (i.e., distributors) from the distribution channels of various power connection and power extension products such as converters, wall switch sockets, Light Emitting Diode (LED) lighting and digital accessories nationwide. Bull Group essentially implemented the activities of fixing and restricting product price both online and offline, and also consolidated the implementation of the agreements on fixing and restricting product price by a range of measures including strengthening examination and monitoring on implementation, engaging intermediary agencies in connection with price maintenance, and punishing noncompliant distributors, etc.

The above behaviors of Bull Group constituted conclusion and implementation of monopoly agreements with trading counterparties in violation of Article 14 of the *Anti-monopoly Law*, "the following monopoly agreements between undertakings and their trading partners shall be prohibited: (1) fixing the resale price to a third party; (2) restricting the minimum price for resale to a third party". In September, 2021, the Zhejiang AMR, in accordance with the law, ordered Bull Group to cease the violations and imposed a penalty of 3% of its annual sales within China in 2020 (RMB 9.827 billion), amounting to RMB 295 million in total.

Ⅱ. Law Enforcement against Abuse of Dominant Market Position

In 2021, while earnestly implementing the decisions and deployment of the CPC Central Committee and the State Council and focusing on the task of maintaining fair market competition and safeguarding the consumers' benefits, the anti-monopoly law enforcement authorities stepped up efforts in law enforcement against practices of abuse of dominant market position, which yielded positive results. In aggregate, 11 cases of abuse of dominant market position were investigated and handled, resulting in fines and confiscations up to RMB 21.847 billion in total. Classified by law enforcement authorities, 3 out of the 11 cases (27%) were investigated and handled by the SAMR, and the remaining 8 (73%) were taken by provincial anti-monopoly law enforcement authorities. In terms of sectors and industries, 7 out of the 11 cases (64%) were in the sectors relating to people's livelihood, such as pharma, water and gas supply, 3 cases (27%) related to the platform economy sector and 1 case (9%) was in the energy sector. With respect to case types of violations, 3 out of the 11 cases (27%) concerned unfairly excessive pricing, 1 case (9%) concerned refusal to deal, 3 cases (27%) concerned exclusive dealing, and 4 cases (37%) concerned imposing unreasonable terms.

(I) Distinctly Strengthening Anti-monopoly Regulation in Platform Economy Sectors

In response to issues of great concern to the public that severely restricted market competition and impeded the development of small and medium-sized undertakings, such as the practice of forcing "either-or" choices engaged by certain online e-commerce or food delivery platforms, the anti-monopoly law enforcement authorities duly investigated and handled the cases of Alibaba Group and Meituan engaging in monopolistic practices of forcing in-platform operators to make "either-or" choices and the case of Sherpa's abuse of dominant market position, promoting platform enterprises to voluntarily engage in business activities in a compliant manner. These law enforcement efforts have yielded significant results. Specifically, the monopolistic behavior of forcing "either-or" choices were generally put to an end, the market competition order saw a remarkable improvement, and the in-platform operators, especially the small and medium-sized operators, gained greater development potentials and stronger development vitalities.

Firstly, investigating and handling Alibaba Group's monopoly case of forcing in-platform operators to make "either-or" choices. On 24 December 2020, the SAMR accepted and launched an investigation into Alibaba Group's suspected monopolistic behavior of forcing in-platform operators to make "either-or" choices. On 10 April 2021, the SAMR issued an administrative penalty decision in accordance with the law, ordering Alibaba to cease its violations and imposing a fine of 4% of Alibaba Group's annual sales within China in 2019, amounting to RMB 18.228 billion. Meanwhile, the SAMR also issued an *Administrative Guidance Letter* to Alibaba Group, urging Alibaba Group to make comprehensive rectifications in accordance with the 16 rectification requirements in 5 aspects. As the first monopoly case in online retail platform service sector in both China and abroad, the Alibaba case have precedent-setting, deterrent and warning effects on the entire industry, and played meaningful and exemplary roles in preventing platform monopolies and enforcing orderly competition, thus resulting in sound legal and social effects.

Secondly, investigating and handling Meituan's monopoly case of forcing in-platform operators to make "either-or" choices. In April 2021, the SAMR, based on extensive preliminary verifications and in-depth considerations, accepted and launched an investigation into the case of Meituan's suspected monopolistic behavior of forcing in-platform operators to make "either-or" choices. On 8 October, the SAMR issued an administrative penalty decision in accordance with the law, ordering Meituan to cease its violations and refund in full the deposits for exclusive cooperation in an amount of RMB 1.289 billion, and imposing a fine of 3% of Meituan's annual sales within China in the previous year, amounting to RMB 3.442 billion. Along with the administrative penalty decision, the SAMR also issued an *Administrative Guidance Letter* to Meituan, urging it to make rectifications according to 15 requirements in 4 aspects including improvement to fee charging mechanism and safeguarding of legal rights and interest of small and medium-sized in-platform operators, etc. The efforts devoted to investigation and handling of the Meituan case showcased the government's determination to strengthen anti-monopoly regulation in a fair and just manner and the government's commitment to curbing monopolistic behavior of forcing in-platform operators to make "either-or" choices, and effectively maintained the fair and orderly market competition and safeguarded the legal rights and interests of various market players, and obtained extensive support and recognition from all sectors of the society.

Thirdly, making all-round efforts to enforce orderly competition in platform economy sector. The Shanghai Administration for Market Regulation imposed on Shanghai Sherpa's Delivery & Service Co., Ltd. an administrative penalty of 3% of its annual sales in the previous year, amounting to RMB 1,168,600 for abuse of its dominant market position in the market for English-language online food delivery platform service in Shanghai. In February 2021, the Anti-monopoly Commission of the State Council formulated and issued the *Anti-monopoly Guidelines on Platform Economy Sectors* (hereinafter referred to as the Guidelines). The Guidelines, which contain specific rules and bottom lines, as well as clear guidance for enterprises on law-abiding and compliant business operations, have provided sound, effective and well-targeted institutional rules for the efforts to strengthen anti-monopoly regulation in platform economy sector. In April 2021, in connection with the efforts to investigate and handle the monopoly cases including Alibaba's behavior of forcing "either-or" choices, the SAMR organized and held an administrative guidance meeting with 34 leading platform enterprises, aiming to examine the self-inspection and self-rectification results of these enterprises and enforce orderly competition in platform economy sectors.

(Ⅱ) Constantly Strengthening the Anti-monopoly Law Enforcement in the API Sector

At present, with relatively high concentration level in the market of certain APIs, monopolistic behaviors incurred frequently in the API sector, which led to the unreasonable increase of medicine prices and supply shortage in the downstream market and thus impacted the consumers' interests and medication stability and safety. The anti-monopoly law enforcement authorities paid great attention to such issues and regarded the API sector as the priority for law enforcement. By focusing on the key monopoly issues, the anti-monopoly law enforcement authorities constantly enhanced the law enforcement strength, kept a strict regulatory stance, resolutely maintained the fair competition market order in the API sector, exerted efforts to "guarantee the supply and stabilize the prices" of commonly used medicines, low-cost medicines and life-saving drugs, and kept enhancing the people's sense of fulfillment, happiness and security.

Firstly, investigating and handling the batroxobin API monopoly case of Simcere Pharmaceutical in accordance with the law. In September 2021, the SAMR accepted the relevant complaint and initiated investigations on the suspected abuse by Simcere Pharmaceutical of its dominant market position in Chinese batroxobin API sales market to refuse to deal. On 22 January 2021, the SAMR made an administrative penalty decision in accordance with the law, ordering Simcere Pharmaceutical to cease the illegal acts, and imposing a fine of RMB 100.7 million, 2% of its sales amount of the preceding, which helped to timely restore the normal supply in the relevant API market, resolved the risk of preparations production and supply interruption in the downstream market, restored the fair competition market order, and guaranteed the medicine supply to patients.

Secondly, conducting targeted law enforcement in the API sector. The SAMR adhered to the principle of considering the whole country on holistic basis, strengthened coordination, supervision and guidance, and organized the targeted enforcement in API sector. In October 2021, Henan AMR issued an administrative penalty decision in accordance with the law against Shangqiu Xinxianfeng Pharmaceutical Co., Ltd. for its abuse of dominant market position in Chinese sales market of phenol API, ordering it to cease illegal acts, imposed a fine of 1% of sales amount of the preceding year and confiscated all illegal gains, amounting to RMB 11.0484 million in total. In November 2021, Shanghai AMR made an administrative penalty decision against Nanjing Ningwei Pharmaceutical Co., Ltd. for its abuse of dominant market position in the Chinese sales market of PAM-CI API, ordering it to cease illegal acts, imposed a fine of 4% of sales amount of the preceding year and confiscated all illegal gains, amounting to RMB 6.584 million in total. The anti-monopoly authorities of Shandong, Liaoning, Zhejiang, Anhui and Guangdong provinces and municipalities continuously deepened the investigation and handling of monopoly cases in the API sector, kept strengthening the law enforcement, and forcefully curbed the monopolistic behaviors in the API sector.

Thirdly, establishing the long-term anti-monopoly supervision and regulation mechanism in the API sector. In dealing with the high monopoly risks in API sector, the anti-monopoly law enforcement authorities made equal efforts to law enforcement and system building, endeavored to establish a long-term supervision and regulation mechanism, conducted in-depth investigation and research, thoroughly evaluated the competition status in the API sector, and stipulated the *Anti-monopoly Guidelines on Active Pharmaceutical Ingredients Sector* (the *API Guidelines*) with consideration of the business model and industrial features of API sector, which was officially printed and issued by the Anti-monopoly Commission of the State Council in November 2021. The *API Guidelines* further elaborated the analytical approach and factors to determine monopolistic behaviors in API sector, and specified the bottom-line and red-line of the law, which will facilitate the enterprises to enhance the compliance awareness and skills and improve the scientific nature, pertinence and effectiveness of anti-monopoly supervision and regulation.

(Ⅲ) Actively Promoting the Anti-monopoly Law Enforcement in Public Utilities and other Sectors Closely related to People's Livelihood

Water, power and gas supply sectors are closely related to people's livelihood and wellbeing, thus the anti-monopoly law enforcement authorities kept regarding the anti-monopoly law enforcement in the public utilities field as priority and actively investigated and sanctioned monopolistic behaviors in the sectors closely related to people's livelihood. In January 2021, Yunnan AMR issued an administrative penalty decision against Mengzi Sitong Taixing Water Supply Co., Ltd. for its abuse of dominant market position, ordering it to cease illegal acts and imposed a fine of 6% of sales amount of the preceding year, amounting to RMB 2.4954 million. In March 2021, Sichuan AMR issued an administrative penalty decision against Fushun County Natural Gas Co., Ltd. for abuse of dominant market position, ordering it to cease illegal acts and imposed a fine of 1% of sales amount of the preceding year, amounting to RMB 1.6583 million. In August 2021, Shaanxi AMR issued an administrative penalty decision against Jingyang County Water Supply Company under Shaanxi Water Group for abuse of dominant market position, ordering it to cease illegal acts, and imposed a fine of 2% of the sales amount of the preceding year and confiscated all illegal gains, amounting to RMB 190,800 in total. In November 2021, Jiangsu AMR issued an administrative penalty decision against Yixing Hong Kong and China Gas Co., Ltd. for abuse of dominant market position, ordering it to cease illegal acts, and imposed a fine of 2% of the sales amount of the preceding year and confiscated all illegal gains, amounting to RMB 40.4422 million in total. In June 2021, Yunnan AMR issued an administrative penalty decision against China National Aviation Fuel Co., Ltd. Yunnan Branch for abuse of dominant market position, ordering it to cease illegal acts, and imposed a fine of 1% of the sales amount of the preceding year and confiscated all illegal gains, amounting to RMB 12.5264 million in total. The anti-monopoly law enforcement authorities actively conducted anti-monopoly law enforcement in the sectors closely related to people's livelihood to effectively maintain fair competition market order and safeguard common people's practical interests.

Case Ⅰ Case of Abuse of Dominant Market Position by Alibaba Group Holding Limited

In December 2020, the SAMR initiated an investigation into the suspected abuse of dominant market position by Alibaba Group Holding Limited (hereinafter referred to as Alibaba Group).

Upon investigation, it was found that Alibaba Group has a dominant position in the online retail platform services market within China. Ever since 2015, Alibaba Group had been engaging in abuse of its dominant market position by forcing the in-platform operators to make "either-or" choices, prohibiting these merchants from opening online store on or participating in promotional activities held by rival platforms, and taking various incentive and punishment measures to ensure the imposition of the requirement to make "either-or" choices on the strength of its market power, the platform rules and other technical facilities such as data and algorithms, so as to maintain and consolidate its market strengths and seek improper competitive advantages. These activities of Alibaba Group resulted in the effect of eliminating competition in the online retail platform services market, and harmed the consumers' benefits.

Alibaba Group's above behaviors were found to be in violation of Article 17 of the *Anti-monopoly Law*, "Undertakings with a dominant market position are prohibited from engaging in any of the following conduct that abuses their dominant market position...(4) without valid justification, restricting counterparty to deal exclusively with it or with undertakings designated by it". In April 2021, the SAMR issued an administrative penalty decision in accordance with the law, ordering Alibaba Group to cease its violations and imposing on Alibaba Group a penalty of 4% of its annual turnover within China in 2019 (RMB 455.712 billion), amounting to RMB 18.228 billion in total. Together with the penalty decision, the SAMR also issued an *Administrative Guidance Letter* on Alibaba Group, according to which, Alibaba Group was required to make comprehensive rectifications in various aspects, including implementation of its due obligations, consolidation of internal control and compliance management, and protection of consumers' rights and interest, conduct business operations in a law-abiding and compliant manner, and set up and improve a long-term mechanism to ensure fair participation in market competition.

Case Ⅱ Case of Abuse of Dominant Market Position by Meituan

In April 2021, the SAMR initiated an investigation into the suspected abuse of dominant market position by Meituan.

Upon investigation, it was found that Meituan maintained a dominant position in the market for online food delivery platform services within China ever since 2018. In addition, Meituan abused its dominant market position to force the merchants operating on its platform to enter into exclusive cooperation agreement with Meituan by means of applying discriminatory fee rates and delaying the launch of noncompliant merchant's online store, take systematic steps, including development of assessment mechanism, "battles" against critical issues, intensified trainings and guidance, and strengthened management of agents, to move forward with the requirement to make "either-or" choices, and also adopt various measures to ensure the implementation of its requirement to make "either-or" choices.

The above behaviors of Meituan were found to be in violation of Article 17 of the *Anti-monopoly Law*, "Undertakings with a dominant market position are prohibited from engaging in any of the following conduct that abuses their dominant market position: ...(4) without valid justification, restricting counterparty to deal exclusively with themselves or with undertakings designated by them". In October 2021, the SAMR, in accordance with the law, ordered Meituan to cease its violations and refund in full the deposits for exclusive cooperation in an amount of RMB 1.289 billion, and also imposed on Meituan a fine of 3% of its annual sales within China in 2020, amounting to RMB 3.442 billion. On top of that, the SAMR also issued an Administrative Guidance Letter to Meituan, urging Meituan to rectify and improve its anti-competitive behaviors in an all-round manner.

Case Ⅲ Case of Abuse of Dominant Market Position by Nanjing Ningwei Medicine Co., Ltd.

In November 2021, the Shanghai AMR initiated an investigation into the suspected abuse of dominant market position by Nanjing Ningwei Medicine Co., Ltd. (hereinafter referred to as Nanjing Ningwei)

The investigation found that Nanjing Ningwei had a dominant position in the sales market of pralidoxime chloride API within China, and had been engaging in abuse of its dominant market position during the period from March 2018 to December 2019. Specifically, first, Nanjing Ningwei sold the pralidoxime chloride API at unfairly high prices, resulting that the API selling price for the period from 2018 to 2019 was as high as

26.09-52.17 times in December 2014; and second, Nanjing Ningwei imposed minimum API purchase volumes on downstream formulation manufacturers and requested payment of technical service fees for non-substantial technical services, leading to the increase in operation costs of formulation manufacturers and impairing these manufacturers' legal rights and interest.

The above behaviors of Nanjing Ningwei were found to be in violation of Items 1 and 5 of the first paragraph of Article 17 of the *Anti-monopoly Law*, "(1) selling products at unfairly high prices or buying products at unfairly low prices", and "(5) without valid justification, tying products or imposing other unreasonable trading conditions". In November 2021, the Shanghai AMR, in accordance with the law, imposed on Nanjing Ningwei a fine of 4% of its annual sales in 2019, amounting to RMB 4,036,538.44, on top of confiscation of illegal gains of RMB 2,547,169.81, with these fines and confiscation amounting to RMB 6.584 million in total.

Ⅲ. Review of Concentration of Undertakings

In 2021, the SAMR exerted efforts to strengthening and improving the review of concentration of undertakings to forcefully protect fair market competition, prevent the disorderly capital expansion and facilitate enterprises' restructuring optimization and economic transformation and upgrading. The SAMR received 824 notifications of concentration of undertakings and reviewed and concluded 727 concentrations in 2021, representing a year-on-year increase of 58.5% and 52.9% respectively, among which 1 was prohibited, 4 were approved with restrictive conditions, 2 were dropped by the parties concerned for failure to resolve the competition concerns. The above concentrations concern internet, semiconductor, high-end equipment manufacturing industries and sectors closely related to people's livelihood.

(Ⅰ) Overview

Firstly, in terms of the parties concerned, the concentrations covered all kinds of market players and the relevant case number increased significantly. In 2021, there were 332 concentrations of domestic undertakings and 282 concentrations of overseas undertakings, representing year-on-year increase of 59% and 55% respectively. There were 113 concentrations between domestic and overseas undertakings, representing year-on-year increase of 33%, among which 16 concentrations concerned acquisition of overseas undertakings by domestic undertakings, representing year-on-year increase of 7%, 56 concentrations concerned acquisition of domestic undertakings by overseas undertakings, representing year-on-year increase of 51%, and 41 concentrations concerned joint ventures newly established by domestic and overseas enterprises, representing year-on-year increase of 24%. Moreover, there were 155 concentrations of undertakings involving state-owned enterprises, representing year-on-year increase of 5%; and 290 concentrations involving private enterprises, representing year-on-year increase of 99%. The increase of concentrations involving various types of market players indicated that, with the constantly deepening of reform and continuous improvement of business environment, the vitality of market players has been effectively motivated, which provided powerful support for the steady and healthy economic development. Furthermore, with the enhancing of anti-monopoly law enforcement, the authoritativeness of law enforcement has been further established, the deterrent force has been further enhanced, social influence has been gradually expanded, and the enterprises' awareness of fair competition has been raised.

Secondly, in terms of industry distribution, the concentrations mainly concern real economy with a focus on industrial restructuring and resources integration. In 2021, 363 cases involving manufacturing industry and mining industry were concluded in total, representing year-on-year increase of 31%, amounting to 50% of all national economic sectors. This suggests that China's real economy keeps turning better and the industrial restructuring and upgrading has been further deepened. The number of cases involving transportation, storage and post (75 cases) and real estate (72 cases) grew rapidly, representing year-on-year increase of 127% and 118% respectively, which suggested that the industrial concentration has been further enhanced, market segmentation has been intensified and the market competitive landscape has been further adjusted.

Thirdly, in terms of transaction type and model, horizontal concentrations accounted for the highest proportion and equity acquisition was still the main transaction model. In terms of transaction type, 2021 saw 341, 116, and 270 cases of horizontal concentrations, vertical concentrations, conglomerate concentrations had been concluded, respectively accounting for 47%, 16% and 37%, and representing year-on-year increase of 43%, 49% and 69% respectively. In terms of transaction model, the SAMR concluded 516 cases of equity acquisition, 194 cases of joint venture, 8 cases of asset acquisition, and 5 cases of control by contract and 4 mergers, respectively accounting for 71% (with year-on-year increase of 52%), 27% (with year-on-year increase of 72%), 1% and 1%. The reason why the horizontal concentrations in the form of equity acquisition has become mainstream is that, with the slowing down of global economic growth coupled with the pandemic impact, the profitability of enterprises was compromised and their resources need to be integrated to participate in economic activities in a more efficient way. Horizontal concentration is helpful for enterprises to expand scale, reduce costs, increase market share, and enhance their ability to hedge risks.

Fourthly, in terms of transaction scale, the increase of total transaction amount was much less than the growth of total case number, and the number of megamerger cases declined significantly. The concluded cases in 2021 concerned a total transaction amount of RMB 3,760 billion, with year-on-year increase of 5%, among which 83 cases with the transaction amount exceeding RMB 10 billion, representing year-on-year increase of 38%, and 4 cases with transaction amount exceeding RMB 100 billion, representing year-on-year decline of 50%. Such phenomenon indicated that, although the global economy was recovering as a whole in 2021, the foundation was not stable, and such issues as high volatility, great vulnerability, and structural imbalances became more apparent. The relevant enterprises faced severe cash flow challenges, the bubble of high valuation gradually burst, and the valuation of M&As transactions was becoming more rational.

(Ⅱ) Enhancing the Effective *Ex Ante* Prevention and Vigorously Preventing the Disorderly Capital Expansion

The anti-monopoly law enforcement authorities kept a close eye on the competition dynamics in the platform economy, new high-technology and intellectual property rights, and reviewed relevant cases strictly in accordance with the law to prevent "killer acquisitions", protect fair market competition and consumers' interests, and safeguard national security and development interests.

Firstly, promoting the standardized, healthy and sustainable development of platform economy. Mainstreaming the innovative and healthy development of platform economy, the anti-monopoly law enforcement authorities caused the platform enterprises to fully implement the obligation of notifying the M&As of platform companies in accordance with the law, and strictly reviewed the M&As of platform enterprises in accordance with the law, maintaining the fair competition in the market, preventing the disorderly expansion of capital, and promoting the formation of a sound pattern with positive interactions and coordinated development among large, small and medium-sized enterprises. By keeping close eyes on the competition activities of platform enterprises in sectors related to people's livelihood, finance, technology and media industries, the anti-monopoly law enforcement authorities totally reviewed 40 cases of concentration of undertakings involving platform enterprises in 2021, evaluated the competition effects in a comprehensive and accurate manner, raised competition concerns in a timely manner and so prevented and curbed the M&As which were likely to harm market competition and innovative development. The merger between Tencent-affiliated Huya and Douyu in the live gaming field was prohibited in accordance with the law. This was the first concentration of undertakings prohibited in the platform economy sector, expressly signaling prevention of the disorderly capital expansion and had significant demonstration value in maintaining the fair market competition, especially regulating the platform enterprises to compete in an orderly manner.

Secondly, maintaining the fair competition market order in key sectors. The anti-monopoly law enforcement authorities strictly reviewed the M&As cases in semiconductor and high-end equipment manufacturing industries to provide solid safeguard for the high-quality development of relevant industries. By imposing restrictive conditions on cases concerning acquisition of Acacia by Cisco, acquisition of Eaton by Danfoss, acquisition of MTS by ITW, and acquisition of partial business of Intel by SK Hynix, the anti-monopoly law enforcement authorities have forcefully protected the fair competition order in the relevant markets, maintained the innovative and sound growth and competition environment and safeguarded the lawful rights and interests of upstream and downstream enterprises in the industry chain.

Thirdly, boosting the upgrading of industrial structure based on high-quality development. Based on the requirements of "staging new development phase, implementing new development concept, and building new development landscape", the anti-monopoly law enforcement authorities supported the enterprises to implement concentrations in accordance with the law to expand operation scale, enhance market competition capability, build core competitiveness so to promote the long-term high quality development of Chinese economy. The anti-monopoly law enforcement authorities also effectively reviewed the major merger and restructuring cases in port, steel, mineral and building material fields in accordance with the law to boost the transformation and upgrading of traditional industries, strengthening the resilience and competitiveness of the supply chain and promoting the development of Chinese economy with higher quality, better efficiency and optimized structure.

(Ⅲ) Persisting in High-level Promotion to Build an All-round, Multilevel and Three-dimensional Regulation System

Starting with unifying understanding, studying policies, optimizing systems and exploring practices, the anti-monopoly law enforcement authorities exerted efforts in enhancing top-level design, optimizing the regulatory system of review of concentration of undertakings, providing powerful guarantee for fostering a fair, efficient and orderly market competition environment.

Firstly, actively promoting the amendment to the filing thresholds of concentration of undertakings. By adhering to the basic national conditions, the anti-monopoly law enforcement authorities thoroughly summarized the review experiences since the implementation of the *Anti-monopoly Law*, by building a new development pattern, boosting high-quality development, and promoting common prosperity as the starting point and foothold of amendment, comprehensively promoted the revision and amendment to the notification criteria for concentration of undertakings. Persisting in paying equal emphasis on encouraging investment innovation and preventing the disorderly expansion of capital, developing economies of scale and preventing the occurrence of monopoly, the anti-monopoly law enforcement authorities took overall consideration of the needs of review practice and reducing the institutional costs of enterprises to set up the "red/green lights" for notification rules.

Secondly, exploring to delegate local anti-monopoly law enforcement authorities to implement pilot program of review of concentration of undertakings. In accordance with the requirements for facilitating the build-up of a new development pattern, establishment of a high-standard market system and promotion of high-quality development, with the purpose of improving the efficiency of anti-monopoly review and facilitating enterprises to submit notifications, the anti-monopoly law enforcement authorities explored the pilot program of delegating certain provincial anti-monopoly law enforcement authorities to conduct review of concentration of undertakings. By fully mobilizing the enthusiasm of local governments, and optimizing the allocation of law enforcement resources at the central and local levels, the anti-monopoly law enforcement authorities gave full play to the *ex-ante* prevention function of the review of the concentration of undertakings, so as to provide a solid guarantee for strengthening anti-monopoly and preventing the disorderly expansion of capital.

Thirdly, comprehensively enhancing the overall efficacy of regulation on concentration of undertakings. Emphasis was made on strengthening the coordination between administrative law enforcement and industry management, the coordination between competition policies and industrial policies, to create an entirely closed regulatory chain covering *ex ante*, in-event and *ex post* phases. By strengthening inter-departmental coordination and cooperation, the foresight, pertinence and effectiveness of regulation were enhanced. Moreover, the anti-monopoly law enforcement authorities carried out law enforcement exchanges on major cases with anti-monopoly law enforcement authorities in key jurisdictions such as the European Union and Japan to jointly maintain a fair competition market order, and continuously enhance China's international influence of anti-monopoly.

Case Ⅰ Case of Merger of Huya Inc. and DouYu International Holdings Limited

In November 2020, the SAMR received the notification submitted by Tencent Holdings Limited (hereinafter referred to as Tencent) of merger between Huya Inc. and DouYu International Holdings Limited. In January 2021, the SAMR docketed the case for review. On June 24, 2021, the notifying parties applied to withdraw the case prior to the expiration of the extended further review period, which was approved by the SAMR. In June 2021, the SAMR docketed and initiated review on the renotification filed by the notifying parties.

Upon review, it was indicated that the case involved markets for online games operation service market and video game live streaming in China. Post the concentration, the dominant position of Tencent in video game live streaming market would be further strengthened, which may cause adverse impact on consumers and harm the interests of video game live streaming players. Furthermore, post the concentration, Tencent would have strong market control over both upstream and downstream markets and have the ability and incentive to foreclose online game copyright licensing against its competitors in the downstream game livestreaming market and foreclose live streaming promotion against competitors in the upstream market. Thus, the upstream and downstream markets will form a closed loop to exclude existing competitors and stifle potential competitors. Therefore, the concentration was found to have or might have the effect of eliminating or restricting competition.

During the review, the SAMR had conducted multiple rounds of negotiations with the notifying parties on how to mitigate the adverse impact of such concentration on competition, and evaluated the commitment proposal submitted by the notifying parties. Through evaluation, the SAMR believed that the commitment proposal submitted by the notifying parties could not effectively mitigate the adverse impact of the concentration on game live streaming market and online game operation service market in China. In July 2021, the SAMR decided to prohibit this concentration of undertaking in accordance with the law.

Case Ⅱ Case of Acquisition of Partial Business of Intel Corporation by SK Hynix Inc.

On 15 December 2020, the SAMR received the notification of the concentration of undertakings concerning the acquisition of partial business of Intel Corporation (Intel) by SK Hynix Inc. (hereinafter referred to as SK Hynix) In March 2021, the SAMR docketed the case for review. In September 2021, the notifying party applied to withdraw the case prior to the expiration of the extended further review period, which was approved by the SAMR. In September 2021, the SAMR accepted and initiated review on the renotification filed by the notifying party.

Upon review, it was found that this concentration of undertakings have or might have effect of eliminating and restricting competition on the worldwide and Chinese domestic markets for serial advanced technology attachment (SATA) enterprise-class SSDs and peripheral component interconnect express (PCIe) enterprise-class SSDs. Firstly, the transaction will raise the level of market concentration for SATA enterprise-class SSDs and enhance the market control power of the post-concentration entity. Secondly, the transaction will enhance the concentration level of the PCIe enterprise-class SSD market and strengthen the control power of the post-concentration entity. Thirdly, the transaction may increase the motivation and capability of competitors in the relevant markets to coordinate prices. Fourthly, due to the high market entry barriers, it is difficult for new effective competitors to emerge in a short term.

In December 2021, the SAMR approved this concentration with restrictive conditions in accordance with the law. The restrictive conditions include: (1) not to supply the PCIe Enterprise-class SSD products and SATA Enterprise-class SSD products to the Chinese domestic market at unreasonable prices. The prices of the PCIe Enterprise-class SSD products and SATA Enterprise-class SSD products sold to the Chinese domestic market under equivalent trade terms shall not exceed the average selling prices during the 24 months prior to the Effective Date; (2) to continuously expand output of the PCIe Enterprise-class SSD products and SATA Enterprise-class SSD products for 5 years as of the Effective Date; (3) continue to supply all products to the Chinese domestic market on fair, reasonable, and non-discriminatory (FRAND) terms; (4) not to coerce, or coerce in a disguised form, customers in the Chinese domestic market to purchase products exclusively from SK Hynix or any company under the control of SK Hynix; and not to engage in any tie-in or bundling sale of any other products together with the PCIe Enterprise-class SSD products or the SATA Enterprise-class SSD products; (5) to assist entry of a third-party competitor into the markets for Enterprise-class SSDs and SATA Enterprise-class SSDs; and (6) refrain from entering into any written or oral agreements or decisions, or engaging in any other concerted actions (including tacit coordination), with any of their major competitors in China with respect to selling price, output, or sales volume, which may result in an effect of eliminating or restricting competition. The post-concentration entity may apply with the SAMR for removal of the restrictive conditions after 5 years as of the effective date. The SAMR shall make a decision by considering both the application and the market competition conditions. The post-concentration entity shall continue to fulfill the restrictive conditions until the SAMR approves the removal.

Ⅳ. Regulation on Compliance of Concentration of Undertakings

As a key process in the full-chain regulation of concentration of undertakings, compliance regulation serves a powerful mechanism in maintaining the authority of the review system of concentration of undertakings. In 2021, the SAMR continued to step up efforts in regulation on compliance in connection with concentration of undertakings by steadily moving forward with the investigation and handling of cases of illegal implementation of concentration of undertakings without notification to ensure enterprises' performance of notification obligations in accordance with the law, and by striving to improve the efficacy in supervision on fulfillment of restrictive conditions imposed on concentration of undertakings, so as to ensure faithful implementation of decisions on review of concentration of undertakings.

(Ⅰ) Marking Significant Breakthroughs in Investigation and Handling of Cases Concerning Illegal Implementation of Concentration of Undertakings without Notification in Accordance with the Law

In 2021, by sticking to the approach of combining authorities' verification with enterprises' self-inspections, the SAMR verified and investigated a large number of clues contained in complaints and reports while requesting major enterprises concerned to carry out self-inspections. In aggregate, over one thousand of pieces of clues on illegal implementation of concentration of undertakings without notification in accordance with the law were verified and investigated, nearly 200 cases were accepted for investigations, and 107 cases of illegal implementation of concentration of undertakings without notification in accordance with the law were imposed with administrative penalties. A variety of industries and market players were concerned, with record high number of cases and amount of penalties. This highlighted the SAMR's resolute determination to strengthening anti-monopoly enforcement and prevention of the disorderly expansion of capital. In particular, the increasingly intensified efforts in anti-monopoly regulation against the platform economy sectors, strongly signaling that the internet industry should not become a land beyond law, effectively promoting the orderly, sustainable and healthy development of the platform economy.

Firstly, investigating into violations in accordance with the law, and effectively curbing the disorderly expansion of capital. The SAMR attached great importance to certain non-compliance issues with respect to the development of platform enterprises, putting equal emphasis on development and legal compliance, formulating specific work plans to prudently advance the investigations by batches and sectors. In 2021, over 100 cases in internet sector suspected illegal implementation of concentration of internet undertakings without notification were accepted for investigation successively in 6 batches, and 98 cases relating to the internet sector were publicly announced with administrative penalties, which involved a number of major platform enterprises such as Tencent, Alibaba, Meituan, Didi, JD.com, Baidu, Suning and Bytedance and various industries including e-commerce, new retail, logistics, games and video, film and television media, software service, internet-based healthcare, online tourism and car renting, etc. On 24 July 2021, the SAMR imposed an administrative penalty in accordance with the law on Tencent Holdings Limited for illegal implementation of concentration of undertakings with respect to its acquisition of China Music Corporation, ordering Tencent to cease the widely criticized practice of exclusive licensing of copyright in online music. As the first case ever since the enactment of the *Anti-monopoly Law* where the undertakings engaging in illegal implementation of concentration of undertakings without notification is ordered to take necessary measures to restore market competition, the Tencent case played a conducive role in reshaping the competitive landscape of the online music market in China. As a result of the prudent and effective efforts to investigate and handle a number of key and major cases which have precedent-setting and deterrent effects, effectively promoting increasingly improvement of the market competition order and gradual development of normalized regulation on concentration of undertakings in platform economy sector.

Secondly, giving play to the warning and deterrent effects and significantly improving market players' compliance awareness. After imposing penalties on enterprises in violation of law, the SAMR promptly published the administrative penalty decisions on its website to strengthen the warning and deterrent effects, which not only urging various market players to compete in a fair manner, and helped maintain the authority of the *Anti-monopoly Law* and ensure the increasingly improvement of fair, transparent and predictable competition environment, but also providing effective guidance for enterprises to improve their compliance awareness and competence, promoting sustainable and healthy development of enterprises and the whole industry. Ever since the second half of 2021, enterprises' awareness of compliance in connection with concentration of undertakings has seen a significant increase. In particular, the platform enterprises' awareness of notification obligations was remarkably improved, and they were more motivated in conducting self-inspections and rectifications with regard to historical transactions. Due to the fulfillment of notification obligations by platform enterprises engaging in concentration of undertakings, as well as the efforts devoted to verification and investigation of historical transactions and review of new transactions, the disorderly expansion of capital showed a weakening trend. Investment funds and undertakings in other industries also became more solidly aware of compliance obligations. With the continuous increase in number of notifications filed for proposed concentration of undertakings, the authority of the system for review of concentration of undertakings has been further enhanced and effectively maintained.

Thirdly, winning high recognition from the public as regulation efforts kept delivering benefits. The SAMR's determined efforts to combat against disorderly competition not only directly resulted in prompt regulation of certain large enterprises and prevention of disorderly expansion of capital, but also effectively ensured healthy development of small and medium-sized enterprises, encouraged the market players to make vigorous explorations, and boosted up the confidence of domestic industries in growth and development, representing better combined effects in political, legal and social aspects. In 2021, the SAMR successively published in batches of penalty decisions with respect to certain cases of illegal implementation of concentration of undertakings without notification. While speeding up efforts to handle and impose penalties on the cases without anti-competitive effects so as to stabilize market expectation, with respect to the concentration of undertakings involving super-large platform enterprises that may result in the effect of eliminating or restricting competition, the SAMR specifically requested for restoration of market competition, so as to mitigate the adverse impacts of such concentrations on competition, and improve enterprises' awareness of compliance and regulation of the industry. Regulatory authorities adopted flexibly the two approaches to law enforcement, i.e., *ex post* penalties and *ex ante* rectification, and the targeted "bomb-disarming" efforts suggest that the regulation have become increasingly precise and sophisticated.

(II) Achieving Great Progress in the Supervision on Implementation of Restrictive Conditions Imposed on Concentrations of Undertakings

As an important safeguarding mechanism, supervision on implementation of restrictive conditions imposed on concentration of undertakings ensures the effectiveness of review of concentration of undertakings. In 2021, the SAMR approved 4 cases of concentrations of undertakings with restrictive conditions, and confirmed release upon expiration of restrictive conditions imposed on 3 cases of concentrations of undertakings. Ever since the *Anti-monopoly Law* took effect, a total of 54 cases of concentration of undertakings have been approved with restrictive conditions, 31 of which are under supervision for implementation of the restrictive conditions imposed now.

Firstly, continuously improving efficacy in supervision on implementation of restrictive conditions imposed on concentration of undertakings, and effectively ensuring their implementation. Considering the large number of concentration of undertakings with restrictive conditions, and the long implementation period of restrictive conditions imposed on certain concentrations, there are great difficulties in supervising the implementation of such restrictive conditions. Accordingly, the SAMR has been stepping up supervision efforts with respect to these cases, so as to give full play to the restrictive conditions and ensure the effect of the review system of concentration of undertakings. In particular, the SAMR set up supervision task forces specifically for several key major cases, which directly supervised the implementation of restrictive conditions imposed on such cases while providing guidance for the parties concerned on effective fulfillment of obligations specified in review decisions, fully hearing comments and opinions from market players and strictly verifying information contained in relevant complaints and reports, so as to ensure the effective supervision on implementation of restrictive conditions. Meanwhile, the SAMR gave full play to the roles of monitoring trustees by pressing monitoring trustees to duly perform their duties and responsibilities and taking solid steps toward selection of monitoring trustees, assessment of engagement agreement and performance of supervision functions. Apart from direct supervision and supervision through monitoring trustees, the SAMR was also committed to information transparency by publishing information on restrictive conditions imposed on concentration of undertakings via public announcement or on website, so as to ensure that the social public becomes fully aware of the detailed content promptly, implementation period and expected effects of the restrictive conditions imposed, and encourage the social public to monitor the implementation of restrictive conditions by undertakings. In practice, the downstream enterprises and competitors in the same industry also keep close eyes on the activities of parties to the concentration of undertakings and promptly reported to the law enforcement authorities about the relevant issues, which not only provide useful support for the supervision efforts of the law enforcement authorities, but also pose constraints on the parties to the concentrations in daily business cooperation activities, thus playing an important role in monitoring the implementation of restrictive conditions.

Secondly, making active efforts toward release of restrictive conditions to remove unnecessary burdens on enterprises. In strict compliance with the provisions on release of restrictive conditions contained in the *Interim Provisions on the Review of Concentration of Undertakings*, the anti-monopoly law enforcement authorities, when assessing whether to release restrictive conditions imposed in particular on key major cases of concentration of undertakings, took into account the characteristics of different industries and status quo of market, solicited comments from relevant government departments, trade associations, peer competitors, upstream and downstream customers and industry experts, prudently deliberated on various challenging and complicated issues and conflict of interest identified in the process of supervision on implementation of restrictive conditions, and made comprehensive assessment on the performance of obligations by parties to the concentration of undertakings in a highly objective and neutral manner, striking a sound balance between resolving competition concerns and the preserving economic efficiencies of concentration of undertakings. In 2021, the restrictive conditions imposed on three cases of concentrations of undertakings, i.e., establishment of joint venture by ARM, G&D and Gemalto, Glencore's Acquisition of Xstrata, and Maersk's acquisition of equity in Hamburg Süd (conditions partially lifted), were promptly removed upon expiry by the anti-monopoly law enforcement authorities.

These efforts effectively lessened the burdens on enterprises and won wide recognition and appraisals from enterprises.

Thirdly, exploring new and optimized working mechanisms to improve in an all-round way the efficacy in coordination of review and supervision efforts. Law enforcement practices demonstrated that the review decision serves as the ground and basis for subsequent supervision efforts on implementation of restrictive conditions. Therefore, clear, accurate and practicable restrictive conditions are of essential importance. For purpose of ensuring better effects of the supervision efforts on implementation of restrictive conditions, the SAMR, in addition to learning precedent experiences in law enforcement activities, optimized the alignment mechanism of review and supervision efforts, and developed an evaluation system on restrictive conditions, where the personnel responsible for review and supervision conducted joint discussions and evaluation on restrictive conditions, with a focus on consideration of whether the commitments made by parties to the concentration of undertakings may mitigate the adverse effects of concentration on competition, as well as the effectiveness, feasibility and timeliness of such commitments. According to actual results in practice, early participation of supervision personnel in review efforts significantly improve the feasibility and enforceability of the restrictive conditions, ensuring the smooth implementation of restrictive conditions at later stage.

Case Case of Illegal Implementation of Concentration of Undertakings by Tencent Holdings Limited with respect to its Acquisition of China Music Corporation

In January 2021, the SAMR docketed the case and initiated the investigation on illegal implementation of the concentration of undertakings by Tencent Holdings Limited (hereinafter referred to as Tencent) with respect to its Acquisition of China Music Corporation (CMC) in accordance with the law.

Upon investigation, Tencent acquired 61.64% equity of CMC, and thus obtained the sole control over CMC in July 2016. In December 2016, the CMC post-merger was renamed as Tencent Music Entertainment Group. On December 6, 2017, the registration of shareholding changes was completed. However, this concentration had never been notified to the SAMR. This concentration was found to have or might have the effect of eliminating or restricting competition in Chinese online music playing platform marke: firstly, the combined entity had a relatively high market share in the relevant market; secondly, the concentration excluded major competitors from the relevant market; thirdly, the concentration might further raise the barriers to entry into the relevant market.

The above behaviors implemented by Tencent was found to be in violation of Article 21 of the *Anti-monopoly Law*, and constituted illegal implementation of concentration of undertakings without notification in accordance with the law. Upon evaluation, this concentration was found to have or might have the effect of eliminating or restricting competitions in Chinese online music playing platform market. In July 2021, the SAMR ordered Tencent and its affiliates to take the following measures to restore competition in the relevant market: firstly, they shall not enter into exclusive agreements over copyrights or do so in disguise, or reach other exclusive agreements with upstream copyright holders. Such agreements that have been reached must be terminated within thirty days from the date of this decision (except for exclusive cooperation with independent musicians or new song premieres). The term of exclusive cooperation with independent musicians should not exceed three years, and the term of exclusive cooperation with new song premiers should not exceed thirty days. Secondly, without justifiable reasons, they shall not request the upstream copyright holders to provide Tencent with preferential terms over other competitors, or do so in disguise. And thirdly, the parties' bids to upstream copyright holders shall be based on factors such as actual copyright usage, user payment, song price, application scenario, and contract period. They shall not eliminate or restrict competition by pushing up the cost of competitors in disguise through high advance payment and other means. Meanwhile, the SAMR imposed a fine of RMB 500,000 on Tencent, and required Tencent to notify the concentration of undertakings in accordance with the law, to operate in compliance with the law, and to set up and improve a long-term mechanism for competing fairly in the market.

V. Law Enforcement against Abuse of Administrative Power to Eliminate or Restrict Competition

In 2021, the anti-monopoly law enforcement authorities resolutely implemented the decisions and deployments made by the CPC Central Committee and the State Council, focused on "cracking down the administrative monopolies" and strengthened the anti-monopoly law enforcement against abuse of administrative power to eliminate or restrict competition. Totally 80 cases of abusing administrative power to eliminate or restrict competition were investigated through the year, with 46 cases concluded. The SAMR firmly safeguarded the unified national market and contributed to the building of new development pattern.

(I) Adhering to the people-oriented principle, and taking consumers' interests as the starting point and foothold of law enforcement. In terms of sectors where the violations incurred, in the concluded cases in 2021, 60% cases concerned sectors closely related to people's livelihood and 40% cases concerned other sectors. Among the 60% cases, transportation, construction, pharmaceutical and healthcare, education and insurance sectors respectively accounted for 18%, 18%, 13%, 7% and 4%.

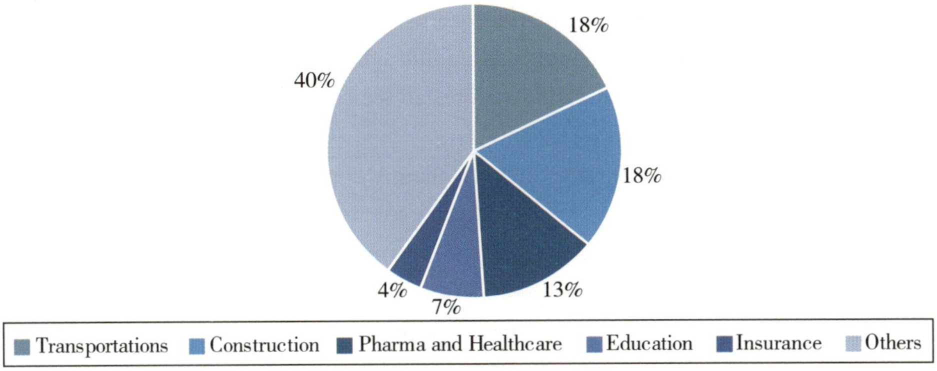

Figure 2-4 Distribution of Industries and Sectors Involved in the Cases Concluded in 2021

The cases in transportation sector mainly concerned shared bicycle, cruising taxi and used car trading, etc. and the typical violations included the acts of limiting the operators of shared bicycle and taking purchase of locally produced new energy vehicles as the first choice. For instance, Shanxi AMR rectified the acts of the Office of Jinzhong Municipal People's Government to eliminate or restrict competition, i.e., issuing relevant policy documents to award and subsidize local vehicle manufacturers and taking purchase of locally produced new energy vehicles as the first choice, which have greatly safeguarded the fair competition in the relevant market.

The cases in construction sector mainly concerned project construction and building materials, etc., and the most typical violations were exclusive dealing and restricting non-local enterprises from participating in tendering and bidding. For example, Jiangxi AMR ordered Wanzai Finance Bureau to rectify its acts of eliminating or restricting competition, i.e., requesting the non-local enterprises having permanent offices in Yichun city or Wanzai County when choosing cooperation entities for Investment Review Center, which was conducive to optimize the business environment.

The violations in healthcare sectors mainly concerned pharmaceutical delivery, pharmaceuticals purchase, physical examination, non-emergency transportation, and the typical violation included exclusive dealing or exclusive dealing in disguise. For example, Shandong AMR rectified the behavior of Linyi Lanshan District Health Bureau to designate certain distributors to distribute and deliver basic pharmaceuticals for the grassroot medical institutions and village clinics, which kept other medicine distributors from entering into the market of this district.

Monopoly cases in education industry mainly concerned student uniforms, payment platforms and training institutions, and the typical violations included designating the suppliers of student uniforms, payment channels and training institutions. For example, Jilin AMR rectified the acts of Songyuan Education Bureau in designating the suppliers of student uniforms for all primary schools and middle schools directly under the municipality to eliminate or restrict competition, and so protected the rights of the students and parents to make free choices.

The monopoly cases in insurance industry mainly concerned insurances for the elderly and safe production liability insurances, and the specific violation included designating certain insurance products provided by certain insurance companies. For example, the Anhui AMR rectified the behavior of the Office of the Provincial Working Commission on Aging in designating a certain insurance company to provide insurance products and services for elder people, to maximize the benefit to elderly.

(Ⅱ) Secondly, adhering to the mission of safeguarding national unified market and resolutely cracking down local protectionism and market segmentation. In terms of the types of illegal behaviors, among the cases concluded in 2021, the cases involving the acts of exclusive dealing, the acts of formulating regulations containing competition eliminating or restricting provisions, the acts of restricting non-local undertakings from participating in tendering and bidding, and the acts of hindering the commodity circulation respectively accounted for 43%, 42%, 13% and 2%. Such law enforcement efforts have effectively cracked down the local protectionism and optimized the business environment in the market.

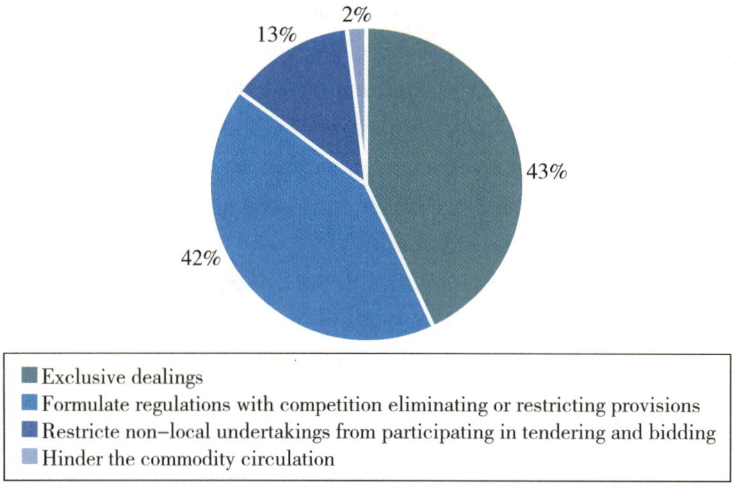

Figure 2-5 Types of Illegal Behaviors Involved in the Cases Concluded in 2021

Among the illegal behaviors, exclusive dealing or exclusive dealing in disguise still occurred frequently, including the acts of directly designating a certain enterprise through policy measures and the acts of designating a certain enterprise in disguise through tendering and bidding. For example, the Hubei AMR rectified, in accordance with the law, the acts of Ezhou Municipal Housing and Urban-Rural Development Bureau in designating vocational education training institutions by printing and issuing notices. The behaviors of formulating regulations containing competition eliminating or restricting provisions would concern market entry, regulation of business conducts and qualification criteria, etc. The Guangdong AMR investigated and handled in accordance with the law the acts of Shenzhen Municipal Transportation Bureau and the Traffic Police Bureau of Shenzhen Municipal Public Security Bureau in formulating regulations containing competition eliminating or restricting provisions on the locally operated dump trucks to illegally impose additional administrative license requirements, increase market entry barriers, and restrict non-local transportation enterprises, small transportation enterprises and individual truck drivers from entering into local market to engage in sand or sediment transportation. The behaviors of restricting tendering and bidding included refusing or restricting in disguise non-local undertakings to participate in or from attending tendering and bidding, and discriminatorily treating non-local undertakings in the qualification aspect. The Gansu AMR rectified in accordance with the law the acts of Jiayuguan Municipal Financial Bureau in requesting the suppliers to provide proof of their business domicile in Jiayuguan.

(Ⅲ) Persisting the comprehensive regulation of the abuse of administrative power to eliminate or restrict competition, and enhancing the awareness of fair competition among administrative organs. In terms of parties concerned in the cases, nearly all people's governments at provincial, municipal and county levels and the departments thereunder were involved in the cases concluded in 2021, among which, the cases involving departments under provincial governments, municipal governments and the departments thereunder, and county-level governments and department thereunder respectively accounted for 2%, 57% and 41%.

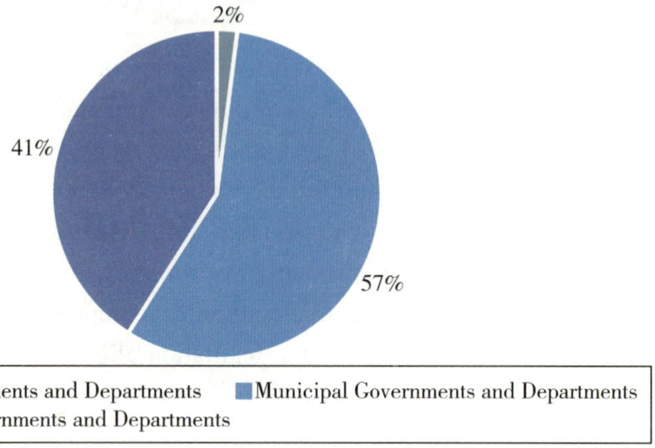

Figure 2-6 Parties Concerned in the Cases Concluded in 2021

The SAMR and the anti-monopoly law enforcement authorities of various provinces, by integrating central and local efforts and strengthening mutual collaboration, initiatively curbed and rectified illegal acts to enhance the fair competition awareness of the governmental departments and actively promote the transformation of governmental functions. For example, in the case where the Fujian AMR rectified the suspected abuse by Fuzhou Transportation Bureau of administrative power to eliminate or restrict competition, the Fujian AMR issued a letter of administrative suggestions to the superior authority of the party concerned, suggesting it ordering the party concerned to rectify the relevant acts, which won positive social response, and was ranked as the first "Top Ten Rule-of-Law Events" in Fujian province. The market regulatory authorities of Shandong, Anhui, Jiangxi, and Gansu voluntarily disclosed information on cases involving abuse of administrative power to eliminate or restrict competition, so as to educate and warn the relevant entities through case illustration. The Chongqing and Hubei AMRs launched special campaigns against administrative monopolies and stepped up efforts to implement law enforcement in this regard. The Jilin AMR carried out fair competition review in combination with the law enforcement efforts to curb abuse of administrative power to eliminate or restrict competition, further improved the enforcement effectiveness.

Case Ⅰ Case of Abuse of Administrative Power to Eliminate or Restrict Competition by Shizuishan Municipal Emergency Management Bureau of Ningxia-Hui Autonomous Region

In September 2021, the AMR of Ningxia-Hui Autonomous Region, in accordance with the law, docketed the case and initiated the investigation against Shizuishan Emergency Management Bureau for its suspected abuse of administrative power to eliminate or restrict competition.

Upon investigation, it was found that, in May 2020, Shizuishan Emergency Management Bureau took the lead to formulate together with China Petroleum and Chemical Industry Federation the Document concerning *Selection of Insurance Brokers for Shizuishan Projects Comprehensively Covered by Work Safety Liability Insurance*. On 8 May 2020, Shizuishan Emergency Management Bureau printed and issued the *Implementing Opinions of Shizuishan Municipal Work Safety Commission (WSC) on Further Deepening the Work Safety Liability Insurance Work* (Shi An Ban Fa [2020] No. 9) in the name of the WSC office, which provided that, "a third-party institution and the insurance company with the qualification of coinsurance organization will be introduced to jointly take charge of the operation of work safety liability insurance in Shizuishan." On 28 May 2020, Shizuishan Emergency Management Bureau took lead to join hands with China Petroleum and Chemical Industry Federation to publish the *Bidding Invitation Letter* on their websites, and later on June 1, they jointed published on the websites the *Public Announcement on the Result of Bidding for Insurance Brokers for Shizuishan Projects Comprehensively Covered by Work Safety Liability Insurance*, specifying that Jiangtai Insurance Brokers Co., Ltd. Ningxia Branch was selected as the exclusive supplier responsible for purchasing insurances for Shizuishan projects comprehensively covered by work safety liability insurances. On 1 November 2020, Shizuishan Emergency Bureau, as the supervisor, participated in executing the *Framework Agreement on Shizuishan Projects Comprehensively Covered by Work Safety Liability Insurance*, set up an organization system for Shizuishan projects comprehensively covered by work safety liability insurances with the Director of Shizuishan Emergency Management Bureau and the directly responsible person serving as the team leader and the deputy team leader. Moreover, "allocating the coverage amount and unifying the insurance premium" was provided in such Framework Agreement. On 11 May 2021, Shizuishan Emergency Management Bureau printed and issued in the name of the WSC office the *Notice on Earnestly Fulfilling the Task of Purchasing Work Safety Liability Insurance* (Shi An Ban Fa [2021] No. 23), which provided that, "the relevant work safety formalities shall not be gone through for those companies engaging in high-danger businesses without obtaining work safety liability insurance, and the relevant authorities should strengthen communications with the work safety liability insurance broker company, which shall be considered in the annual work safety performance appraisal."

The above behaviors of Shizuishan Emergency Management Bureau was found to be in violation of the provisions of Article 32 of the *Anti-monopoly Law*, i.e., "Administrative organs and other organizations authorized by laws and regulations to administrate public affairs shall not abuse their administrative power by requiring, or requiring in any disguised form, organizations or individuals to deal, purchase, or use products provided by designated undertakings," and Article 37 of the *Anti-monopoly Law*, i.e., "Administrative organs shall not abuse their administrative power to promulgate regulations containing provisions that eliminate or restrict competition", and constituted abuse of administrative power to eliminate or restrict competition. In October 2021, Ningxia-Hui Autonomous Region AMR proposed suggestion to Shizuishan Municipal People's Government, and the latter replied that the party concerned had made rectification and held the relevant responsible persons accountable.

Case Ⅱ Case of Abuse of Administrative Power to Eliminate or Restrict Competition by the Urban Administration and Law Enforcement Bureau of Cangzhou City, Hebei Province

In August 2021, the Hebei AMR initiated an investigation into the suspected abuse of administrative power to eliminate or restrict competition by the Urban Administration and Law Enforcement Bureau of Cangzhou City.

Upon investigation, it was found that on 10 December 2020, the Urban Administration and Law Enforcement Bureau of Cangzhou City formulated two pieces of documents, the *Basic Qualifications for Entry of Shared Electric Bicycle Market* and the *Document regarding Comparison and Selection Process of Competitive Negotiation for the Shared Electric Bicycle Project*, according to which, it was determined that the shared electric bicycle business in the urban areas of Cangzhou City would be operated by one enterprise. On the same day, the *Public Announcement of the Urban Administration and Law Enforcement Bureau of Cangzhou City on Comparison and Selection Process of Competitive Negotiation for the "Shared Electric Bicycle" Project* was issued to public. On 31 December 2020, Shanghai Junzheng Network Technology Co., Ltd. finally won the comparison and selection process of competitive negotiation, and an announcement on the bid winner was released that same day. On 31 May 2021, the Urban Administration and Law Enforcement Bureau of Cangzhou City and Shanghai Junzheng Network Technology Co., Ltd. entered into a *Cooperation Agreement for Co-management*, which provided that "the Agreement shall be in effect for a two-year term commencing from the date of this agreement. Upon expiry of the Agreement, subject to the actual results of cooperation between the Parties, Party B will be entitled to a priority in renewing the Agreement provided that Party B has no violations and receives no adverse public comments."

The above behavior of the Urban Administration and Law Enforcement Bureau of Cangzhou City were found to be in violation of Articles 32 and 37 of the *Anti-monopoly Law*, "Administrative organs and other organizations authorized by laws and regulations to administrate public affairs shall not abuse their administrative power by requiring, or requiring in any disguised form, organizations or individuals to deal, purchase, or use products provided by designated undertakings", and "Administrative organs shall not abuse their administrative power to promulgate regulations containing provisions that eliminate or restrict competition", and constitute abuse of administrative power to eliminate or restrict competition. In October 2021, the Urban Administration and Law Enforcement Bureau of Cangzhou City proposed in accordance with applicable laws to the People's Government of Cangzhou City to take actions against such practice. Subsequently, the People's Government of Cangzhou City stated in the letter of reply that the Urban Administration and Law Enforcement Bureau of Cangzhou City had made proper rectifications.

Chapter Ⅲ

Industrial Law Enforcement

Ⅰ. Internet Industry

(Ⅰ) Overview of Anti-monopoly Law Enforcement

In 2021, the anti-monopoly law enforcement authorities investigated and handled in the internet industry 3 cases involving the abuse of dominant market position, 2 cases involving the abuse of administrative power to eliminate or restrict competition; concluded 28 cases involving the concentrations of undertakings in the internet industry, and imposed administrative penalties on 98 cases involving notification of the concentrations of undertakings without notification in accordance with the law in the platform economy sector. The amount of fines and confiscations imposed in the aforementioned cases was RMB 21.74 billion in total.

The total transaction value of the 28 concluded cases was RMB 116.4 billion. In terms of filing procedures, 21 cases were subject to simplified procedure, and 7 cases were subject to non-simplified procedure; in terms of the type of transactions, 12 cases concerned horizontal concentration, 7 cases concerned vertical concentration, and 9 cases concerned conglomerate concentration; in terms of the form of transactions, 18 cases concerned equity acquisitions, and 10 cases concerned establishment of joint ventures; and in terms of the review results, 27 cases were unconditionally approved and 1 case was prohibited.

(Ⅱ) Features of the Cases and Analysis of the Main Competition Issues in the Industry

In recent years, China's platform economy has developed rapidly and played an important role in improving the efficiency of resource allocation, smoothing national economy circulation, and facilitating common people's lives. At the same time, the issues of monopoly and competition falling into disorder in platform economy sector have gradually emerged, which urgently need to be regulated. The platform economy has apparent characteristics differentiated from the traditional economy, and competition issues are more complicated, which bring greater challenges to the anti-monopoly regulation.

Firstly, the monopolistic behaviors involving forcing "either-or" choices have become the focus of law enforcement. With rapid development of the platform economy in China, such issues as forcing "either-or" choices have drawn wide attention from various sectors of the society. The behaviors of forcing "either-or" choices of leading platform enterprises have undermined fair market competition, curbed innovative development, and harmed the lawful rights and interests of small and medium-sized enterprises and consumers. The market regulatory authorities have prioritized key tasks, resolutely governed the monopolistic behaviors of forcing "either-or" choices with strong social reactions, investigated and handled the cases of Alibaba and Meituan in accordance with the law, continuously sending strong policy signals of resolutely governing the behaviors of forcing "either-or" choices, urging platform enterprises to consciously regulate their operation activities, and change from illegal low-level competition to high-level competition mainly relying on innovation and improvement of service quality. Post the Alibaba monopoly case, the SAMR held the administrative guidance meeting with 34 platform enterprises, requiring comprehensive rectification based on "one list for one enterprise" and strict performance of the responsibilities of platform entities to regulate the competition order of platform economy from case to category. At present, the behaviors of forcing "either-or" choices in platform economy sectors have basically dropped; the market environment has been continuously optimizing; the industrial ecology of fair competition has been improving; and undertakings in the platform, especially small and medium-sized enterprises, have broader room for development, so as to promote the standardized, sound and sustainable development of platform economy in China.

Secondly, the platform enterprises have been relatively active in investment and acquisition in the service industry. Based on the situations of the cases of concentrations of undertakings without notification in accordance with the law involving platform enterprises in 2021, in recent years, investment and acquisition of platform enterprises have mainly occurred in the service industry, while investment and acquisition in the manufacturing industry were infrequent. In the service industry, investment and acquisition mainly covered the sectors of retail, information software technology and travelling, accounting for 19.4%, 14.3% and 14.3% respectively. Other sectors included commerce, catering, finance, healthcare, real estate, education, culture, sports and entertainment, logistics, etc. Among the cases of notification of concentrations of undertakings involving platform enterprises in 2021, the transactions mainly involved the sectors of information transmission, computer services and software, real estate, and finance, accounting for 25.0%, 17.9% and 14.3% respectively.

Thirdly, a breakthrough has been made in the law enforcement concerning the concentrations of undertakings in platform economy sectors. In 2021, the SAMR intensified the anti-monopoly law enforcement concerning the concentration of undertakings in platform economy sectors and made breakthroughs in both the review of the notification of concentration of undertakings and the investigation of concentration of undertakings without notification in accordance with the law, so as to vigorously maintain fair market competition and prevent the disorderly expansion of capital. On 10 July 2021, the SAMR prohibited the merger between Tencent-affiliated HUYA Inc. and DouYu International Holdings Limited in accordance with the law. This case was the first of its kind involving prohibition of concentration of undertakings in platform economy sectors in China, and the third one involving prohibition of concentration of undertakings since the *Anti-monopoly Law* became effective, expressly signaling prevention of the disorderly expansion of capital and playing an important demonstration and guidance role in regulating the orderly competition of platform enterprises. On 24 July, the SAMR issued an administrative penalty decision in the case involving the illegal implementation of concentration of undertakings in accordance with the law with respect to the acquisition by Tencent Holdings Limited of China Music Corporation and ordered Tencent to forego the widely criticized exclusive copyright of online music. This case was the first of its kind imposing necessary measures to the concentration of undertakings without notification in accordance with the law to in order to restore the market competition status, since the *Anti-monopoly Law* became effective, reshaping the competitive landscape of online music market in China.

Fourthly, acquisition of minority shares may constitute a concentration of undertakings. In accordance with the *Anti-monopoly Law*, a concentration of undertakings refers to the instances of combination of undertakings, one undertaking gaining control over another undertaking through equity or assets acquisition and one undertaking gaining control over another undertaking or having the power to exert a decisive influence over another undertaking through contractual arrangement or otherwise. Acquiring control is the key to determine whether concentration of undertakings is constituted, and Article 5 of the *Interim Provisions on the Review of Concentration of Undertakings* stipulates the factors that shall be taken into account to determine whether the control is acquired. In practice, there are a large number of acquisitions of minority shares in investment and acquisition in platform economy sectors. In the cases involving illegal implementation of concentration of undertakings without notification in accordance with the law that were docketed by the SAMR, the percentage of shareholding acquired by the acquiring parties in a considerable number of transactions was less than 50%, but they acquired control over the target companies due to factors such as veto rights over major business decision-making matters of the target companies, which constituted concentrations of undertakings stipulated in the *Anti-monopoly Law*, and shall be notified for review in accordance with the law.

Fifthly, persisting on anti-monopoly regulation and law enforcement in platform economy sectors with equal attention to development and standardization. Since the platform economy has the characteristics of rapid development, wide coverage, deep influence and complex competition issues, etc., implementation of anti-monopoly regulation is required to deeply understand the position and role of platform economy in the overall economic and social development, accurately grasp the law of platform economy development, deeply understand the long-term, arduous and complex nature of regulation, maintain fair market competition through normalized anti-monopoly regulation and law enforcement, and promote the development of platform economy in China with greater depth and at higher level. In particular, against the backdrop of strengthening anti-monopoly law enforcement, the monopolistic behaviors in platform economy sectors have become increasingly covert and complicated, and the implementation of anticompetitive behaviors by platform undertakings by their advantages in capital, algorithms, data and other aspects is worthy of attention. The SAMR always adheres to the principle of paying equal attention to standardization and development, continuously expanding the breadth and depth of regulation and law enforcement, striving to solve the deep-seated monopoly problems in the development of platform economy in China, constantly optimizing the ecology of digital economy, fostering a market environment with fair competition for the standardized, sound, and sustainable development of platform economy in China.

(Ⅲ) Typical Cases

1. Monopoly of Alibaba Investment Co., Ltd. in Online Retail Platform Service Market within China

Please refer to the case in Chapter 2 hereof for detail.

2. Monopoly of Meituan in Online Catering Takeaway Platform Service Market within China

Please refer to the case in Chapter 2 hereof for detail.

3. Merger Between HUYA Inc. and DouYu International Holdings Limited

Please refer to the case in Chapter 2 hereof for detail.

4. Illegal Implementation of Concentration of Undertakings by Tencent Holdings Limited in its acquisition of China Music Corporation

Please refer to the case in Chapter 2 hereof for detail.

5. Abuse of Administrative Power to Eliminate or Restrict Competition by the Luoyang Urban Management Bureau

In November 2020, the Henan Administration for Market Regulation conducted an investigation against the Luoyang Urban Management Bureau for suspected abuse of administrative power to eliminate or restrict competition. Upon investigation, three bike-sharing companies have settled in succession in the urban area of Luoyang since 2017. In the management of local bike-sharing, the Luoyang Urban Management Bureau issued the *Notice on Urban Road Sanitation Personnel's Participation in the Management of Parking of Bike-Sharing (for Trial Implementation)* (Luo Cheng Guan Wei Ban [2019] No.68) in December 2019 in the name of the Office of Luoyang Municipal Commission of Urban Management, requiring three bike-sharing companies to jointly undertake the parking management with the sanitation departments of the districts and Henan Kongchen Co. In March 2020, Luoyang Urban Management Bureau selected Shanghai Junzheng Network Technology Co., Ltd. as the only bike-sharing company in the urban area of Luoyang by tender and bidding, and agreed in the Bike-Sharing Management and Service Cooperation Agreement entered into by and between the two parties that, "upon expiration of the term, when Party A organizes another bid invitation, it shall give priority to Party B under the same conditions". Unsuccessful bidders were required to unconditionally withdraw from the Luoyang geographic market within 10 days after the tender and bidding.

The above conducts of Luoyang Urban Management Bureau violated the relevant provisions of Articles 32 and 37 of the *Anti-monopoly Law* and constituted the abuse of administrative power to eliminate or restrict competition, which should be corrected in accordance with the law. In March 2021, in accordance with Article 51 of the *Anti-monopoly Law*, the Henan Administration for Market Regulation issued an *Administrative Suggestion Letter* to the Luoyang People's Government, suggesting that the Luoyang People's Government order the Luoyang Urban Management Bureau to correct the relevant conducts and restore fair competition in the relevant market. In November 2021, the Luoyang People's Government submitted a rectification report to the Henan Administration for Market Regulation, repealed the *Notice on Urban Road Sanitation Personnel's participation in the Management of Parking of Bike-Sharing (for Trial Implementation)* (Luo Cheng Guan Wei Ban [2019] No.68) and other documents containing contents that eliminate or restrict competition, rescinded the relevant cooperation agreements, and restored fair competition in the relevant market.

Ⅱ. Public Utilities Industry

(Ⅰ) Overview of Anti-monopoly Law Enforcement

In 2021, the anti-monopoly law enforcement authorities have investigated and handled in the public utilities industry 1 case of monopoly agreement, 4 cases involving abuse of dominant market position, and 16 cases involving abuse of administrative power to eliminate or restrict competition, and concluded 51 cases of concentration of undertakings in the public utilities industry. The amount of fines and confiscations imposed in the aforementioned cases was RMB 44.86 million in total.

In 2021, 1 case was concluded in the public utilities industry concerning monopoly agreement mainly concerns gas-supply sector, involving conclusion and implementation of a horizontal monopoly agreement involving fixing or changing prices of products and allocation of the sales market or the procurement market for raw materials in violation of Article 13 of the *Anti-monopoly Law*.

The 4 concluded cases of abuse of dominant market position mainly concern the sectors of gas-supply and water-supply, involving selling products at unfairly high pricing, exclusive dealing, imposing unreasonable trading conditions and other conducts in violation of Article 17 of the *Anti-monopoly Law*.

The 16 concluded cases of abuse of administrative power to eliminate or restrict competition mainly concern sectors of gas supply, public transportation, etc., involving exclusive dealing or exclusive dealing in a disguised form or formulating provisions containing contents of eliminating or restricting competition in violation of Articles 32 and 37 of the *Anti-monopoly Law*.

The 51 concluded cases of concentrations of undertakings with a total transaction amount of RMB 197.8 billion were unconditionally approved, mainly concerning sectors of water supply, power supply and gas supply. In terms of filing procedures, 49 cases were subject to the simplified procedure, and 2 cases were subject to the non-simplified procedure. In terms of transaction forms, 38 cases concerned equity acquisitions, and 13 cases concerned establishment of joint ventures. In terms of transaction types, 23 cases concerned horizontal concentration, 4 cases concerned vertical concentration and 24 cases concerned conglomerate concentration.

(Ⅱ) Features of the Cases and Analysis of the Main Competition Issues in the Industry

In terms of the investigated and handled cases in 2021, the monopoly cases and competition issues in the public utilities industry show the following characteristics:

Firstly, the abuse of dominant market position is the focus of law enforcement. Public utilities such as water supply, electricity supply, gas supply and heat supply are critical guarantees for economic operation and social development. They are closely related to the people's daily lives, and anti-monopoly law enforcement authorities have always regarded it as a key area for anti-monopoly law enforcement. In 2021, the SAMR has guided the anti-monopoly law enforcement authorities in Jiangsu, Yunnan, Sichuan, Shaanxi and so on to impose penalties on 4 cases of abuse of dominant market position in sectors of water supply and gas supply, including the case of Yixing Hong Kong and China Gas Co., Ltd., the case of Yunnan Mengzi Sitong Taixing Water Supply Co., Ltd., the case of Sichuan Fushun County Natural Gas Co., Ltd., and the case of Jingyang County Water Supply Co., Ltd. of Shaanxi Water Affair Group, further optimizing the business environment, reducing the costs of the real economy, and effectively maintaining the market order of fair competition and the legitimate rights and interests of consumers.

Secondly, monopolistic behaviors have obvious regional characteristics. The business areas of public utilities such as water supply, electricity supply, gas supply and heat supply are limited to the scope covered by infrastructure such as pipelines and power grids, which have very strong regional characteristics. A public utility enterprise becomes the only enterprise in a region or an industry to engage in the relevant business activities by using pipeline network by means of signing franchise agreements with local governments, so that other undertakings cannot use the pipeline network to carry out business, and the users in the region cannot select the corresponding services provided by public utilities enterprises in other regions. Therefore, the monopolistic behaviors implemented by public utilities usually occur in the areas where the pipeline network facilities are located. All of the 4 cases of abuse of dominant market position investigated and handled in 2021 occurred in the administrative regions of the relevant cities and counties.

Thirdly, the cases of abuse of administrative power to eliminate or restrict competition have prominent characteristics. The cases of abuse of administrative power to eliminate or restrict competition in the public utilities industry handled and concluded in 2021 mainly demonstrate the following characteristics: firstly, cases occur frequently in the gas supply industry, and the cases of abuse of administrative power to eliminate or restrict competition in public utilities are mainly related to the gas supply industry; secondly, the type of the illegal behaviors is relatively non-diversified, and the behaviors of abuse of administrative power to eliminate or restrict competition mainly concern exclusive dealing and formulating provisions containing contents of eliminating or restricting competition. The administrative organs force, directly or in a disguised form, the users to accept the services provided by their designated undertakings; thirdly, the types of implementation subjects are concentrated, mainly the administrative organs at the city or county (district) level or their subordinate departments.

(Ⅲ) Typical Cases

1. Case of Abuse of Dominant Market Position by Yixing Hong Kong and China Gas Co., Ltd.

According to the complaints, in January 2019, the Jiangsu Administration for Market Regulation conducted an investigation against Yixing Hong Kong and China Gas Co., Ltd. (hereinafter referred to as Towngas) because of its suspected conduct of abuse of dominant market position. Upon investigation, it was found that Towngas exclusively provided services of urban pipeline natural gas supply and pipeline facilities installation within the city of Yixing and had a dominant market position of pipeline natural gas supply and pipeline facilities installation services in Yixing. Towngas abused its dominant market position and implemented the following practices: firstly, it charged high heating capacity expansion fees from resident users and set unfairly high prices for the gas pipeline installation fees of non-resident users. Secondly, in the process of promoting the rectification of high-pollution fuel boilers or coal-fired industrial furnaces, it signed Natural Gas Supply Contracts with some non-resident users with preferential gas prices as the conditions for negotiation, forcing users to agree that Towngas was the sole gas source or fuel supplier and requiring users to make payment according to the agreed amount of gas, even when the agreed amount of gas was not reached (i.e., the payment shall not be negotiated). Thirdly, in the Natural Gas Supply Contract signed with non-resident users, the users were required to make advance payment based on the amount of gas to be used in seven days, and overdue fines would be charged if the payment was overdue.

The aforementioned behaviors of Towngas harmed fair market competition and the interests of consumers with apparent effect of eliminating and restricting competition, in violation of the provisions of Items 1, 4 and 5 of Paragraph 1 of Article 17 of the *Anti-monopoly Law*, constituting the abuse of dominant market position such as selling products at an unfair high price, exclusive dealing, and imposing unreasonable trading conditions. In November 2021, the Jiangsu Administration for Market Regulation issued an administrative penalty decision in accordance with the law, ordering Towngas to cease the illegal practices, confiscating illegal gains of RMB 5.5858 million, and imposing a fine of 2% of its turnover in 2018 of RMB 34.8564 million, which add up to RMB 40.4422 million in total.

2. Case of abuse of dominant market position by Yunnan Mengzi Sitong Taixing Water Supply Co., Ltd.

According to the feedback clues of the fifth supervision and inspection by the State Council, in July 2019, the Yunnan Administration for Market Regulation conducted an investigation against the suspected conduct of abuse of dominant market position by Mengzi Sitong Taixing Water Supply Co., Ltd. (hereinafter referred to as Sitong Taixing Company).

Upon investigation, Sitong Taixing Company was the only water supply enterprise in the areas west of Beijing Road (West Ring Road) and the planning scope of Honghe Industrial Park in the southwest of the west extension line of Tianma Road, as well as the area west of Fenghuang Road, north of Honghe Avenue, south of Tianma Road, and east of Beijing Road (West Ring Road). It had a dominant position in the market of supply service of urban public tap water in this area. The Sitong Taixing Company abused its dominant market position by requiring the water users who filed applications for water use for the first time to sign the Water Supply Contract drafted by Sitong Taixing Company, specifying in the form of contract clauses that the commissioning of the Sitong Taixing Company to construct water supply facilities is a prerequisite for enjoying the service of water supply and reading meters at home; for users who constructed water supply facilities by themselves, it refused to carry out the procedures of reading meters at home, or refused or delayed the acceptance of completion inspection for water supply project.

The above behaviors of the Sitong Taixing Company objectively created significant obstructions for other construction companies to carry out business activities within its water supply scope, infringed the project construction entities' rights to independently opt the construction enterprises for water supply facilities within the building zoning red line, seriously harmed the interests of terminal water users, increased the project construction cost, and aggravated the people's house-purchase burden, but also violated the provisions of Item 5, of Paragraph 1 of Article 17 of the *Anti-monopoly Law*, constituting the abuse of dominant market position with additional unreasonable trading conditions. In January 2021, the Yunnan Administration for Market Regulation issued an administrative penalty decision in accordance with the law, ordering the Sitong Taixing Company to cease its illegal conducts and imposing a fine of 6% of the annual sales of 2018, amounting to RMB 2,495,400.

3. Case of Abuse of Administrative Power to Eliminate or Restrict Competition by the People's Government of Wanzhi District, Wuhu City, Anhui Province

In May 2021, the Anhui Administration for Market Regulation conducted an investigation against the People's Government of Wanzhi District, Wuhu City for its suspected behavior of abuse of administrative power to eliminate or restrict competition. Upon investigation, the original People's Government of Wuhu County (now Wanzhi District) and Wuhu County Zhongran City Gas Development Co., Ltd. (now Wuhu Wanzhi Zhongran City Gas Development Co., Ltd.) signed the Investment and Development Contract for Natural Gas Project in Wuhu County, Anhui Province in November 2004, in which the installation of gas pipeline projects shall be carried out by the original Wuhu County Zhongran City Gas Development Co., Ltd. The original people's government of Wuhu County issued the *Notification on Preferential Policies on Joint Venture Construction and Operation of Natural Gas Utilization Projects in Wuhu County* (Wu Zheng Ban [2005] No. 7) in the name of the Office of County Government in March 2005. The notification required all real estate development companies in Wuhu County to pay pipeline gas user construction and installation fees to the original Wuhu Zhongran City Gas Development Co., Ltd. prior to handling of permits for starting construction of buildings. By June 2021, the Notice has been in effect.

The aforementioned behaviors of the People's Government of Wanzhi District, Wuhu City violated the provisions of Article 32 of the *Anti-monopoly Law* and constituted abuse of administrative power to eliminate or restrict competition. During the investigation period, the People's Government of Wanyi District, Wuhu City actively took the initiative to rectify and eliminate the adverse impact caused by the illegal behaviors.

Ⅲ. Pharmaceutical Industry

(Ⅰ) Overview of Anti-monopoly Law Enforcement

In 2021, anti-monopoly law enforcement authorities have investigated and handled in the pharmaceutical industry 3 cases of monopoly agreement, 3 cases of abuse of dominant market position, and 6 cases of abuse of administrative power to eliminate or restrict competition, and concluded 26 cases of concentration of undertakings in the pharmaceutical industry. The amount of fines and confiscations in the aforementioned cases was RMB 950 million in total.

The 3 concluded monopoly agreement cases in the pharmaceutical industry in 2021 concerned the sectors of drug and API respectively, among which 2 cases violated the provisions of Article 13 of the *Anti-monopoly Law* by conclusion and implementation of a horizontal monopoly agreement on fixing or changing products prices and market allocation of the sales markets or the procurement market of raw materials, and 1 case violated the provisions of Article 14 of the *Anti-monopoly Law* by conclusion and implementation of a vertical monopoly agreement on fixing the price of resale products to a third party and restricting the minimum price of resale products to a third party.

The 3 concluded cases of abuse of dominant market position mainly concerned the API sector, in violation of the provisions of Article 17 of the *Anti-monopoly Law* by selling products at unfairly high prices, refusal to deal, imposing unreasonable trading conditions, etc.

The 6 concluded cases of abuse of administrative power to eliminate or restrict competition in the pharmaceutical industry mainly concerned the sectors of pharmaceutical distribution, pharmaceutical procurement and physical examination, in violation of Article 32 of the *Anti-monopoly Law* by exclusive dealing or that in a disguised form.

The 26 concluded cases of concentration of undertakings with a total transaction amount of RMB 300.7 billion, which mainly concerned sectors of pharmaceutical and medical device manufacturing and sales, etc., were all unconditionally approved. In terms of filing procedures, 20 cases were subject to the simplified procedure and 6 cases to the non-simplified procedure. In terms of transaction forms, 22 cases concerned equity acquisitions, 3 cases concerned establishment of joint ventures, and 1 case concerned asset acquisition. In terms of transaction types, 9 cases concerned horizontal concentration, 3 cases concerned vertical concentration, and 14 cases concerned conglomerate concentration.

(Ⅱ) Features of the Cases and Analysis of the Main Competition Issues in the Industry

In terms of the investigation and handling of cases in 2021, the monopoly cases and competition issues in the pharmaceutical industry demonstrate the following characteristics:

Firstly, the anti-monopoly law enforcement in the API sector was continuously and deeply promoted. In 2021, API was still a key sector for anti-monopoly law enforcement, and the SAMR continued to carry out targeted law enforcement nationwide to maintain the fair market competition order and protect the vital interests of the common people. The SAMR directly investigated and handled the monopoly case of batroxobin in Simcere Pharmaceutical, and guided the anti-monopoly law enforcement authorities in Tianjin, Jiangsu, Henan and Shanghai to successively impose penalties on the monopoly enterprises engaged in the production and distribution of 4 varieties of API (namely, fluoxetine acetate, camphor, phenol and pralidoxime chloride), which shows the firm determination of anti-monopoly law enforcement authorities to investigate and handleanticompetitive behavior in accordance with law. Meanwhile, the SAMR paid equal attention to regulatory law enforcement and system development, studied and formulated the *Anti-monopoly Guidelines on Active Pharmaceutical Ingredients Sector,* clarified the legal "red line" of operation activities in the API sector, improving the scientific, targeted and effective nature of anti-monopoly supervision, promoting undertakings in the API sector to strengthen compliance and self-regulation in accordance withlaw and mitigate the risk exposure of violation. The SAMR made efforts to further use the coordinated mechanism for ensuring supply and stabilizing prices of the drugs short in supply, strengthened communication and coordination with member departments such as the National Health Commission, the National Healthcare Security Administration, the National Medical Products Administration, etc., and found out clues of suspected anticompetitive issues and handled them in time. The "last mile" of law enforcement effects was addressed to promptly notify the National Health Commission, the National Healthcare Security Administration and other departments upon investigation and handling of monopoly cases, which formed a joint force and passed on the anti-monopoly law enforcement effects to the terminals.

Secondly, the behavior of restricting resale prices in the drug sector was effectively rectified. In 2021, the SAMR directly investigated and handled the Yangtze River Pharmaceutical Group for its vertical monopoly agreement restricting the drug resale prices of downstream enterprises. The investigation and handling of this case not only cracked down the price control by the Yangtze Pharmaceutical Group over relevant drugs, promoting the prices of some commonly used drugs such as Lanqin Oral Liquid to drop by more than 30%, but also an exemplary role for other pharmaceutical enterprises to operate in compliance with laws and regulations, urging pharmaceutical enterprises to carry out self-examination and correction of their business practices, to establish and improve an anti-monopoly compliance management system, to perform primary responsibilities in accordance with the law, to abolish the terms on fixing prices or exclusive dealing, and not to interfere with the independent pricing right of downstream enterprises, which purify the fair competition order in the drug market, and play an important role in ensuring the supply and stabilizing the prices of relevant drugs.

Thirdly, the sectors involving the cases of abuse of administrative power to eliminate or restrict competition were concentrated. Similar to the situation in 2020, the cases in the pharmaceutical industry concluded in 2021 still mainly concerned sectors of drug distribution and physical examination, with the main features as follows: administrative authorities restricted hospitals for physical examination of employees by means of formulation and issuance of policies and measures; relevant government departments selected drug distribution enterprises by means of bidding, making it impossible for other drug distribution enterprises to access the regional market; and administrative authorities formulated provisions that eliminate or restrict competition to encourage the priority of the procurement of locally produced Chinese herbal medicine. In addition, attention should be drawn on the abuse of administrative power to eliminate or restrict competition in the procurement of drugs with high volume.

(Ⅲ) Typical Cases

1. Case of Conclusion and Implementation of Monopoly Agreement by the Yangtze Pharmaceutical Group Co., Ltd.

Please refer to the case in Chapter 2 hereof for detail.

2. Case of Abuse of Dominant Market Position by Simcere Pharmaceutical Group Co., Ltd.

According to the complaints, in September 2020, the SAMR conducted an investigation against Simcere Pharmaceutical Group Co., Ltd. (hereinafter referred to as Simcere Pharmaceutical) for its suspected abuse of dominant market position. Batroxobin API is the basic raw material to produce Batroxobin Injection. Batroxobin Injection is mainly used for the treatment of sudden deafness, vibration disease, acute cerebral infarction, thromboangiitis obliterans, deep phlebitis, pulmonary embolism and other diseases. Upon investigation, it is found that after Simcere Pharmaceutical acquired all the sources of Batroxobin API within China, its market share in the sales market of Batroxobin API in China was 100%. Since November 2019, downstream pharmaceutical preparation enterprises have made several inquiries to Simcere Pharmaceutical, attempting to purchase Batroxobin API; however, Simcere Pharmaceutical has never quoted a price for various reasons, and has leveraged the API supply as a constraint means to require the acquisition of the equity in downstream pharmaceutical preparation enterprises. As the API cannot be obtained, downstream pharmaceutical preparation enterprises ceased production from June 2020, and Batroxobin Injection cannot be steadily supplied.

Simcere Pharmaceutical abused its dominant market position in the sales market of Batroxobin API in the PRC, implemented the monopolistic behavior of refusing to deal with trade counterparties without justifiable cause, harmed the fair competition in the market and the interests of consumers, and violated the provisions of Item 3, of Paragraph 1 of Article 17 of the *Anti-monopoly Law*. In January 2021, the SAMR issued an administrative penalty decision in accordance with the law, ordered Simcere Pharmaceutical to cease its illegal conducts and imposed a fine of 2% of its turnover in 2019, amounting to RMB 100.7 million.

3. Case of Abuse of Administrative Power to Eliminate or Restrict Competition by the Health Bureau of Lanshan District, Linyi City, Shandong Province

In September 2020, the Shandong Administration for Market Regulation investigated the Health Bureau of Lanshan District, Linyi City (hereinafter referred to as the Health Bureau of Lanshan District) for suspected abuse of administrative power to eliminate or restrict competition. Upon investigation, in June 2012, the Health Bureau of Lanshan District, in the name of carrying out the pilot program of centralized delivery of essential drugs to community medical institutions, cooperated with the discipline inspection, drug administration, finance and other authorities of the district to form a supervision group and a leading group to select delivery enterprises, and finally selected five delivery enterprises as the essential drug delivery entities for the community medical institutions and village clinics in the district. When purchasing essential drugs, all community medical institutions must fill in the relevant business system, and there are only these 5 delivery enterprises set up in the system. In the following 8 years, the Health Bureau of Lanshan District did not replace it or organize a new selection, resulting in the fact that other medicine delivery enterprises could not enter the regional market.

The aforementioned behaviors of the Health Bureau of Lanshan District violated the provisions of Article 32 of the *Anti-monopoly Law* and constituted abuse of administrative power to eliminate or restrict competition. During the period of investigation, the Health Bureau of Lanshan District made rectification, printed and issued a notice specifying that all public medical institutions in the district may independently select delivery enterprises for direct delivery to medical institutions at district, town and village levels with respect to the purchase and delivery of essential drugs, and made such notice public on the website of Lanshan District Government.

Ⅳ. Building Materials Industry

(Ⅰ) Overview of Anti-monopoly Law Enforcement

In 2021, the anti-monopoly law enforcement authorities continued to intensify anti-monopoly law enforcement efforts in the building materials industries such as cement, concrete and glass. In the entire year, the building materials industry saw that 4 monopoly agreement cases were accepted and investigated, and 3 cases were imposed administrative penalties with a fine and confiscation of RMB 537 million. 4 cases of abuse of administrative power to eliminate or restrict competition were investigated and handled. All of the 3 monopoly agreement cases concluded concerned horizontal monopoly agreement, with 1 in the cement industry and 2 in the concrete industry, in violation of the provision of Article 13 of the *Anti-monopoly Law*, and 1 of them involved trade associations. In terms of the behaviors, they included fixing or changing prices of products, limiting the output or sales volume of products, making market allocation to the sales markets or the procurement for raw material, and jointly boycotting transactions, etc.

In addition, 10 cases involving the concentration of undertakings in the building materials and glass sectors were concluded in 2021, with the transaction value amounting to about RMB 48.822 billion in total, all of which were unconditionally approved. In terms of the industry type, 3 cases concerned the cement industry, 2 concerned the metal processing industry, 3 concerned the building materials manufacturing industry, 1 concerned the glass manufacturing industry, and 1 concerned the home decoration industry. In terms of filing procedures, 7 cases were subject to simplified procedure and 3 cases were subject to non-simplified procedure. In terms of concentration type, 7 cases concerned equity acquisitions, 1 concerned asset acquisition, and 2 concerned establishment of joint ventures. In terms of transaction forms, there were 3 cases of domestic acquisition of domestic enterprises, 2 cases concerned domestic acquisition of overseas enterprises, 3 cases concerned overseas acquisition of overseas enterprises, 1 case concerned establishment of joint venture between domestic and overseas enterprises, and 1 case concerned establishment of joint venture between overseas enterprises.

(Ⅱ) Features of the Cases and Analysis of the Main Competition Issues in the Industry

Building materials, being important raw materials for all kinds of infrastructure, real estate and other construction projects, are in great market demand and play a pivotal role in economic development. From the perspective of the cases investigated and handled in 2021, the main features were as follows:

Firstly, monopoly cases in the building materials industry were mainly horizontal monopoly agreements. 3 monopoly agreement cases in the building materials industry in 2021 were all horizontal monopoly agreements, in violation of the provisions of Article 13 of the *Anti-monopoly Law*, among which 1 case concerned trade associations. From the perspective of behavior, they include fixing or changing prices of products, limiting the output or sales volume of products, making market allocation to the sales markets or the procurement for raw material, and jointly boycotting transactions, etc. Due to great changes in the upstream and downstream market environment of the building materials industry in recent years, and increasing pressures and challenges such as labor, raw materials, land, and fuel costs, as well as energy consumption, environmental protection and security, the profit in the industry is uncertain. Meanwhile, due to the small market scope, certain regional characteristic, high degree of product homogeneity and comparatively fierce price competition in the building materials industry, there are more monopolistic behaviors in the building materials industry.

Secondly, some trade associations or companies have become platforms for the conclusion and implementation of monopoly agreements. In accordance with Article 16 of the *Anti-monopoly Law*, trade associations may not organize undertakings in the industry to engage in the monopolistic behaviors prohibited by this Chapter. Pursuant to Article 18 of the *Draft Amendment to Anti-monopoly Law of the People's Republic of China* published in October 2021, undertakings shall not organize other undertakings to conclude monopoly agreements or provide substantive assistance for other undertakings to conclude monopoly agreements. Based on some cases, some enterprises involved in the cases, in order to facilitate concluding monopoly agreements, relied on trade associations or initiated the establishment of platform enterprises, which served as the self-regulatory organizations among undertakings to implement such behaviors as price manipulation, production restriction and market allocation, making trade associations become the breeding ground of organizing monopoly agreements, and even the tool for some enterprises to implement monopolistic behaviors.

Thirdly, the anti-monopoly compliance construction of enterprises needs to be further strengthened. Based on the cases investigated and handled, the operation compliance personnel of some enterprises did not have deep understanding of the *Anti-monopoly Law*, and their awareness of legal risks in anti-monopoly is still weak, and some market players post information on the enterprises' WeChat official accounts to require uniform adjustment of product prices and actively participate in the implementation of industrial monopoly agreements. In recent years, local anti-monopoly law enforcement authorities have continuously released documents such as anti-monopoly compliance guidance for undertakings to assist market players to improve their anti-monopoly compliance awareness and capability.

(Ⅲ) Typical Cases

1. Case of Monopoly Agreements Concluded and Implemented by Zibo Lianhe Cement Enterprise Management Co., Ltd. and other Relevant Enterprises

Please refer to the case in Chapter 2 hereof for detail.

2. Case of Monopoly Agreements Concluded and Implemented by Two Commercial Concrete Manufacturers Enterprises in Fengdu County of Chongqing

In October 2019, the Chongqing Administration for Market Regulation conducted an investigation against the Chongqing Jiangdu Building Materials Co., Ltd. and Chongqing Jiandian Concrete Co., Ltd. for suspected monopolistic behaviors. Upon investigation, the parties concerned, being two commercial concrete manufacturers independent to each other in Fengdu County of Chongqing, concluded the *Self-discipline Agreement for Premixed Commercial Concrete Enterprises of Fengdu County* after consultation in 2014, in which the parties concerned agreed on allocation of the market based on regions, allocation of sales volume and profits based on the agreed market shares, the standard sales price of commercial concrete, the costs of the special pouring method of the Heavenly pump and the Ground Pump as well as the transportation costs for a distance of more than 20 kilometers. It has been confirmed that from April 2014, both parties shall exchange statistical personnel to work in each other's company for mutual supervision. During the implementation of the agreement, the sales price of commercial concrete executed by both parties will not be lower than the standard price of C30 commercial concrete, as RMB 360/m^3. When the mutually appointed supervisors find that any company subject to supervision sells any product lower than the standard price due to any special circumstance, they will report the sales conditions to their boss for instructions. The said appointed supervisors shall mutually check the Global Positioning System of the concrete tanker cars daily, to make sure the address of supply is consistent with the agreement and invoices, and to make sure that the other party sells the concrete tank car according to the allocated product sale region and does not supply products to the region supplied by their own party. The mutually appointed supervisors shall collect the sales contracts and bills of commercial concrete from the other party, count the quantities and price of commercial concrete sold each day, calculate cost and profit, account the total sales quantities and total profits of commercial concrete at the beginning of each month and distribute them according to the agreed proportions. To ensure the distribution of sales quantities and profit in the agreed proportion, the parties have estimated the verified cost of commercial concrete based on C30 commercial concrete, the verified cost of transportation cost and pump expense beyond 20 kilometers according to the actual production cost.

The aforementioned behaviors violated the provisions of items 1 and 3 of Article 13 of the *Anti-monopoly Law*, fell under the circumstances of conclusion and implementation of "fixing or changing the price of products" and "making market allocation to the sales markets or the procurement for raw material" by competing undertakings, and constituted conclusion and implementation of monopoly agreement. On 15 June 2021, the Chongqing Administration for Market Regulation imposed a fine on the two parties concerned in the case of 5% of their turnover in 2018, amounting to RMB 23.1288 million.

3. Case of Monopoly Agreement by Fengcheng Premixed Concrete Association and its Member Enterprises

Please refer to the case in Chapter 2 hereof for detail.

V. Semiconductor Industry

(Ⅰ) Overview of Anti-monopoly Law Enforcement

In 2021, the SAMR received 27 notifications for concentration of undertakings in the semiconductor industry, docked 24 cases, and concluded 26 cases, with the transaction value amounting to RMB 736.1 billion in total. Among the concluded cases, 2 concerned semiconductor equipment, 23 concerned semiconductor manufacturing and 1 concerned semiconductor distribution and sales. In terms of filing procedures, 15 cases were subject to simplified procedures and 11 cases were subject to non-simplified procedures. In terms of form of transactions, 23 cases concerned equity acquisitions, 2 cases concerned establishment of joint ventures, and 1 case concerned asset and business acquisition. In terms of review results, 24 cases were approved unconditionally, and 2 cases were approved with restrictive conditions. In addition to the concentration of undertakings, the SAMR is investigating Samsung, SK Hynix and Micron for suspected abuse of dominant market position.

(Ⅱ) Features of the Cases and Analysis of the Main Competition Issues in the Industry

Firstly, the global supply of semiconductors is in short, and the risk of stable supply is relatively high. In 2021, affected by the COVID-19 pandemic and the increase in demand for related products, the semiconductor industry is facing large-scale supply shortage and the imbalance between supply and demand in the global industrial chain, with price increases for several times. Therefore, the review of concentration of undertakings in the semiconductor industry shall focus on the stability of relevant market supply. In the case of the acquisition by SK Hynix of part of the business of Intel Corporation, the transaction will lead to the reduction of competitors in the PCIe enterprise SSD market and the SATA enterprise SSD market, thus requiring attention to the possible impact of the concentration on the supply of products. In the commitment plan for imposed restrictive conditions of this case, the parties and the post-concentration entity undertake that, on equivalent terms, the price of the enterprise SSD products on the PRC market shall not be higher than the average price during the 24 months preceding the Effective Date; in the meantime, they will continuously expand the output of relevant products and supply all products on the fair, reasonable and non-discriminatory basis so as to ensure the stable supply in the domestic enterprise-level SSD market.

Secondly, market concentration has been increasing and barriers to entry have been further enhanced. Since the second half of 2020, M&As have occurred frequently in the semiconductor industry. With the increase of market concentration, entry barriers in relevant industries have been further raised. In consideration of the current technological nodes and industry characteristics of the semiconductor industry, new entrants will face huge capital investment, technical risks and high patent barriers. Meanwhile, in the structure of global supply and demand imbalance, the new entrants will have higher costs for obtaining upstream materials, equipment and contract manufacturing capacity, and it is difficult to impose sufficient competitive constraints on existing market participants. In this situation, concentration is more likely to have adverse impact on market competition, thus giving rise to the need to intervene through anti-monopoly review to protect and promote fair competition in the market.

Thirdly, in-depth analysis of the Chinese domestic market competitive landscape shall be conducted in the context of international competition. International competition has been achieved in the semiconductor industry in the aspects of product design, equipment manufacturing, procurement of raw materials, manufacturing and contract manufacturing, talent structure, capital flow, channel layout and customer needs, and the relevant geographic market is mostly defined as the global market in the review of relevant cases. However, in practice, various countries have different stages of industrial development, competitive environment of segmented fields and links of supply chains. China is the most significant semiconductor market in the world, and most of the semiconductor products and upstream equipment and materials are highly dependent on imports. In addition to the evaluation of the global market, the anti-monopoly law enforcement authority also needs to pay special attention to the possible impact of the transaction on the Chinese domestic market.

Fourthly, the technology development and innovation trends shall be taken into account in the definition of relevant product market and remedial measures. In recent years, leading companies in the semiconductor industry have expanded rapidly in the rapidly growing emerging markets such as artificial intelligence, 5G, data center, intelligent driving and automotive electronics through M&As of competitors and emerging enterprises. In such transactions as the acquisition of ARM by Nvidia and the acquisition of Xilinx by AMD that have drawn global attention, the acquirers both intend to obtain technological advantages in artificial intelligence, data center and other markets through acquisition. In the process of case review, law enforcement authorities need to fully consider the development trends of industrial technology, promote fair market competition and protect the sustainable development of technological innovation.

(Ⅲ) Typical Cases

1. Case of Acquisition of Equity in Akasha Communications Inc. by Cisco Systems Inc.

In July 2019, Cisco Systems Inc. (hereinafter referred to as Cisco) signed an agreement with Akasha Communications Inc. (hereinafter referred to as Akasha), where Cisco would acquire Akasha for $ 2.6 billion. The SAMR received the notification in relation to the transaction on 22 October 2019, and docketed the case for review on 20 December 2019. On 14 January 2021, the SAMR decided to approve the concentration with restrictive conditions.

This case involved the market of coherent digital signal processor and optical transmission system, which was subject to non-simplified procedure. Upon review, the SAMR concluded that this concentration may have the effect of eliminating or restricting competition in the optical transmission system market within China: Firstly, the combined entity will have relatively stronger market power in the upstream independent coherent digital signal processor market. In the coherent digital signal processor market worldwide and within China, Akasha's market shares were 45%-50% and 40%-45% respectively, ranking No.1 for both, with obvious advantages compared with other competitors; Coherent digital signal processor is the core component of optical transmission system, and it is very costly and difficult for optical transmission system manufacturers to change their independent coherent digital signal processor suppliers; independent coherent digital signal processor has high market entry barriers, huge R&D investment, and high probability of failure, so it is difficult to have competitors who can impose effective competition constraints in the short term. Secondly, the combined entity will have the motive to implement input foreclosure. With the rapid growth of the optical transmission system market driven by the 5G and data center market, the combined entity will have the motive to increase the market share of optical transmission system; the combined entity may reduce or even stop the external sales of coherent digital signal processors to restrict competitors in the optical transmission system market, enhance its own product competitive advantage, and obtain more market share; the combined entity may increase its profits by increasing the price of coherent digital signal processors. Thirdly, the concentration may have the effect of eliminating or restricting competition in the optical transmission system market within China. The optical transmission system market within China develops rapidly, and China is the country with the largest demand for coherent digital signal processors in the world. If the combined entity increases the price of coherent digital signal processor products or implements input foreclosure, the competitiveness of other manufacturers of optical transmission system will be weakened due to the increased costs, and they may even be directly driven out of the market and lose development opportunities. This will impact the competition in the optical transmission system market within China and harm the interests of downstream client and consumers.

The SAMR approves this concentration with restrictive conditions. The specific conditions include: Firstly, the parties to the concentration and the combined entity will continue to perform the existing customer contracts, including the various commercial terms and the existing sales practices and procedures. Unless the relevant Chinese customers decide to terminate the existing customer contracts at their own discretion, the parties to the concentration and the combined entity shall not terminate the existing customer contracts; Secondly, the parties to the concentration and the combined entity shall, on the fair, reasonable and non-discriminatory basis, continue to supply relevant digital signal processors to Chinese customers; Thirdly, the parties to the concentration and the combined entity shall not force tie-in sales of relevant digital signal processors or impose other unreasonable trading conditions on Chinese customers; Fourthly, the parties to the concentration and the combined entity shall provide training for their relevant management and employees, and take necessary measures to ensure the implementation of the commitment plan. The above restrictive conditions shall be valid for a period of five years from the date of the announcement and can be discharged by assessment upon expiry of the period.

2. Case of the Acquisition of Partial Business of Intel Corporation by SK Hynix Ltd.

Please refer to the case in Chapter 2 hereof for detail.

Ⅵ. Warehousing and Logistics Industry

(Ⅰ) Overview of Anti-monopoly Law Enforcement

In 2021, against the backdrop of the catalysis of the COVID-19 pandemic and the growing demand for domestic economy, the warehousing and logistics industry continued to witness rapid development. The law enforcement of the warehousing and logistics industry by the anti-monopoly law enforcement authority has mainly focused on the concentrations of undertakings, and concluded 41 cases involving the concentrations of undertakings in the warehousing and logistics industry, all of which were unconditionally approved, with the transaction value exceeding RMB 100 billion in total. The cases concluded mainly concerned sectors such as development and lease of general warehousing, development and lease of cold storage, express delivery services, third-party logistics services, cold chain logistics services, etc. In terms of the nature of concentration, 30 cases concerned horizontal concentration, 5 cases concerned vertical concentration and 6 cases concerned conglomerate concentration. In terms of filing procedures, 39 cases were subject to simplified procedure and 2 cases were subject to non-simplified procedure. In terms of transaction form, 16 cases concerned establishment of joint ventures and 25 cases concerned equity acquisitions.

(Ⅱ) Features of the Cases and Analysis of the Main Competition Issues in the Industry

Through the review of cases for the concentration of undertakings, the warehousing and logistics industry mainly have the following characteristics:

Firstly, the warehousing and logistics industry has the characteristics of more significant economies of scale and first-mover advantage. As the warehousing and logistics attach great importance to geographical location, and under the premise of scarcity of quality land resources, the companies that have taken the lead in entering the relevant market and formed a certain scale have a relatively obvious first-mover advantage. They have continuously formed and consolidated the market entry barriers in terms of geographical location, development and management cost control, customer acquisition, and bargaining ability, and the level of market concentration has been gradually increased.

Secondly, in recent years, capital has entered the market frequently, with strong demand for transformation and upgrading. Driven by the booming development of e-commerce and other new retail businesses, the demand for the warehousing and logistics industry has been growing, and the market layout has been gradually extending to second- and third-tier cities. In addition to the traditional logistics real estate enterprises, commercial real estate enterprises, e-commerce enterprises, express delivery enterprises and all kinds of capital have been actively making layout. At the same time, the industry transformation and upgrading with intelligent warehousing as the main direction has become the focus of the layout of many enterprises and capital. It is anticipated that the future industry competition will gradually develop towards the direction of intelligence, digitalization, service-oriented and differentiation.

Thirdly, foreign-invested enterprises are more active and have certain competitive advantages. At present, foreign enterprises represented by GLP, Goodman, e-Shang Redwood, etc. have invested at a relatively aggressive pace in the Chinese warehousing and logistics industry. With the further opening of the market and the encouragement of relevant policies, foreign investment is likely to further speed up the market expansion and layout speed, and by virtue of the significant advantages in technical experience, management model and capital operation, it is easier for them to obtain quality resources in the industry, so as to further enhance the competitive advantage.

(Ⅲ) Typical Cases

1. Case of the Acquisition of Equity in China Logistics Property Holdings Co., Ltd. by JD. Property Group Corporation

On 15 September 2021, the SAMR received the notification in relation to acquisition of equity in China Logistics Property Holdings Co., Ltd. by JD. Property Group Corporation, and docketed the case for review on 19 October 2021.

The case concerned a horizontal and vertical concentration, involving 5 relevant product markets in total, including development and lease of general warehouses, development and lease of cold storage, express delivery services, third-party logistics services and cold chain logistics services, and the relevant geographic markets are all domestic markets within China. In accordance with Article 27 of the *Anti-monopoly Law*, the SAMR analyzed the impact of the concentration of undertakings on the market competition from the aspects of the level of market concentration, market entry, the impact of the concentration of undertakings on downstream users, etc. Upon review, the SAMR took that the concentration will not have any adverse impact on the competition in the markets of development and lease of general warehouses, development and lease of cold storage, express delivery services, third-party logistics services and cold chain logistics services within China. On 31 December 2021, the SAMR approved the transaction unconditionally.

2. Case of the Acquisition of Equity of Kerry Logistics Networking Co., Ltd. by Shenzhen S.F. Taisen Holdings (Group) Co., Ltd.

On 23 March 2021, the SAMR received the notification in relation to acquisition of equity of Kerry Logistics Networking Co., Ltd. by Shenzhen S.F. Taisen Holdings (Group) Co., Ltd., and docketed the case for review on 29 March 2021.

This case concerned a horizontal concentration. The relevant product markets were defined as the third-party logistics services market and the international freight forwarding services market, and the relevant geographic markets are all domestic markets within China. In accordance with Article 27 of the *Anti-monopoly Law*, the SAMR analyzed the impact of the concentration of undertakings on the market competition from the aspects of the level of market concentration, market entry, the impact of the concentration of undertakings on downstream users, etc. Upon review, the SAMR took that the concentration will not have any adverse impact on the competition in the third-party logistics services market and the international freight forwarding services market. On 8 April 2021, the SAMR approved the transaction unconditionally.

3. Case of Establishment of Joint Venture between GLP China Holdings Limited and China Post Capital Management Co., Ltd.

On 9 July 2021, the SAMR received the notification of the establishment of joint venture by GLP China Holdings Limited and China Post Capital Management Co., Ltd., and docketed the notification for review on 16 July 2021.

The case concerned a horizontal and vertical concentration. The relevant product markets are defined as the markets of development and lease of general warehouses and the express delivery service. The relevant geographic market for the development and lease of general warehouses is defined as the urban market, while the relevant geographic market for express delivery services is defined as the domestic markets within China. In accordance with Article 27 of the *Anti-monopoly Law*, the SAMR analyzed the impact of the concentration of undertakings on the market competition from the aspects of the level of market concentration, market entry, the impact of the concentration of undertakings on downstream users, etc. Upon review, the SAMR took that the concentration will not have any adverse impact on the competition in the development and leasing market of general warehouses and the express delivery service market. On 30 July 2021, the SAMR approved the transaction unconditionally.

Ⅶ. New Energy Automobile and Battery Charging and Swapping Industry

(Ⅰ) Overview of Anti-monopoly Law Enforcement

In 2021, the SAMR concluded 27 cases of concentration of undertakings in the new energy automobiles and battery charging and swapping industry, with the transaction value amounting to approximately RMB 9.08 billion in total, all of which were unconditionally approved. In terms of industry type, 23 cases concerned the automobile charging sales industry and 4 cases concerned the automobile and parts manufacturing industry. In terms of filing procedures, all of the 27 cases were subject to the simplified procedure. In terms of concentration type, 23 cases involved the establishment of joint ventures and 4 cases concerned equity acquisitions. In terms of transaction forms, 22 cases concerned establishment of joint ventures between domestic enterprises, 3 cases concerned overseas acquisition of overseas enterprises, and 2 cases concerned establishment of joint ventures between overseas enterprises. 1 case of illegal implementation of concentration of undertakings was investigated and handled with a fine of RMB 1 million.

(Ⅱ) Features of the Cases and Analysis of the Main Competition Issues in the Industry

Based on the review of concentration of undertakings cases, new energy automobiles and battery charging and swapping industry mainly have the following features:

Firstly, there are relatively active M&As in the sectors of new energy automobiles and charging sales. Driven by both policy and market demand, the market scale of new energy automobiles has grown rapidly, and the construction of charging infrastructure has been accelerated continuously. In terms of the review of concentration of undertakings, the number of notification cases in the industry of electric automobile charging and sales in 2021 reached 23, mainly concerned conglomerate concentrations with diversified participants. Manufacturers and operators of charging piles for electric automobiles will integrate themselves through the establishment of joint ventures with enterprises in urban infrastructure construction, power industry development or transportation and public services, etc. to provide charging services for electric automobiles. There are many operators in the electric automobile charging service market. In addition to the top charging operators in a strong position, there are still many small charging service operators with low market shares. As most of the cases concerned conglomerate concentrations, the transactions do not impact the structure of the relevant market, and many manufacturers of charging pile equipment for electric automobiles are also downstream charging service providers for electric automobiles, and they do not need to rely on third-party charging service providers for electric automobiles to purchase charging pile equipment products from them. Therefore, the transactions do not have any adverse effect on the competition of the relevant market.

Secondly, the power battery market has a high level of market concentration. With benefits from the development of new energy automobile, the installed capacity of power batteries in China has maintained rapid growth. In 2021 there was a total of 58 power battery enterprises in China installing supporting automobiles. Although new players entering the market continue to emerge and market competition was fierce, the top 3, the top 5 and the top 10 power battery enterprises respectively accounted for 74.2%, 83.4% and 92.3% of the total installed capacity. The market has a high level of market concentration. A few power battery enterprises improved their technical strength by continuously increasing R&D investment and had a relatively large market share. The development of power battery technology expedited technical iteration of upstream raw materials such as lithium copper foil, graphite anode materials, which led to the continuous growth of downstream demand for raw materials. Some competitors in the power battery market expanded raw material production lines and reduced the overall costs of power battery products by establishing joint ventures to enhance market competitiveness.

Thirdly, the notification cases in the new energy automobiles industry demonstrate new business innovation attempts. At present, automobiles companies are constantly exploring new business models for the sales of new energy automobiles. Compared with the past notification cases, M&As in the new energy automobile industry demonstrate a new trend of adjacent concentration between automobile companies and battery manufacturers. Power battery enterprises and new energy automobiles enterprises with industry-leading technical strength and strong financial strength have integrated resources by establishing new joint ventures to carry out the "automobiles and electricity separation" business of new energy automobiles. With the development of the "automobiles and electricity separation" model, more domestic automobiles companies are making plans for the "automobiles and electricity separation" from the dimensions of technology, product, capital, business model and other dimensions, promoting the rapid development of relevant technologies and models, but intensifying the competition in the field meanwhile.

(Ⅲ) Typical Cases

1. Case of Establishment of Joint Venture between Hunan Zhongke Electric Co., Ltd. and Huizhou EVE Energy Co., Ltd.

On 28 October 2021, Hunan Zhongke Electric Co., Ltd. and Huizhou EVE Energy Co., Ltd. executed an agreement to jointly establish a joint venture to engage in the production and sales of graphite anode materials in China. Hunan Zhongke Electric Co. Ltd. and Huizhou EVE Energy would hold 60% and 40% of the equity respectively and had joint control over the joint venture. On 13 December 2021, the SAMR received the anti-monopoly notification for the concentration of undertakings, and docketed the case for review on 16 December 2021.

Upon review, the case concerned horizontal concentration and vertical concentration, involving the markets for graphite anode materials of lithium-ion batteries and downstream markets of lithium-ion consumer batteries, lithium-ion power batteries, lithium-ion energy storage batteries, which was subject to the simplified procedure. Upon review, the SAMR took that the concentration parties would face effective competitive constraints in the upstream market of graphite anode materials for lithium-ion batteries in China and the downstream markets of lithium-ion consumer batteries, lithium-ion power batteries and lithium-ion energy storage batteries in China, and the concentration would not have any adverse impact on the relevant markets. On 28 December 2021, the SAMR approved the transaction unconditionally.

2. Case of Establishment of Joint Venture between Shantou Energy Investment Co., Ltd. and Telex New Energy Co., Ltd.

In September 2021, Shantou Energy Investment Co., Ltd., Telex New Energy Co., Ltd. and Shantou Zhongchi New Energy Technology Co., Ltd. executed an agreement to establish a new joint venture to engage in the business of electric automobiles charging services. The three parties would hold 51%, 34% and 15% of the equity respectively and have joint control over the joint venture. On 15 October 2021, the SAMR received the anti-monopoly notification for the concentration of undertakings, and docketed the case for review on 20 October 2021.

Upon review, the case concerned horizontal and vertical concentration, involving the markets for electric automobiles charging piles and electric automobile charging services, which was subject to simplified procedure. Upon review, the SAMR took that, the concentration parties would face effective competitive constraints in the upstream market of electric automobile charging pile in China and the downstream market of electric automobile charging service in Shantou City, and the concentration would not have any adverse effect on the relevant markets. On 3 November 2021, the SAMR approved the transaction unconditionally.

3. Case of Establishment of Joint Venture between SAIC Motor Co., Ltd. and CATL Co., Ltd. and Other Undertakings

On 25 August 2021, SAIC Motor Co., Ltd. (hereinafter referred to as SAIC), CATL Co., Ltd. (hereinafter referred to as CATL), Fujian Mindong Times Rural Investment and Development Partnership (Limited Partnership) (hereinafter referred to as CATL related funds) executed an agreement with Shanghai International Automobile City (Group) Co., Ltd. (hereinafter referred to as Automobile City) to jointly establish a joint venture in Shanghai to engage in leasing services of electric passenger automobiles batteries. SAIC, CATL and its affiliated funds, Automobile City would hold 60%, 30% and 10% of the equity respectively and SAIC and CATL would had joint control over the joint venture. On 30 August 2021, the SAMR received the anti-monopoly notification for the concentration of undertakings, and docketed the case for review on 11 October 2021.

Upon review, the case concerned a vertical and conglomerate concentration, involving the markets for lithium-ion power batteries, electric passenger automobiles for exchange of batteries and power battery asset management services, which was subject to non-simplified procedure. Upon review, the SAMR took that the concentration parties would face effective competitive constraints in the upstream market of lithium-ion power battery in China and the downstream markets of power battery asset management service and electric passenger automobile for exchange of batteries in China, and the concentration would not have any adverse effect on the relevant markets. On 25 January 2022, the SAMR approved the transaction unconditionally.

4. Case Concerning Illegal Implementation of Concentration of Undertakings without Notification in Accordance with the Law with Respect to Establishment of Joint Venture between Tencent Holdings Limited and Henan Harmony Automobile Trading Co., Ltd.

On 28 May 2015, Tencent Holdings Limited (hereinafter referred to as Tencent), through its subsidiary Shenzhen Tencent Industrial Investment Fund Co., Ltd., executed an agreement with Henan Harmony Automobile Trading Co., Ltd. (hereinafter referred to as Harmony Automobile) and others to jointly establish a joint venture, holding 30% and 40% of the equity respectively and having jointly control over the joint venture. On 2 July 2015, the joint venture obtained its business license. Tencent mainly engaged in the businesses of social and communication services, social network platforms, games, online video services, interactive entertainment live broadcasting, and etc.; while Harmony Automobile mainly engaged in the sales, after-sales and other businesses of traditional fuel automobile. The joint venture would engage in the production and sales of pure electric passenger automobiles post its establishment.

Upon review, Tencent and Harmony Automobile would respectively hold 30% and 40% of the equity, and jointly control the joint venture, which fell under the concentration of undertakings provided in Article 20 of the *Anti-monopoly Law*. The turnovers of Tencent and Harmony Automobile in 2014 worldwide and within China reached the thresholds of notification provided in Article 3 of the *State Council Anti-monopoly Commission Guidelines for Definition of Relevant Market*, but the case was not notified as required, which violated Article 21 of the *Anti-monopoly Law* and constituted the illegal implementation of concentration of undertakings without notification in accordance with the law. Upon assessment, the concentration of undertakings didn't have the effect of eliminating or restricting competition. In accordance with Article 48 and Article 49 of the *Anti-monopoly Law*, the SAMR imposed a fine of RMB 500,000 on Tencent and Harmony Automobile respectively.

Ⅷ. Chemical Industry

(Ⅰ) Overview of Anti-monopoly Law Enforcement

In 2021, the SAMR has concluded 57 cases involving concentration of undertakings in the chemical industry, with the transaction value amounting to RMB 240 billion in total, all of which were approved unconditionally. In terms of the filing procedures, 46 cases were subject to simplified procedure, 11 cases were subject to non-simplified procedure; in terms of the type of concentration, 42 cases concerned equity acquisition, 2 cases concerned asset acquisition, and 13 cases concerned establishment of joint ventures; and in terms of the nature of concentrations, 21 cases concerned horizontal concentrations, 18 cases concerned vertical concentrations, and 18 cases concerned conglomerate concentrations.

(Ⅱ) Features of the Cases and Analysis of the Main Competition Issues in the Industry

Based on the review of concentration of undertakings cases, chemical industry mainly has the following features:

Firstly, the number of notifications in the chemical industry is stable overall, but large M&As have decreased significantly. The chemical industry has been one of the industries with the largest number of notifications in the past years. In recent 3 years, the number of cases has been steadily increasing, but the total transaction value involved has been gradually reducing. In 2021, the total transaction value was around RMB 240 billion, accounting for 50% of that in 2020 and 30% of that in 2019. This indicated that, after a wave of M&As among global chemical giants around 2017, large M&As decreased rapidly, and most of these M&As were small horizontal integration to increase risk resistance, or for vertical moderate extension of product chain and reduction of production cost, or for new project joint operation to share operating costs and risks and fulfill environmental protection requirements. In recent years, affected by the sharp shocks in the petrochemical market and the overall sluggish growth of market demand, there was a lack of investment motivation in the chemical field. The large-scale structural adjustment in the global chemical industry due to the gradual slow-down and stabilization of M&As.

Secondly, the competitive structures in different segment fields of the chemical industry vary greatly. The definition of relevant markets in the chemical industry shall be subject to case analysis. Petrochemical products are professional, but differ greatly in components and their functions and uses are relatively single, so it is generally easier to define the market by means of demand substitution, for example, glycol, propylene, ethylene, etc. The petrochemical industry chain is long and involves a wide variety of products. Generally, the market structure of bulk petrochemical products is relatively fragmented. For example, the market concentration of phenyl propylene, para-xylene, polypropylene benzene and other relevant markets is not high. However, the market concentration of some petrochemical products is high. Compared with bulk products, these petrochemical products have single uses, limited market sizes and few market competitors for technical, cost, historical and other reasons.

Thirdly, high-end chemical materials industry in China still has a certain gap with the international level. Since the reform and opening up policy, chemical industry in China has made tremendous achievements. However, in terms of the distribution of the global industrial chain, chemical industry in China is mainly concentrated on the production of basic chemical raw materials, which is at the low level of the value chain. Products with sufficient competition and excess production capacity are mostly basic chemical raw materials with low technical content and relatively traditional raw materials of plastic products, while products with insufficient competition and serious shortage of production capacity are mostly high-end special chemicals. In such fields as high-end chemical materials and fine chemicals, dependence on imports is high, and the enterprises' market competitiveness is weak. Compared with the international level, there is still a gap and great room for improvement.

(Ⅲ) Typical Cases

1. Case of Establishment of Joint Venture between China Petroleum and Chemical Group Co., Ltd. and Lyondell China Holdings Limited

On 25 January 2021, the SAMR received the notification of a joint venture between

China Petroleum and Chemical Group Co., Ltd. (hereinafter referred to as Sinopec) and Lyondell China Holdings Limited (Lyondell), and the SAMR docketed the case for review on 24 February 2021.

Pursuant to the Agreement, Sinopec and Lyondell intended to establish a joint venture in Ningbo City, Zhejiang Province to engage in the production and sales of styrene and propylene oxide, etc. Post the transaction, Sinopec and Lyondell would jointly control the joint venture. The case concerned a horizontal and vertical concentration. In terms of the proposed business of the joint venture, in accordance with Article 12 of the *Anti-monopoly Law* and the *State Council Anti-monopoly Commission Guidelines for Definition of Relevant Market*, the relevant market involves many products in the petrochemical industry chain, including ethylene, benzene, propylene, styrene, propylene oxide, etc. In accordance with Article 27 of the *Anti-monopoly Law*, upon review, the transaction parties were subject to effective competitive constraints in the upstream and downstream markets, and the transaction involved establishment of a new joint venture, which would put its newly increased capacity to market so as to further enrich market supply. The SAMR took that the concentration will not have the effect of eliminating or restricting competition in the relevant market and approved the transaction unconditionally on 2 April 2021.

2. Case of Establishment of Joint Venture between Wanhua Chemical (Ningbo) Group Co.,Ltd. and Henan Shenma Nylon Chemical Co., Ltd.

On 17 May 2021, the SAMR received the notification of establishment of joint venture between Wanhua Chemical (Ningbo) Group Co.,Ltd. (hereinafter referred to as Wanhua Ningbo) and Henan Shenma Nylon Chemical Co., Ltd. (hereinafter referred to as Henan Shenma) and docketed the case for review on 3 June 2021.

Pursuant to the Agreement, Wanhua Ningbo and Henan Shenma intended to establish a joint venture in Ningbo City, Zhejiang Province to engage in the production and sales of hexamethylene diamine. Post the transaction, Wanhua Ningbo and Henan Shenma would jointly control the joint venture. The case concerned a horizontal and vertical concentration. In terms of proposed business of the joint venture, in accordance with Article 12 of the *Anti-monopoly Law* and the *State Council Anti-monopoly Commission Guidelines for Definition of Relevant Market*, the relevant market involved many products, including hexamethylene diamine in the upstream of the industry chain, and hexamethylene diisocyanate and nylon 66 in the downstream. In accordance with Article 27 of the *Anti-monopoly Law*, upon review, the transaction parties were subject to effective competitive constraints in the upstream and downstream markets. The SAMR took that the concentration would not have the effect of eliminating or restricting competition in the relevant market and approved the transaction unconditionally on 26 July 2021.

Chapter Ⅳ

Fair Competition Policy

Ⅰ. Deepening the Pilot Programs for Implementation of Competition Policies

In 2021, with the strong support from, and guidance of, the SAMR and local governments, the pilot programs for solidifying the implementation of competition policies in four Pilot Free Trade Zones in Hainan, Shanghai and Shandong, and Guangdong-Hong Kong-Macao Greater Bay Area were conducted orderly, with new progresses and achievements made.

(Ⅰ) Promoting the Integration and Innovation of the Fair Competition System and Improving the Fair Competition System

Firstly, innovating and improving the fair competition system. On 29 September 2021, the *Regulations on Fair Competition in Hainan Free Trade Port,* being the first set of comprehensive local rules on fair competition in China, was promulgated and implemented upon the approval of the Standing Committee of the People's Congress of Hainan Province. Focusing on fair competition, the *Regulations on Fair Competition in Hainan Free Trade Port* promoted the integration and innovation of fair competition system in Hainan Province by reference to high-standard common practices and advanced experiences in the world and taking into account the actual circumstances in Hainan Free Trade Port.

Secondly, systematically promoting the policy implementation. In February 2021, the Government of Guangdong Province issued the *Implementing Plan of Guangdong Province for Further Promoting the Advance Implementation of Competition Policies in the Guangdong-Hong Kong-Macau Greater Bay Area*, and the Information Office of the Provincial Government held a press conference to provide the information in respect of the *Implementation Plan of Guangdong Province for Further Promoting the Advance*

Implementation of Competition Policies in the Guangdong-Hong Kong-Macau Greater Bay Area, which attracted widespread attention of the social public.

Thirdly, improving the system and mechanism for policy implementation. The Anti-monopoly Committee of China (Hainan) Pilot Free Trade Zone was renamed as the Hainan Free Trade Port Fair Competition Committee, chaired by the provincial government leader in charge of fair competition to be responsible for coordinating the implementation of fair competition policies on behalf of the provincial government. Guangdong Province made the preparations for the establishment of the Competition Policy Committee of Guangdong-Hong Kong-Macau Greater Bay Area chaired by a senior official from the provincial government.

Fourthly, continuously expanding the coverage and scope of the pilot program. Guangdong Province expanded the coverage of the pilot program of competition policies from free trade zones to nine cities in the Guangdong-Hong Kong-Macau Greater Bay Area, explored to establish a cooperation mechanism with Hong Kong and Macau in the Greater Bay Area, and attempted to collaborate on cross-jurisdiction competition policies. Guangdong Province gave full support to the pilot program of competition regulation in Shenzhen, provided guidance on the approach of centralized review and professional review of fair competition in Shenzhen City, and provided support to the establishment of an *ad hoc* fair competition review institution in Shenzhen City.

(Ⅱ) Promoting In-depth Implementation of Fair Competition Review System and Strengthening Systematic Mandatory Effect

Firstly, improving fair competition review system. Hainan Province formulated and issued various working mechanisms including the interim measures for handling of complaints and reports during fair competition review, the measures for third party evaluation, the interim measures for sampling inspection, the interim measures for joint review and the specifications for solicitation of comments. Shanghai Municipality established and improved its fair competition review joint meeting system, with the leader from management committee in charge of fair competition serving as the convener, formulated the *Work Rules of Fair Competition Review Joint Meeting in Lingang New Sub-zone*, and prepared the *Work Guidelines for Fair Competition Review in Lingang New Sub-zone* by reference to typical fair competition cases. Upon approval of Guangdong provincial government, the Guangdong Administration for Market Regulation, jointly with four government authorities, issued the *Detailed Rules for Implementation of the Fair Competition Review System*.

Secondly, innovating the fair competition review mechanism. The Guangdong Administration for Market Regulation approved the implementation of pilot programs for third-party independent review system in Shenzhen and Guangzhou and launched the pilot programs for fair competition review reporting system in three cities including Shenzhen. Shanghai Municipality established a municipality-wide fair competition centralized review mechanism, which defined the path and rules of the fair competition review and established a three-level control system comprising of "preliminary review by the drafting department, special review by the administration for market regulation, and re-examination by the office (audit office)". In Hainan Province, 70% of 40 provincial-level departments implemented the internal centralized and unified review or re-examination system, and 87% of 28 cities and counties (including Yangpu Economic Development Zone) established their internal review systems.

Thirdly, strengthening the mandatory effect of fair competition review system. Hainan Province reviewed 5,094 newly issued policies and measures, among which 1,597 were revised before promulgation and 23 were rejected; cleaned up 5,352 existing policies and measures, identifying 130 policies and measures which may impede the unified market and fair competition, among which 27 were revised and 53 were abolished, and the remainder are subject to further review. The Guangdong Administration for Market Regulation, jointly with 5 government departments including the Guangdong Development and Reform Commission, made sampling inspection of policies and measures on bidding and tender activities, reviewed 2,636 policies and measures regarding bidding and tender activities, identified 127 suspected of violating fair competition review standards, and circulated communication of the typical issues together with three government departments including the Guangdong Development and Reform Commission. The Shanghai Administration for Market Regulation appointed the third parties to review 149 existing policies and documents issued by the management commissions, reviewed on real-time basis 6 documents and measures issued by Lingang New Sub-zone. Meanwhile, the Shanghai Administration for Market Regulation established the green channel for reporting and complaints and proactively strengthen the disclosure of the relevant information to the public. Competent departments of all levels of Shandong Province cleaned up 9,616 polices and measures currently in effect involving the economic activities of market players, revised or abolished 50 policy documents containing discriminative and unfair treatment provisions.

(Ⅲ) Strengthening Anti-monopoly Law Enforcement and Regulating Market Competition Order

Firstly, intensifying anti-monopoly law enforcement. In 2021, Shandong Province investigated and handled a total of 17 monopoly cases. In Hainan Province, three suspected anticompetitive behaviors involving 25 enterprises and trade associations in sectors closely related to people's livelihood such as building materials, pharmaceutical and gas were investigated according to law. Shanghai Municipality made the evaluation of the rectifications to nine platform operators in Shanghai and issued guiding opinions on rectification; imposed administrative penalties on the abuse of market dominant position by Nanjing Ningwei Pharmaceutical Co., Ltd. for its distribution of pralidoxime chloride. Guangdong Province carried out a series of anti-monopoly law enforcement actions in API, feed, platform operation and glass industries, and investigated and handled a series of behaviors of abuse of administrative power by the competent departments of education and transportation, etc.

Secondly, preparing for pilot program for anti-monopoly review of concentration of undertakings. Based on the analysis and study of the historical cases of concentration of undertakings in Shanghai Municipality and Lingang New Sub-zone, Shanghai Municipality sorted out the risk points for violation of applicable rules on anti-monopoly review and produced relevant reports. Based on actual circumstances of the undertakings in Lingang New Sub-zone, the undertakings with potential needs were listed as key service objects. The acceptance windows were set up at the administrative service hall of Lingang New Sub-zone, and relevant experts were invited to provide training sessions for all review personnel.

Thirdly, optimizing the regulatory mechanism for the platform economy. Focusing on the investigations into illegal online sales of offshore duty-free goods, Hainan Province established online trading regulatory work system together with anti-monopoly law enforcement authorities in Zhejiang and Shanghai, which is characterized by data sharing and collaborative regulation. By concluding strategic collaboration agreements with a number of platform operators on information sharing, collaborative regulation and digital regulation, the system for joint regulation by government authorities and platform operators was continuously improved.

(Ⅳ) Maintaining the Competition Advocacy and Fostering a Culture of Fair Competition

Firstly, innovating the anti-monopoly compliance system. Shanghai Municipality formulated and issued the *Guidelines on Anti-monopoly Compliance by Undertakings in Lingang New Sub-zone (Automotive Sector)* and the *Guidelines on Anti-monopoly Compliance by Undertakings in Lingang New Sub-zone (Pharmaceutical Sector)*, which were among the first industrial anti-monopoly compliance system documents in China. According to the pilot programs for the implementation of the *Guidelines for Competition Compliance by Undertakings* in Shanghai, the pilot programs for competition compliance management system were launched and two pilot enterprises were designated. Guangdong Province strengthened efforts on the guidance on anti-monopoly compliance, and is in the process of diligently formulating the *Guidelines for Anti-monopoly Compliance by Platform Operators in Guangdong Province* and the *Manual for Competition Compliance by Undertakings in Guangdong-Hong Kong-Macau Greater Bay Area*.

Secondly, deepening the regional competition situation evaluation. Guangdong Province conducted research on regional competition environment evaluation index system, gradually established a competition policy-based policy coordination mechanism, promoting the transformation of the industrial policies of local governments and competent departments at all levels to inclusive and functional policies. Shanghai Municipality made pilot evaluation of the competition situation in Yangtze River Delta region, by focusing on the support of fair competition to the optimization of the business environment and benchmarking against RCEP, CPTPP and other international economic and trade rules, explored to establish sub-index system for fair competition in business environment in "18 + N" featured index system for the business environment in Lingang New Sub-zone. The sub-index, which adopted the semi-quantitative evaluation method, has been evaluated by PricewaterhouseCoopers in a third-party evaluation.

Thirdly, establishing a professional competition policy guidance mechanism. Shandong Province established an expert consultation group for competition policies in free trade zones consisting of 11 experts, which made overall and forward-looking academic studies on the improvement of competition policy framework, establishment and improvement of the mechanism for implementation of competition policies and reinforcing the foundational roles of competition policies. Guangdong Province made the preparations for the establishment of an expert consultation group and talent pool for competition policies at provincial level, cooperated with Jinan University on joint establishment of the Guangdong Provincial Anti-monopoly Law Enforcement Base and gave the support to Jinan University in its establishment of the Institute of Competition and Development in Guangdong-Hong Kong-Macau Greater Bay Area.

Fourthly, strengthening publicity and training. Shandong Province included the implementation of the Anti-monopoly Law and competition policies in the *Key Training Plan of the Organization Department of the Provincial Party Committee for 2021*. Hainan Province formulated and published study and reading materials such as the *FAQs for Education and Training on Fair Competition Review in Hainan Free Trade Port*, the *Collection of Cases of Fair Competition Review in Hainan Free Trade Port* to provide the guidance for policy makers on fair competition review, organized a three-month publicity activity on competition policies within province, with more than 70,000 publicity materials produced, posted and distributed. Focusing on seven major strategic emerging industries including integrated circuit, artificial intelligence, biomedicine and aerospace, Shanghai Municipality produced a list of 71 key enterprises, and organized 6 sessions of "Competition

Compliance Classroom" brand courses attended by 35 enterprises. Guangdong Province organized 82 training sessions, 2 sessions of anti-monopoly and fair competition review training courses, and launched a column of "Competition Classroom" on its official website and WeChat official account.

Ⅱ. Comprehensively Implementing the Fair Competition Review System

In 2021, the fair competition review work resolutely, implemented decisions and deployment by the CPC Central Committee and the State Council, focusing on strengthening the systematic mandatory effect, deepened advancing the system implementation, and effectively prevented and corrected various policies and measures which may eliminate or restrict competition. In China nationwide, a total of 244,000 newly issued policy measure documents were reviewed, 442,000 existing policies and measures were cleaned up, and 11,000 policy measures in violation of the fair competition review standards were corrected and repealed. the efficiency of the system was further promoted, and the unified national market and fair competition were effectively safeguarded.

(Ⅰ) Giving Full Play to the Functions of the Overall Planning and Coordination Role of the Joint Meetings for the Purpose of Efficiency Improvement

Firstly, the SAMR organized to hold the fourth plenary session of the Inter-ministerial Joint Meeting for Fair Competition Review Work, comprehensively studied and deployed key tasks for fair competition review, comprehensively summarized the achievements made in the implementation of fair competition system in 2020 and during the 13th Five-year Plan period, formulated the *Work Focuses of Inter-ministerial Joint Meeting for Fair Competition Review Work for 2021*, reviewed the *Report on Typical Issues Identified in Fair Competition Review and Their Rectifications*, and urged relevant local governments and competent departments to implement these documents based on their actual circumstances. In addition, in the light of newly amended the *Detailed Rules for Implementation of the Fair Competition Review System*, the SAMR studied and deployed key tasks for the improvement of institutional system, the improvement of the review system and the enhancement of supervision and assessment.

Secondly, the role of local joint meetings in overall coordination was further enhanced. The elevation and expansion of fair competition review joint meetings at all levels has been gradually accomplished, with local government leaders in charge of fair competition review appointed as the conveners of the 21 provincial joint meetings. The offices of joint meeting played a leading role in the arranging and deploying key tasks, promoting the effective implementation of relevant works, summarizing the effect of implementation of system and analyzing the outstanding issues.

Thirdly, all regions have taken the implementation of fair competition review system as an important element and objective of the improvement of the market economic system. Guangxi Zhuang Autonomous Region, Ningxia Hui Autonomous Region and other regions have included the relevant requirements for the comprehensive implementation of fair competition review system in the *14th Five-Year Plan for National Economic and Social Development and the Long-term Objectives Through the Year 2035* and other important documents and strengthened the implementation of the system.

(Ⅱ) Comprehensively Enhancing the Level of Rule of Law of the System based on Rule of Law Construction

Firstly, promoting the inclusion of fair competition review system into the *Anti-monopoly Law*, enhancing the legal hierarchy of the system, and providing legal guarantees for further implementation of the system. Secondly, amending and promulgating the *Detailed Rules for Implementation of the Fair Competition Review System*. On June 29, 2021, upon the approval of the State Council, the SAMR and other four government authorities issued the amended the *Detailed Rules for Implementation of the Fair Competition Review System*, which further clarified the scope of review, refined the review standards, strengthened procedural supervision, effectively improved weak points, and enhanced the scientificity and operability of the system. Thirdly, all regions have consciously taken the implementation of the newly amended the *Detailed Rules for Implementation of the Fair Competition Review System* as an important measure for optimizing the business environment, building a high-standard market system, and promoting high-quality development, and issued special documents setting forth the requirements for its implementation. Liaoning Province advanced local legislation of the *Regulations on Fair Competition* and included the implementation of the fair competition review system in local regulations, which further enhanced the authority of fair competition review and strengthened the systematic mandatory effect. Hunan Province drafted the *Work Rules for Fair Competition Review of Policies and Measures in China (Hunan) Pilot Free Trade Zone*, and continued to implement the pilot programs for improvement of competition policies in the Pilot Free Trade Zone.

(Ⅲ) Utilizing Mechanism Construction to Effectively Strengthen the Systematic Mandatory Effect

Firstly, promoting the establishment of the joint review mechanism for major policy measures, optimizing the review method, and improving the review quality. Various provinces including Fujian, Guangdong, Yunnan, Gansu have formulated the *Provisions on Joint Review of Fair Competition Review Policies and Measures* and other institutional documents to promote the effective implementation of the joint review system.

Secondly, establishing and improving the complaint and reporting system, and clarifying the procedures and mechanism for responding to complaints. Various provinces including Hebei, Inner Mongolia, Shanghai, Hunan have formulated upon study the *Measures for Handling Complaints on Fair Competition Review* and other rules to specify the bodies, responsibilities and methods of handling complaints, smoothen the complaint reporting channels and achieve timely response.

Thirdly, encouraging policy makers to introduce third parties to evaluate relevant policy measures or the overall fair competition review work, so as to promote the in-depth implementation of the fair competition review system. At present, through introducing third parties, third-party evaluations on the overall implementation of the proposed policy measures or the fair competition review system have been implemented in 29 provinces (including autonomous regions and municipalities). In Beijing, the fair competition review effects of more than 800 policy and measure documents promulgated by 38 municipal departments and 16 district governments have been evaluated by third parties. Shaanxi Province conducted comprehensive evaluations of the implementation of the fair competition review system by a total of 153 entities at all levels and their subordinate departments. Xinjiang Uygur Autonomous Region evaluated the implementation of the fair competition review system by 2 government departments of the autonomous region, 4 government departments at the prefecture (autonomous prefecture or city) level, and 8 governments at the county (city or district) level or government departments at the county level.

Fourthly, setting up the expert advisory group for the fair competition review, giving full play to the intellectual support of experts, and further enhancing the quality and level of fair competition review. In Beijing, a fair competition review expert group was set up and the *Measures for Administration of the Fair Competition Review Expert Group (for trial implementation)* was printed and issued. In Liaoning, 109 experts were engaged as the first fair competition review expert group.

Fifthly, exploring to establish information management system for the fair competition review. During the fair competition review process, the work efficiency and capability of fair competition review can be improved by introducing the big data technology to achieve real-time monitoring and accurate assessment of policy measures. Jiangsu Province explored the operation of a big data monitoring and assessment system, which monitored over 500 entities and assessed 473,000 policies and measures. Zhejiang Province developed and established the "administrative monopoly" monitoring system, created a fair competition review database containing over 20,000 policy documents across the province, sorted out over 30 groups of high-frequency search keywords, and achieved the intelligent monitoring of administrative monopoly activities, and identified 101 problematic policy documents since the launching of the system.

(Ⅳ) Comprehensively Enhancing the Implementation Effects of the System with Supervision and Assessment as Constraints

Firstly, the local enforcement authorities promoted the inclusion of fair competition review in the assessment systems for government performance, business environment, Construction of the rule of law and quality work, and examined, scored and ranked the implementation of the system, which effectively facilitated the comprehensive implementation of the fair competition review. Hubei Province established the notification system for the implementation of the fair competition review system, timely updated the status of the implementation of the review system by various regions and departments, the review of new policy measures, the cleaning up of existing policies and measures and the typical cases, and urged the local authorities to assume their responsibilities to promote the implementation of the systems.

Secondly, continuously strengthening the sampling inspection of policy measure. The offices of the local fair competition review joint meetings gave full play to their roles of overall coordination, took the lead in sampling inspections of the policies and measures that have been promulgated, and urged the rectification of the problems identified. Jilin, Jiangxi and Guangxi have established the fair competition review sampling inspection working systems or mechanisms, and formulated regulatory requirements for the sampling inspection work in terms of the scope, methods, content, time, rectification measures and circulation of information. The Beijing-Tianjin-Hebei Region, the Yangtze River Delta (Shanghai, Jiangsu, Zhejiang and Anhui) and Sichuan-Chongqing Region have established their regional cooperation mechanisms for fair competition review, organized cross inspections of policy measures and third-party evaluations, cracked down regional blockades, and improved the integration level of regional cooperation.

Thirdly, urging rectification of typical problems identified during inspection. Efforts were made to urge and guide Leshan City, Sichuan Province to timely rectify problems such as restriction of fair competition and interference in the free operation of market players in the construction field which were identified by the State Council during inspection. The problematic documents were revoked immediately, and special clean-up were conducted to draw lessons from this issue to prevent the introduction of rules eliminating or restricting competition in the construction and other sectors at source. Under the 2021 fair competition review and supervision program, 1,452 documents related to the economic activities of market players promulgated by 31 provincial people's governments and 187 key bodies were sampled through cross inspection, and the relevant local authorities were urged to rectify the problematic documents that were identified to be contrary to the fair competition review standards after 5 rounds of review.

(Ⅴ) Focusing on the Creation of the Cultural Atmosphere for Fair Competition with the Competition Advocacy as the Link

Firstly, strengthening the interpretation of the system and fully implementing the responsible bodies' responsibilities. The local authorities gave full play to the role of the fair competition review joint meeting system, accurately comprehended the relevant decisions and arrangements of the CPC Central Committee and the State Council and adequately clarifying the responsible bodies through holding joint meetings, interpretating policies, joint consultation and research, in-depth coordination and cooperation and other measures.

Secondly, strengthening learning and training, and continuously enhancing the review capacity. After the promulgation of the amended *Detailed Rules for Implementation of the Fair Competition Review System*, the national training sessions on fair competition review were provided to the key antitrust personnel of relevant local authorities in SAMR's Academy of Administration. The fair competition review courses were launched in the online trainings for the persons in charge of the antitrust bureaus at the municipality and county level and the key antitrust personnel to implement the new requirements of the system and improve the capability and level of official's works. Shandong included "Implementation of the Anti-monopoly Law and Competition Policies" in its *Key Training Plan of the Department of Organization under the Shandong Provincial Party Committee for 2021*; Tianjin formulated and printed the *Guidelines and Manual of Compilation of Documents concerning Fair Competition Review Work Specifications*, and Qinghai formulated and printed the *Compilation of Documents concerning Anti-monopoly and Fair Competition Review System*, so as to provide policy makers with guidance on fair competition review.

Thirdly, reinforcing public awareness and publicity, and continuously enhancing the concept of fair competition. The offices of the local fair competition review joint meetings designed and produced a number of publicity posters and videos, extensively publicized the fair competition review system through various channels such as convergence media, promoted the culture of fair competition and fostered a favorable social atmosphere conducive to in-depth implementation of the system. A public awareness campaign video was produced by Beijing Municipality and repeatedly played on TVs in more than 6,000 buildings and outdoor large screens, which reached 1.58 million audiences and expanded the public's awareness of the fair competition review system.

Fourthly, deepening international communications and cooperation on fair competition. The China-EU Dialogue Mechanism for Fair Competition Review and State Aid Control was implemented, the communication and exchange with the EU, the World Bank and other international organizations were strengthened to share the latest development of the implementation of the fair competition review system, and the international influence of China's fair competition review system was continuously expanded.

Chapter Ⅴ

Rule of Law Construction

Ⅰ. Advance Amendment to the *Anti-monopoly Law*

(Ⅰ) Background and Process of the Amendment

The CPC Central Committee and the State Council attach great importance to strengthening anti-monopoly and preventing the disorderly expansion of capital. General Secretary Xi Jinping has repeatedly given important instructions, stressing that anti-monopoly and anti-unfair competition are the inherent requirements for improving the socialist market economic system and promoting high-quality development. It is imperative to enhance the relevant laws and regulations, strengthen the regulation of platform enterprises' monopoly, and resolutely fight against monopoly and unfair competition. In addition, it is imperative to better coordinate development and security, domestical condition and international condition, promote fair competition, fight against monopoly and prevent the disorderly expansion of capital. Premier Li Keqiang stressed that the State supports the innovation and development of platform enterprises and the enhancement of their international competitiveness. Meanwhile, the State exercise oversight of platform enterprises' development in accordance with the law, improves rules for digital activities, and resolutely safeguards fair market competition environment.

The *Anti-monopoly Law* is the basic legal system of market economy. Since its implementation in 2008, the current *Anti-monopoly Law* has played a critical role in protecting fair competition, improving economic efficiency, safeguarding the interests of consumers and the public, and facilitating high-quality development. Practice has proved that the framework and main systems of the current *Anti-monopoly Law* are sound as a whole. Meanwhile, with the development of the socialist market economic system of China, problems have also surfaced in the implementation of the *Anti-monopoly Law*; for instance, the relevant systems' provisions function at comparatively principal level, the sanctions on certain monopoly conducts are insufficient, and the enforcement system needs further improvement, etc. Especially with the rapid development of new business forms such as platform economy, some large platform operators abuse their advantages in data, technology, capital, etc. to engage in anti-competitive behaviors and carry out disorderly expansion, resulting in various problems of increasing prominence, such as impairing fair competition, impeding entrepreneurship and innovation, disrupting the economic order, harming the rights and interests of consumers, etc. Therefore, there is urgent need to clarify the specific application rules of the relevant anti-monopoly systems in the field of platform economy to strengthen anti-monopoly regulation.

In order to implement the decisions and arrangements of the CPC Central Committee and the State Council, the SAMR has drafted the submission draft of amendment to the *Anti-monopoly Law of the People's Republic of China* for soliciting public comments. Through active cooperation with the Ministry of Justice in seeking opinions from the relevant departments, provincial governments and some of the industry associations and enterprises, repeated research and deliberation on key and difficult problems, further revisions and improvements, the *Draft Amendment to Anti-monopoly Law of the People's Republic of China* (hereinafter referred to as the Draft) was formulated. At present, the Draft has been submitted to the Standing Committee of the National People's Congress for consideration.

(Ⅱ) General Approach of the Amendment

In the course of amending the *Anti-monopoly Law*, the following main approach has been followed: Firstly, resolutely and thoroughly implement the spirits reflected in General Secretary Xi Jinping's important instructions and guidance, as well as the decisions and deployment of the CPC Central Committee and the State Council, to ensure the amendment work is heading towards the right direction. Secondly, adhere to problem orientation and goal orientation, properly handle the relationship between regulation and development; in response to the prominent problems existing in the implementation of the *Anti-monopoly Law*, further improve the anti-monopoly related systems, impose heavier penalties on monopoly conducts, and provide clearer legal basis and stronger institutional assurance for strengthening anti-monopoly enforcement and preventing the disorderly expansion of capital. Thirdly, accurately understand the position of the *Anti-monopoly Law* as a foundational law and the characteristics of anti-monopoly law enforcement, such as professionalism and complexity, etc., and leave space for the formulation of anti-monopoly guidelines and other supporting provisions while improving basic systems and rules.

(Ⅲ) Main Contents

The Draft consists of 27 articles and mainly amends the current *Anti-monopoly Law* in four aspects as follows:

1. Clarify the foundational role of competition policy and the legal status of the fair competition review system. The Draft stipulates that the state reinforces the foundational role of competition policy, and also establishes and improves the fair competition review system; administrative organs and other organizations authorized by laws and regulations to administrate public affairs shall carry out fair competition reviews when formulating provisions concerning economic activities of market players. (Article 1 and Article 2)

2. Further improve relevant anti-monopoly systems and rules. Through synthesizing anti-monopoly law enforcement practice and learning from international experience, the Draft further improves the relevant anti-monopoly systems and rules, including adding a new provision that undertakings shall not abuse their advantages in data, algorithms, technology and platform rules, etc., to eliminate or restrict competition (Article 3); stipulating that undertakings shall not organize other undertakings to conclude monopoly agreements or provide substantive assistance for other undertakings to conclude monopoly agreements (Article 7); establishing a "safe harbor" regime, stipulating that in principle, conclusion of monopoly agreement by undertakings is not prohibited in principle if they can prove that their market share in the relevant market is lower than the threshold prescribed by the anti-monopoly law enforcement authorities under the State Council (Article 8); explicitly stipulating that undertakings with dominant market position setting up barriers by imposing unreasonable restrictions on other undertakings by leveraging data, algorithms, technology and platform rules, etc., constitutes abuse of dominant market position (Article 9); establishing a "stop the clock" system concerning time limit for review of a concentration of undertakings, stipulating that the anti-monopoly law enforcement authorities under the State Council may decide to suspend calculation of the time limit for review of a concentration of undertakings in the event that the review cannot be carried out due to the undertakings' failure to submit documents and materials as required, or in the event that any new situation or fact which has a significant impact on the review of a concentration of undertakings needs to be verified, etc. (Article 11); stipulating that the anti-monopoly law enforcement authorities under the State Council shall strengthen review of the concentration of undertakings in sectors involving people's livelihood, finance, science and technology and media in accordance with the law (Article 12); in order to prevent the administrative authorities and other organizations authorized by laws and regulations to administer public affairs from abuse of administrative power, resulting in monopoly of a single market player, and impeding other market players' fair participation in market competition, the Draft stipulates that the administrative authorities and other organizations authorized by law and regulations to administer public affairs shall not abuse their administrative power to eliminate or restrict competition, such as impeding other undertakings from entering the relevant market or imposing unfair conditions on other undertakings by means such as signing cooperation agreements or memorandums with specific undertakings. (Article 13)

3.Further strengthen the assurance for the anti-monopoly law enforcement. The Draft added provision concerning the cooperation obligations of the relevant entities or individuals when the anti-monopoly law enforcement authorities investigate the abuse of administrative power to eliminate or restrict competition in accordance with the law. For undertakings suspected of committing illegal conducts, the administrative organs, and the organizations authorized by laws and regulations to administer public affairs, and the anti-monopoly law enforcement authorities may conduct interviews with their legal representatives or persons-in-charge and require them to take measures for rectification. (Article 14 and Article 15)

4.Improve legal accountability and strengthen punishment. With respect to the problems reflected in the course of anti-monopoly law enforcement, the fines for relevant illegal conducts are significantly increased, and the penalties for the legal representatives, main persons-in-charge and directly responsible persons of the undertakings which conclude monopoly agreements are added to the provision. (Article 16, Article 17, Article 18, Article 21 and Article 22) A provision concerning credit-score related punishment is added. (Article 23)

In addition, in light of the status of institutional reform, it is specified that the market regulatory department under the State Council is the anti-monopoly law enforcement authority under the State Council, which is responsible for uniform anti-monopoly law enforcement. (Article 4) In order to better safeguard the public interest, the Draft stipulates that where an undertaking engages anticompetitive behaviors and infringes upon social public welfare, the People's Procuratorate may bring a public interest civil lawsuit to the People's Court in accordance with the law. (Article 19)

Ⅱ. Anti-monopoly Guidelines on Platform Economy Sectors

In recent years, platform economy in China has developed rapidly with rapid emergence of new business formats and business models, playing an important role in promoting high-quality economic development and fulfilling the people's growing needs for a better life. At the same time, suspected anti-competitive problems such as forcing "either-or" choices by undertakings in platform economy sectors, "big data-based price discrimination" and implementation of concentration of undertakings without notification pursuant to law have gradually appeared, harming the fair market competition and the legitimate rights and interests of consumers, as well as dampening the full stimulation of the innovation and creativity of the whole society, the promotion of the innovative development of the platform economy and the construction of new advantages and energies for economic and social development. In order to further clarify the principle of anti-monopoly law enforcement in platform economy sectors and promote the normalized, orderly, innovative and sound development of the platform economy and digital economy, the State Council Anti-monopoly Commission promulgated the *Anti-monopoly Guidelines on Platform Economy Sectors* (hereinafter referred to as the Guidelines) on 7 February 2021. Formulated in accordance with the *Anti-monopoly Law*, the Guidelines consists of 24 articles in 6 chapters, mainly covering the following seven aspects.

(Ⅰ) Establishing the Basic Principles for Carrying out Anti-monopoly Regulation of Platform Economy Sectors

The Guidelines is based on the actual development of platform economy in China and deeply in tune with the pattern of development of platform economy, adheres to equal emphasis on regulation and development, and clarifies the basic principles and ideas for carrying out anti-monopoly regulation and law enforcement from four aspects, including protecting fair market competition, ensuring a scientifical and efficient regulation in accordance with the law, stimulating innovation and creativity, and safeguarding lawful interests of participants.

(Ⅱ) Clarifying the Forms and Determining Factors of Monopoly Agreements in Light of the New Characteristics of Monopoly Agreements of Platform Economy Sectors

In consideration of the new characteristics of monopoly agreements of platform economy sectors, firstly, the Guidelines analyzes the approach of law enforcement against the monopoly agreements, clarifies the forms of monopoly agreements, and gives specific explanations of other concerted conducts. Secondly, in consideration of characteristics of platform economy, the Guidelines describes the forms by which the undertakings conclude or implement monopoly agreements and the factors to be considered in law enforcement, clarifies that the undertakings may conclude horizontal or vertical monopoly agreements by using technical means, data, algorithms, platform rules, and elaborates the method of analysis of relevant cases. Thirdly, the Guidelines explains the principle of hub-and-spoke agreements and puts forward the analytical approach for the application of the *Anti-monopoly Law* to such agreements. Fourthly, the Guidelines sets out detailed provisions on the findings of concerted conducts by the undertakings in the form of data, algorithms and platform rules as well as leniency regime, etc.

(Ⅲ) Detailing the Factors to be Considered for Determining the Dominant Market Position of Undertakings in a Platform Economy Sector

In light of the characteristics of platform economy, the Guidelines puts forward the key factors to be considered for determining the dominant market position of undertaking in a platform economy sector under the framework of determining the dominant market position of undertakings pursuant to the *Anti-monopoly Law*.

Firstly, in terms of the market share and competitive condition in the relevant market. The Guidelines specifies that the calculation of the market share of undertakings in a platform economy sector may consider monetary value involved in the transactions, number of transactions, number of active users, click-throughs, duration of use or other metrics.

Secondly, in terms of the ability to control the market. The Guidelines specifies that the analysis of the ability to control the market may consider the undertaking's ability to control the upstream and downstream markets or other associated markets, ability to impede or affect other undertakings' entry into the relevant market, business model and network effects of the relevant platform, and the ability to affect or decide price, network traffic or other trading terms.

Thirdly, in terms of the financial resource and technical condition. The Guidelines specifies the traditional factors consists of assets scale, profitability, financing capacity, technical innovation and application capabilities, intellectual property rights owned, and the extent to which such financial strength and technical resources can contribute to such undertaking's business expansion, or solidification or maintenance of its market position, etc., as well as the factors that need special consideration such as the investors' conditions, capital source, and ability to capture and process relevant data of the undertaking.

Fourthly, in terms of the extent of reliance. The Guidelines specifies that the analysis of the extent of reliance of other undertakings on such undertaking in a platform economy sector may consider the transaction relationship, volume and duration of transaction between the undertaking and other undertakings in the platform economy sector, lock-in effect, user stickiness and the possibility of other undertakings switching to other platforms and such switching costs, etc.

Fifthly, in terms of the difficulties in entering the relevant market. The Guidelines specifies in detail the relevant factors to be considered, including market access, scale effects of platforms, scale of capital investment, technical barriers, users' propensity for using multiple platforms, users' switching cost, difficulty of data acquisition, users' habits, etc.

(Ⅳ) Enumerating the Justifiable Causes that may Exist in Connection with Undertakings' Abuse of Dominant Market Position in Platform Economy Sectors

In accordance with Article 17 of the *Anti-monopoly Law*, the Guidelines, in consideration of the characteristics of platform economy, the Guidelines enumerates the justifiable causes that may exist in connection with undertakings' abuse of dominant market position in platform economy sectors, such as below-cost selling, refusal to deal, exclusive dealing, tying or imposing unreasonable trading terms and discrimination. The above conducts of relevant undertakings do not necessarily constitute abuse of dominant market position; the implementation of the above conducts with justifiable causes is not illegal. For example, the Guidelines stipulates the justifiable causes for below-cost selling, including common circumstances in business practice such as attracting new users or carrying out promotional activities for a reasonable time period. In consideration of the complexity of commercial activities, in addition to expressly enumerated causes, the Guidelines also stipulates a catch-all provision, i.e., "any other cause demonstrating the propriety of the conduct", making an open-ended provision on the possible justifiable causes.

(Ⅴ) Establishing the Standards for Determining Whether Forcing "Either-or" Choices or "Big Data-based Price Discrimination" Constitute Anticompetitive Behavior

Firstly, it is specified that requiring "either-or" choices may constitute the abuse of dominant market position to exclude dealing. Requiring "Either-or" Choices is a general statement prevalently used by the public indicating that a platform operator engages in unreasonable restrictive conducts, including requiring in-platform operators not to operate on any other competitive platforms, etc. The Guidelines clarifies the factors that may be considered for constituting the act of exclusive dealing, including that a platform operator requires an in-platform operators to make "either-or" choices between competitive platforms or carry out other conducts that have the same effect. Meanwhile, the Guidelines, in terms of punitive measures and incentive measures, further detail the criteria for determining whether such practices as requiring "either-or" choices constitute exclusive dealing.

Secondly, it is specified that "big data-based price discrimination" may constitute abuse of dominant market position to implement discriminatory treatment. "Big data-based price discrimination" is a general statement prevalently used by the public indicating that an internet platform uses big data and algorithms to analyze the "profiles" of users, based on which different prices are charged. The Guidelines clarifies the factors that may be considered for constituting discriminatory treatment, including those undertakings in platform economy sectors applying differentiated transaction prices or other trading terms according to counterparties' payment capabilities, consumption preferences and using habit based on big data and algorithms.

(Ⅵ) Explaining How to Review the Concentration of Undertakings in Platform Economy Sectors

The Guidelines gives detailed explanations on special factors that shall be considered in the review of concentrations of undertakings in platform economy sectors, how to calculate the turnover of undertakings participating in the concentration, and proactive investigation into concentration of undertakings that does not reach the notification thresholds.

Firstly, the Guidelines lists special factors that shall be considered in the review of concentrations of undertakings in platform economy sectors. For example, the calculation of the market share of undertakings in platform economy sectors may require the adoption of the proportional metrics in the relevant market in terms of monetary value involved in the transactions, number of transactions, number of active users, click-throughs, duration of use or other metrics, and make a comprehensive assessment of the market shares within a relatively longer period of time and determine the dynamic trend of change. In addition, the Guidelines also specifies that the assessment of the competitive impact of concentration of undertakings in platform economy sectors may also need the comprehensive consideration of the two-sided businesses or multi-sided businesses and other businesses conducted by the undertaking, and the direct and indirect network externalities may need to be assessed.

Secondly, the Guidelines specifies the calculation of the turnover of undertakings participating in the concentration. The turnover of an undertaking in platform economy sectors includes the revenues generated by selling goods and providing services. The Guidelines provides a clearer explanation on the notification thresholds for concentration of undertakings which will help undertakings in platform economy sectors determine whether their relevant concentration needs to be notified, and further reduce the legal risks of undertakings implementing illegal implementation of concentration.

Thirdly, it is specified that proactive investigation will be conducted into concentration of undertakings that does not reach the notification thresholds. Meanwhile, the Guidelines provides guidance on the types of concentration of undertakings in platform economy sectors which the anti-monopoly law enforcement authorities under the State Council focuses on.

(Ⅶ) Formulating Specific Provisions on Preventing the Abuse of Administrative Power to Eliminate or Restrict Competition in Accordance with the Law

The Guidelines incorporates relevant provisions on regulating the abuse of administrative power to eliminate or restrict competition in platform economy sectors, in order to increase the transparency of law enforcement, unify the law enforcement standards, provide important guidance to administrative subjects, and improve the certainty of relevant transactions of undertakings in platform economy sectors.

Firstly, the Guidelines establishes the law enforcement basis for preventing the abuse of administrative power to eliminate or restrict competition. The Guidelines provides that the administrative organs and the organizations authorized by laws and regulations to administrate public affairs must strictly abide by the *Anti-monopoly Law* in carrying out administrative acts relating to market players in platform economy sectors, and shall not abuse their administrative power to eliminate or restrict competition.

Secondly, the Guidelines lists the specific behaviors of the abuse of administrative power to eliminate or restrict competition. The Guidelines refines the specific manifestations of illegal conduct such as exclusive dealing, impeding the free movement of products, restricting bidding and tendering, restricting investment, forcibly implementing anti-competitive behavior, and formulating provisions with content which eliminates or restricts competition, which is conducive to enhancing the operability thereof.

Thirdly, the Guidelines specifies the content related to fair competition review. The Guidelines stipulates that the administrative rules, normative documents and other policy documents (or formulation of specific policy measures through the "Case-by-Case" approach) formulated by the administrative body and the organizations empowered by the relevant laws or regulations to administrate public affairs shall be subject to fair competition review.

Ⅲ. Anti-monopoly Guidelines on Active Pharmaceutical Ingredients Sector

In order to resolutely implement the decisions and plans made by the CPC Central

Committee and the State Council, strengthen anti-monopoly supervision in the APIs sector, prevent and curb monopolistic conducts, further clarify market competition rules, protect market competition in the APIs sector, and safeguard consumer welfare and public interests, the Anti-monopoly Commission of the State Council, in accordance with the *Anti-monopoly Law* and other applicable laws, has formulated the *Anti-monopoly Guidelines on Active Pharmaceutical Ingredients Sector* (hereinafter refer to as the *API Guidelines*), which was promulgated on 15 November 2021 for implementation. The *API Guidelines* focuses on the current development condition, market competition condition and characteristics of business activities in the API Sector in our country, and formulates regulatory rules concerning the API sector that are in line with the requirements of anti-monopoly practice at the current stage, on the basis of in-depth synthesis of experience in anti-monopoly law enforcement in the API sector since the implementation of the *Anti-monopoly Law*. The *API Guidelines*, comprised of 29 articles, mainly covers the following 5 aspects.

(Ⅰ) General Provisions

Firstly, this chapter specifies the purposes and basis of the *API Guidelines* and defines the relevant basic terms. Secondly, it stipulates that anti-monopoly law enforcement authorities, in carrying out anti-monopoly oversight in the API sector, should adhere to the regulatory principles of protecting fair market competition, achieving efficient regulation in a scientific manner and in accordance with the law, focusing on the protection of consumer interests and continuously strengthening legal deterrence. Thirdly, considering the wide coverage of industrial chain and the multiple business types in the API, this chapter gives detailed explanations on the approaches to defining the relevant product market and the relevant geographic market.

(Ⅱ) Monopoly Agreements

Firstly, this chapter analyzes the basic approach to anti-monopoly law enforcement against monopoly agreements, clarifies the forms of monopoly agreements, and explains other concerted conducts in detail. Secondly, in light of the characteristics of the API sector, it enumerates the common ways for undertakings to conclude and implement monopoly agreements and the considerations for law enforcement. It is clarified that the territorial restriction or customer restriction imposed by API undertakings on trading counterparties may constitute a vertical monopoly agreement, and the competitive harm of the vertical monopoly agreement is elaborated. Thirdly, it refines the analytical approach to the implementation of concerted conducts by undertakings. Fourthly, it's specified the specific forms of hub-and-spoke agreements and stipulates the analytical approach in applying the *Anti-monopoly Law*. Fifthly, it sets out in detail the exemption and leniency regime and provides for the regulation of industry associations.

(Ⅲ) Abuse of Dominant Market Position

Firstly, in consideration of the characteristics of the API sector, this chapter clarifies the basic approach of anti-monopoly law enforcement against the abuse of dominant market position and specifies the factors to be considered for finding or presuming the dominant market position of an undertaking, including the market share of the API undertaking, the competition condition of the relevant market, the actual production capacity and output of the API undertaking, the ability of the API undertaking to control the sales market or procurement market of API, the financial status and technical conditions of the API undertaking, the reliance of trade counter-parties on the API undertaking, the number of actual or potential trading counter-parties, and the countervailing power of the trade counter-parties against the API undertaking and the difficulty for other API undertakings to enter the relevant market, etc., and specifies the method for calculating market share. Secondly, this chapter endeavors to detail the common manifestations of abuse of dominant market position, including selling at unfairly high prices, refusal to deal, requiring a trading counterparty to only deal with itself, tying products, imposing unreasonable trading terms, discriminatory treatment, etc., provides for targeted responses to common monopolistic practices in the API Sector such as monopolistic price increase, sales control and supply outage, and repurchase of preparations, and enhances the operability of the legal system, and provides clear compliance guidance for market players. Thirdly, in consideration of the operational characteristics and law enforcement practice in the API Sector, it clarifies the approach and considerations in finding joint abuse of dominant market position.

(Ⅳ) Concentration of Undertakings

Firstly, it expressly stipulates that where the market scales of some types of API are relatively small and the annual turnover of undertakings concerned may not reach the notification threshold prescribed in the *Regulations of the State Council on the Filing Thresholds of Concentration of Undertakings,* but there is evidence showing that the concentration of undertakings has or may have the effect of eliminating or restricting competition, the anti-monopoly law enforcement authorities under the State Council should conduct investigations in accordance with the law. Secondly, if a concentration of undertakings falls under the aforesaid circumstance, undertakings in the API Sector are encouraged to hold consultations with the anti-monopoly law enforcement authority as soon as possible prior to the concentration.

(Ⅴ) Elimination or Restriction on Competition through Abuse of Administrative Power

It mainly specifies the forms of abuse of administrative power to eliminate or restrict competition in the API sector such as excluding dealing, impeding the free movement of products, restricting bidding and tendering, restricting investment or establishment branches, forcibly implementing anti-competitive behavior, and formulating provisions containing contents on eliminating or restricting competition, and clarifies that the rules, normative documents and other policy documents involving the economic activities of market players in the API sector shall be subject to fair competition reviews, so as to safeguard the national unified and broad market.

The *API Guidelines* further improves the rules of anti-monopoly regulatory system, and are conducive to enhancing the uniformity, scientificity and effectiveness of anti-monopoly law enforcement in the API sector and improving the predictability and transparency of law enforcement. Meanwhile, the *API Guidelines* also helps undertakings in the API sector to clarify the limits of their conducts, strengthen compliance and self-regulation, and reduce the risk of violation of laws.

Ⅳ. Overseas Anti-monopoly Compliance Guidelines for Enterprises

In November 2011, the SAMR issued the *Overseas Anti-monopoly Compliance Guidelines for Enterprises* (hereinafter referred to as the *Compliance Guidance*), for the purpose of encouraging compliance of the enterprises with the principle of fair competition, guiding the enterprises to improve their anti-monopoly compliance systems for overseas operations, strengthening the awareness of overseas anti-monopoly compliance, improving overseas anti-monopoly compliance management, preventing overseas anti-monopoly legal risks and ensuring the healthy development of the enterprises. Aiming to guide enterprises to prevent and respond to overseas anti-monopoly risks, the *Compliance Guidance*, which focuses on the current prominent problems of enterprises such as lack of legal awareness, lack of basic knowledge and inadequate protection measures, provides the system framework and basic requirements for enterprises to establish an overseas anti-monopoly compliance system and prevent risks in terms of general requirements, compliance management system, key points of compliance risks, and the management and prevention of compliance risks. The *Compliance Guidance* consists of 27 articles, mainly covering the following 5 aspects.

(Ⅰ) General Provisions

The General Provisions specifies the purpose and basis of the *Compliance Guidance* and clarifies the significance and scope of application of anti-monopoly compliance. It is emphasized that the *Anti-monopoly Law* is an important policy tool for market economy countries to regulate the economy. It is also stressed that strengthening the development of overseas anti-monopoly compliance will facilitate enterprises to identify, assess, manage and control various anti-monopoly legal risks. It is made clear that the *Compliance Guidance* is applicable to the Chinese enterprises conducting business outside China as well as the Chinese enterprises whose business activities in China may have an impact on the overseas market including any Chinese enterprise which engages in import and export trade, outbound investment, M&As, intellectual property transfer or licensing, and bidding and tendering and other foreign-related business operations.

(Ⅱ) Overseas Anti-monopoly Compliance Management System

Firstly, it is specified that an enterprise may develop its overseas anti-monopoly compliance system based on the scale of its overseas business operations, the major jurisdictions involved in its business operations, the features of relevant industries, market conditions and the legal risks to which its business operations are exposed, or may include the overseas anti-monopoly compliance requirements in its existing compliance system. Meanwhile, enterprises are reminded that the establishment and effective implementation of a sound compliance system may be taken as a basis for reduction of penalties on the violation of anti-monopoly penalties in certain jurisdictions. Secondly, enterprises, in particular large enterprises, are encouraged to establish their overseas anti-monopoly compliance management departments or positions or carry out special work on overseas anti-monopoly compliance management under existing compliance management system, and may make regular assessment of its overseas anti-monopoly compliance management system. Thirdly, the management duties in 7 aspects of oversea anti-monopoly compliance are specified, including providing compliance recommendations, formulating and updating compliance policies, reviewing and assessing compliance, carrying out compliance training, establishing a compliance reporting system, responding to compliance events and other compliance-related work. Fourthly, it encourages enterprises to establish an overseas anti-monopoly compliance commitment regime, specifying subjects of anti-monopoly compliance commitment and explaining the positive significance of the compliance commitment mechanism.

(Ⅲ) Focus of Overseas Anti-monopoly Compliance Risks

Firstly, it gives an overall introduction to the types of practices regulated by the *Anti-monopoly Law* in various jurisdictions, including monopoly agreements, abuse of dominant market position, concentration of undertakings that has or is likely to have the effect of eliminating or restricting competition, etc.; it describes in detail the basic concepts and specific forms of the conducts, and enumerates the evaluation factors and judgment basis in different jurisdictions; meanwhile, enterprises are reminded that they should, in light of the actual circumstances of relevant jurisdictions, pay close attention to the circumstances under special regulation, such as the prohibition of abuse of superior bargaining position, prohibition of cross directorship among the competitors and the regulation of administrative monopolistic conducts in certain jurisdictions. Secondly, it gives an introduction to the modes of oversea anti-monopoly investigations, specifying the general basis on which anti-monopoly law enforcement authorities conduct investigations, enumerating the investigation means adopted by anti-monopoly law enforcement authorities in most jurisdictions, introducing the concept of the investigation method of "dawn raids" and its implementation characteristics; summarizing the general provisions of various jurisdictions on enterprises' obligation to cooperate with anti-monopoly investigations, enumerating relevant obligations and the legal liabilities for failure to cooperate in investigations; the enterprises' rights in overseas anti-monopoly investigations are clarified, with a special note on the rights of presenting statements, explanations and defenses that enterprises are entitled to in different jurisdictions. Thirdly, it's clarified the risks in connection with anti-monopoly proceedings that enterprises may face overseas, and it enumerates the subjects and types of proceedings in different jurisdictions and highlights the serious adverse consequences faced by enterprises if they lose proceedings; enterprises are given guidance on establishing the mechanism for responding to legal risks and mitigating harm, and the exemption application regime, leniency regime, commitment regime and settlement regime in relevant jurisdictions are introduced. Fourthly, it introduces the possible administrative liability, civil liability and criminal liability arising from anti-competitive behaviors and elaborate on the manifestation and adverse consequences of different legal liabilities.

(Ⅳ) Management of Overseas Anti-monopoly Compliance Risk

Firstly, enterprises are encouraged to identify the major anti-monopoly risks they may encounter in light of the scale of its overseas business operations, the characteristics of the industry in which it conducts business operations, the market conditions, applicable anti-monopoly laws and regulations and law enforcement environment in the relevant jurisdictions, and the *Compliance Guidance* also elaborates in detail the manifestation of such relevant risks such as monopoly agreements, abuse of dominant market position and concentration of undertakings. Secondly, the *Compliance Guidance* points out that enterprises may establish risk assessment procedures and standards, highlights the evaluation subjects, evaluation contents, risk grades, etc., and enumerates several circumstances in which special evaluation may be conducted; it also reminds enterprises that they may carry out risk ratings and take risk management measures of different levels, depending on different employees' situations, in order to achieve more effective risk prevention and control results. Thirdly, enterprises are encouraged to establish a series of anti-monopoly compliance systems and mechanisms, including a compliance reporting mechanism, a compliance counseling mechanism and a compliance review mechanism. Meanwhile, the *Compliance Guidance* encourages enterprises to provide periodic training for overseas managerial staff and employees and lists the relevant contents that should be included in such training. Fourthly, the *Compliance Guidance* introduces other specific measures for preventing anti-monopoly risks, and gives enterprises reminders in connection with joining industry associations, attending relevant meetings, communicating with competitors, commercial cooperation and other aspects. In particular, it is pointed out that an enterprise with a relatively large market share may conduct *ex ante* risk assessment, so as to prevent potential risks.

(Ⅴ) Miscellaneous

The Miscellaneous provisions mainly clarify the effectiveness of the *Compliance Guidance*, emphasize that enterprises shall, in light of the requirements of the relevant jurisdiction on compliance system and whether the relevant conducts violate the anti-monopoly laws, establish anti-monopoly compliance system and carry out compliance work in a pertinent manner.

The formulation and issuance of the *Compliance Guidance* is an important measure for carrying out competition advocacy and is conducive to guiding enterprises to establish and strengthen oversea anti-monopoly compliance management systems and prevent legal risks. Meanwhile, it is also conducive to better understanding of international rules by enterprises, to protecting the legitimate rights and interests of themselves, and to further enhancing their international competitiveness.

Chapter Ⅵ

International Cooperation and Exchanges

Fair competition is the foundation and principle for the sound development of market economy, as well as an important foundation for the development of economic globalization in the direction of greater openness, inclusiveness, universal benefit, balance and win-win results. It was proposed at the Fifth Plenary Session of the 19th CPC Central Committee to "build a new system of open economy at a higher level and comprehensively improve the level of opening up". The *CPC Central Committee's Proposals for Formulating the "14th Five-Year Plan" for National Economic and Social Development and the Long-range Objectives through the Year 2035* clearly stipulates that it is imperative to strengthen the connectivity between policies and rules and promote the improvement of a more equitable and rational system for global economic governance. At present, our world is facing the combined impacts of momentous changes unseen in a century and the COVID-19 pandemic, which adds to the increasing instability and uncertainty facing the world economy, and predominantly highlights the significance of fair competition to economic development. In 2021, by overcoming the adverse impacts of COVID-19, the SAMR further deepened the cooperation and exchanges with enforcement authorities of other countries and regions, and actively participated in the governance of international competition via online meetings, remote meetings, etc., which fostered a market environment of fair competition for international economic and trade exchanges. In 2021, China's anti-monopoly law enforcement authorities organized more than 50 foreign affairs activities and participated in more than 20 exchanges of law enforcement, and achieved good results in international cooperation on anti-monopoly.

I. Successfully Holding the 7th BRICS International Competition Conference

From 16 to 17 November 2021, the 7th BRICS International Competition Conference (Conference), jointly hosted by the SAMR and the People's Government of Sichuan Province, was held successfully. Mr. Wang Yong, State Councilor and Chief of the State Council Anti-monopoly Commission, attended the Conference and delivered a speech in Beijing. 2021 marked the 15th anniversary of the establishment of the BRICS cooperation mechanism and the Conference is an important measure for the implementation of *New Delhi Declaration* adopted at the 13th BRICS Summit, and the second conference in China after a decade. The Conference was held in Beijing and Chengdu, with more than 2,000 guests from 36 countries and regions and 7 international organizations attending the Conference through online channel or on site, setting a record high number of participants.

At the opening session, Wang Yong, State Councilor and Chief of the State Council Anti-Monopoly Commission, pointed out that, the Chinese Government has been consistently attaching great importance to, and has been resolutely maintaining fair competition market environment. He also summarized the positive outcomes achieved in China in the implementation of strengthening anti-monopoly and fair competition policies, and proposed five initiatives, namely, strengthening the coordination and connection of competition policies, enhancing the cooperation on competition regulation and enforcement, innovating the concepts and methods of competition regulation, actively promoting a higher level of opening up, and promoting the improvement of international competition rules, which received positive responses from all sides. The Conference caused extensive reactions in China and abroad, and achieved positive effects, making it an international meeting to exhibit achievements, expand opening-up, promote development, advocate competition, deepen cooperation and enhance friendship.

Firstly, making overall planning for opening-up and development, and advocating the concept of competition. Under the theme of "Openness, Competition, Development", the Conference set up the following five sub-forums: fair competition and post-pandemic economic growth, international cooperation in tackling cross-border cartels, development of competition policies in the digital economic era, anti-monopoly and market-oriented reform, and competition policies in the context of economic globalization, which highlighted the significance of fair competition and high-level opening-up to high-quality development. The participants exchanged ideas, contributed wisdom, and reached mutual understandings on protecting fair market competition, enhancing coordination of competition policies, deepening cooperation on international law enforcement, and expanding opening-up, etc. The Conference fully demonstrated China's unswerving determination to comprehensively deepen the reform and expand opening-up, and put forward positive initiatives to promote open and innovative growth and make a contribution to the stable recovery of the world economy on the basis of fair competition.

Secondly, practicing multilateralism by comprehensively taking both domestic and international situations into consideration. During his important speech at the 13th BRICS Summit, President Xi Jinping stressed the need of practicing true multilateralism. During the Conference, the persons-in-charge of relevant competition authorities of BRICS countries, 12 ambassadors, public counselors and counselors from Russia, South Africa, Brazil and other countries, senior officials from the Anti-monopoly Commission of the State Council and the members of the Inter-ministerial Joint Conference for Fair Competition, relevant persons-in-charge from the Sichuan Provincial Party Committee and the People's Government of Sichuan Province, the representatives from the enterprises, relevant experts and scholars attended the conference on site, all expressing the good vision of maintaining the fair competition market environment, promoting the opening up and cooperation, and ensuring a high-quality development.

Thirdly, implementing the BRICS spirit with pragmatism and innovation. Economic cooperation is the foundation of the BRICS mechanism, and cooperation in the field of competition is an important part of economic cooperation. Under the principles of mutual respect, pragmatic cooperation, proactive action and joint development, the competition authorities of BRICS countries jointly formulated the *Chengdu Joint Statement of the Heads of BRICS Competition Authorities*, which fully embodies the BRICS spirit of openness, inclusiveness, cooperation and win-win. During the Conference, Gan Lin, Deputy Chief of the SAMR and Chief of the State Anti-monopoly Bureau had four online dialogues with the senior officials in charge of the competition authorities of other BRICS countries to exchange views on the latest progress of anti-monopoly legislation and law enforcement, strengthening anti-monopoly regulation of the digital economy, deepening bilateral cooperation on anti-monopoly, etc., which enabled the international cooperation on the competition with more in-depth substance, more diversified approaches, more optimized rules, and more practical measures.

Ⅱ. Further Deepening System-based Opening-up in the Competition Area

Firstly, coordinating and reinforcing cooperation on anti-monopoly with countries along the "Belt and Road" Initiative. Under the strategic deployment of the CPC Central Committee and the State Council, the SAMR actively promoted international exchanges and cooperation on competition with countries along the "Belt and Road" to foster a fair competition market environment for the economic and trade cooperation under the "Belt and Road" Initiative and promote the sound development of economic and trade relations between China and the countries along the "Belt and Road". In 2021, the SAMR signed memorandums of understanding with competition authorities of multiple countries or competition coordination agencies of international organizations along the "Belt and Road", such as Singapore, Pakistan and the Eurasian Economic Commission, which further deepened pragmatic cooperation on anti-monopoly case communication, information exchange, law enforcement cooperation and technical communication, and helped jointly enable a favorable international competition environment so as to be conducive to deepening international economic and trade ties. The SAMR translated and published the *Compilation of the Antitrust Laws of Belt and Road Countries*, which provided references for China's anti-monopoly law enforcement authorities to carry out international antitrust exchanges and cooperation with the countries along the "Belt and Road" and provided legal guidance for China's enterprises to carry out economic and trade activities in countries along the "Belt and Road".

Secondly, active involving in multilateral exchanges on anti-monopoly and formulation of international competition rules. The SAMR has been active in the exchange and cooperation through multilateral platforms in the area of competition, such as the United Nations Conference on Trade and Development (UNCTAD), the Asia-Pacific Economic Cooperation (APEC) and the Organization for Economic Cooperation and Development (OECD) to send China's voices and contribute China's wisdom. The SAMR participated in the discussion of "Tackling Cross-border Cartels" organized by a competition policy and antitrust working group of UNCTAD, attended the 19th session of Intergovernmental Group of Experts on Competition Law and Policy of UNCTAD, and expressed opinions on the "Competition Law, Policy and Regulation in the Digital Era". The SAMR, from China's perspective, issued opinions on the powers and duties of the APEC Competition Policy and Law Group and the change of the Coordinator, and attended the annual meeting of the Competition Policy and Law Group, sharing China's experiences on anti-monopoly legislation and law enforcement in digital market sectors. The SAMR also met with the representatives of the OECD in China and exchanged views on anti-monopoly law enforcement, international exchanges and cooperation, the implementation of competition policy, etc. The SAMR also attended the 11th Seoul International Competition Forum, the 20th German International Conference on Competition, and the North Asia Round-table Meeting of the Global Competition Review (GCR), where the SAMR promoted and introduced the achievements of China's anti-monopoly regulation over platform economy, and exchanged experiences in topics such as the implementation of the Competition Chapter of the *Regional Comprehensive Economic Partnership Agreement* (RCEP) and the respective roles of governments and enterprises in market competition.

Thirdly, fostering a fair competition environment for bilateral and multilateral trade and investment. The SAMR participated in the 8th Trade Policy Review of China of the World Trade Organization (WTO), in which, the SAMR introduced the achievements in China's anti-monopoly legislation and law enforcement, deliberated on the trade policies of other members, and facilitated other members to strengthen their anti-monopoly law enforcement. In order to promote trade and investment liberalization and facilitation and maintain fair competition in the international market, the SAMR actively strengthened its negotiations on anti-monopoly and competition policy issues in bilateral and multilateral free trade agreements. The SAMR made the preparations for the implementation of the Competition Chapter of the RCEP. The SAMR also actively studied the competition policies of the *Comprehensive and Progressive Agreement for Trans-Pacific Partnership* (CPTPP) and the *Digital Economy Partnership Agreement* (DEPA). The SAMR also reached an agreement on the competition policy and anti-monopoly issues in the free trade agreement between China and Norway, and actively advanced the negotiations of competition chapters in the free trade agreements between China, on the one hand, and Israel and Belarus on the other hand, respectively.

Ⅲ. Actively Carrying out Anti-monopoly Enforcement Cooperation, and Bilateral and Multilateral Exchanges

Firstly, having timely exchanges on legislation and enforcement updates. The SAMR held a video conference with the U.S. Federal Trade Commission and the Antitrust Division of the U.S. Department of Justice, held jointly with the Directorate-General for

Competition the 21st and 22nd EU-China Competition Weeks, communicating latest updates on anti-monopoly legislation and regulation of platform economy sectors and sharing useful experiences in competition regulation in the era of digital economy. The SAMR organized anti-monopoly law enforcement personnel of the market regulatory authorities to participate in the summer online antitrust courses of the College of Europe, which strengthened the competence of the anti-monopoly law enforcement team.

Secondly, continuously strengthening the communications and coordination of competition legal regimes. By virtue of the EU-China Competition Weeks, the SAMR and the Directorate-General for Competition exchanged experiences and practices with respect to relevant legal rules and their implementation concerning fair competition review and state aid review, which enhanced mutual understanding. The SAMR officials met with the fair-trade officer of the Embassy of the Republic of Korea and had in-depth exchanges on the cooperation between China and Korea in the field of anti-monopoly and the institutional setting of the Korea Fair Trade Commission. The SAMR held a video conference with the Hong Kong Competition Commission to have in-depth discussions on the *Anti-monopoly Guidelines on Platform Economy Sectors* issued by the State Council Anti-monopoly Commission and other related issues.

Thirdly, continuously strengthening enforcement cooperation in individual cases. In order to effectively promote the review of the concentration of undertakings in cross-border M&As, in 2021, the SAMR cooperated with the competition authorities of the United States, the EU and other jurisdictions in more than 20 cases, including Nvidia's acquisition of ARM, Danfoss's acquisition of certain businesses of Eaton, and other cases, which played a significant role in improving the quality and efficiency of the review of concentration of undertakings, and in jointly safeguarding the fair competition in the international market.

Chapter Ⅶ
Competition Advocacy

Ⅰ. Strengthening Anti-monopoly Publicity and Training

(Ⅰ) Enhancing the Awareness of Fair Competition of Enterprises by Using the Publicity of Cases as a Powerful Tool

In 2021, the SAMR timely released the penalty strengthening the interpretation of laws by cases, decisions on monopoly cases and the review decisions on concentration of undertakings, fostering an open and transparent, standardized and orderly, fair and efficient legal environment. The administrative penalty decisions on the cases such as the behavior of forcing "either-or" choices by platform enterprises, the conduct of conclusion of monopoly agreements by pharmaceutical enterprises, and the illegal concentration of undertakings by digital music platform explain in detail the investigated illegal facts, the analytical logic for determining the illegal conducts and the relevant evidence, so as to promote the enterprises to more accurately understand the practical requirements of the anti-monopoly laws and regulations and to enhance the awareness of fair competition. The SAMR promoted the public to understand and supervise anti-monopoly law enforcement, guided enterprises and administrative organs to perceive the boundary of application of laws and to consciously operate their business in compliance with laws.

(Ⅱ) Cultivating the Social Culture of Fair Competition under the Guidance of Authoritative Interpretation

In the interview with the American Bar Association, the SAMR expressed that China firmly attached great importance to the important role of fair competition in the recovery and growth of the economy after the COVID-19 pandemic, and shared the experiences and practices of the SAMR in building the anti-monopoly law enforcement systems at the central and local levels, improving the system of laws and rules, strengthening anti-monopoly law enforcement and giving play to the synergy of the systems. In the interview with the Discipline Inspection and Supervision Paper of China, the SAMR reviewed the historical evolution of the anti-monopoly law enforcement authorities, introduced the latest progress in enriching anti-monopoly regulatory force and enhancing regulatory authority, analyzed the main challenges in anti-monopoly regulation and law enforcement, and looked ahead to future work priorities. The SAMR timely responded to social concerns, widely advocated fair competition and cultivated the social culture of fair competition through continuous and authoritative interpretations.

(Ⅲ) Improving the Regulatory Efficiency and Impartiality of System with the Support of Special Training Sessions

The SAMR held training sessions for the anti-monopoly law enforcement personnel of the market regulation authorities nationwide. The training sessions focused on the education of anti-monopoly theories and legal awareness, international perspective, vision of overall situation and the improvement of basic quality and law enforcement capability, and were close to the daily work of the anti-monopoly enforcement personnel. 96 key law enforcement personnel from the administrations for market regulation in the provinces, autonomous regions and municipalities directly under the central government participated in the training sessions. The SAMR also held training sessions for key antitrust personnel, and for the first time invited officials of the anti-monopoly law enforcement authorities of the European Union, the United States and other countries and regions, and anti-monopoly experts in multinational enterprises and law firms to give remote video lectures. This was the first time since the establishment of the SAMR that intensive training sessions with high standard, long period, wide coverage and specific objectives were held. The training played a positive role in enhancing the capabilities of key antitrust personnel and expanding the international perspectives of anti-monopoly. National fair competition review work training sessions were held, which were attended by 100 key personnel of the relevant authorities from various regions, and comprehensive lectures on the *Outline of the 14th Five-Year Plan*, the theory of fair competition review system, and the advanced experiences in the fair competition review system in China and aboard were given. The fair competition review courses were included in the online training curriculum for principals of city and county-level bureaus formarket regulation and training curriculum for key antitrust personnel, and lecturers were assigned to give lectures at the fair competition review training sessions held in 11 provinces (autonomous regions, municipalities) including Beijing, Tianjin, Shanxi, Heilongjiang, Anhui, Hubei, Hunan, Guangdong, Guizhou, Gansu, and Xinjiang and at the Fair Competition Review Skills Competition of the Yangtze River Delta Region, and to introduce the latest requirements on the fair competition review system and its implementing rules, with more than 1,500 key personnel trained.

Ⅱ. Conducting Assessment for the Market Competition Conditions in Key Industries

(Ⅰ) Assessment of the Market Competition Conditions in Glass Market

The glass industry, also known as glass and glass products manufacturing industry, refers to the manufacturing of glass and glass products in any form, glass fiber and its products, as well as the reproduction of glass products using waste glass or waste glass fiber. According to the *Classification of National Economic Industries*, the glass industry is generally defined as glass manufacturing, glass product manufacturing, and glass fiber and glass fiber reinforced plastic product manufacturing. According to the production process and product form, glass is usually divided into two categories: flat glass and processed glass. Among which, the glass produced by the float process has become the mainstream product due to its unique quality, while the processed glass is relatively diverse, mainly including coated glass, tempered glass, laminated glass and insulating glass.

1. Industry Competition Status

Firstly, the market structure. With the development of science and technology and increased investment, China has gradually established a glass industrial system with relatively developed technology, comprehensive product variety, and complete industrial chain, but there is still a significant gap between China and the international advanced level. In terms of product structure, currently the production capacity of common float glass is excessive, but there exists a structural gap, and certain electronic glass, high-end architectural glass and other products still need to be imported. The level of deep processing needs to be improved, and a variety of processed glass products are still at the low end of the industrial chain and value chain with low added value. In terms of market characteristics, the contribution of scientific and technological innovation in the glass industry is relatively limited, innovative products are relatively rare; the technology levels are similar and competition of homogenous products is common; the manufacturing and processing enterprises are scattered across the country; the scale of enterprises is yet to be expanded and the market concentration is at a low level. The market competition is relatively fierce and sufficient. However, from the perspective of development of the whole industry, the glass industry in China is now entering a new stage of structural adjustment and technological innovation. It is imperative to further improve the product innovation capability and self-support capability and enhance the overall market competitiveness of China's glass industry through such means and methods as supply-side reform, optimizing industrial structure, promoting technological innovation and enhancing product quality, so as to enable markets related to the glass industry to present a high-quality competitive landscape.

Secondly, the industry management system. There are no industry administration laws or measures directly related to the glass industry in China, but there are threshold requirements and relevant standards in respect of energy conservation and environmental protection, elimination of laggard production capacity and resolution of overcapacity. At present, facing overcapacity and relatively laggard technique processes in the glass industry, China stresses the need to accelerate the establishment and improvement of market-led long-term mechanism to resolve overcapacity, leverage the means of marketization and rule of law, and promote the coordinated advancement of energy consumption, environmental protection, quality, safety and technical standards, so as to address the issues in the development of the glass industry such as mode transformation, structural adjustment, make up for weaknesses, promote the optimal integration and coordinated development of all segments of the industry chain, and enhance the overall development of the glass industry.

2. Assessment of Conduct of Monopoly Agreement

The technology innovation capability in relevant markets of the glass industry of China still has room for improvement, the technology levels are similar and competition of homogenous products is common, and the enterprises are not of scale and are scattered across the country. Therefore, it should be a market with low concentration and relatively sufficient competition. However, in recent years, the glass industry is facing actual challenges or potential risks of monopoly agreements due to the development of communication means such as online social platforms as well as the role of relevant associations. The industry associations may, through WeChat groups, meetings, initiations or notices, organize glass manufacturing and processing enterprises to increase price, limit production and even divide the market, eliminating or restricting competition in the relevant market. In 2021, the SAMR investigated in accordance with the law into the case of conclusion of suspected monopoly agreements by certain undertakings organized by the China Architectural Glass and Industrial Glass Association. The China Building Materials Council and the China Cement Association issued papers successively, requiring their members to learn from such misconducts and be strictly self-disciplined in accordance with the law. Various building materials enterprises swiftly conducted self-examination on their anti-monopoly compliance. The competition order in the industry is principally recovered.

3. Assessment of Conduct of Abuse of Dominant Market Position

The glass industry in China is relatively fragmented in structure, the number of relevant undertakings is large and their scale is relatively small, the concentration level of the relevant market is generally low, the substitutability of the products are strong, the market shares and market power of the glass industry are limited, the relevant enterprises are not able to conduct acts falling into the scope of abuse of dominant market position, and it would be even difficult to determine their dominant market position. However, it is noteworthy that with the further opening-up of China's glass industry and market, and the entry of relevant foreign glass enterprises and their products into the Chinese market, high-level market concentration and strong market power may emerge in certain segmented high-end product markets. In such circumstances, the abuse of dominant market position by undertakings may eliminate or restrict competition, harm the sound and orderly competition environment and impede the interests of consumers. Therefore, attention should be paid to the possibility and dynamics of the abuse of dominant market position related to certain glass product or market.

4. Assessment of Concentration of Undertakings

In recent years, there are cases of concentration of undertakings in the glass industry in China each year (on average, there are 4 cases of concentration of undertakings each year from 2014 to 2021), which include not only transactions involving asset restructuring or equity acquisition between domestic companies, but also investments in or acquisition of domestic glass companies by foreign companies through concentration. However, due to factors such as the market structure of the glass industry in China and the scale of glass enterprises, the majority of such concentrations are reviewed and approved as simple cases. Due to the objective factors such as the relatively small scale of glass companies, the generally laggard process technologies and the quality to be improved, China has taken a relatively open attitude towards investment or M&As in the glass industry and encouraged the integration of resources and adjustment of structure. However, with the increase of cases of concentration of undertakings and increased needs for industrial upgrading, close attention should be paid to the possibility of potential competition and the competitive landscape in the glass market during the review of concentration of undertakings in the glass industry.

5. Abuse of Administrative Power to Eliminate or Restrict Competition

The glass industry is not a regulated industry and its market is relatively open, the possibility of abuse of administrative power to eliminate or restrict competition is relatively low. However, it is noteworthy that the glass industry and relevant enterprises generally concern policies and regulations on energy conservation and environmental protection, safety supervision, employment, etc. In practice, it cannot be ruled out that local governments and their relevant functional departments may take measures to eliminate or restrict competition for the sake of economic and social development of the local area, which will undermine market competition and fair competition order and hinder the unified national market. Therefore, the abuse of administrative power to eliminate or restrict competition should not be ignored in the anti-monopoly regulation and law enforcement in relation to the glass industry.

6. Policy-related Suggestions

Firstly, the market concentration level in the glass industry in China is not high, and the enterprises are scattered and small in scale. Therefore, attention should be paid to the room made available by the industry associations to their members to conclude monopoly agreements and the possibility of abuse of dominant market position by relevant enterprises in the segmented high-end product markets. Secondly, the supervision over industry associations should be strengthened, the industry associations should be encouraged to strengthen their self-discipline, the awareness to the application scope and function of the *Anti-monopoly Law* should be promoted, and it should be emphasized that the industry associations should not engage in any monopoly activity prohibited by the *Anti-monopoly Law*. Thirdly, when promoting the industrial resources integration and industrial upgrading, it is necessary to pay attention to the coordination between competition policies and industrial policies, adhere to the fundamental position of competition policies, implement the fair competition review system, and regulate and control the abuse of administrative power to eliminate or restrict competition.

(Ⅱ) Assessment of the Market Competition Conditions in New Retail Format Market

New retail refers to a new retail model where the enterprises, by use of the Internet as tools and by utilizing big data, artificial intelligence and other advanced technologies, make digital upgrade and renovation of the production, distribution and sales of goods, the supply, capacity output and application of services to achieve efficient connection among, and rapid response of, the upstream, midstream and downstream industries, and achieve the effective integration of online and offline transactions, user experiences and services. Sound development of new retail format is of great significance to the consumption growth and the improvement of the internal circulation in China. New retail, derived from traditional retail, in essence, represents an upgrade and renovation of traditional retail, and is still in the process of rapid development and evolution. Certain business models which appear in the market are in the early stage of development of new retail format and are closely related to traditional retail or even compete fiercely with traditional retail, which mainly include the social communication e-commerce, cross-border e-commerce, live streaming e-commerce, quality goods e-commerce, community group purchase, fresh foods retail, online supermarket, online take-away platform, real-time delivery platform, unmanned retail, etc.

1. Industry competition status. Compared with the traditional retail industry, new retail enterprises not only focus on competition of overall scale, but also on the competition in user experience, with more diverse competitive elements and greater competitive intensity. However, the "winner takes all" is also likely to appear in the sector. New retail sector has become one of the most active sectors for the competition among the Internet giants. Attention should be paid to the high market shares of certain Internet platform operators in some sub-segments. In general, the market competition in the new retail industry has the following characteristics: firstly, the price competition remains fierce; secondly, the level of market concentration is increasing gradually, market entry and market exit are relatively frequent; thirdly, the introduction of technological elements makes the competition more innovation-driven; fourthly, the boundary of competition is becoming more and more unclear and cross-border competition is becoming more and more common.

2. The assessment of relevant conduct. In new retail industry, the behaviors of monopoly agreement such as algorithmic collusion, hub-and-spoke agreements, exclusive dealing, resale price maintenance agreements and MFN clauses will likely appear; in terms of the abuse of market dominant position, there are high risks of illegal behaviors such as forcing "either-or" choices, self-preference, compulsory data collection, and big data-based price discrimination, platform banning and low-price subsidies. In terms of the abuse of administrative power to eliminate or restrict competition, there is a high risk of the issuance the coupons and government subsidies to retail enterprises only via designated platforms. In terms of the concentrations of undertakings, illegal implementation of concentration of undertakings without notification pursuant to law is likely to occur. In addition, M&As of start-ups with innovative technologies may be very common in the industry, close attention should be paid to the risk of potential harm of such transaction to the competition and innovation.

3. Policy-related suggestions. In order to address the competition issues and regulatory challenges in the new retail industry, the institutional improvements should be made in many aspects. Firstly, in the era of digital economy, it is necessary to ensure the dynamic balancing between the multiple values and multiple interests under the *Anti-monopoly Law*. Secondly, taking into account the destructiveness and irreversibility of anti-competitive behaviors of the platform operators, the regulation of Internet platforms should be strengthened, the *ex-ante* supervision should be enhanced, and the effectiveness of supervision should be improved by flexible regulatory approaches and establishment of compliance system of the undertakings. Thirdly, in relevant cases of law enforcement in

new retail industry, the analysis of anti-competitive effects shall be enhanced and expanded, including the analysis of quality, data, privacy and attention dimension. Fourthly, the initiative should be taken to the anti-monopoly law enforcement in the M&As in new retail sector and the solution measures to killer acquisitions should be improved. Fifthly, in order to address the regulatory dilemmas brought about by non-transparency in technologies, it is necessary to introduce the supervision technologies driven by science and technologies and improve the capabilities for identifying and handling the anti-competitive behaviors in digital economy.

(Ⅲ) Assessment of the Market Competition Conditions in Petrochemical Industry

The petrochemical industry, or petrochemical for short, refers to the processing industry which produces the petroleum products and petrochemical products using the petroleum and natural gas as raw materials. The petrochemical industry generally comprises of three parts, namely the upstream exploration and production, midstream transportation and trading, and downstream refining and marketing.

1. Industry Competition Status

In terms of Market structure. From a general view of petrochemical industry, the upstream petroleum and natural gas production market is highly concentrated and basically highly monopolized. The midstream and downstream industries are highly market-oriented, the competition among the existing competitors is fierce, and potential market entrants will pose relatively small threats. This is mainly caused by structural barriers to market entry, including technical barrier, capital barrier, scale economy and scope economy barrier, policy barrier and resource barrier. In addition, the general and scaled policy guidance, the trend of refining-petrochemical integration and relatively low bargaining power of downstream users further increased the degree of concentration in petrochemical industry.

In terms of Industry management system. At present, China is constantly promoting the reform of the management system of its petrochemical industry. The development objectives put forward by Chinese government of enhancing the support to oil and gas production, accelerating industrial restructuring, enhancing the innovation capacity, enhancing the level of digitalization and intelligent development and improving the technological research and development capability will ensure the optimization of the upstream and downstream market structure of the industrial chain of China's petrochemical industry, making the Chinese players truly join the market competition of the global petrochemical industry, giving priority of the domestic economic cycle and making the domestic and international dual economic cycles to promote each other.

2. Assessment of Conduct of Monopoly Agreement

As the supply of some raw materials in China's petrochemical industry is relatively concentrated, the risk of horizontal monopoly agreements with price fixing is high during the process of exchanging sensitive information with the competitors in respect of the price, discount and cost, etc. In addition, the petrochemical products in China's petrochemical industry are generally sold through the distributors or agents, the vertical monopoly agreements between manufacturers and the agents which fixed the resale price are likely to be reached.

3. Assessment of Conduct of Abuse of Dominant Market Position

The conduct of abuse of dominant market position which may exist in petrochemical industry includes the refusal to deal, discriminatory treatments, unfairly excessive pricing and exclusive dealing.

Firstly, refusal to deal or discriminatory treatments. In the sector with relatively high entry barrier of petrochemical industry, it is likely that certain products are produced only by one or a limited number of undertakings, leading to competition condition of "one company dominating" the market. Major petrochemical companies with high degree of vertical integration generally conduct business operations and compete in different segments of process in the industry. In order to exclude the downstream competitors and eventually obtain a better position in another relevant market, it is possible that the vertically integrated major companies refuse to supply to downstream competitors or impose discriminatory treatment.

Secondly, unfairly excessive pricing. It is also possible that the vertically integrated major companies raise the prices offered to downstream companies to increase the cost of competitors. It may be difficult for a number of medium and small sized enterprises with smaller market shares to secure the supply of raw materials and other resources from upstream suppliers at a reasonable price. If a refining-petrochemical integrated company implements vertical input foreclosure, ceases or reduces the supply of raw material to downstream competitors, the cost for downstream competitors to obtain certain important raw materials will increase.

Thirdly, exclusive dealing. In petrochemical industry, the production of petrochemical products generally requires a huge amount of investment on large-scale production facilities, and most of petrochemical production facilities are specialized equipment and may be difficult to be used for the production of other products. Therefore, the production and sale of petrochemical products are generally based on a relatively stable demand-supply relationship. The production capacity and output of a petrochemical company largely depend on the business conditions of its long-term downstream customers, and the cooperation between a petrochemical company and its downstream customers is also relatively stable. In addition, raw materials necessary for the production of a petrochemical companies are generally sourced from its stable upstream suppliers, and a petrochemical company generally has a few options for oil and gas suppliers. Once the relationship between upstream and downstream players is established, the cooperative relationship is generally highly stable. Therefore, some undertakings with dominant market position may take advantages of such *de facto* exclusive or restricted transaction to force the counterparties to exclusively deal with itself or conduct restrictive transactions, which may be difficult to be identified.

4. Assessment of Concentration of Undertakings

In recent years, the concentration of undertakings in the petrochemical industry has witnessed accelerated M&As, and restructurings in the high-end petrochemical products sector, increased M&As due to the integration of the industry chain, as well as increasing exit pressure on certain petrochemical companies. In general, the concentration of undertakings in the petrochemical industry is becoming active and frequent. In terms of the types of concentrations, most of concentrations of undertakings in petrochemical industry involve horizontal mergers, while vertical M&As and joint control through joint ventures still exist. From the perspective of relevant product market, the concentration of undertakings was mostly implemented in the midstream and downstream sectors of petrochemical industry, and the market is segmented by main components, characteristics and uses of petrochemical products. From the perspective of relevant geographic market, in most cases, based on the analysis of the relationship among the geographical scope of the business operations of the undertakings involved, the use of the petrochemical products involved, transportation and sales barriers, the geographic market is mostly defined as worldwide or market within China.

During the process of review of a concentration of undertakings in petrochemical industry, the anti-monopoly law enforcement authorities generally consider the market share, level of market concentration, market power, industry characteristics, government policies and consumer's choices, etc. If it is found after review that the concentration may give the parties involved the market advantages or leading positions, and may have adverse effect on the competition in petrochemical market or lead to price increase of petroleum products, the anti-monopoly law enforcement authorities will consider granting the approval with restrictive conditions, and the remedial measures include three means: structural, behavioral and hybrid restrictive conditions.

5. Assessment of Conduct of Abuse of Administrative Power to Eliminate or Restrict Competition

Petrochemical industry is one of the foundational industries for the operation of economy, and its development is to a great extent affected by industrial policies. Therefore, non-market related administrative factors will have a material impact on the competition in the industry. Attention should be paid to two aspects. Firstly, in order to protect local petrochemical companies, local governments may set unreasonable entry barriers to obstruct the access of petrochemical products from other regions. Secondly, due to the high environmental protection requirements in the petrochemical industry, relevant government departments may set up different environmental protection barriers to prevent the access of new entrants, or set up unreasonable administrative barriers in relevant markets on environmental protection assessment and environmental protection equipment.

6. Policy-related Suggestions

Firstly, efforts should be made to encourage fair competition among the state-owned, private and foreign-invested enterprises to stimulate the competition vitality, fostering a sound competition environment for petrochemical companies to improve the welfare of upstream and downstream undertakings and end consumers. Secondly, the barriers to market entry and exit should be reduced. The overall planning and regulation of the petrochemical industry should be strengthened, the degree of opening up to foreign investments should be increased, and more competitive petrochemical companies of higher technical level should be introduced to compete with local companies fairly. Thirdly, local protection policies in the petrochemical industry should be cleaned up gradually, a fair competition review system should be fully implemented, and local protection and selective law enforcement in the environmental protection law enforcement should be eliminated. Fourthly, efforts should be made on the anti-monopoly law enforcement, close attention should be paid to concealed monopoly agreements, and efforts should be made to guard against the abusive behaviors of dominant market positions including monopoly pricing, predatory pricing, tie-in sale and imposing unreasonable trading conditions, refusal to deal and discriminatory treatment, etc.

Ⅲ. Strengthening the Compliance Construction of the Enterprises

(Ⅰ) Promoting the Reform by Case Studies, and Assigning and Fixing the Responsibilities of the Enterprises for Compliance

In accordance with the Law on Administrative Penalties and by adhering to the principle of combining penalties with education, in addition to the issuance of administrative penalties on Alibaba Group, an Administrative Guidance Letter has been issued, requiring it to conduct comprehensive rectification by focusing on 16 items in 5 aspects, namely, strictly fulfilling the responsibilities as a platform operator, strengthening internal control and compliance management, maintaining fair competition and protecting the legitimate rights and interests of undertakings and consumers on the platform, and requiring it to submit self-examination and compliance reports to the SAMR for three consecutive years. In relation to Meituan, in addition to the imposition of administrative penalties, an Administrative Guidance Letter has been issued, requiring it to conduct comprehensive rectification on the improvement of the commission charging mechanism and algorithm rules, protecting the legitimate rights and interests of small and medium-sized catering businesses on the platform and strengthening the protection of the legitimate rights and interests of takeout riders.

(Ⅱ) Working Together to Strengthen *Ex Ante* Guidance on Compliance by Enterprises

By making comprehensive use of applicable laws and regulations on anti-monopoly, anti-unfair competition, price and advertising, the tools such as rules and administrative guidance, interview and warning, and follow-up law enforcement, the SAMR made great efforts on guiding the enterprises to consciously strengthen the self-regulation of their business conducts. Jointly with the Office of the Central Cyberspace Affairs Commission and the State Taxation Administration of The People's Republic of China, the SAMR held an administrative guidance meeting attended by 34 leading platform operators to comprehensively regulate the competition order of platform economy based on "one list for one enterprise". The SAMR guided its local counterparts in Guangdong, Beijing, Zhejiang and other provinces to urge the internet platform operators within their respective jurisdictions to conduct comprehensive self-inspection and self-correction, carry out overall internal inspection, transform the regulatory requirements into their ideological guidelines and code of conduct, strengthen the internal compliance from the perspective of anti-monopoly and anti-unfair competition, and accelerate their compliant and healthy development.

(Ⅲ) Taking Multiple Targeted Measures to Address the Difficult Issues of the Enterprises on Compliance

On the basis of law enforcement practices in China and by reference to the practices of other countries (regions), the SAMR formulated the *Anti-monopoly Compliance Guidelines for Undertakings*, which provides systematic guidance on the anti-monopoly compliance by the undertakings from multiple perspectives such as reminding the undertakings of anti-monopoly compliance risks, guiding the undertakings to establish and improve compliance management systems, and strengthening compliance risk management and compliance management guarantee, sets out the basic requirements for, and key processes of, anti-monopoly compliance management of the undertakings from the perspective of compliance management culture, system development and risk management, clarifies the boundaries and bottom line of the conducts of the undertakings, and gives effective response to, and precise guidance on, the issues and challenges encountered in the compliance work. In addition, the SAMR organized the production of anti-monopoly compliance promotional videos, which analyzed major compliance risks and major issues in compliance management in the scenarios of business operations of the undertakings, and precisely addressed the issues that may be encountered by the undertaking in their anti-monopoly compliance.

Chapter Ⅷ

Local Anti-monopoly Work

Beijing Municipality

Ⅰ. Actively Intensifying Efforts in Anti-monopoly Law Enforcement in the Sectors Concerning People's Livelihood

Aiming at maintaining fair market competition and safeguarding consumers' benefits, the Beijing AMR solidly proceeded with the anti-monopoly law enforcement work in various sectors including education and training, healthcare and pharmaceuticals and public utilities, with focus on the hot-spot issues concerning people's livelihood and the key development issues. In 2021, the Beijing AMR concluded 5 anti-monopoly cases, imposed administrative penalties in an aggregate amount of over RMB 6.45 million, accepted 5 more new cases, and verified 39 clues on alleged monopoly practices.

Ⅱ. Strengthening the Guidance and Regulating the Competition Order in Platform Economy Sector

By promulgating the *Guidelines of Beijing Municipality for Anti-monopoly Compliance on Platform Economy Sectors*, the Beijing AMR led enterprises to establish and strengthen their own management systems of anti-monopoly compliance, so as to guarantee the sustainable, sound and orderly development of enterprises. Moreover, the Beijing AMR instructed 17 platform enterprises including Meituan to launch self-inspections and assessed results of the self-rectifications conducted by these enterprises. By employing a combination of multiple means such as interviews and rectifications under guidance, the Beijing AMR identified and intervened with the potential, and tendentious issues with certain platform enterprises at the early stage. In addition, the Beijing AMR also led over 40 platform enterprises to carry out anti-monopoly compliance training, effectively regulating the operating activities of these enterprises.

Ⅲ. Vigorously Promoting Fair Competition Review and Facilitating Optimization of Business Environment

The Beijing AMR advanced in clean-up of existing policies and measures and review of newly issued ones in an orderly manner. A total of 3,665 policies and measures were reviewed, among which, 38 documents were re-issued after review and revision, and 8 pieces were repealed. Meanwhile, efforts in sampling inspection were also boosted, with 1,312 documents reviewed and 39 proposals on rectifications prepared and circulated with respect to 54 problematic documents.

Ⅳ. Exploring and Improving Cross-Regional Cooperation in Law Enforcement and Structuring Beijing-Tianjin-Hebei Cross-Regional Review Cooperation

The Beijing AMR executed the *Beijing-Tianjin-Hebei Cooperation Agreement Regarding Anti-monopoly Law Enforcement and Fair Competition Review*, developed the *2021 Beijing-Tianjin-Hebei Working Proposal for Sampling Inspection of Market Regulation Policies and Measures*, and conducted special training for anti-monopoly law enforcement personnel in Beijing, Tianjin and Hebei.

Tianjin Municipality

Ⅰ. Entering into a New Stage in the Full Implementation of the Fair Competition Review System by Five "Strive-to"

Firstly, striving to enhance the efficacy of overall planning and promotion of fair competition review. The Tianjin AMR made prompt adjustments to the appointment of conveners of fair competition review joint meetings at municipal and district levels, the positions of which were served by government leaders in charge of fair competition review at the respective levels. Across the municipality, a total of 1,230 newly issued policies and measures were reviewed, and 50 existing documents were commented and subject to clean-up, 4 of which were repealed or amended.

Secondly, striving to improve the authority and scientificity of the fair competition review system. The Tianjin AMR included the results in fair competition review in the performance evaluation system of government agencies at municipal level and launched pilot projects of third-party evaluation on implementation of fair competition review system by certain district-level governments and the municipal government agencies, effectively improving the scientificity of fair competition review.

Thirdly, striving to advance the standardization of fair competition review. The Tianjin AMR printed and circulated the *Guiding Manual of Standard Fair Competition Review of Tianjin Municipality*, enabling the embedding of fair competition review system in the documentation system. As a result, initial achievements have been made in the standardization of fair competition review.

Fourthly, striving to amplify the influence of fair competition review. The Tianjin AMR held 16 special training sessions on fair competition review across the municipality, with over 1,200 people participating in the training and full coverage of all districts, sub-districts and towns.

Fifthly, striving to deepen the advantages in cross-regional cooperation of Beijing, Tianjin and Hebei. The Tianjin AMR facilitated the development and execution of the *Beijing-Tianjin-Hebei Cooperation Agreement Regarding Anti-monopoly Law Enforcement and Fair Competition Review*, and jointly implemented the cross-assessment of fair competition review work in Beijing, Tianjin and Hebei, enabling the circulation and mutual recognition of cross-assessment results.

Ⅱ. Achieving Breakthroughs in Anti-monopoly Law Enforcement with "Three Endeavors"

Firstly, intensifying efforts in anti-monopoly law enforcement in the sectors concerning people's livelihood. The Tianjin AMR investigated into and handled the horizontal monopoly agreement case involving, among others, Tianjin Tianyao Pharmaceuticals Co., Ltd. for fixing and adjusting the prices of several key APIs, leading to a fine of RMB 50.7782 million in total.

Secondly, fully cooperating with investigation and handling of major and key monopoly cases of nationwide scale. The Tianjin AMR participated in the whole process of the SAMR's investigation and handling of Alibaba's abuse of dominant market position case, accumulating valuable experiences in enforcement of the *Anti-monopoly Law* in platform economy sectors.

Thirdly, strongly advocating the fair competition. The Tianjin AMR formulated and issued the *Guidelines of Tianjin Municipality for Anti-monopoly Compliance*, and further enhanced publicity of the *Anti-monopoly Law*, effectively providing guidance for the business activities of market players. The Tianjin AMR entered into a strategic cooperation agreement with the Competition Law Research Center of Nankai University, according to which, the first competition policy innovation lab in China was established to conduct studies on competition policies innovation and strengthen theoretical support for competition policy.

Hebei Province

Ⅰ. Attaching High Importance to the Enforcement of Competition Policies

The Commission of the Hebei Provincial Party Committee for Deepening Overall Reform successively held two special meetings to study and deploy relevant work to formulate the *Several Measures for Strengthening Anti-monopoly and Further Promoting the Implementation of Fair Competition*. In addition, government authorities at all levels had anti-monopoly factored in the stipulation of policies and measures concerning the economic activities of market players, promoting the formation of a high-standard fair competition order through formulation of relevant systems and mechanisms.

Ⅱ. Intensifying Anti-monopoly Regulation over Key Industries

With focus on public utilities and platform economy sectors, the Hebei AMR organized and conducted certain special law enforcement campaigns. The market regulation authorities at all levels across the province held 4,119 presentation sessions for public utilities enterprises, provided administrative guidance in 1,527 events, organized 4,635 self-inspections by various industries, and launched inspections over 2,190 enterprises. As a result, the anti-monopoly awareness across the province was significantly raised. Meanwhile, by focusing on anti-competitive practices such as exclusive dealings and impeding free flow of elements of production, the Hebei AMR accepted for investigation into the case of abuse of administrative power to eliminate or restrict competition in the shared electric bicycle market by Cangzhou Urban Management and Law Enforcement Bureau, maintaining market competition order.

Ⅲ. Fully Implementing the Fair Competition Review System

By giving full play to the leading role of the general office of the provincial-level fair competition review joint meeting, the Hebei AMR formulated and issued the *Methods of Hebei Province for Handling Complaints and Reports on Fair Competition Review*, the *Methods of Hebei Province for Joint Review of Policies and Measures Subject to Fair Competition Review*, and the *Methods of Hebei Province for Sampling Inspection of Policies and Measures Subject to Fair Competition Review*, effectively improving the standardization of the fair competition review work. Across the province, 4,177 newly issued policies and measures were reviewed, 38 pieces were amended or adjusted, 21,475 policies and measures concerning the economic activities of market players were cleaned up and 222 pieces were repealed. As a result, the government's administrative activities were effectively regulated.

Ⅳ. Improving Competition Governance Capabilities

The Hebei AMR established a pool of talents and experts on anti-monopoly and anti-unfair competition law enforcement, and entered into the *Framework Agreement for Beijing-Tianjin-Hebei Cooperation in Market Regulation Law Enforcement* and the *Beijing-Tianjin-Hebei Cooperation Agreement Regarding Anti-monopoly Law Enforcement and Fair Competition Review*. The Hebei AMR also held several press conferences regarding anti-monopoly and anti-unfair competition law enforcement, where relevant typical cases were released, effectively deterring further violations.

Shanxi Province

Ⅰ. Intensifying Anti-monopoly Law Enforcement in the Sectors with Social Attention and Concerning People's Livelihood

The Shanxi AMR accepted for investigation into the case of Shanxi Association of Engineering Consultants and its 175 member enterprises allegedly concluding a monopolistic agreement, the case of 7 motor vehicle testing companies including Shuozhou Lantian Motor Vehicle Testing Co., Ltd., allegedly fixing price and reaching a monopoly agreement and the case of Datong China Resources Gas Co., Ltd. allegedly abusing its dominant market position in the process of pipeline gas installation projects within planned building areas and households. The Shanxi AMR also completed 7 verification assignments delegated by the SAMR and transferred by AMRs of other provinces. In addition, the Shanxi AMR formulated and issued the *Guidelines of Shanxi Province for Anti-monopoly Compliance of Undertakings*, providing guidance to undertakings on development and reinforcement of anti-monopoly compliance management systems, preventing legal risks concerning monopolies, and ensuring the sustainable and healthy development of enterprises.

Ⅱ. Advancing Implementation of Fair Competition Review with Focus on Relevant Policies and Measures

In 2021, a total of 12,419 existing policy documents were reviewed across the province, among which, 428 pieces were repealed and 252 pieces were amended or adjusted; Fair competition review were conducted with respect to 17,108 policies and measures concerning economic activities of market players, the general offices of the fair competition review joint meetings at all levels conducted sampling inspection on over 3,600 documents, urging rectifications with respect to 136 pieces. The general offices of the provincial-level fair competition review joint meeting, in coordination with the relevant authorities, provided face-to-face guidance during the process of verification of supporting materials and spot check of documents. 360 documents went through sampling inspection, and onsite exchanges of opinions were conducted with respect to 86 questionable documents. Training on practices of fair competition review were conducted with more than 3,000 people trained, significantly improving fair competition review capabilities.

Inner Mongolia Autonomous Region

I. Solidly Advancing the Full Implementation of Fair Competition Review System

Firstly, the Inner Mongolia AMR printed and circulated the *Notice on Implementation of the Detailed Rules for Implementation of the Fair Competition Review System*, requiring the general offices of fair competition review joint meetings at all levels to print and publish the *Sample Checking System of Policy Measures for Fair Competition Review Work in Inner Mongolia Autonomous Region (for Trial Implementation) and Clean-up System of Stock Policy Measures for Fair Competition Review Work in Inner Mongolia Autonomous Region (for Trial Implementation)* in accordance with the aforesaid *Detailed Rules for Implementation*, so as to pursue coordinated progress in orderly implementation of fair competition review system in Inner Mongolia. **Secondly**, the Inner Mongolia AMR issued the *Guidelines for Third-party Evaluation of Fair Competition Review*, providing more detailed and practical guidelines in both procedural and substantive aspects for third-party evaluations. **Thirdly**, the Inner Mongolia AMR included the sampling inspection of fair competition review into the work plan for government supervision and inspection to strengthen the hard constraints on the system. In aggregate, 215 documents went through sampling inspection, among which, 5 pieces were found to be in suspected violation of the requirements for fair competition review, pending verification with their agencies.

Ⅱ. Improving the Anti-monopoly Law Enforcement Method and Structuring a Unified, Coordinated and Effective Law Enforcement System across the Region

The Inner Mongolia AMR printed and circulated the *Guidelines for Anti-monopoly Work of the Inner Mongolia Autonomous Region*, providing guidelines with respect to the approaches to and directions on delegated investigations into clues on monopoly cases by lower-level market regulation authorities, and further improving the anti-monopoly law enforcement mechanism featuring unified command and control by the regional AMR and effective coordination by local counterparts. In accordance with the commission of the SAMA, the Inner Mongolia AMR completed the investigation of relevant cases and cooperated with sister provinces and municipalities to carry out investigation on anti-monopoly case clues, held a business training course on competition enforcement and fair competition review at Peking University, with around 100 people from the backbone of law enforcement business of market supervision departments in the region and members of the inter-departmental joint meeting on fair competition review in the autonomous region attended.

Ⅲ. Committed to Advocating for Competition and Fostering Competition Culture

The Inner Mongolia AMR printed and circulated the *Notice on Strengthening Dissemination of Competition Policies*, expressly requiring the market regulation authorities and general offices of fair competition review joint meetings at all levels to further the dissemination of competition policies in daily work. the Inner Mongolia AMR set up a competition policy publicity team to provide effective support for local dissemination activities and held a number of presentation events on competition policies at communities with 3,000 people trained.

Liaoning Province

Ⅰ. Continuously Intensifying Efforts in Anti-monopoly Law Enforcement in the Sectors Concerning People's Livelihood

The Liaoning AMR organized provincial and municipal anti-monopoly enforcement team to investigate 3 agencies and 9 merchants within the platform of Meituan Shenyang (directly operated), Anshan (directly operated) and Shenyang Liaocheng (agency), with a total of 12 undertakings and completed the investigation on the case of a pharmaceutical enterprise engaging in abuse of dominant market position by charging unfairly high drug prices and the case of a gas company allegedly engaging in abuse of dominant market position by exclusive dealings. The Liaoning AMR also cooperated with the SAMR to organize a supplementary investigation on the suspected monopoly case of a number of glass enterprises of China Construction Glass and Industrial Glass Association and went to Wuhan to carry out an investigation on the anti-monopoly case of an API manufacturer.

Ⅱ. Strengthening Efforts in Investigation on Administrative Monopoly Cases

The Liaoning AMR delegated 6 city-level AMRs to investigate the policies and measures concerning "integration of multiple surveys", facilitating the natural resource authorities to voluntarily repeal relevant documents or to amend unreasonable policies. In addition, the Liaoning AMR also investigated into the allegations contained in a joint report of several official seal engraving enterprises in one city, which claimed that the Bureaus of Business Environment Construction of 5 districts' abuse of administrative power to eliminate or restrict competition.

Ⅲ. Launching the "Source Clean-up" Special Anti-monopoly Campaign

The Liaoning AMR led the government agencies directly subordinate to the provincial government to review a total of 1,013 policies and measures concerning market players, cleaning up 241 policies and measures impeding the unified market and fair competition. At the city level, the government departments reviewed 49,662 policies and measures concerning market players, among which, 1429 policies and measures impeding the unified market and fair competition were cleaned up.

Ⅳ. Actively Advancing Advocacy of Competition Culture

The fair competition review joint meetings at all levels intensified their efforts in dissemination and training by various means, such as setup of WeChat account specially for review affairs, so as to vigorously promote fair competition culture and create a sound social environment for fair competition. In addition, the Liaoning AMR also strengthened efforts in training on fair competition review and provided training for 5 city governments and 7 governmental agencies directly subordinate to the provincial government, with over 1,000 people trained, laying solid foundation for creating a good social atmosphere of fair competition.

Jilin Province

Ⅰ. Intensifying Efforts in Fair Competition Review and Deepening Implementation of Fair Competition Policies

Across the province, a total of 5,527 newly issued documents and 4,344 existing documents went through fair competition review. 67 documents in violation of the review standards were amended or repealed.

Firstly, the Jilin AMR elevated and expanded the fair competition review joint meeting. The General Office of the Provincial Government of Jilin adjusted the composition of the joint meeting, where the position of joint meeting convener was taken by a higher rank official, the vice province governor in charge of fair competition review, and membership was expanded from 25 to 42 major provincial-level policy-making authorities. Subsequently, local elevation and expansion efforts were taken by reference to the mode adopted at provincial level. Currently, several cities, including Changchun, Jilin, Tonghua and Baishan, have already completed the elevation and expansion of their respective fair competition review joint meetings. Secondly, the Jilin AMR diversified forms of sampling inspection. Online sampling inspections were conducted on documents issued in 2021, while on-site samplings inspections were also carried out with emphasis on documents concerning the sectors of development and reform, finance, household and construction, education and food. As for documents issued in the recent 3 years, comprehensive sampling inspections were conducted in combination of the third-party evaluation mechanism. In the whole year, over ten thousand of policies and measures concerning economic activities of market players went through sampling inspection, and the government agencies responsible for the documents found to be in violation of review standards were instructed to make rectifications accordingly. Thirdly, the Jilin AMR included the fair competition review performance in all performance assessment systems as required. It included requirements on fair competition review system into the government performance assessment system, the business environment assessment index system and the full-caliber assessment system for quality work evaluation of prefecture-level people's governments.

Ⅱ. Intensifying Law Enforcement and Case Handling and Ensuring Fair Competition of Market Players

The Jilin AMR focused on the key sectors concerning people's livelihood and business environment, intensified efforts put into law enforcement on abuse of administrative power to eliminate or restrict competition, with 20 administrative monopoly cases inspected, 2 cases investigated, and 4 cases rectified. The Jilin AMR investigated 1 case involving execution and implementation of monopoly agreement and 2 cases of abuse of dominant market position, maintaining a fair and competitive market environment.

Ⅲ. Intensifying Advocacy for Competition, Fostering and Promoting Fair Competition Culture

The Jilin AMR held various anti-monopoly practice training sessions in 2021, with 14,000 people trained across the province in total. As a result, the fair competition philosophy has been increasingly deeply rooted among relevant government departments. The fair competition philosophy was communicated and promoted in over 100 occasions via various media outlets such as the SAMR's official website, the front page of China Market Regulatory News, Jilin TV and the front page of Jilin Daily. The Jilin AMR provided anti-monopoly advice to a number of major enterprises at the "Enterprise Service Week" event and held administrative guidance meetings for enterprises in collaboration with the Internet Information Office of Jilin Provincial Party Committee. Accordingly, the representatives of 26 platform enterprises jointly executed the *Proposal on Law-abiding and Compliant Operation by Internet Platform Operators in Jilin Province*. The enterprises' awareness of fair competition was continuously improved.

Ⅳ. Intensifying System Innovations and Improving Efficiency of Anti-monopoly Regulation

The Jilin AMR engaged the Jilin University to conduct third-party evaluation on the fair competition review efforts across the province, where all the policies and measures issued by 419 city and county-level policy-making authorities in the recent three years went through a comprehensive and thorough assessment, findings of which were circulated to improve application of best practices. The Jilin AMR recruited anti-monopoly experts from society to form an expert pool, formulated the *System for Consultation with Anti-monopoly Expert of Jilin Province* and solicited intellectual support from experts in consultations.

Heilongjiang Province

Ⅰ. Taking Multiple Measures to Fully Advance the Effective Implementation of the Fair Competition Review System

Firstly, the Heilongjiang AMR carried out the pilot project featuring "unified review by specific authority". The pilot project was carried out simultaneously by the people's governments at provincial, municipal and county levels, to solve the practical problems of the inconsistency of self-review and poor review quality. Secondly, the Heilongjiang AMR implemented the system of joint review of major policies and measures. The joint review opinions were issued on 31 policy measures to be promulgated in the name of provincial government and 117 policy measures to be published in the name of municipal (regional) governments. Thirdly, the Heilongjiang AMR continuously carried out the clean-up of existing policy measures and reviewing of the newly issued policy measures. Around 4,231 existing policy measures prior to 31 December 2020 have been cleaned up and 263 measures were abolished. About 5,277 policy measures newly issued from January to October 2021 were reviewed and 15 policy measures were modified or adjusted. Fourthly, the Heilongjiang AMR reinforced the mandatory effect of supervision. With the implementation of fair competition review system subject to the supervision, inspection and assessment by the provincial committee in 2021, the Heilongjiang AMR printed and circulated the plan for supervision, inspection and assessment, and carried out comprehensive self-inspection, online cross-examination and onsite supervision and inspection.

Ⅱ. Enhancing the Anti-monopoly Law Enforcement with Focus on Key Fields

The Heilongjiang AMR investigated 15 suspected monopoly cases in key fields such as gas pipeline installation and shared bicycles and concluded 3 monopoly cases. As delegated by SAMR, the Heilongjiang AMR investigated those suspected monopoly cases involving China Architectural and Industrial Glass Association. The Heilongjiang AMR convened administrative advisory meetings to urge the provincial plant protection station to timely rectify the unreasonable threshold set in its tender notice, raising the awareness of fair competition in the relevant departments.

Ⅲ. Strengthening Publicity and Training to Comprehensively Raise the Awareness on Anti-monopoly and Fair Competition Review

A total of 18 news pieces have been published in media such as Heilongjiang Daily News, Weibo, and Kuaishou with 560,000 playbacks, to publicize the anti-monopoly work and fair competition review as well as the relevant policies. Three sessions of anti-monopoly and fair competition review training have been held by means of expert lecture, penal discussion and in-house training, which comprehensively enhanced the level of anti-monopoly and fair competition review capabilities.

Shanghai Municipality

Ⅰ. Achieving New Progress in the Pilot Program of Strengthening the Implementation of Competition Policies and Promoting the Institution-based Opening up

The mechanism of centralized fair competition review on the policy measures in Lingang Special Area has been set up and a total of 149 existing policy documents and 6 newly issued policy measures published by the Administration Commission of Lingang Special Area have gone through centralized review. The pilot work on the construction of enterprise competition compliance management system was carried out, the pilot assessment of the competition situation in the Yangtze River Delta region was explored and the construction of a fair competition sub-index system for the business environment was explored to benchmark RCEP, CPTPP and other international economic and trade rules, The *Trial Measures for Handling Fair Competition Review Reports* was issued, and a green channel for complaints and reports was established and information was made public. The Shanghai AMR continued to build the brand of "Competition Classroom" and strengthen the training on competition law compliance for different types of market players.

Ⅱ. Achieving New Progress in the Anti-monopoly Law Enforcement to Generate Momentum of High-quality Development

The Shanghai AMR investigated and handled in accordance with law the case concerning abuse of dominant market position to force in-platform operators to make "either-or" choices by Shanghai Sherpa's Trade Development Co., Ltd., organized inspections and assessment on the rectifications made by 9 platform enterprises in Shanghai and put forward guidance opinions on such rectification. The Shanghai AMR also issued an administrative sanction decision against Nanjing Ningwei Pharmaceutical Co., Ltd. for its abuse of dominant market position in the sale of PAM-Cl API. and cooperated with the SAMR to investigate and handle several cases involving Alibaba, Meituan, Glass Industry Association, Simcere Pharmaceutical, and Yangtze River Pharmaceutical.

Ⅲ. The Fair Competition Review Marching into a New Stage to Promote the Realization of Smooth Circulation of Economy

The Shanghai AMR organized the Municipal Joint Conference for Fair Competition Review to hold its plenary sessions, required the policy formulating authorities in Shanghai to conduct self-inspection on 802 regulatory documents issued in recent two years, and randomly selected 114 regulatory documents for inspection. The system of three-level check on the fair competition review concerning municipal policy documents was implemented, under which, 25 policy measures have been reviewed. The third-party evaluation was conducted. The Shanghai AMR also conducted operational training on fair competition review and organized the "Contest on Fair Competition Review Expertise in Yangtze River Delta Region". Furthermore, the Shanghai AMR carried out inspections on the implementation of fair competition review system by various regions and incorporated the work of fair competition review into the construction of rule-of-law government subject to onsite supervision and inspection.

Jiangsu Province

Ⅰ. Focusing on Crucial Sectors and Key Responsibility, Clenched the "Hard Fist" of Law Enforcement and Case Handling

The Jiangsu AMR respectively imposed a fine of RMB 40.4422 million against the monopoly case of Yixing Hong Kong and China Gas Co., Ltd. and a fine of RMB 16.8842 million against the monopoly case of camphor API. The Jiangsu AMR has verified the clues for over 20 administrative monopoly cases, urged and supervised rectifications in 5 cases involving anti-competitive behaviors of eliminating or restricting competition. The Jiangsu AMR also coordinated with the system's law enforcement forces with more than 100 people assisting in the investigation and collection of evidence in monopoly cases such as Alibaba and Meituan. Joint industry authorities carried out research in the field of safety and liability insurance and other research to strengthen theoretical support.

Ⅱ. Enhancing Hard Constraint and Designing "New Moves" of Fair Competition Review

The provincial Joint Conference of Fair Competition Review has been upgraded and the vice mayor served as the convener. The Jiangsu AMR organized cross examination on fair competition review, urged and supervised rectifications of 8 policy measures which violated fair competition, and included fair competition review in the provincial inspection and assessment plan. The third-party evaluation on fair competition review system was implemented and the white paper on fair competition review was published. Jiangsu AMR guided Nanjing to log in the first fair competition review monitoring and evaluation system in China and urged six prefecture-level cities to carry out third-party evaluation. The mandatory effect of the fair competition review was continuously intensified.

Ⅲ. Persisting in Taking Multiple Measures to Ensure the "Combination Punches" for Competition Advocacy

The Jiangsu AMR has held provincial fair competition review training, participated in the "Contest on Fair Competition Review Expertise in Yangtze River Delta Region" to improve review skills. The Jiangsu AMR has issued the Jiangsu provincial anti-monopoly compliance guidelines for undertakings, and conducted compliance training on 67 major pharmaceutical companies, 91 public utilities and 140 trade associations. The Jiangsu AMR intensively provided onsite anti-monopoly presentations to all Mercedes Benz 4S stores in Jiangsu province, and guided ChangAn Mazda, SK New Energy and Scania to complete the notification of concentration of undertakings, raising awareness of fair competition among enterprises.

Zhejiang Province

Ⅰ. Enhancing the Anti-monopoly Regulation in Platform Economy

The Zhejiang AMR established a specialized provincial platform economy working team and the provincial party committee and government took the lead in formulating and promulgating the *Opinions on Further Strengthening Supervision and Promoting the Standardized and Healthy Development of the Platform Economy*, which was implemented in a project-based and list-based manner. The Zhejiang AMR innovatively launched China's first platform economy digital regulation system "Zhejiang Online Fair Competition" and established a full-chain closed-loop supervision mechanism. Moreover, the Zhejiang AMR also formulated and issued China's first competition compliance guidelines for platform enterprises, organized and carried out assessments on the competition compliance by key platforms, and set up an antitrust expert committee to conduct combined antitrust compliance counseling. The platform enterprises across the province were requested and supervised to carry out self-inspection in a comprehensive manner based on the responsibilities of the relevant entities, and to rectify the two "full coverage" within the time limit. The Zhejiang AMR also supervised and urged Alibaba Group to conduct self-examination and rectification in a comprehensive manner, covering all chains, processes and aspects to promote the continuous and healthy development of the platform economy.

Ⅱ. Comprehensively Implementing the Fair Competition Review System

The Zhejiang AMR reviewed 10,432 newly issued policy documents, 50 of which were modified after review or not allowed to issue, and cleaned up 7,313 existing policy documents, 505 of which were amended or annulled after clean-up. The Zhejiang AMR also issued the opinions on implementing the *Detailed Rules for Implementation of the Fair Competition Review System*, to further clarify the responsibilities of local authorities and relevant departments and strengthen the rigid restraints of fair competition review. To break the market barriers and local protectionism, the Zhejiang AMR carried out the activity of "looking back" the special clean-up of policies and measures hindering unified market and fair competition across the province and conducted cross-examinations on the behaviors of abusing administrative power to eliminate or restrict competition within Zhejiang province.

Ⅲ. Reinforcing the Full-chain Anti-monopoly Regulation

The Zhejiang AMR provided anti-monopoly compliance counseling for key enterprises, and guided enterprises to improve anti-monopoly compliance systems and prevent anti-monopoly compliance risks. Focusing on natural monopoly industries and sectors closely related to people's livelihood, 7 cases of suspected monopoly were filed and investigated, among which the case of Bull Group anti-monopoly case was charged with a fine of RMB 295 million, the largest fine ever imposed by the provincial anti-monopoly law enforcement agencies in China. The Zhejiang AMR organized the assessment of the competition situation in the market of natural monopoly industry and continuously strengthened the foundation of law enforcement.

Anhui Province

Ⅰ. Focusing on the Responsibilities of the Relevant Entity, Continuously Enhancing the Anti-monopoly Law Enforcement

As entrusted by the SAMR, the Anhui AMR investigated the suspected anticompetitive conducts of Meituan, accepted for investigation into the suspected abuse of dominant market position by a water supply company located in Fengyang County, Xuzhou, and a gas company located in Wanzhi District, Wuhu, and reviewed the case of suspected monopoly by 10 bottle LNG operators in Huaiyuan County, Bengfu city. The Anhui AMR concluded the case of abuse of administrative power to fix gas prices by the People's Government and the Housing and Urban-rural Development Bureau of He County, Ma'anshan, and the Housing and Urban-rural Development Bureau of Suixi County, Huaibei City, investigated and handled the abuse of administrative power to restrict trading in the old people insurance field by the office of Anhui Provincial Working Committee on Aging, and publicized it. The Anhui AMR held publicity and warning meeting for platform enterprises engaged in community group purchase, and conducted reconsideration of the fair competition review on the policies and measures proposed by the provincial government involving the platform economy and the cooperation agreements entered into among relevant platform companies.

Ⅱ. Taking Multiple Measures to Further Promote the Fair Competition Review Work

The Anhui AMR convened a plenary meeting of the 2021 Provincial Fair Competition Review Joint Conference to play the "baton" role of the assessment and, according to the assessment rules, impose a penalty of demerit record on those cities that failed to properly fulfill the anti-monopoly work in 2020. The Anhui AMR negotiated with the AMRs of Shanghai, Jiangsu, and Zhejiang provinces (cities) to jointly launch a contest on fair competition review expertise in the Yangtze River Delta region and achieved good results. Also, a mutual inspection mechanism for policies and measures in the Yangtze River Delta region was established, and the cross-examination on the fair competition review in the Yangtze River Delta region in 2021 was organized to implement a review mechanism for government policy measures with preliminary review by the drafting department and second review by the market regulator to continuously improve the effectiveness of the review.

Ⅲ. Improving the Relevant Mechanism to Consolidate the Foundation for Law Enforcement

The Anhui AMR set up a provincial anti-monopoly law enforcement talent pool and selected 45 talents from such pool, actively formulated measures to optimize the anti-monopoly law enforcement mechanism and provided sufficient guarantee for law enforcement equipment. An anti-monopoly law enforcement collaboration platform was established by the Anhui AMR together with Shanghai AMR, Jiangsu AMR and Zhejiang (province and cities) AMR, and a mechanism of conference review on quarterly basis was set up to promote the formation of law enforcement synergies.

Fujian Province

Ⅰ. Achieving New Breakthroughs in Anti-monopoly Law Enforcement as a Result of "Cutting A Sword" through Monopolies

The Fujian AMR investigated and handled 5 administrative monopoly cases and 1 monopoly agreement case in accordance with the law. The "first anti-monopoly case in Fujian" was recognized as one of the "Top Ten Rule-of-Law Events of Fujian Province" in 2021. The Fujian AMR actively provided guidance for relevant enterprises within the province on filing notifications for the review of concentration of undertakings, and jointly organized a symposium for the real estate agency industry in Longyan City with Longyan AMR to provide guidance on anti-monopoly compliance, effectively promoting the sustainable and healthy development of the industry.

Ⅱ. Achieving New Results in Fair Competition Review by "Offering Escort" for the Market

The Fujian AMR integrated the fair competition review into the newly revised provincial government rule, the *Method for Filing and Review of Administrative Normative Documents of the Fujian Province*, and drafted provisions on fair competition review to be included in the draft local regulations including the *Regulation of Fujian Province on Optimizing the Business Environment* and the *Regulation of Fujian Province on Promoting Fair Competition*. Achievements in fair competition review has been included into the assessment system of the provincial party committee for model creation indexes of building of a law-based government and the assessment system for provincial government performance. The provincial government leaders in charge of fair competition review served as the convener of the joint meeting and held plenary sessions, and all prefectures and cities across the province adjusted appointment of conveners of their respective joint meetings, positions of which were served by the municipal government leaders in charge of fair competition review. The Fujian AMR led the prefectures and cities within Fujian to review newly issued policies and measures and clean up existing ones, significantly reducing the improper intervention of government departments in the micro-economy, and effectively curbing various administrative behaviors at the city and county levels impairing the business environment, such as local protectionism and designated transactions.

Ⅲ. Achieving New Progress in Fair Competition System Development with the Guarantee from Rule of Law

Anti-monopoly, competition policy, and fair competition review were considered in the amendment program of the *Regulation of Fujian Province on Promoting Fair Competition*, further improving the legal system of fair competition.

Jiangxi Province

Ⅰ. Strengthening Anti-monopoly Law Enforcement Efforts

The Jiangxi AMR imposed administrative penalties on Fengcheng Ready-mixed Concrete Association and 9 member companies, which were fined and confiscated RMB 286 million, continuously conducted investigations into monopoly cases in the public utilities and agency industries, accepted, investigated and handled, and corrected 4 cases of abuse of administrative power to eliminate or restrict competition, and ordered to correct 1 case of abuse of administrative power to eliminate or restrict competition. The Jiangxi AMR cooperated with and assisted the State Administration for Market Regulation in conducting anti-monopoly investigations in the sectors of e-commerce platform, pharmaceutical, intermediary agency and construction materials, carried out investigations into merchants within the relevant platform in Jiangxi Province, and certain agents and direct sale agencies of Meituan, involved in the suspected anticompetitive behaviors of the relevant platform operators forcing in-platform operators to make "either-or" choices, organized the convening of administrative guidance work meeting for the community group buying platforms to operate in compliance with laws, guided platform operators to strengthen the sense of compliance and fulfill the entity responsibility.

Ⅱ. Promoting the Fair Competition Review System

The Jiangxi AMR established the *Jiangxi Province Mechanism of Fair Competition Review and Sampling Inspection*, and issued *Jiangxi Provincial Implementation Measures for Third-party Evaluation of Fair Competition Review*, to provide guidelines for the implementation of the third-party evaluation mechanism of fair competition review. Fair competition review was conducted over 1,454 relevant policy measures in the whole province. The Jiangxi AMR, via the third-party evaluation agency, conducted comprehensive evaluation on the fair competition review work of the governments of 5 districted municipalities, and the governments of 3 counties (municipalities) directly under administration of the province and certain departments thereof in Jiangxi Province. The Jiangxi AMR organized cross-review work in some regions to diversify the review approach and improve the review quality. The Jiangxi AMR provided training on fair competition review to frontline enforcement personnel and carried out publicity on and interpretation of the *Detailed Rules for Implementation of the Fair Competition Review System*, so as to effectively improve the capacity for fair competition reviews.

Ⅲ. Implementing Competition Policy and Strengthening Team Building

The Jiangxi AMR organized more than 60 key enterprises in the sectors of platform economy, education, food, healthcare and pharmaceutical, insurance and cement, as well as the relevant key trade associations in the province to conduct anti-monopoly compliance guidance training to effectively enhance the legal awareness of enterprises and preventing anti-monopoly compliance risks. By means of "training in case handling", the Jiangxi AMR selected more than 50 frontline law enforcement officers to participate in the investigation and handling of anti-monopoly cases, so as to enhance the case handling ability and business expertise of the frontline law enforcement personnel.

Shandong Province

Ⅰ. Intensifying Law Enforcement and Case Handling and Reinforcing the Authority of Anti-monopoly Law Enforcement

Firstly, strengthening the anti-monopoly law enforcement in the areas concerning people's livelihood. In 2021, a total of 5 cases of abuse of dominant market position and 4 cases of monopoly agreements were investigated and handled, involving raw materials, building materials, water supply and heating supply and other sectors. 2

cases were concluded, in which, penalties of RMB 228 million were imposed in accordance with the law on a number of cement enterprises in Zibo for their monopoly agreements. Secondly, forcefully breaking the administrative monopoly. 8 cases of abuse of administrative power to eliminate or restrict competition were initiated, investigated and handled, of which, 5 cases were concluded, involving drug distribution, second-hand car trading, bicycle sharing and other sectors. Thirdly, successfully completing the task of assisting anti-monopoly investigation. The Shandong AMR assisted the SAMR in its investigation into 5 major cases and assisted the AMRs of other provinces in their investigation into 3 cases, and verified the clues in over 20 suspected monopoly cases.

Ⅱ. Promoting Fair Competition Reviews by Benchmarking Against First-class Standards

Firstly, improving the working pattern of fair competition review. The vice governor in charge of anti-monopoly work was appointed as the convener of the joint meeting. The Shandong AMR promulgated the Circular on the *Detailed Rules for Implementation of the Fair Competition Review System*, and urged governmental authorities at all levels to conduct self-examination and self-correction by reference to the typical cases in 2020 and to prevent the occurrence of similar non-compliance. Secondly, improving the "joint review system" for major policies. The Office of the Provincial Joint Meeting issued the opinions on more than 140 policy documents drafted by relevant departments directly under the provincial government or by special teams on behalf of the provincial government, and made suggestions for amendment to more than 70 provisions which may be inconsistent with the review standards; it also reviewed more than 50 special plans promulgated in the name of the provincial government and departments from the perspective of fair competition. Thirdly, continuously conduct special rectification to existing policy documents. A total of 9,616 currently effective policies and measures governing the economic activities of market players were reviewed, of which, 50 policy documents were revised and repealed. Fourthly, making great efforts on third-party evaluation. The Shandong AMR issued the *Comprehensive Evaluation Metrics System for the Implementation of the Fair Competition Review System in Shandong Province (2021)*, appointed third-party agencies for evaluation, and made efforts on the implementation and effectiveness of the system.

Ⅲ. Strengthening Education and Training for the Creation of a Fair Competition Market Environment

The Organization Department of the Provincial Party Committee listed training on anti-monopoly legal system and competition policies as one of its key training programs in 2021. In October 2021, the Shandong AMR held special training courses for senior officials from relevant municipal departments and members of provincial fair competition review joint meeting, which proved to be successful.

Henan Province

Ⅰ. Intensifying Investigation and Handling of Illegal Monopolistic Behavior

The Henan AMR investigated 26 cases involving bulk pharmaceutical ingredients, Chinese herbal medicine, construction, credit, automobile, medicine distribution, gas, shared bicycles and other sectors, and assisted the SAMR in its investigations into major cases involving Alibaba, Meituan, and the China Architectural Glass Association and assisted the AMRs of other provinces and cities in their investigations into the cases involving pharmaceutical sector.

Ⅱ. Promoting Further Development of the Fair Competition Review System

A provincial fair competition review joint meeting system was established with the vice governor as the convener. The fair competition review work was included in the supervision, inspection and assessment plan of the Provincial Party Committee for 2021 and was included as a factor in the legal development of Henan Province. The third-party evaluation of fair competition review was organized in cities directly under provincial government, Jiyuan Demonstration Area and the counties (cities) directly under provincial government. In conjunction with Department of Justice at provincial level, the Henan AMR conducted clean-up of the policies and measures, by which, the Henan AMR reviewed 14,512 documents, and 28 documents containing discriminative and unfair market treatment provisions were identified, of which, 7 documents were revised and repealed, and proposal was made for the revision and nullification of 21 documents, continuously improving the review quality and effects.

Ⅲ. Strengthening the Publicity and Guidance of Competition Awareness

In order to enhance society's awareness of anti-monopoly law, the Henan AMR and Henan Provincial Television Station jointly produced a feature program for anti-monopoly and anti-unfair competition. The Henan AMR also convened a meeting on normalization of the competition order of platform operators, which was attended by 19 Internet platforms, all of which signed the *Commitment on Compliance with Anti-monopoly Law in Business Operations*, which enhanced the awareness of fair competition of relevant enterprises.

Hubei Province

Ⅰ. Strengthening Anti-monopoly Law Enforcement

The Hubei AMR organized and carried out special actions for prevention of the abuse of administrative power to eliminate or restrict competition, and supervised the rectification of 10 suspected administrative monopoly behaviors. The Hubei AMR assisted the SAMR in anti-monopoly law enforcement in the field of platform economy, and interviewed relevant platform operators in Hubei Province promptly to provide guidance on compliant operations. The Hubei AMR cooperated with the SAMR and the AMRs of other provinces on the investigations into 20 reported cases in APIs, building materials and household appliances sectors, in which, the Hubei AMR initiated the investigation into 1 case in accordance with applicable laws.

Ⅱ. Implementing the Fair Competition Review System

A provincial joint meeting system was established with the vice governor as the convener and the implementation of fair competition review work was listed as an important factor in the quality review system and business environment review. The Hubei AMR issued the *Measures for Joint Anti-monopoly Competition Review*, by which, special sampling inspection of the implementation of the review system was made. An online fair competition review reporting system was launched, and special channels were set up to facilitate the complaints and responses. 117 policy review training sessions were organized. A total of 452 inspections were made, 127 supervision letters were issued, and 73 third-party evaluations were organized. A total of 4,008 policy measures were reviewed, of which 3,918 policy measures were promulgated; 13,132 policies and measures were cleaned up, of which 1,189 policies and measures were revised or repealed, effectively improving the quality and efficiency of reviews.

Ⅲ. Promoting Competition Advocacy

The Hubei AMR talked with related associations and undertakings, improved the investigation and analysis of the competition conditions in water supply, gas supply and in public utility market, urged relevant associations and undertakings to improve their compliance management. The Hubei AMR organized legal training courses for undertakings and business training courses for relevant personnel, and issued 3,000 copies of the *Collection of Anti-monopoly Compliance Management Documents for Enterprises*, continuously improving fair competition compliance capability of the undertakings. The Hubei AMR established expert pool on anti-monopoly law, selecting and appointing 35 experts and scholars from inside and outside Hubei Province to carry out consultation on competition policies and laws and argumentation of major cases of anti-monopoly law enforcement.

Hunan Province

Ⅰ. Effectively Promoting Anti-monopoly Law Enforcement by Two Approaches

Firstly, focusing on case investigation and handling. The Hunan AMR assisted the SAMR in investigating and handling probes against Alibaba and Meituan. The Hunan AMR investigated and verified clues in relation to administration agencies' abuse of administrative power to eliminate or restrict competition in fields such as public servant physical examination, student vision detection, student school uniforms, tourism and pharmaceutical, and all the acts of related administration agencies have been rectified. The Hunan AMR also initiated the investigation into suspected monopolistic behaviors in driving training, industrial gas, expressway safety liability insurance and communications sectors. Secondly, focusing on the basis of law enforcement. The Hunan AMR formulated and issued the *Guiding Opinions on Further Strengthening Anti-monopoly Law Enforcement* and the *Guidelines for Anti-monopoly Compliance of Undertakings in Hunan Province* and other guidelines, enhanced the awareness of relevant policies and laws, anti-monopoly law enforcement and fair competition review via *Hunan Daily*, *China Market Regulation News* and other media, and organized the anti-monopoly law enforcement and fair competition review training courses for relevant personnel in Hunan Province.

Ⅱ. Taking Various Measures Simultaneously to Comprehensively Promote Fair Competition Reviews

Firstly, continuously strengthening the organization and leadership. The administrative level of provincial fair competition review joint conference has been elevated, with its convener having been adjusted to the vice governor in charge. The fair competition review work was included in the performance assessment of the institutions directly under the provincial government and the governments of cities and prefectures, and this formed an important part of the efforts of the provincial party committee in the optimization of the law-based business environment and the construction of the Pilot Free Trade Zone. Secondly, continuously improving the review system. The Human AMR issued the *Guidelines for Fair Competition Review of Newly Issued Policy Measures in Hunan Province*, drafted the *Work Rules for the Fair Competition Review of Policy Measures in China (Hunan) Pilot Free Trade Zone*, and promulgated the *Notice on Implementing 'the Detailed Rules for Implementation of the Fair Competition Review System'*. Thirdly, continuously enhancing the quality of review. Over 5,000 documents were reviewed, and, in the clean-up of the existing policy documents, 193 documents were revised, and 161 documents were repealed. The office of provincial joint meeting organized the third party evaluation of the fair competition review work in Zhuzhou and other six cities, and made sampling inspection of 344 normative documents concerning the economic activities of market players, of which, 12 documents suspected of eliminating and restricting competition were identified and relevant local governments and departments were instructed to make rectification.

Guangdong Province

Ⅰ. Promoting Pilot Practice of Competition Policies

The Guangdong AMR facilitated the Provincial Government to promulgate the *Plan of Guangdong Province to Further Promote the Effective Implementation of Competition Policies in the Guangdong-Hong Kong-Macao Greater Bay Area* and enhanced the organizational guarantee.

Ⅱ. Strengthening and Improving Anti-monopoly Law Enforcement

The Guangdong AMR carried out a series of anti-monopoly law enforcement actions in respect of APIs, feed, platform enterprises and in the glass sector, investigated and dealt with the cases involving the abuse of administrative power by the education authorities, transport authorities and traffic police authorities to eliminate or restrict competition. The Guangdong AMR cooperated with the SAMR in launching anti-monopoly investigations into Alibaba, Meituan and other enterprises, established the anti-monopoly compliance risk warning mechanism for platform enterprises, and guided the healthy development of platform economies.

Ⅲ. Improving the Effectiveness of Review System on Fair Competition

The convener of the inter-departmental joint meeting for provincial fair competition reviews was adjusted to the Deputy Governor. The Guangdong AMR carried out the pilot practice of the fair competition review reporting system in three cities including Shenzhen. It is approved that Shenzhen City may establish an independent review agency, and Guangzhou City may carry out the pilot practice of a third-party independent review system by introducing third-party review agencies. The Guangdong AMR, together with 5 other departments conducted spot checks on 2,636 bidding and tendering documents and discovered 127 suspected violations of the standards and policy measures for fair competition review.

Ⅳ. Strengthening the Fair Competition Advocacy

A total of 82 training sessions have been conducted across the province, benefiting more than 2,000 people. The Guangdong AMR held 2 training courses on anti-monopoly and fair competition review with over 150 people trained. Moreover, a “competition classroom” was launched to publicize and the formulation and promulgation of the *Anti-monopoly Compliance Guidelines for Platform Enterprises in Guangdong Province* and the *Competition Compliance Manual for Enterprises in the Guangdong-Hong Kong-Macao Greater Bay Area* were accelerated, strengthening anti-monopoly compliance counseling and enhancing the enterprises’ compliance capability.

Guangxi Zhuang Autonomous Region

Ⅰ. Continuously Strengthening Anti-monopoly Law Enforcement

34 clues for suspected monopolies were verified, 8 monopoly cases were handled, 5 new cases on file, and 1 case was closed, effectively maintaining the fair competition in the market. The Guangxi AMR strengthened supervision on platform economy and cooperated with the SAMR in carrying out the investigation into Meituan. The Guangxi AMR convened an administrative guidance meeting for 25 platform enterprises within and outside the region and conducted one-on-one interviews with 5 platforms including Alibaba and Pinduoduo, effectively regulated the market order.

Ⅱ. Effectively Promoting the Implementation of the Fair Competition Review System

The Guangxi AMR promulgated the *Operational Guidelines for Fair Competition Review*, which incorporated the implementation of fair competition review in the appraisal system for optimizing the business environment in Guangxi in 2021 and assessment of lawful governance and work quality. The *Pilot Program for Strengthening the Implementation of Competition Policies in China (Guangxi) Pilot Free Trade Zone* was promulgated to promote the innovation of work measures in the Pilot Free Trade Zone. In the whole year, the Guangxi AMR, jointly with other authorities, reviewed and reexamined 1,807 government-promulgated policy measures involving economic activities of market players, cleaned up 8,193 measures, and repealed and revised 116 measures.

Ⅲ. Vigorously Promoting Competition Culture

The Guangxi AMR prepared a WeChat course titled "Interpretation of Several Issues Concerning the Fair Competition Review System" and distributed brochures named "Knowledge on Fair Competition" to strengthen the publicity of competition policies. The Guangxi AMR held training courses on fair competition review across the region, which benefited more than 1,600 people.

Hainan Province

Ⅰ. Legislation First and Building a Law-based Environment for Fair Competition

The "Fair Competition Committee of Hainan Free Trade Port", chaired by a leader of the provincial government in charge of this field, was be established to coordinate the implementation of fair competition policies. The first fair competition regulation in China was promulgated. The Hainan AMR formulated and promulgated five work systems, namely, the *Interim Measures for Dealing with Whistleblowing on Fair Competition Review*, the *Third Party Evaluation Measures*, the *Interim Measures for Sampling Inspection*, and the *Interim Measures for Joint Review*, and accelerated the development of the fair competition system.

Ⅱ. Focusing on Key Issues and Creating a Fair Competition System Environment

5,094 newly issued policy measures were examined, 1,597 were revised and promulgated, 23 were cancelled; 5,352 policy measures were reviewed, and 80 policy measures hindering a unified market and fair competition were revised or repealed. The effectiveness of review constantly improved. The Hainan AMR promoted cross inspection on policy measures between the governments of cities and counties (districts), included the implementation of the fair competition review system as a factor in the legal construction of Hainan Province and as an assessment metric for work quality, carried out third party evaluation on the implementation of the fair competition review system, and promoted the revision and repeal of 44 policy measures. The effectiveness of assessment to promote improvement and strengthen implementation is evident.

Ⅲ. Regulating and Promoting the Market Environment of Fair Competition

The Hainan AMR investigated into and handled 2 cases relating to suspected monopoly agreement in accordance with the law, closed the investigation into 4 cases as entrusted by the SAMR and assisted other provincial authorities in investigating 2 cases. In addition, the Hainan AMR established an online transaction regulation mechanism featuring data sharing and collaborative governance with Zhejiang and Shanghai, entered into cooperation agreements with multiple platforms, and enhanced platform competition governance mechanism. The Hainan AMR strengthened advocacy and training, and took the lead in compiling and publishing the *Hundred Questions on Learning for Fair Competition Review in Hainan Free Trade Port* and the *Compilation of Fair Competition Review Cases in Hainan Free Trade Port*, which provided learning guidance for policy-making authorities in respect of fair competition review.

Chongqing Municipality

Ⅰ. Continuously Improving Systems and Mechanisms

The Chongqing AMR established an anti-monopoly and anti-unfair competition inter-departmental joint meeting system comprised of 25 members. The vice mayor in charge of fair competition review as the convener, and formulated the *Measures of Chongqing Municipality for Handling Reports Involving Fair Competition Review* and the *Work Guidelines for Joint Review of Fair Competition Reviews*, whereby the fair competition review was subject to the supervision by the CPC Municipal Committee. The Chongqing AMR formulated the *Supervision and Evaluation Metrics for Fair Competition Review* to strengthen the hard constraints of the review. In addition, the Chongqing AMR formulated the *Guidelines for Compliance of Online Community Group Buying* to effectively regulate competition order in online community group buying market. With these measures, the Chongqing AMR ensured an innovative assessment of market competition conditions and established and improved its metric evaluation system.

Ⅱ. Continuously Intensifying Regulation and Law Enforcement

The Chongqing AMR imposed a penalty of RMB 23.1288 million on a case in relation to monopoly agreements involving 2 concrete enterprises in Fengdu County, and imposed a penalty of RMB 68,400 on a case in relation to monopoly agreements involving 5 liquefied gas filling enterprises in Wushan County. The Chongqing AMR initiated the investigations into suspected abuse of dominant market position by Yongkang Gas Company, the suspected monopoly agreement involving 6 liquefied gas filling enterprises in Jiangjin District and the suspected monopoly agreement of Taiji Pharmaceutical Group. The Chongqing AMR initiated three cases involving the abuse of administrative power by local governments to eliminate or restrict competition by promulgation of industrial policies or in public tenders.

Ⅲ. Further Advancing Fair Competition Review

3,455 newly introduced policies and measures were reviewed in Chongqing, with 63 revised and promulgated. The Chongqing AMR organized the third-party evaluation of the implementation of fair competition review system by 4 municipal-level departments and 8 districts and counties, and provided the guidance on third-party evaluation of the fair competition review in 13 districts and counties. The "Innovative Fair Competition Review Third-party Evaluation Mechanism" was selected as one of first demonstration projects for construction of law-based government in Chongqing.

Ⅳ. Deepening the Culture of Fair Competition

The Chongqing AMR, jointly with relevant municipal-level departments, conducted administrative interviews of 15 Internet platforms and provided administrative guidance, prepared and printed the *Collection of Anti-monopoly Legal Provisions and Case Study*, the *Collection of Knowledge of Anti-monopoly Compliance of Undertakings* and other materials and documents, published typical anti-monopoly cases and ten typical examples of policy measures which hinder fair competition, formulated and printed the collection of fair competition review cases, organized the training courses on interpretation and implementation of policies, and produced 3 short videos for education on competition policies to further promote competition culture.

Sichuan Province

Ⅰ. Continuously Intensifying the Anti-monopoly Law Enforcement

Firstly, the Sichuan AMR cooperated with the SAMR on its investigations of Alibaba case and Meituan case and conducted on-site inspections of Luzhou Laojiao Co. Ltd. and other liquor makers in Sichuan Province. Secondly, the Sichuan AMR concluded the case of abuse of dominant market position by Fushun County Natural Gas Co., Ltd. and imposed a fine of RMB 1.6583 million. The Sichuan AMR initiated the investigation into the suspected abuse of dominant market position by Jianyang Haitian Water Co., Ltd. Thirdly, the Sichuan AMR alerted 6 Sichuan liquor makers in an anti-monopoly warning meeting.

Ⅱ. Continuously Promoting Fair Competition Review

The Sichuan AMR reviewed 56 policies and measures and the departments directly under the provincial government reviewed 167 policy measures. A total of 140,358 policies and measures were reviewed on preliminary basis, of which, 28,087 documents related to economic activities of market players, 48 documents were subject to amendment and adjustment, and exceptions applied to 24 documents. The Sichuan AMR appointed Sichuan University, Southwestern University of Finance & Economics and Southwest University of Political Science & Law to carry out third-party evaluation of the Sichuan AMR, Sichuan Provincial Development and Reform Commission and the Chengdu Fair Competition Review Joint Meeting. The Sichuan AMR formulated the *Work Program of Sichuan and Chongqing for Fair Competition Cross Review by Third Parties* and organized the third-party cross review between Mianyang City of Sichuan Province and Beibei District of Chongqing Municipality. The Sichuan and Chongqing fair competition review was improved. Promoting the departments directly under the provincial government to appoint certain internal department to conduct unified review and incorporate fair competition process in their official document issuance process, and some cities and prefectures also incorporated fair competition review in their official document handling process, continuously improving internal review mechanism.

Guizhou Province

Ⅰ. Deepening Anti-monopoly Law Enforcement

Focusing on public utilities, platform operators, liquefied gas and pharmaceutical sectors, the Guizhou AMR verified 12 anti-monopoly clues and initiated the investigations into 6 cases, including the abuse of administrative power to eliminate or restrict competition by the Zunyi Meteorological Bureau, the suspected abuse of dominant market position by

Guizhou Shuitou Water Weining Co., Ltd. and Didi Xingyi agent, the monopoly agreements in bottled liquefied gas sector in central urban area of Zunyi City, the suspected abuse of administrative power to eliminate or restrict competition by Comprehensive Administrative Law Enforcement Bureau of Zunyi City and Comprehensive Administrative Law Enforcement Bureau of Zheng'an County of Zunyi City.

Ⅱ. Further Promoting Fair Competition Review

The Guizhou AMR incorporated the implementation of the fair competition review system into the *Regulations of Guizhou Province on Optimizing the Business Environment* and the assessment system, convened the Plenary Session of Provincial Fair Competition Review Joint Meeting, and issued the *Notice on Deepening the Implementation of 'the Implementing Rules for Fair Competition Review System'*, reviewed 4,145 newly introduced policies, of which, 33 policies were adjusted and promulgated; 4,068 existing policies were sorted out and 85 polices were repealed. The Guizhou AMR organized the training sessions on competition policies for nearly 260 individuals, which enhanced the awareness of the fair competition review system.

Ⅲ. Implementing Anti-monopoly Compliance

The Guizhou AMR formulated and promulgated the *Guidelines of Anti-monopoly Compliance of Industry Associations and Undertakings in Guizhou Province*, provided compliance trainings for more than 60 undertakings and associations including Petro China and Moutai Group, carried out 20 sessions for dissemination of general knowledge of the anti-monopoly law under the theme of "Fair Competition and Harmonious Development", which enhanced the awareness of fair competition of the social public.

Yunnan Province

Ⅰ.Constantly Intensifying Anti-monopoly Law Enforcement

In 2021, the Yunnan AMR investigated and handled 4 monopoly cases, investigated and assisted in the investigation of 4 cases upon delegation from the SAMR, and assisted other AMR at provincial level in investigating 4 cases. The Yunnan AMR issued the *Notice on Further Strengthening and Regulating the Administration of Clues for Monopoly Cases* and other work rules, guided prefectures (cities) to effectively deal with the collection, evaluation and reporting of monopoly clues, so as to further improve and promote the anti-monopoly law enforcement mechanism.

Ⅱ. Strengthening Implementation of the Fair Competition Review System

Firstly, giving full play to the functions of the joint meetings in overall planning and coordination, and supervision and guidance. The Yunnan AMR issued the *Notice on Effectively Carrying out Key Tasks of Fair Competition Reviews in 2021*, and held the 5th inter-departmental joint meeting for provincial fair competition review to deploy the next key tasks.

Secondly, organizing and carrying out third-party evaluation of fair competition reviews. The Yunnan AMR carried out third-party evaluation of the implementation of the fair competition review system and the fostering of the environment for the fair competition system by the members of the inter-departmental joint meeting for provincial fair competition review, and promoted the in-depth implementation of the fair competition review system.

Thirdly, strengthening mandatory effect of system. In 2021, a total of 11,885 additional documents were reviewed, of which 80 were modified after review. The Yunnan

AMR established and improved the handling and response mechanism for filing complaints for fair competition review, strengthened the role of supervision and assessment, and improved review efficiency.

Tibet Autonomous Region

Ⅰ. Achieving New Breakthrough in Anti-monopoly Law Enforcement

The Tibet AMR investigated and handled three anti-monopoly cases, and assisted the SAMR in its investigation into the abuse of dominant market position by Meituan Lhasa in respect of the behavior of forcing in-platform operators to make "either-or" choices, thereby effectively ensuring fair competition in the market.

Ⅱ. Taking New Actions in Fair Competition Review

The Tibet AMR implemented the *Implementing Rules for Fair Competition Review System* and designated the department responsible for fair competition review. The Tibet AMR issued the *Inter-department Fair Competition Review Joint Meeting System in the Tibet Autonomous Region* and the *Opinions on Further Strengthening Fair Competition Review*. the Tibet AMR appointed third-party evaluation agencies to make sampling review of 240 policy documents issued by 4 departments of Tibet Autonomous Region and four departments of Linzhi City and Shigatse City, of which, 59 incompliant policies and measures were identified. The Tibet AMR cleaned up 465 policy documents. 19 policies and measures were to be repealed or revised, among which, the proposal for nullification and revision of 12 documents has been submitted to competent government department, 4 policy measures have been revised and 3 policy documents have been repealed.

Shaanxi Province

Ⅰ. Strengthening Anti-monopoly Supervision and Regulation in Key Areas

The Shaanxi AMR verified clues and conducted investigations in 3 cases referred by the SAMR, assisted other provincial authorities in verifying 2 monopoly cases, currently is working on 1 case of monopoly agreement, and concluded 1 case of abuse of dominant market position. The Shaanxi AMR investigated and handled the abuse of dominant market position by Shaanxi Water Group Jingyang Water Supply Co., Ltd. The Shaanxi AMR also formulated and issued the *Notice on Special Rectification in the Field of Grain Purchase and Sale* and the *Guidance on Anti-monopoly Verification and Rectification in the Field of Grain Purchase and Sale*, and carried out anti-monopoly verification work in the relevant fields.

Ⅱ. Strengthening Implementation of the Fair Competition Review System

The Shaanxi AMR convened the plenary session of the provincial joint meeting on fair competition review in 2021 and commissioned a third-party institution, Xi'an Jiaotong University, to assess the implementation of the fair competition review system in Shaanxi.

Ⅲ. Enhancing Anti-monopoly Compliance Guidance for Undertakings

The *Shaanxi Anti-monopoly Compliance Guidelines for Undertakings* were issued to guide enterprises and associations to establish and improve anti-monopoly compliance mechanisms and reduce competition compliance risks in terms of anti-monopoly compliance management, anti-monopoly compliance risk identification, anti-monopoly compliance risk response, etc.

Ⅳ. Strengthening Anti-monopoly Talent Pool

The Shaanxi AMR made efforts in various ways, both online and offline, to enhance the capability of market regulation authorities of cities in Shaanxi with respect to fair competition review and anti-monopoly enforcement and established a think tank of anti-monopoly experts in Shaanxi to further bring into play the intellectual support of external expertise.

Gansu Province

Ⅰ. Strengthening Coordination and Guidance and Promoting the Implementation of the Fair Competition Review System

The Gansu AMR fully utilized the role of the joint meetings on fair competition review at all levels to make comprehensive arrangements for the implementation of the newly revised *Detailed Rules for Implementation of the Fair Competition Review System* (hereinafter the *Implementation Rules*) in the province. The Gansu AMR organized evaluation of 10 provincial member companies and eight city and prefecture governments by third parties. The Gansu AMR supervised and urged various local departments to strengthen their review work and organized inspections and cross-checks of the fair competition review work across the province. The Gansu AMR provided 82 pieces of advice on fair competition policies to provincial departments and municipal and prefecture governments, reviewed a total of 4,982 policy measures, of which 81 were revised and repealed, and cleaned up 33,502 existing policy measures, of which 29 were revised and repealed, and exceptions were applied in 2 cases, continuously enhancing the review quality and effectiveness.

Ⅱ. Intensifying Enforcement Efforts with a Focus on the Investigation of Market Monopoly Cases

The Gansu AMR organized the verification of 9 clues of suspected market monopoly, probed and screened 17 clues of administrative monopoly issues, and opened five cases of abuse of administrative power to eliminate or restrict competition, of which three have been concluded. The completed cases were announced in accordance with the law, which helped achieve the purpose of explaining the law with cases.

Ⅲ. Improving Working Mechanism and Providing Institutional Assurance to Promote the Implementation of the Work

The Gansu AMR signed the *Cooperation Agreement on Anti-monopoly Enforcement and Fair Competition Review Work* with its Qinghai counterpart to establish a regional cooperation mechanism on anti-monopoly and fair competition review and to help build high-quality development of the Lanzhou-Xining city cluster. The Gansu AMR studied and drafted the *Gansu Guidelines on Anti-monopoly Compliance for Undertakings* and the *Management Measures for the Gansu Administration for Market Regulation's Competition Policy Expert Pool*, solidifying the institutional support.

Qinghai Province

Ⅰ. Strengthening the Anti-monopoly Enforcement

An administrative unit in the province was suspected of abuse of administrative power to eliminate or restrict competition and was ordered to rectify within a prescribed period in accordance with the law. The Qinghai AMR organized and gathered over 10 enterprises in the province to hold an admonition meeting on anti-monopoly and anti-unfair competition in the Internet platform economy and related fields to further regulate the market order of the Internet platform economy and related fields in the province.

Ⅱ. Continuously Improving the Review Mechanism

The Qinghai AMR, together with the Provincial Development and Reform Commission and others, jointly issued the *Notice on Implementing "the Detailed Rules for Implementation of the Fair Competition Review System" to Further Improve the Fair Competition Review Mechanism*, introduced the *Qinghai Fair Competition Review Complaint Reporting and Response System (for trial implementation)*, the *Qinghai Fair Competition Review Policy Measures Spot Checking System (for trial implementation)*, and the *Qinghai Joint Review System for Fair Competition Review of Major Policy Measures (for trial implementation)* to further promote the normalized development of fair competition review. A joint meeting of provincial departments on fair competition review was held to deploy key work. The Qinghai AMR conducted spot checks covering 369 regulations, normative documents and other policy measures involving the economic activities of market players that were publicly available on the portals of various regions and departments. A total of 586 documents of various types were reviewed in all regions and departments of the province, of which 5 were revised and adjusted, 340 existing policies sorted out, and 17 repealed or amended.

Ⅲ. Strengthening Training and Publicity

To further improve the level of anti-monopoly enforcement work in the province, the Qinghai AMR held training courses for the backbone personnel for anti-monopoly and fair competition review. The Qinghai AMR also provided "door-to-door" training and guidance for some regions and departments, compiled and published the *Compilation of Documents on Anti-monopoly and Fair Competition Review System*, and distributed more than 3,000 copies of publicity materials throughout the year.

Ningxia Hui Autonomous Region

Ⅰ. Strengthening Anti-monopoly Enforcement

The Ningxia AMR probed and screened 11 clues of suspected monopoly cases, opened 7 cases, closed 1 case, and assisted in the investigation of five cases, including Meituan's case concerning forcing in-platform operators to make "either-or" choices. The cases covered monopoly agreements, abuse of dominant market position and administrative monopoly. The *Anti-monopoly Law Enforcement Provisions for Departments of the Administration for Market Regulation of the Ningxia Hui Autonomous Region* and the *Measures for the Construction and Administration of the Talent Pool of Anti-monopoly Law Enforcement* have been issued to establish a pool of professional talents for competition law enforcement within the whole system in the autonomous region, improving the efficiency of law enforcement.

Ⅱ. Strengthening Fair Competition Review

The Ningxia AMR convened a plenary session of the joint meeting on fair competition review of the autonomous region and issued key work agenda for 2021. The Ningxia AMR also formulated the *Rules on Third Party Evaluation for Fair Competition Review in the Autonomous Region*. All of the 28 joint meetings on fair competition review in the region were convened by leaders in charge of governments at all levels, achieving full coverage of the joint meeting system. The Ningxia AMR coordinated and promoted the inclusion of fair competition reviews in the efficiency performance assessment of cities and counties (districts) made by the Party committee and the people's government of the autonomous region, and included them in the *Regulations of Autonomous Region on Optimizing the Business Environment*, promoting the uniform embedding of review processes in the government affairs coordination office system of the autonomous region, and making the review a compulsory procedure for the introduction of policies. Policy-making authorities at all levels reviewed 8,195 incremental documents, amended and adjusted 63 documents and applied 2 exceptions, and cleaned up 9,493 existing documents that were issued before 2020 and amended 94 documents, forming a good work situation.

Ⅲ. Deepening Competition Culture Advocacy

The Ningxia AMR organized a training session on the topic of fair competition review system on TV and telephone in the region, provided guidance and training in cities and counties, and publicized typical anti-monopoly cases. The Ningxia AMR publicized competition laws and the outcomes of its fulfillment of duties through centralized publicity, media reports, short videos, and online live broadcast of enforcement actions via Douyin, which helped to actively create a social atmosphere of fair competition.

Xinjiang Uygur Autonomous Region

Ⅰ. Adhering to People-centered Law Enforcement and Reinforcing Anti-monopoly Enforcement Efforts

The Xinjiang AMR stepped up efforts to investigate clues in key areas such as those concerning people's livelihood, verified 12 suspected monopoly clues, and opened 4 cases for investigation. The Xinjiang AMR also opened a case and rectified a county government's abuse of administrative power to eliminate or restrict competition, which was promptly announced to the public, resulting in good legal and social effects.

Ⅱ. Adhering to the Foundational Role of Competition Policies and Promoting the Fair Competition Review in Depth

The Xinjiang AMR actively promoted the incorporation of the fair competition review system as an assessment metric of the Party committee and the government of the autonomous region. The Xinjiang AMR was among the first in China to put in place "Two Mechanisms and One System", completed third-party evaluation of 14 departments at three levels of government, and conducted spot-checks of 280 documents and promptly urged relevant departments (units) to rectify. The Xinjiang AMR inspected a total of 99 official government websites at all levels and randomly checked more than 26,000 documents, the anti-competitive issues spotted have been timely rectified. Across the region, more than 8,400 new policies and measures were reviewed, over 52,000 existing policies and measures reviewed, 125 policies and measures repealed and amended, and one exception applied, continuously enhancing the efficiency of fair competition review. The Xinjiang AMR has organized a total of more than 2,000 participants for training sessions, published more than 10 pieces of news and information articles on fair competition review, and vigorously promoted competition culture.

Xinjiang Production and Construction Corps

Ⅰ. Optimizing the Fair Competition Review Mechanism Continuously with Scientific Arrangement and Deployment

The Corps AMR issued documents such as the *Implementation Plan for the Third-Party Evaluation of the Corps' Fair Competition Review Work*, established "Two Systems and Two Mechanisms" and the bureau's internal fair competition review system, further improved the review mechanism, urging cities to press ahead with their work.

Ⅱ. Innovating Review Methods, with More In-depth and Concrete Fair Competition Review Work through Third Party Evaluation

The Corps AMR, for the first time, introduced third party evaluations, which were conducted for the Corps Bureau of Justice and the Housing and Urban Development Bureau (two Corps joint meeting member units), and the Third Division Transport Administration, the Seventh Division Commerce Bureau and the Eighth Division Health Commission (three division-city joint meeting member units). This served to supervise and urge the divisions, cities, and departments to thoroughly implement the fair competition review system. The Corps AMR reviewed and sorted out 8,392 policy measures, included 890 policy measures into the fair competition review, and cleaned up 10 repealed documents; 1 policy measure was amended to maintain its legality. The Corps AMR advised policy-making authorities of certain departments and cities with respect to trading restrictions and local protectionism in relevant industry sectors and promptly corrected their policies and behaviors that impeded competition, thereby safeguarding equal participation of various market players in the market.

Ⅲ. Strengthening Enforcement, with Breakthroughs in Competition Regulation

The Corps AMR focused on administrative monopolies, which were subject to strong complaints by market players and were the crux of problems, carried out targeted rectification actions, and helped maintain fair and competitive market order.

Chapter Ⅸ

Chronicle

On 14 January 2021, the SAMR conditionally approved Cisco Systems's proposed acquisition of equity in Acacia Communications Inc.

On 21 January 2021, the Yunnan Administration for Market Regulation issued an administrative penalty decision in the case involving abuse of dominant market position by Mengzi Sitong Taixing Water Supply Co., Ltd. and imposed a fine of RMB 2,495,400 in total.

On 21 January 2021, the Yunnan Administration for Market Regulation corrected pursuant to law the behavior of abuse of administrative power to eliminate or restrict competition by the Office of the People's Government of Dehong Prefecture; the Jiangxi Administration for Market Regulation corrected pursuant to law the behaviors of abuse of administrative power to eliminate or restrict competition by the Ezhou Housing and Urban-Rural Development Bureau and Jingmen Natural Resources and Planning Bureau.

On 22 January 2021, the SAMR issued an administrative penalty decision in the case involving abuse of dominant market position by Simcere Pharmaceutical Group Limited and imposed a fine of RMB 100.7 million in total.

On 27 January 2021, the SAMR issued an administrative penalty decision in the case involving the illegal implementation of concentration of undertakings without notification pursuant to law with respect to the establishment of a joint venture by Zhuhai Huafa Property Management Service Co., Ltd. and Beijing Jones Lang Lasalle Property Management Service Co., Ltd. and imposed a fine of RMB 700,000 in total.

On 28 January 2021, the Shandong Administration for Market Regulation issued an administrative penalty decision in the case involving conclusion and implementation of monopoly agreement by eight cement enterprises including Zibo Unified Cement Enterprise Management Co., Ltd. and imposed a fine of RMB 228 million in total.

On 29 January 2021, the Fujian Administration for Market Regulation corrected pursuant to law the behavior of abuse of administrative power to eliminate or restrict competition by the Fuzhou Municipal Bureau of Transportation; the Chongqing Administration for Market Regulation corrected pursuant to law the behavior of abuse of administrative power to eliminate or restrict competition by the Banan District People's

Government Office; the Shandong Administration for Market Regulation corrected pursuant to law the behaviors of abuse of administrative power to eliminate or restrict competition by the Rizhao Municipal Health and Wellness Committee and Health Bureau of Lanshan District, Linyi City.

On 7 February 2021, the State Council Anti-monopoly Commission promulgated the *Anti-monopoly Guidelines on Platform Economy Sectors*.

On 9 February 2021, the Fujian Administration for Market Regulation corrected pursuant to law the behavior of abuse of administrative power to eliminate or restrict competition by People's Government of Gutian County, Ningde City.

On 20 February 2021, the Chongqing Municipal Administration for Market Regulation issued an administrative penalty decision in the case involving conclusion and implementation of monopoly agreement by 5 enterprises including Chongqing Wushan Xinglong Petrochemical Co., Ltd.and imposed a fine of RMB68,400 in total.

On 23 February 2021, the SAMR issued an administrative penalty decision in the case involving the illegal implementation of concentration of undertakings without notification pursuant to law with respect to the acquisition by Baoneng Automobile Group Co., Ltd. of equity in QOROS Automobile Co., Ltd. and imposed a fine of RMB 350,000.

On 23 February 2021, the SAMR issued an administrative penalty decision in the case involving the illegal implementation of concentration of undertakings without notification pursuant to law with respect to the acquisition of control by Zhongshan Le Xing Enterprise Management Consulting Co., Ltd. in Shenzhen Soling Industrial Co., Ltd. through contract, and imposed a fine of RMB 300,000.

On 24 February 2021, the SAMR issued an administrative penalty decision in the case involving the illegal implementation of concentration of undertakings without notification pursuant to law with respect to the establishment of a joint venture between Wuhan Jinyu Free Trade Development Co., Ltd. and DHL (Beijing) Co., Ltd. and imposed a fine of RMB 300,000.

On 26 February 2021, the Henan Administration for Market Regulation corrected pursuant to law the behavior of abuse of administrative power to eliminate or restrict competition by the Luoyang Provincial Urban Management Administration; Jilin Administration for Market Regulation corrected pursuant to law the behaviors of abuse of administrative power to eliminate or restrict competition by Finance Bureau and other departments of Changchun Economic Development Zone.

On 2 March 2021, the column "Strengthening Anti-monopoly Law Enforcement" was officially launched on the homepage of the SAMR's official website.

On 4 March 2021, the Anti-monopoly Bureau of the SAMR sent staff to attend the 20th International Competition Conference held online. Margrethe Vestager, Executive

Vice-President and Competition Commissioner of the EU Commission, and Andres Munt, Director of the German Bundeskartellamt, among others, attended the opening ceremony.

On 12 March 2021, the SAMR issued an administrative penalty decision in 10 cases involving the illegal implementation of concentration of undertakings without notification pursuant to law, including the establishment of a joint venture by Didi Mobile Pvt. Ltd. and SoftBank Corp., the establishment of a joint venture by Shanghai Orient Press Co., Ltd. and Beijing Quantum Jump Technology Co., Ltd., the acquisition of equity in Kaiyuan Commercial Co., Ltd. by Yintai Holdings Co., Ltd. and the acquisition of equity of Yuanfudao by Tencent Holdings Ltd., etc. and imposed fines of RMB 500,000 on the enterprises concerned respectively.

On 12 March 2021, the Sichuan Administration for Market Regulation issued an administrative penalty decision in the case involving abuse of dominant market position by Fushun County Natural Gas Co., Ltd. and imposed a fine of RMB 1.6583 million in total.

On 22 March 2021, the SAMR issued an administrative penalty decision in the case involving the illegal implementation of concentration of undertakings without notification pursuant to law with respect to the establishment of a joint venture by Hongyun Jiukang Data Technology (Beijing) Co., Ltd. and Shanghai Yunxin Venture Capital Co., Ltd. and imposed a fine of RMB 500,000 on enterprises concerned respectively.

On 8 April 2021, Gan Lin, Deputy Chief of the SAMR, chaired the second preparatory work session of the 7th BRICS International Competition Conference in Beijing.

On 10 April 2021, the SAMR issued an administrative penalty decision on Alibaba Group Holding Ltd. for its monopoly behavior in the online retail platform service market in China, imposing a fine of RMB 18.228 billion in total. At the same time, an *Administrative Guidance Letter* was issued to Alibaba Group, requiring it to carry out comprehensive rectification.

On 12 April 2021, the Gansu Administration for Market Regulation corrected pursuant to law the behavior of abuse of administrative power to eliminate or restrict competition by the Human Resources and Social Security Bureau of Ganzhou District, Zhangye City.

On 13 April 2021, the SAMR, jointly with the Office of the Central Cyberspace Affairs Commission and the State Taxation Administration, convened an administrative guidance meeting with 34 Internet platform enterprises, requiring them to give full play to the warning role of the Alibaba case and clearly requesting that Internet platform enterprises shall be aware of reverence and abide by the rules, comprehensively rectify problems within the prescribed time limit, and establish a new order of the platform economy.

From 14 April to 18 April 2021, the SAMR held a national training workshop on fair competition review in Shenzhen, attended by a total of 100 fair competition review functionaries from various regions and authorities.

On 15 April 2021, the SAMR issued an administrative penalty decision in the case involving the conclusion and implementation of monopoly agreement by the Yangtze River Pharmaceutical Group and imposed a fine of RMB 764 million in total.

On 19 April 2021, the Anti-monopoly Bureau of the SAMR and the EU Directorate-General for Competition jointly held the Online Seminar for the 21st China-EU Competition Week.

On 22 April 2021, the Anti-monopoly Work Conference of the National Market Regulation System was held in Kunming, Yunnan Province. Gan Lin, Deputy Chief of the SAMR, attended the conference and delivered a speech.

On 25 April 2021, the Tianjin Administration for Market Regulation issued an administrative penalty decision in the case involving conclusion and implementation of monopoly agreement by three enterprises including Tianjin Tianyao Pharmaceutical Co., Ltd. and imposed a fine of RMB 50.7782 million in total.

On 25 April 2021, the Jilin Administration for Market Regulation corrected pursuant to law the behavior of abuse of administrative power to eliminate or restrict competition by the Education Bureau of Songyuan City; the Fujian Administration for Market Regulation corrected pursuant to law the behavior of abuse of administrative power to eliminate or restrict competition by the Industry and Information Technology Bureau of Xianyou County; and the Gansu Administration for Market Regulation corrected pursuant to law the behavior of abuse of administrative power to eliminate or restrict competition by the Finance Bureau of Jiayuguan City.

On April 28, 2021, the SAMR issued administrative penalty decisions on 8 cases involving the illegal implementation of concentration of undertakings without notification pursuant to law, including the establishment of a joint venture by Jiaxing Cheering Venture Global Limited and Toyota Motor Corporation, the establishment of a joint venture by Linzhi Tencent Technology Co., Ltd. and Dalian Wanda Business Management Group Co., Ltd. the acquisition of equity in Shanghai Lingjian Information Technology Co., Ltd. by Shanghai Hantao Information Consulting Co., Ltd. etc. and imposed a fine of RMB 500,000 on the enterprises concerned respectively.

From 8 May to 12 May 2021, an anti-monopoly law enforcement talent training session was held at Shenzhen Administrative College of SAMR, with a total of 96 individuals engaging in anti-monopoly law enforcement from administrations for market regulation (departments and commissions) of relevant provinces, autonomous regions, municipalities directly under central government and the Xinjiang Production and Construction Corps participating in the training.

On 21 May 2021, the Gansu Administration for Market Regulation corrected pursuant to law the behavior of abuse of administrative power to eliminate or restrict competition by Finance Bureau of Tianshui City.

On 26 May 2021, the Administration for Market Regulation of Guangxi Zhuang Autonomous Region issued an administrative penalty decision in the case involving conclusion and implementation of monopoly agreement by 5 companies including Guangxi Yulin Luchuan County Longzhu Liquefied Gas Co., Ltd. and imposed a fine of RMB 134,800 in total.

On 27 May 2021, Gan Lin, Deputy Chief of the SAMR, attended the video conference of the BRICS Anti-monopoly Policy Coordination Committee.

On 28 May 2021, the Heilongjiang Administration for Market Regulation corrected pursuant to law the behavior of abuse of administrative power to eliminate or restrict competition by People's Government of Jiguan District, Jixi City.

On 3 June 2021, the SAMR issued an administrative penalty decision in the case involving the illegal implementation of concentration of undertakings without notification pursuant to law with respect to the acquisition by China Yintai Holdings Co., Ltd. of equity in Bank of Hangzhou Consumer Finance Company and imposed a fine of RMB 500,000.

On 4 June 2021, the SAMR conditionally approved Danfoss A/S's acquisition of partial business of Eaton Corporation PLC.

On 8 June 2021, the Jiangsu Administration for Market Regulation issued an administrative penalty decision in the case involving conclusion and implementation of monopoly agreement by three enterprises including Wuzhou Huangpu Chemical Pharmaceutical Co., Ltd. and imposed a fine of RMB 16.8842 million in total.

On 11 June 2021, the Anhui Administration for Market Regulation corrected pursuant to law the behaviors of abuse of administrative power to eliminate or restrict competition by People's Government and Housing and Urban-Rural Development Bureau of He County.

On 15 June 2021, the Chongqing Administration for Market Regulation issued an administrative penalty decision in the case involving conclusion and implementation of monopoly agreement by two commercial concrete production companies in Fengdu County, Chongqing City, and imposed a fine of RMB 23.1288 million in total.

On 29 June 2021, the SAMR, jointly with the National Development and Reform Commission, the Ministry of Finance, the Ministry of Commerce and the Ministry of Justice printed and issued the Notice on Detailed Rules for Implementation of the Fair Competition Review System (Guo Shi Jian Fan Long Gui [2021] No. 2).

On 30 June 2021, the Yunnan Administration for Market Regulation issued an administrative penalty decision in the case involving abuse of dominant market position by the Yunnan Branch of China National Aviation Fuel Liability Co., Ltd. and imposed a fine of RMB 12.5264 million in total.

On 2 July 2021, the SAMR issued an administrative penalty decision in the case involving illegal implementation of concentration of undertakings without notification pursuant to law with respect to the acquisition by Beijing Sankuai Technology Co., Ltd. of equity in Acewill Information Technology (Beijing) Co., Ltd. and imposed a fine of RMB 500,000.

On 5 July 2021, the Inter-ministerial Joint Conference for Fair Competition Review held its fourth joint session.

On 5 July 2021, the SAMR issued an administrative penalty decision in the case involving illegal implementation of concentration of undertakings without notification pursuant to law with respect to the acquisition by China International Marine Containers (Group) Ltd. of equity in China Fire Enterprise Group Holding Co., Ltd. and imposed a fine of RMB 300,000; issued an administrative penalty decision in the case involving illegal implementation of concentration of undertakings without notification pursuant to law with respect to the acquisition by Extraction Group (China) Firefighting Equipment Manufacturing Co., Ltd. of equity in Shenyang Jietong Fire Truck Co., Ltd. and imposed a fine of RMB 300,000.

On 5 July 2021, the Heilongjiang Administration for Market Regulation corrected pursuant to law the behavior of abuse of administrative power to eliminate or restrict competition by Jixi Housing and Urban-Rural Development Bureau.

On 6 July 2021, the SAMR issued an administrative penalty decision in 22 cases involving illegal implementation of concentration of undertakings without notification pursuant to law, including the establishment of a joint venture by Beijing Xiaoju New Energy Automobile Technology Co., Ltd., Hainan Province Transport Investment Holding Company Limited, China Southern Power Grid Electric Vehicle Service Co., Ltd. and Hainan Power Grid Co., Ltd., the establishment of a joint venture between Huidi (Tianjin) Business Service Co., Ltd. and Qingdao TGood EVC Co., Ltd., the establishment of joint venture between Huidi (Tianjin) Business Service Co., Ltd. and Tibet Aotong Venture Capital Co., Ltd. the acquisition by Tencent Mobile Limited of equity in Beijing 58 Information Technology Co., Ltd. and imposed a fine of RMB 500,000 on the enterprises concerned respectively.

On 10 July 2021, the SAMR prohibited the merger between Huya Inc. and Douyu International Holdings Limited.

On 23 July 2021, the Jiangxi Administration for Market Regulation issued an administrative penalty decision in the case involving Fengcheng Premixed Concrete Association for organizing member enterprises to conclude and implement monopoly agreements and imposed a fine of RMB 286 million in total.

On 24 July 2021, the SAMR issued an administrative penalty decision in the case involving illegal implementation of concentration of undertakings without notification pursuant to law with respect to the acquisition by Tencent of equity in China Music Group Limited, ordering Tencent and its affiliates to take measures to restore market competition, including terminating exclusive music copyright, ceasing the high prepayments and other payment methods of copyright fees and not to request the upstream copyright parties to provide conditions more favorable than those offered to its competitors without justified reasons, etc., and imposed a fine of RMB 500,000.

On 26 July 2021, the opening ceremony of the anti-monopoly backbone talent training class was held. Gan Lin, Deputy Chief of the SAMR, and Ma Huaide, President of China University of Political Science and Law attended the opening ceremony, and Gan Lin made a motivational speech.

On 26 July 2021, the Shanxi Administration for Market Regulation corrected pursuant to law the behaviors of abuse of administrative power to eliminate or restrict competition by the General Office of the Jinzhong Municipal People's Government and other departments.

On 27 July 2021, the SAMR, jointly with the National Development and Reform Commission, Ministry of Finance, the Ministry of Commerce, printed and issued the Key Points of the Work of the Inter-ministerial Joint Conference for Fair Competition Review in 2021 (Guo Shi Jian Fan Long Fa [2021] No. 39), the Announcement of Typical Issues Identified in Fair Competition Reviews in 2020 and Their Rectification (Guo Shi Jian Fan Long Fa [2021] No.43).

On 11 August 2021, the Fujian Administration for Market Regulation corrected pursuant to law the behavior of abuse of administrative power to eliminate or restrict competition by Mingxi County People's Government and General Office of the Zhao'an County People's Government.

On 12 August 2021, the Shaanxi Administration for Market Regulation issued an administrative penalty decision in the case involving abuse of dominant market position by Jingyang County Water Supply Co., Ltd. of Shaanxi Water Affair Group and imposed a fine of RMB 190,800 in total.

On 20 August 2021, the Guangdong Administration for Market Regulation corrected pursuant to law the behaviors of abuse of administrative power to eliminate or restrict competition by the Transportation Bureau of Shenzhen City, the Traffic Police Office of the Public Security Bureau of Shenzhen City.

On 27 August 2021, the Anhui Administration for Market Regulation corrected pursuant to law the behavior of abuse of administrative power to eliminate or restrict competition by Office of Working Committee on Aging of Anhui Province.

On 30 August 2021, the 21st Session of the Central Committee for Comprehensively Deepening Reform adopted *The Opinions on Strengthening Anti-monopoly and Further Pressing ahead with the Implementation of Fair Competition Policies*.

On 3 September 2021, SAMR released the *Annual Report of Anti-monopoly Law Enforcement in China (2020)*.

On 9 September 2021, the Anti-monopoly Bureau of SAMR held a video conference with the U.S. Federal Trade Commission and the Anti-monopoly Bureau of the Department of Justice to exchange views on the parties' respective progress of anti-monopoly legislation.

On 27 September 2021, the Zhejiang Administration for Market Regulation issued an administrative penalty decision in the case involving the conclusion and implementation of monopoly agreement by the Bull Group Co., Ltd. and imposed a fine of RMB 295 million in total.

On 27 September 2021, Henan Administration for Market Regulation issued an administrative penalty decision in the case involving abuse of dominant market position by Shangqiu Xinxianfeng Pharmaceutical Co., Ltd. and imposed a fine of RMB 11.0484 million in total.

On 29 September 2021, the Shandong Administration for Market Regulation corrected pursuant to law the behavior of abuse of administrative power to eliminate or restrict competition by People's Government of Wenshang County.

On 8 October 2021, the SAMR issued an administrative penalty decision in the case concerning Meituan's monopoly in China's online catering takeaway platform service market and imposed a fine of RMB 3.422 billion in total. At the same time, the *Administrative Guidance Letter* was issued to Meituan, requiring it to carry out comprehensive rectification.

On 8 October 2021, the Zhejiang Administration for Market Regulation issued an administrative penalty decision in the case involving conclusion and implementation of monopoly agreement by three logistics enterprises including NYU Auto Logistics (China) Co., Ltd. and imposed a fine of RMB 2,229,300 in total.

On 12 October 2021, the Hebei Administration for Market Regulation corrected pursuant to law the behavior of abuse of administrative power to eliminate or restrict competition by Comprehensive Law Enforcement Bureau for Urban Management of Cangzhou City.

On 15 October 2021, the Administration for Market Regulation of Ningxia Autonomous Region corrected pursuant to law the behavior of abuse of administrative power to eliminate or restrict competition by Shizuishan Emergency Management Bureau.

On 19 October 2021, the Thirty-first Meeting of the Standing Committee of the

Thirteenth National People's Congress deliberated the *Draft Amendment of Anti-monopoly Law* for the first time.

On 2 November 2021, the Shandong Administration for Market Regulation corrected pursuant to law the behavior of abuse of administrative power to eliminate or restrict competition by the People's Government of Zhangdian District, Zibo City.

On 8 November 2021, the Administration for Market Regulation of Xinjiang Uygur Autonomous Region corrected pursuant to law the behavior of abuse of administrative power to eliminate or restrict competition by the People's Government of Qinghe County, Altay.

On 15 November 2021, the State Council Anti-monopoly Commission printed and issued the *Anti-monopoly Guidelines on Active Pharmaceutical Ingredients Sector*, and the SAMR printed and issued the *Overseas Anti-monopoly Compliance Guidelines for Enterprises*.

On 15 November 2021, the SAMR conditionally approved Illinois Tool Works Co., Ltd.'s proposed acquisition of equity in MTS Systems Inc.

On 15 November 2021, the Guizhou Administration for Market Regulation corrected pursuant to law the behavior of abuse of administrative power to eliminate or restrict competition by the Zunyi Meteorological Bureau; and the Jiangxi Administration for Market Regulation corrected pursuant to law the behaviors of abuse of administrative power to eliminate or restrict competition by the People's Government Office of Yongfeng County, the Finance Bureau of Wanzai County and the Finance Bureau of Fenyi County.

On 16 November 2021, the 7th BRICS International Competition Conference opened, with Wang Yong, State Councilor and Chief of the State Council Anti-Monopoly Commission, attended and delivered a speech. Gan Lin, Deputy Chief of the SAMR, Chief of the State Anti-monopoly Bureau and Secretary General of the State Council Anti-monopoly Commission, jointly signed the *Chengdu Joint Statement* with the heads of the BRICS competition authorities. The conference released the *Model Recommendations on the Application of Waiver of Confidentiality in the Process of Considering Global Mergers and Acquisitions*, *A Study on Competition Issues in the Automotive Sector*, and other cooperation documents. Gan Lin held online bilateral talks with Ashok Kumar Gupta, Chairperson of the Competition Commission of India, Maxim Shaskolskiy, Head of the Federal Antimonopoly Service of Russia, Tembinkosi Bonakele, President of the Competition Commission of South Africa, Alexandre Cordeiro Macedo, President of the Administrative Council for Economic Defense of Brazil, Rahat Kaun Hasan, Chairman of the Competition Commission of Pakistan, Aman Shakaliev, Minister of the Department of Competition and Anti-monopoly Law of the Eurasian Economic Commission, and signed relevant cooperation documents.

On 17 November 2021, Jiangsu Administration for Market Regulation issued an administrative penalty decision in the case involving the abuse of dominant market position by Yixing Towngas Co., Ltd. and imposed a fine of RMB 40,442,200 in total.

On 17 November 2021, Shanghai Administration for Market Regulation issued an administrative penalty decision involving the case of the abuse of dominant market position by Nanjing Ningwei Medicine Co., Ltd. and imposed a fine of RMB 6,583,700 in total.

On 18 November 2021, Wang Yong, State Councilor and Chief of the State Council Anti-monopoly Commission, attended the opening ceremony of the State Anti-monopoly Bureau and reviewed the anti-monopoly administration work.

On 20 November 2021, the SAMR published 43 administrative penalty cases involving the illegal implementation of concentration of undertakings, including Alibaba Investment Co., Ltd.'s acquisition of equity in Amap Software Co., Ltd., Tencent Holdings Ltd's acquisition of equity in China Medonline Inc. and DiDi Global Inc.'s acquisition of equity in Youdian Technology (Shenzhen) Co., Ltd., etc. and imposed a fine of RMB 500,000 on enterprises concerned respectively.

On 14 December 2021, the Anhui Administration for Market Regulation corrected pursuant to law the behavior of abuse of administrative power to eliminate or restrict competition by the People's Government of Wanzhi District, Wuhu City.

On 19 December 2021, the SAMR conditionally approved SK Hynix's proposed acquisition of partial business of Intel Inc.

On 21 December 2021, the Hunan Administration for Market Regulation corrected pursuant to law the behavior of abuse of administrative power to eliminate or restrict competition by the Healthcare Security Bureau of Furong District, Changsha City.

On 22 December 2021, the SAMR issued an administrative penalty decision in the case involving illegal implementation of concentration of undertakings without notification pursuant to law with respect to the acquisition of certain business of Beijing WKW Automotive Parts Co., Ltd. by Sanhua Holding Group, and imposed a fine of RMB 300,000.

On 28 December 2021, the Shandong Administration for Market Regulation corrected pursuant to law the behavior of abuse of administrative power to eliminate or restrict competition by Jinan Ecology and Environment Bureau.

On 29 December 2021, during the Bilateral Cooperation Mechanism Conference at the level of deputy prime ministers between China and Singapore, Gan Lin, Deputy Chief of the SAMR and Chief of the State Anti-monopoly Bureau, and She Yike, Chief Executive Officer of the Competition and Consumer Commission of Singapore, signed the *Memorandum of Understanding on Cooperation in the Field of Competition Law.*

On 29 December 2021, the SAMR issued an administrative penalty decision in the case involving illegal implementation of concentration of undertakings without notification pursuant to law with respect to the acquisition of equity in Yida Property Service Group Co., Ltd. by Longhu Jiayue Property Service Co., Ltd. and imposed a fine of RMB 300,000.

On 31 December 2021, the SAMR issued an administrative penalty decision in 13 cases involving illegal implementation of concentration of undertakings, including the establishment of a joint venture by Alibaba (China) Network Technology Co., Ltd. and Guiyang Xingli Department Store Group Co., Ltd. the acquisition of equity in Beijing Youhu Technology Development Co., Ltd. by Tencent Holdings Limited. and the establishment of a joint venture by Ningbo Yuheng Health Investment Co., Ltd. and Jiangsu JD Bangneng Investment Management Co., Ltd., etc. and imposed a fine of RMB 500,000 on enterprises concerned respectively.

Appendix

Anti-monopoly Guidelines on Platform Economy Sectors

Guo Fan Long Fa [2021] NO. 1

(Promulgated by the State Council Anti-monopoly Commission on February 7, 2021)

Chapter I General Provisions

Article 1 Purpose and Basis

For the purpose of preventing and curbing monopolistic conducts in platform economy sectors, protecting fair market competition, promoting the normalized, orderly, innovative and healthy development of the platform economy, and safeguarding consumer welfare and public interests, these Guidelines are formulated in accordance with the *Anti-monopoly Law of the People's Republic of China* (AML) and provisions of other applicable laws.

Article 2 Relevant Concepts

(1) Platform–for purposes hereof, a platform is an Internet platform, and refers to a mode of business organization whereby through network information technology, interdependent participants from two sides or multiple sides are enabled to interact with each other under the rules provided by a specific medium, thereby jointly creating value.

(2) Platform operators refer to undertakings which provide business premises, transaction matching, information exchange and other Internet platform services to natural persons, legal persons and other market participants.

(3) In-platform operators refer to undertakings which provide goods or services (hereinafter collectively referred to as products) on an Internet platform.

While operating a platform, a platform operator may also directly provide products through such platform.

(4) Undertakings in a platform economy sector include platform operators, in-platform operators and other undertakings participating in the platform economy.

Article 3 Basic Principle

Anti-monopoly law enforcement authorities shall adhere to the following principles when carrying out anti-monopoly regulation of platform economy sectors:

(1) Protection of fair competition on the market. Equal and fair treatment of market participants shall be maintained; efforts shall be focused on preventing and curbing monopolistic conducts; improving the legal norms for finding monopolistic conducts of platform enterprises, protecting fair competition in platform economy sectors, preventing disorderly expansion of capital, supporting innovation and development of platform enterprises, and enhancing international competitiveness.

(2) Scientific and efficient regulation in accordance with the law. The basic systems, regulatory principles and analytical frameworks of the AML and relevant supporting regulations, rules and guidelines are applicable to all market participants in platform economy sectors. The anti-monopoly enforcement authority will, in light of the development status, development pattern and specific characteristics of platform economy, based on the specific case circumstances, strengthen competition analysis and legal deliberation, continuously strengthen and improve anti-monopoly regulation, and enhance the pertinence and scientific nature of anti-monopoly enforcement.

(3) Stimulating innovation and creativity. Create a competitive, orderly, open and inclusive development environment, reduce market entry barriers, guide and encourage platform operators to apply more resources to technological innovation, quality improvement, service enhancement and model innovation, prevent and curb conducts that eliminate or restrict competition from restraining innovative development and economic vitality of platform economy, effectively motivate the innovation and creativity of the whole society, and build new advantages and new momentum for economic and social development.

(4) Safeguarding lawful interests of each of the participants. The development of platform economy involves multilateral participants. Anti-monopoly regulation, while protecting fair competition in platform economy sectors, fully leveraging platform economy to promote resource allocation optimization, technological progress, and efficiency improvement, strives to protect the lawful rights and interests of all parties including in-platform operators, consumers and participants, strengthen the overall harmonization of anti-monopoly enforcement and industry regulation so as to enable the entire society to share the fruits of technological progress and economic development of platform and achieve the harmonious symbiosis and healthy development of platform economy as a whole.

Article 4 Definition of Relevant Market

The platform economy involves complex business categories and evolving competitive dynamics. In connection with the definition of relevant product market and relevant geographic market for a platform economy sector, the general principles stipulated in the *AML* and the *State Council Anti-monopoly Commission Guidelines for Definition of Relevant Market* need to be followed; meanwhile, for a particular case, specific analysis shall be conducted by taking into account the characteristics of the platform economy and in light of its case circumstances.

(1) Relevant Product Market

The basic method of defining the relevant product market in the platform economy is substitutability analysis. In the definition of relevant product market in individual cases, demand substitution analysis can be conducted based on factors including platform functionalities, business models, use cases, user cohorts, multi-sided markets, and offline transactions, etc. Where supply substitution imposes a competitive constraint on the conduct of an undertaking in a manner similar to that of demand substitution, supply substitution analysis can be conducted based on factors including market entry, technical barriers, network effects, lock-in effects, transfer costs, and cross-sector competition, etc. Specifically, a relevant product market can be defined based on the products on one side of the platform; multiple relevant product markets can also be defined separately based on the multiple products involved in the platform, and the relationship and interaction between the relevant product markets shall be considered. When the cross-platform network effect embodied in such platform can impose sufficient competition constraints on platform operators, the relevant product market can be defined based on the entire platform.

(2) Relevant Geographic Market

For a platform economy sector, the methods of demand substitution analysis and supply substitution analysis are also adopted in defining the relevant geographic market. In defining the relevant geographic market for a specific case, factors such as the actual territories from which the majority of users choose to source the products, the language preferences and consumption habits of users, the provisions of the relevant laws and administrative regulations, the competitive constraints in different territories, and online/offline convergence may be considered through comprehensive evaluation.

In light of the characteristics of the platform concerned, the relevant geographic market is generally defined as China market or a specific regional market, provided that a global market may also be defined in light of the case circumstances.

(3) Role of Relevant Market Definition in Various Monopoly Cases

The principle of case-by-case analysis shall be adhered to, as the actual need for defining the relevant market varies in different categories of monopoly cases.

The relevant market generally needs to be defined in connection with investigating against monopoly agreements or abuse of dominant market position, or conducting anti-monopoly review of a concentration of undertakings in the platform economy sectors.

Chapter Ⅱ Monopoly Agreements

The AML prohibits undertakings from concluding or implementing monopoly agreements. In finding monopoly agreements in a platform economy sector, Chapter Ⅱ of the AML and the *Interim Provisions on Prohibiting Monopoly Agreements* shall apply. Monopoly agreements expressly enumerated in Article 13 and Article 14 of the AML shall be prohibited in accordance with the law; monopoly agreements which fall under the circumstances provided in Article 15 of the AML shall be exempted in accordance with the law.

In analyzing whether the relevant conduct constitutes a monopoly agreement as prescribed in item 6 of Article 13 and item 3 of Article 14 of the AML, one can comprehensively consider factors such as market competition situation of the platform, the market power of the platform operator and in-platform operator, and the difficulty for another undertaking's entry into the relevant market, and the impact on innovation, etc.

Article 5 Form of Monopoly Agreements

Monopoly agreements in a platform economy sector refer to agreement, decision or other concerted conduct by operators that eliminate or restrict competition. Agreement and decision may be in writing or verbal form. Other concerted conduct refers to a conduct carried out by undertakings in the absence of an agreement or decision which nevertheless constitutes collusion in substance through data, algorithms, platform rules or other means, provided that parallel conducts such as price-following by relevant operators resulting from independent expression of intent are excluded.

Article 6 Horizontal Monopoly Agreements

Competing undertakings in a platform economy sector can conclude horizontal monopoly agreements for price fixing, allocation of markets, restricting production(sale) volume, restricting new technology(product) and boycotting, etc. through the following means:

(1) collecting and exchanging sensitive information concerning price, sale volume, cost, customer, etc. through a platform;

(2) conducting communication of intent through technical means;

(3) concerted conducts through data, algorithms, platform rules, etc.;

(4) other means facilitating concerted conducts.

For purposes hereof, price includes but is not limited to product price and service charges such as commissions, handling charges, membership fees and promotion fees, etc.

Article 7 Vertical Monopoly Agreements

Undertakings in a platform economy sector can conclude monopoly agreements for fixing resale price, setting minimum resale price with a trade counterparty through the following means:

(1) automatically setting price through technical means;

(2) unifying price through platform rules;

(3) restricting price directly or indirectly through data and algorithms;

(4) restricting other trading terms through technical means, platform rules, data and algorithms to eliminate or restrict market competition.

A platform operator requiring the in-platform operators to provide it with trading conditions equal to or more favorable than those provided to other competing platforms in terms of product price, volume, etc. may constitute a monopoly agreement, and may also constitute an abuse of market dominant position.

In analyzing whether the above conduct constitutes a vertical monopoly agreement as prescribed in item 3 of Article 14, one can comprehensively consider factors such as the market power of the platform operator, the competition condition in the relevant market, and the extent of hindrance to another undertaking's entry into the relevant market, and the impact on consumer interests and innovation, etc.

Article 8 Hub-and-spoke Agreements

Competing in-platform operators may conclude a hub-and-spoke agreement which has the effect of horizontal agreements by utilizing their vertical relationship with a platform operator, or through organization and coordination by the platform operator. In analyzing whether the such agreement falls into the category of monopoly agreements regulated by Articles 13 and 14 of the AML, the following may be considered: whether the competing in-platform operators conclude and implement monopoly agreements to eliminate or restrict market competition through technical means, platform rules, data and algorithm, etc.

Article 9 Finding of Concerted Conducts

In finding concerted conducts in a platform economy sector, whether a concerted conduct exists may be determined by direct evidence. If direct evidence is difficult to obtain, the state of the undertakings' knowledge of the relevant information may be found in accordance with Article 6 of the *Interim Provisions on Prohibiting Monopoly Agreements* and based on logically coherent indirect evidence, so as to determine whether there exists a concerted conduct between the undertakings. The undertakings concerned may provide contrary evidence to rebut the existence of concerted conduct between them.

Article 10 Leniency Regime

The anti-monopoly enforcement authority encourages the relevant undertakings in the platform economy sectors who participate in a horizontal monopoly agreement to proactively report the relevant circumstances surrounding the conclusion of monopoly agreement and provide important evidence, while ceasing the illegal conduct and cooperating with the investigation. For undertakings meeting the conditions for leniency, the anti-monopoly enforcement authority may reduce or waive the penalty.

The specific standards and procedures for undertakings to apply for leniency shall be governed by the *Interim Provisions on Prohibiting Monopoly Agreements* and *Anti-monopoly Commission of the State Council Guidelines for the Application of Leniency System in Horizontal Monopoly Agreement Cases.*

Chapter Ⅲ Abuse of Dominant Market Position

The AML prohibits an undertaking with dominant market position from abusing its dominant market position. In finding abuse of dominant market position in a platform economy sector, Chapter Ⅲ of the AML and the *Interim Provisions on Prohibition of Abuse of Dominant Market Position* shall apply. Generally, the first step is to define the relevant market and determine whether the undertaking concerned holds a dominant position in the relevant market, then to conduct specific analysis as to whether the conduct at issue constitutes abuse of dominant market position in light of the case circumstances.

Article 11 Finding of Dominant Market Position

The anti-monopoly enforcement authority shall determine or presume the dominant market position of the undertaking concerned in accordance with Article 18 and Article 19 of the AML. In light of the characteristics of platform economy, the following factors may be specifically taken into consideration:

(1) The market share of the undertaking and competitive condition in the relevant market. In determining the market share of the undertaking concerned in a platform economy sector, the proportional metrics in the relevant market in terms of monetary value involved in the transactions, number of transactions, sales volume, number of active users, click-throughs, duration of use or other metrics may be considered, as well as the duration of such market share.

In analyzing the competitive condition of the relevant market, the development status of the relevant platform market, the number of existing competitors and their market shares, characteristics of platform competition, the degree of platform differentiations, economies of scale, conditions of potential competitors, and innovation and technological changes may be considered.

(2) The undertaking's ability to control the market. The undertaking's ability to control the upstream and downstream markets or other associated markets, ability to impede or affect other undertakings' entry into the relevant market, business model and network effects of the relevant platform, and the ability to affect or decide price, network traffic or other trading terms may be considered.

(3) Undertaking's financial resource and technical condition. The following may be considered: investors' conditions, assets scale, capital source, profitability, financing ability, technical innovation and application capabilities, intellectual property rights owned, ability to capture and process relevant data, and the extent to which such financial strength and technical resources can contribute to such undertaking's business expansion, or solidification or maintenance of its market position, etc.

(4) The extent of reliance of other undertakings on such undertaking. The following may be considered: transaction relationship, volume and duration of transaction between the undertaking and other undertaking, lock-in effect, user stickiness and the possibility of other undertakings switching to other platforms and such switching costs, etc.

(5) The difficulties for other undertakings to enter the relevant market. Market access, scale effects of platforms, scale of capital investment, technical barriers, users' propensity for using multiple platforms, users' switching cost, difficulty of data acquisition, users' habits may be considered.

(6) Other factors. Other factors which can be considered for determining the dominant market position of undertakings based on the characteristics of platform economy.

Article 12 Unfair Pricing

A dominant undertaking in a platform economy sector may abuse its dominant market position to sell a product at unfairly high price or buy a product at unfairly low price. In analyzing whether a conduct constitutes unfair pricing, the following factors may be taken into consideration:

(1) Whether the price is obviously higher or lower than the price of the same product or comparable product under the same or similar market conditions of other undertakings in the same business;

(2) Whether the price is obviously higher or lower than the price in other territories for the same product or comparable product under the same or similar market conditions of other undertakings in the platform economy sector;

(3) where the cost is generally stable, whether the sale price is increased, or the purchase price is decreased by such undertaking in the platform economy sector, in excess of the normal extent;

(4) whether the extent of product sale price increase of such undertaking in the platform economy sector obviously exceeds the extent of cost increase, or whether the extent of product purchase price decrease of such undertaking in platform economy sector obviously exceeds the extent of decrease in the trade counterparty's cost.

In finding the same or similar market conditions, the following factors may generally be taken into account: platform type, business model, trading stage, cost structure, specific trading circumstance, etc.

Article 13 Below-cost Selling

A dominant undertaking in a platform economy sector may abuse its dominant market position to sell a product at price below its costs without justifiable cause so as to eliminate or restrict market competition.

In analyzing whether a conduct constitutes selling a product at price below its costs, the key considerations generally include: circumstances such as whether the undertaking in a platform economy sector squeezed out other competing undertakings through pricing below its costs and whether thereafter it is likely to raise price to obtain improper benefits, harm fair market competition and legitimate rights and interests of consumers, etc.

In calculating costs, the costs interrelationship between the relevant markets in the multi-sided market involved by the platform shall be comprehensively considered in general.

The undertaking in a platform economy sector selling a product at price below its cost may have the following justifiable causes:

(1) developing other in-platform businesses for a reasonable time period;

(2) promoting a new product on the market for a reasonable time period;

(3) attracting new users for a reasonable time period;

(4) carrying out promotional activities for a reasonable time period;

(5) any other cause demonstrating the propriety of the conduct.

Article 14 Refusal to Deal

A dominant undertaking in a platform economy sector may abuse its dominant market position to refuse to deal with a trade counterparty without justifiable cause so as to eliminate or restrict market competition. In analyzing whether such conduct constitutes refusal to deal, the following factors may be taken into consideration:

(1) ceasing, delaying or suspending an existing transaction with its trade counterparty;

(2) refusing to engage in a new transaction with its trade counterparty;

(3) substantially reducing the volume of existing transactions with counterparties;

(4) imposing unreasonable restrictions and barriers in terms of platform rules, algorithm, technology and traffic allocation so that its trade counterparty cannot viably carry out transactions;

(5) as an undertaking who controls essential facility in a platform economy sector, refusing to deal with its trade counterparty on reasonable terms.

In determining whether the relevant platform constitutes an essential facility, the following factors shall be comprehensively considered in general: status of data possession by such platform, substitutability of other platforms, whether there are potential available platforms, the feasibility of developing a competitive platform, the degree of reliance of trade counterparties on the platform, the possible impact of opening such platform on the platform operator, etc.

Undertakings in a platform economy sector refusing to deal may have the following justifiable causes:

(1) inability to deal due to objective causes such as force majeure;

(2) the transaction security is affected due a cause attributable to the trade counterparty;

(3) dealing with the trade counterparty will cause improper detriment to the interests of the undertakings in the platform economy sector;

(4) the trade counterparty expressly declines to, or actually fails to, comply with the platform rules which are fair, reasonable and non-discriminatory;

(5) any other cause that can demonstrate the propriety of the conduct.

Article 15 Exclusive Dealing

A dominant undertaking in a platform economy sector may abuse its dominant market position to impose exclusive dealing on a trade counterparty without justifiable cause so as to eliminate or restrict market competition. In analyzing whether a conduct constitutes exclusive dealing, the following factors may be taken into consideration:

(1) requiring in-platform operators to make an "either-or" selection between competing platforms, or other conducts restricting the trade counterparties to exclusively trade with such undertaking;

(2) requiring a trade counterparty to deal with designated operators exclusively, or in other restrictive manners such as trading through channels designated by it;

(3) requiring a trade counterparty not to engage in transactions with a certain undertaking.

The aforementioned restriction may be conducted by means prescribed in a written agreement, or by means agreed upon with trade counterparts by telephone or orally, or by means of actual restrictions or barriers in terms of platform rules, data, algorithms and technologies, etc.

In analyzing whether the conduct constitutes exclusive dealing, the following two circumstances may be take into key consideration: First, restrictions imposed by a platform operator through punitive measures, such as blocking access to stores, lowering search ranking, network traffic restriction, technical obstacle, and deducting deposits, in general may directly be found as constituting exclusive dealing, due to their direct harm to market competition and consumers' interests. Second, restrictions imposed by a platform operator by providing subsidies, discounts, favorable conditions, traffic resource support and other incentives may have certain positive effect on other in-platform operators, interests of consumers and the overall welfare of the society, but it may be deemed as exclusive dealing if there is evidence proving that it has an apparent effect of eliminating or restricting market competition.

Undertakings in a platform economy sector engaging in exclusive dealing may have the following justifiable causes:

(1) necessary for protecting interests of trade counterparties and consumers;

(2) necessary for protecting IPR, trade secrets or data security;

(3) necessary for protecting specific resource investments made for the transaction;

(4) necessary for maintaining the reasonable business model;

(5) any other cause that can demonstrate the propriety of the conduct.

Article 16 Tying or Imposing Unreasonable Trading Terms

A dominant undertaking in a platform economy sector may abuse its dominant market position to engage in tying or impose any other unreasonable additional trading terms in the course of a transaction without justifiable cause so as to eliminate or restrict market competition. In analyzing whether the conduct constitutes tying or imposing unreasonable trading terms, the following factors may be taken into consideration:

(1) selling different products as a bundle or package by means of form clauses, pop-up windows, required operational steps and other methods that the counterparties cannot choose, alter or refuse;

(2) forcing trade counterparties to accept other products by taking punitive measures such as lowering search ranking, network traffic restriction and technical obstacles;

(3) imposing unreasonable restrictions in terms of trading conditions, trading method, methods of service provision, payment terms and after-sales warranty, etc.;

(4) charging unreasonable fees in addition to transaction prices;

(5) compulsorily collecting non-essential user data or imposing trading terms, transaction procedures, and service items that are not relevant to the transaction subject matter.

Undertakings in a platform economy sector engaging in tying may have the following justifiable causes:

(1) consistency with proper industry practices and trading customs;

(2) necessary for protecting interests of trade counterparties and consumers;

(3) necessary for improving the utility or efficiency of the product;

(4) any other cause that can demonstrate the propriety of the conduct.

Article 17 Discrimination

A dominant undertaking in a platform economy sector may abuse its dominant market position to discriminate among trade counterparties under the same conditions in respect of trading terms without justifiable cause so as to eliminate or restrict market competition. In analyzing whether the conduct constitutes discrimination, the following factors may be taken into consideration:

(1) applying differentiated transaction prices or other trading terms according to

payment capabilities, consumption preferences and using habit based on big data and algorithms;

(2) applying differentiated standard, rules and algorithms;

(3) applying differentiated payment terms and trading methods.

"Under the same conditions" means that there is no difference which substantially affects the transaction between the trade counterparties in terms of transaction security, transaction cost, credit status, the stage at which trading is conducted, transaction duration, etc. Differences in privacy information, trading history, individual preference, consumption habit and other aspects of trade counterparties obtained by the platform in the course of transactions shall not affect the determination that the counterparties are under the same conditions.

Undertakings in a platform economy sector engaging in discrimination may have the following justifiable causes:

(1) applying different trading terms based on the actual needs of the trade counterparty and in accordance with proper trading customs and industry practices;

(2) conducting a promotional activity for a new user for a reasonable time period;

(3) engaging in a random transaction based on the fair, reasonable and non-discriminatory rules of the platform;

(4) any other cause that can demonstrate the propriety of the conduct.

Chapter Ⅳ Concentration of Undertakings

The AML prohibits undertakings from conducting concentration of undertakings which will, or likely will, have eliminative or restrictive effect on competition. Pursuant to the AML and *Rules on Anti-monopoly Notification thresholds for Concentration of Undertakings by the State Council and Interim Provisions on the Review of Concentration of Undertakings*, the State Council Anti-monopoly Enforcement Authority shall review concentration of undertakings in a platform economy sector and conduct investigation on illegally consummated concentration of undertakings.

Article 18 Notification Threshold

In a platform economy sector, the turnover of an undertaking includes the revenues generated by selling goods and providing services. The calculation of turnover may be different depending on the different industry practices, charging methods, business models of undertakings, and the functions of platform operators. For those platform operators who only provide information matching and collect commission and other service fees, the turnover may be calculated on the basis of the service fee and other income of the platform; for a platform operator who specifically participates in market competition or play a leading role on one side of the platform, the turnover may also be calculated based on the monetary value involved in the platform transaction.

Where a contemplated concentration of undertakings meets the thresholds prescribed by the State Council, the participating undertakings shall notify the State Council Anti-monopoly Enforcement Authority in advance, and may not consummate the concentration without such notification. A concentration of undertakings that involves contractual-control arrangement falls within the scope of anti-monopoly review of concentration of undertakings.

Article 19 Proactive Investigations Conducted by the State Council Anti-monopoly Enforcement Authority

Pursuant to the Article 4 of *Rules on Anti-monopoly Notification thresholds for Concentration of Undertakings by Council of State*, where a concentration of undertakings does not meet the notification thresholds, but the facts and evidence collected through prescribed procedure indicate that the concentration will have, or likely have, eliminative or restrictive effect on competition, the State Council Anti-monopoly Enforcement Authority shall conduct investigation in accordance with the law.

Undertakings may, on their own initiative, may notify the State Council Anti-monopoly Enforcement Authority of a concentration of undertakings that does not meeting the notification thresholds.

The State Council Anti-monopoly Enforcement Authority is highly concerned about concentrations of undertakings in platform economy sectors where the undertaking participating in the concentration is a start-up or an emerging platform and the undertakings participating in the concentration adopt business models of no-charge or low-price, resulting in low turnover, high concentration in the relevant market, and a relatively small number of competitors. Where a concentration does not meet the notification thresholds but will have, or likely have, eliminative or restrictive effect on competition, the State Council Anti-monopoly Enforcement Authority will conduct investigation and make decision in accordance with the law.

Article 20 Factors to be Considered

The State Council Anti-monopoly Enforcement Authority will assess the competitive impact of concentration of undertakings in a platform economy sector according to the factors prescribed in Article 27 of the AML and Chapter 3 of *Interim Provisions on the Review of Concentration of Undertakings*. In light of the characteristics of platform economy, the following specific factors may be taken into consideration:

(1) The market shares of undertakings in the relevant market. In calculating market shares, in addition to taking turnover as the metric, the following may be also considered: the proportional metrics in the relevant market in terms of monetary value involved in the

transactions, number of transactions, number of active users, click-throughs, duration of use or other metrics, and may, as the case may be, make a comprehensive assessment of the market shares within a relatively longer period of time and determine the dynamic trend of change.

(2) The market power of undertakings. The following may be considered: whether the undertakings have exclusive rights to critical and scarce resources and the duration of such exclusive rights, the platform users' stickiness and propensity for using multiple platforms, the ability of the undertaking to capture and process data, to control the data interface, the ability to seep or expand into other markets, and the undertaking's profitability and profit margin level, the frequency and speed of technological innovation, the product life cycle, whether there is or likely will be disruptive innovation, etc.

(3) The level of concentration in the relevant market. The following may be considered: development status of the relevant platform market, the number of existing competitors and their market shares.

(4) The impact of the concentration of undertakings on market entry. The following may be considered: market access condition, the difficulty for the undertakings to obtain technologies, intellectual property rights, data, channels and users or other necessary resources and essential facilities, the scale of capital input necessary for entering the relevant market, and the conversion cost of users in terms of fees, data migration, negotiation, learning and search, etc. and the likelihood, timeliness and adequacy of entry.

(5) The impact of the concentration of undertakings on technological advancement. The following may be considered: the competition in innovation areas such as technology and business model among competitors in the current market, impact on incentive and ability of undertakings to innovate, whether the acquisition of a start-up or an emerging platform may impact innovation.

(6) The impact of the concentration of undertakings on consumers. The following may be considered: whether, after the concentration, the undertakings have the ability and incentive to harm consumer welfare through such means as raising the product price, lowering product quality, reducing product variety, impairing the choice capability and choice scope of consumers, discriminatory treatment of different consumer groups, improper use of consumer data, etc.

(7) Other factors that the State Council Anti-monopoly Enforcement Authority deem necessary to be taken into account, including the impact on other undertakings, and the impact on the development of national economy, etc.

For the concentration of undertakings involving two-sided platform or multi-sided platform, the two-sided businesses or multi-sided businesses and other businesses conducted by the undertaking may need to be comprehensively considered, and the direct and indirect network externalities may need to be assessed.

Article 21 Remedies

For those concentration of undertakings which will have, or likely have, eliminative or restrictive effect on competition, the State Council Anti-monopoly Enforcement Authority shall make decisions in accordance with Article 28 of the AML. For those unprohibited concentration of undertakings, the State Council Anti-monopoly Enforcement Authority may decide to impose the following restrictive conditions:

(1) structural conditions such as the divestment of intellectual property rights, technology, data and other intangible assets, or relevant equity interests;

(2) behavioral conditions such as opening networks, data or platforms and other infrastructure, licensing key technologies, terminating exclusive agreements, revising platform rules or algorithms, commitment of compatibility or no reduced interoperability, etc.;

(3) comprehensive conditions that combine structural conditions and behavior conditions.

Chapter V Elimination or Restriction of Competition through Abuse of Administrative Power

The AML prohibits an administrative body or organization empowered by the relevant laws and administrative regulations to administer public affairs from abusing its administrative power to eliminate or restrict competition. For conduct of abusing administrative power to eliminate or restrict competition, the anti-monopoly law enforcement authority shall investigate in accordance with the law and put forward advice for handling.

Article 22 Instances of Elimination or Restriction of Competition through Abusing Administrative Power

An administrative body or organization empowered by the relevant laws and administrative regulations to administer public affairs, by engaging in the following conduct to eliminate or restrict competition in platform economy, may constitute elimination or restriction of competition through abuse of administrative power:

(1) restricting, either expressly or under any pretext, the dealing, purchase or use of a product by any entity or individual to those supplied by its designated undertakings in a platform economy sector, or a product supplied by any other undertaking in connection with the provision of the platform service;

(2) imposing discriminatory standards or policies on non-local undertakings in a platform economy sector, adopting administrative licensing or filings requirements specifically targeting non-local undertakings in a platform economy sector, or impeding or

restricting local market entry by non-local undertakings in a platform economy sector by using software or Internet to set blockage, etc., to impede the free intra-region movement of products;

(3) rejecting or restricting the participation of non-local undertakings in a platform economy sector in local procurement through tendering projects by imposing discriminatory qualification requirements or bid evaluation standards, or failing to publish information as required by law, etc.;

(4) discouraging, restricting or imposing requirements of investment or establishment of branches in the relevant region by non-local undertakings through discriminatory treatments of non-local undertakings in a platform economy sector;

(5) coercing, either directly or in other ways, undertakings in a platform economy sector to engage in monopolistic conducts set out in the AML;

(6) formulating and promulgating administrative rules, normative documents and other policy measures as well as specific policy measures in the form of "case by case deliberation" by administrative authorities concerning the economic activities of market participants in the platform economy sector, with content of market access, industrial development, investment promotion, tender and bidding, government procurement, code of business conduct, qualification standards which eliminates or restricts competition, in the form of provisions, measures, decisions, announcements, notices, opinions, and meeting minutes, etc.

Article 23 Fair Competition Review

Where an administrative body, or an organization empowered by the relevant laws or administrative regulations to administer public affairs, formulates administrative rules, normative documents and other policy documents (or formulation of specific policy measures through the "Case-by-Case" approach) concerning an economic activity of market participants in the platform economy sector, fair competition review shall be conducted in accordance with relevant regulations of the state.

Chapter Ⅵ Supplementary Provisions

Article 24 Interpretation of the Guidelines

These Guideline shall be interpreted by the State Council Anti-monopoly Commission and shall become operative as of the date of promulgation.

Anti-monopoly Guidelines on Active Pharmaceutical Ingredients Sector

Guo Fan Long Fa [2021] NO. 3

(Promulgated by the State Council Anti-monopoly Commission on November 15, 2021)

Chapter I General Provisions

Article 1 Purpose and Basis

For the purpose of preventing and curbing monopolistic conducts in the active pharmaceutical ingredients (API) sector, further clarifying the market competition rules, protecting market competition in the API sector, safeguarding consumer welfare and public interests, these Guidelines are formulated in accordance with the *Anti-monopoly Law of the People's Republic of China* (AML) and other applicable laws.

Article 2 Relevant Terms

(1) API refers to raw materials that are used for the production of various drugs in compliance with the relevant laws and regulations on drug administration, and which constitute active ingredients in drugs. For purposes of these Guidelines, API includes chemical active pharmaceutical ingredients and ingredients for traditional Chinese medicines;

(2) Drugs refer to substances used for the prevention, diagnosis and treatment of human diseases, and purposeful regulation of human physiological functions, with prescribed indications or functions, usage and dosage, including traditional Chinese medicine, chemical pharmaceuticals and biological products, etc.;

(3) API undertakings refer to various kinds of enterprises approved by the competent regulatory authority to engage in the production and dealing of API;

(4) API manufacturers refer to enterprises approved by the competent regulatory authority to engage in the production of API by way of chemical synthesis, animal or plant extraction, biotechnology, etc. and thereafter the sale of such API;

(5) API distributors refer to enterprises approved by the competent regulatory authority to engage in the dealing and sale, but not production, of API;

(6) Drug manufacturers refer to enterprises approved by the competent regulatory authority, with drug manufacturing permits to engage in the production and sale of drugs;

(7) Drug distributors refer to enterprises approved by the competent regulatory authority, with drug operation permits to engage in the dealing and sale of drugs.

Article 3 Basic Principles

The anti-monopoly law enforcement authorities shall adhere to the following principles when carrying out anti-monopoly regulation with respect to the API sector:

(1) To protect fair competition in the market. Non-discriminatorily and equally treat market participants; strengthen regulation and supervision in accordance with the law; strive to prevent and curb monopolistic conducts in the API sector; protect fair market competition, safeguard good competition order, support the innovative development of API undertakings, and enhance international competitiveness;

(2) To achieve efficient regulation in a scientific manner and in accordance with the law. The basic systems, regulatory principles and analytical frameworks established in the AML and relevant supporting regulations, rules and guidelines apply to all market participants in the API sector. The anti-monopoly law enforcement authorities shall, in light of the specific conditions of cases in the API sector, strengthen competition analysis and legal reasoning, continuously enhance and improve anti-monopoly regulation, and enhance the pertinence and scientificity of anti-monopoly enforcement;

(3) To focus on the protection of consumer interests. The anti-monopoly law enforcement authorities shall rigorously crack down on various types of monopolistic conducts in the API sector, propel enterprises to improve their operation efficiency, safeguard competitive prices in the market, guide and encourage API undertakings to devote more resources to process improvement and quality and efficiency enhancement, promote effective availability of API and stable supply of drugs, and protect consumer interests;

(4) To continuously strengthen legal deterrence. The anti-monopoly law enforcement authorities shall continuously intensify law enforcement in the API sector, and impose harsher and heavier punishment in accordance with the law on those who are fully aware that relevant conducts infringes the AML but willfully engage in such conducts or take measures to circumvent investigations, so as to strengthen legal deterrence, effectively curb monopolistic conducts in the API sector, and focus on improving people's livelihood and well-being.

Article 4 Definition of Relevant Market

The industry chain of API covers production, transportation, distribution, and other activities, and involves various business modes. The definition of relevant product market and relevant geographic market for an API sector shall follow the general principles stipulated in the AML and the *State Council Anti-monopoly Commission Guidelines for Definition of Relevant Market*; meanwhile, specific analysis shall be conducted by taking into account the characteristics of the API sector, and in light of the circumstance of a given case.

(1) Relevant Product Market

The basic method for defining a relevant product market in the API sector is the substitutability analysis. When defining the relevant product market in a given case, demand substitution analysis can be conducted in light of the product characteristics, quality standards, purpose, price and other factors of the API concerned. Where necessary, a supply substitution analysis may be conducted simultaneously in light of factors such as market entrance, production capacity, the transformation of production facilities and technical barriers.

Depending on specific circumstances, it may be necessary to further segment the relevant product market into API production market and API distribution market.

Since API plays a special role in drug production, each API normally constitutes a separate relevant product market, which may be further segmented depending on the specific circumstances. If there is substitutability among different APIs, it may be determined that several APIs constitute the same relevant product market, as the case may be.

(2) Relevant Geographic Market

The definition of relevant geographic market in the API sector follows demand substitution analysis and supply substitution analysis. Different countries adopt different qualifying and regulatory standards for the production and distribution of API. API undertakings engaged in the production and distribution of API in China shall organize the production based on the certified process, strictly comply with the Good Manufacturing Practice (GMP) for Pharmaceutical Products and the Good Sales Practice (GSP) for Pharmaceutical Products, and ensure that the production and distribution processes comply with statutory requirements. Imported API shall be subject to the approval of competent Chinese regulatory authorities. Therefore, the relevant geographic market for the production and distribution of API is normally defined as China market.

In light of the characteristics and costs of transportation of different API, the geographic market for a particular API may be defined as certain geographic area.

Chapter Ⅱ Monopoly Agreements

The AML prohibits undertakings from concluding and implementing monopoly agreements. Chapter Ⅲ of the AML and the *Interim Provisions on Prohibiting Monopoly Agreements* shall apply to the determination of monopoly agreements in the API sector. Monopoly agreements expressly enumerated in Article 13 and Article 14 of the AML shall be prohibited in accordance with the law; monopoly agreements that fall within the scope of Article 15 of the AML shall be exempted in accordance with the law.

Article 5 Forms of Monopoly Agreement

Monopoly agreement in the API sector refers to any agreement, decision or other concerted conduct by undertakings that eliminate or restrict competition. An agreement or decision may be in writing, verbal or other forms. Other concerted conduct refers to conduct carried out by undertakings in the absence of an agreement or decision, but still collusive in substance through other means, except for parallel conducts such as price-following by relevant undertakings resulting from independent expression of intent.

Article 6 Horizontal Monopoly Agreements

Competing API undertakings are prohibited from concluding a horizontal monopoly agreement prescribed in Article 13 of the AML. The following conduct of an API undertaking generally constitutes a monopoly agreement prohibited under Article 13 of the AML:

(1) Where an API manufacturer agrees with any other competing undertaking on API production quantity, sales quantity, sales price, sales counterparties, sales territory, etc. through joint production agreement, joint procurement agreement, joint sales agreement, joint bidding agreement, etc.

(2) Where an API manufacturer communicates and coordinates sensitive information such as API sales price, capacity and output, production and sales plan through a third party (such as an API distributor or a downstream drug manufacturer), trade fair or industry conference.

(3) Where an API manufacturer concludes an agreement with any other competing API undertaking whereby it is compensated by such other API undertaking for not producing or selling an API.

(4) Where an API distributor communicates and coordinates with any other competing API undertaking on procurement quantity, procurement counterparties, sales price, sales quantity, sales counterparties, etc.

As there is no significant difference in competition analysis between the API sector and other sectors and industries, these Guidelines will not provide further details.

Article 7 Vertical Monopoly Agreements

An API undertaking and its trading counterparty are prohibited from concluding a vertical monopoly agreement prescribed in Article 14 of the AML. The following conduct of an API undertaking normally constitutes a monopoly agreement prohibited under Article 14 of the AML:

(1) directly fixing the resale price or setting minimum resale price (hereinafter referred to as "resale price maintenance") for API distributors and drug manufacturers by means of contracts, oral agreements, written letters, emails or price adjustment notices, etc;

(2) imposing disguised resale price maintenance on API distributors and drug manufacturers by way of fixing their margins, discounts or rebates, etc;

Restricting the resale price of API distributors and drug manufacturers by way of offering rebates, priority in supply, provision of support or other incentives, or threatening to cancel rebates, reduce discounts or even refuse to supply, termination of agreement or take other punitive measures is normally considered as supervision and punitive measures in connection with the implementation of a vertical monopoly agreement.

The implementation of territorial restriction or customer restriction by an API undertaking may constitute a monopoly agreement prohibited under Article 14 of the AML. Territorial restriction means that an API undertaking restricts its trading counterparty to supply API products to one or several downstream API distributors only in a particular distribution territory, and such downstream API distributor shall not sell API products into any other distribution territory; customer restriction means that an API undertaking requires its trading counterparty to only sell to, or refrain from selling to, specific API distributors or drug manufacturers. Territorial restriction and customer restriction may lead to market segmentation and price discrimination, weaken market competition in the API sector, and may also make it difficult for other API distributors or drug manufacturers to obtain supply of the relevant products, thereby maintaining the prices of API and drugs at a high level.

In general, a single API undertaking implementing a vertical monopoly agreement will restrict intra-brand competition and harm the interests of API distributors and drug manufacturers. In particular, if several or even all undertakings in the relevant market adopt a similar vertical monopoly agreement, market competition in the API sector concerned will be significantly lessened, thereby harming the interests of API distributors and drug manufacturers, making the prices of API and relevant drugs significantly higher than the competitive level, and harming market competition in the API concerned and relevant drugs.

Article 8 Finding of Concerted Conduct

In finding concerted conduct in the API sector, whether a concerted conduct exists may be determined by direct evidence. If direct evidence is difficult to obtain, the undertakings' knowledge of relevant information may be found based on logically coherent indirect evidence in accordance with Article 6 of the *Interim Provisions on Prohibiting Monopoly Agreements*, so as to determine whether there exists a concerted conduct between the undertakings. The undertakings concerned may provide contrary evidence to rebut the existence of concerted conduct.

Article 9 Hub-and-spoke Agreements

Undertakings shall not organize API undertakings to conclude a monopoly agreement or provide them with substantive assistance for concluding a monopoly agreement.

Competing API undertakings may conclude a hub-and-spoke agreement which has the effect of a horizontal monopoly agreement by utilizing their vertical relationship with other undertakings or through organization and coordination by other undertakings. In analyzing whether such agreement falls into the scope of monopoly agreement regulated by Article 13 of the AML, the main consideration shall be whether the API undertaking should have been aware, or are fully aware, that another undertaking has signed an identical, similar or complementary agreement with the same API distributor.

Article 10 Exemption

If an API undertaking invokes application of Article 15 of the AML to its agreement, it shall submit evidence proving that its agreement meets the statutory conditions prescribed in Article 15 of the AML. The competent anti-monopoly enforcement authority shall make a determination in accordance with the law in light of the facts of a specific case.

Article 11 Leniency Regime

The anti-monopoly law enforcement authorities encourage undertakings in the API sector who participate in a horizontal monopoly agreement to proactively report the relevant information concerning such monopoly agreement and provide important evidence, while ceasing the illegal conduct and cooperating with the investigation. For undertakings qualifying for leniency, the anti-monopoly enforcement authority may reduce or waive the penalty.

The specific standards and procedures for leniency application by undertakings shall be governed by the *Interim Provisions on Prohibiting Monopoly Agreements* and the *Guidelines for the Application of Leniency System in Horizontal Monopoly Agreement Cases*.

Article 12 Industry Associations

An industry association shall neither organize API undertakings to conclude a monopoly agreement nor facilitate API undertakings to do so.

Chapter Ⅲ Abuse of Dominant Market Position

The AML prohibits an undertaking with dominant market position from abusing its dominant market position. In finding abuse of dominant market position in the API sector, Chapter Ⅲ of the AML and the *Interim Provisions on Prohibition of Abuse of Dominant Market Position* shall apply. Generally, the first step is to define the relevant market and determine whether the undertaking concerned holds a dominant position in the relevant market, then to conduct specific analysis as to whether the conduct at issue constitutes abuse of dominant market position in light of the facts of a given case.

Article 13 Finding of Dominant Market Position

In finding whether an API undertaking has a dominant market position in the relevant market, analysis shall be carried out in light of the factors and circumstances prescribed in Article 18 and Article 19 of the AML, on the basis of which an undertaking will be identified or presumed as dominant. In light of the characteristics of the API sector, the following factors may be specifically taken into consideration:

(1) the market share of the API undertaking;

(2) the competition condition of the relevant market;

(3) the actual production capacity and output of the API undertaking;

(4) the ability of the API undertaking to control the sales market or procurement market of API;

(5) the financial status and technical conditions of the API undertaking;

(6) the reliance of trade counterparties on the API undertaking;

(7) the number of actual and potential trade counterparties, and the countervailing power of the trade counterparties against the API undertaking; and

(8) the difficulties for other API undertakings to enter the relevant market.

In evaluating the market share of an API distributor, its sales value, sales volume, inventory and the proportion of sales volume of the manufacturers controlled by the undertaking may be considered. If there is any evidence proving that an API undertaking has actual control over another undertaking, the market share of the API undertaking and that of the actually controlled undertaking shall be aggregated.

Article 14 Common Abuses of Dominant Market Position

From perspective of law enforcement practice, common abuses of dominant market position in the API sector include selling API at unfairly high price, refusing to deal with a trading counterparty, requiring a trading counterparty to only deal with itself, tying products or imposing any other unreasonable terms in the course of a trade and discriminating trade counterparties under the same conditions etc.

Article 15 Unfair High Price

Where a dominant API undertaking abuses its dominant market position to sell API at unfairly high price, this will not only eliminate or restrict market competition, drive up the market price of API and relevant drugs, harm the legitimate rights and interests of the trade counterparties and consumers, but also cause waste of national healthcare funds. In analyzing whether the aforesaid conduct exists, the following factors may be taken into consideration:

(1) the selling price is obviously higher than the price of the same API or comparable API under the same or similar market conditions by other API undertakings, or the cost changes in the relevant period;

(2) the selling price is obviously higher than the price for the sale of API by the same undertaking in other regions under the same or similar market conditions;

(3) the selling price of API is increased beyond a reasonable range while the market environment is stable and there has been no obvious change of costs (procurement price);

(4) the price increase of API is obviously higher than the cost increase when the costs (procurement price) are increased;

(5) selling API at a high price through other undertakings using invoice pass-through arrangement, etc.

Article 16 Refusal to Deal

Where a dominant API undertaking abuses its dominant market position to refuse to sell API without justifiable cause, this will eliminate or restrict market competition, disrupt the normal supply of drugs, and harm the legitimate rights and interests of the trade counterparties and consumers. In analyzing whether the aforesaid conduct exists, the following factors may be taken into consideration:

(1) without a justifiable cause, materially reducing the existing sales volume with the trade counterparties, delaying or interrupting the existing transactions with the trade counterparties in the course of dealing with the trade counterparties;

(2) without a justifiable cause, refusing to carry out any new transaction with the trade counterparties;

(3) without a justifiable cause, refusing to deal with the trade counterparties after committing to an offtake arrangement respect of the API;

(4) without a justifiable cause, imposing restrictive conditions to make it difficult for the trade counterparties to deal with it.

Article 17 Exclusive Dealing

Where a dominant API undertaking abuses its dominant market position to, without justifiable causes, restrict the trade counterparties to trade only with itself or another undertaking designated by it, this will eliminate or restrict market competition, impact the normal supply of drugs, and harm the legitimate rights and interests of the trade counterparties and consumers. In analyzing whether the aforesaid conduct exists, the following factors may be taken into consideration:

(1) without justifiable causes, restricting the trade counterparties to only purchase API from it or sell API to it, and refrain from dealing with other undertakings;

(2) without justifiable causes, restricting the trade counterparties to purchase or sell API only from or to its designated undertakings;

(3) without justifiable causes, restricting the trade counterparties to refrain from dealing in API with specific undertakings.

Article 18 Tie-in Sales

Where a dominant API undertaking abuses its dominant market position to make tie-in sales without justifiable causes, this will eliminate or restrict market competition, and harm the legitimate rights and interests of the trade counterparties and consumers. In analyzing whether the aforesaid conduct exists, the following factors may be taken into consideration:

(1) tie-in sales of other API;

(2) tie-in sales of pharmaceutical excipients, packaging materials or medical devices, etc.;

(3) tie-in sales of drugs;

(4) tie-in sales of other products.

Article 19 Imposing Unreasonable Trading Terms

Where a dominant API undertaking abuses its dominant market position to impose unreasonable trading terms in the dealing of API, this will eliminate or restrict market competition, and harm the legitimate rights and interests of the trade counterparties and consumers. In analyzing whether the aforesaid conduct exists, the following factors may be taken into consideration:

(1) requiring the drug manufacturer to provide all or part of the drugs to it for onward sale;

(2) requiring the drug manufacturer to sell the drugs to designated trade counterparties at designated price, quantity and on other designated conditions;

(3) requiring the drug manufacturer or distributor to share the revenue from the sale of drugs;

(4) requiring the provision of unreasonable deposits, or charging other unreasonable fees in addition to the price of API;

(5) attaching unreasonable restrictions on the sale of API in terms of contract term, modes of payment, transportation and delivery, etc.;

(6) attaching unreasonable restrictions on the API or drug sales territories and targeted customers;

(7) attaching other unreasonable conditions irrelevant to the subject matter of the trade.

Article 20 Discriminatory Treatment

Where a dominant API undertaking abuses its dominant market position to impose different conditions on trade counterparties under substantially identical conditions without justifiable causes, this will eliminate or restrict market competition, harm the legitimate rights of the trade counterparties and consumer interests. In analyzing whether the aforesaid conduct exists, the following factors may be taken into consideration:

(1) the prices of API or discounts offered are obviously different;

(2) the quality levels or grades of API are obviously different;

(3) the payment terms, delivery terms and other conditions affecting the trade counterparties' participation in market competition are obviously different.

Article 21 Other Conducts of Abuse of Dominant Market Position

Where an API undertaking purchases products at unfairly low price, sells products at a price lower than the cost or engages in any other conduct of abuse of dominant market position as determined by the competent anti-monopoly enforcement authority under the State Council, such conduct shall be analyzed in accordance with Chapter Ⅲ of the AML and the *Interim Provisions on Prohibition of Abuse of Dominant Market Position*.

Article 22 Joint Abuse of Dominant Market Position

Any monopolistic conduct prescribed in this Chapter, if implemented by two or more API undertakings by way of dividing the tasks and mutual cooperation, may constitute a joint abuse of dominant market position. In finding whether two or more API undertakings have a dominant market position, market structure, transparency of the relevant market, homogeneity of relevant products and consistency of undertakings' behaviors shall also be considered.

Chapter Ⅳ Concentration of Undertakings

The AML prohibits undertakings from implementing concentration of undertakings which will, or will likely, have eliminative or restrictive effect on competition. The anti-monopoly review of concentration of undertakings in the API sector is not significantly different from that in other industries. Concentration of undertakings which meet the filing thresholds set forth in the *Regulations of the State Council on the Filing Thresholds of Concentration of Undertakings* (hereinafter referred to as the Regulations) shall notify the anti-monopoly enforcement authority under the State Council in advance, and may not implement the concentration without such notification. The anti-monopoly enforcement authority under the State Council shall review concentrations of undertakings in the API sector and conduct investigation on illegal implementation of concentrations pursuant to the AML, the Regulations and the *Interim Provisions on the Review of Concentration of Undertakings*.

Article 23 Concentration of Undertakings below Filing Thresholds

Due to the relatively small market scale of some API varieties, the annual turnover of an undertaking may not reach the filing thresholds prescribed in the Regulations. However, where the number of undertakings is relatively limited in this API market and their market share and degree of market concentration in the relevant market are relatively high, the concentration of undertakings has or is likely to have the effect of eliminating or restricting competition, and the undertakings participating in the concentration may notify on their own initiative.

Where the concentration of undertakings in the API sector does not meet the filing thresholds prescribed in the Regulations, but there is evidence showing that the concentration has or is likely to have the effect of eliminating or restricting competition, the anti-monopoly enforcement authority under the State Council shall conduct investigation in accordance with the law.

Article 24 Consultation with the Anti-monopoly Enforcement Authority by Undertakings

For a concentration of undertakings that fall under any of the circumstances prescribed in Article 23 hereof, the API undertakings concerned are encouraged to consult with the anti-monopoly enforcement authority on relevant issues as early as possible before implementation of the concentration.

Chapter V Elimination or Restriction on Competition through Abuse of Administrative Power

The AML prohibits administrative bodies or organizations empowered by the relevant laws and regulations to administer public affairs from abusing their administrative power to eliminate or restrict competition. For any abuse of administrative power to eliminate or restrict the market competition in the API sector, the anti-monopoly enforcement authority shall take measures to deal with it in accordance with the AML and relevant laws and regulations.

Article 25 Abuse of Administrative Power to Restrict Trade or Free Circulation of Products

Any of the following conduct by an administrative body or organization empowered by the relevant laws and regulations to administer public affairs to eliminate or restrict market competition in the API sector is an infringement prohibited by the AML:

(1) restricting or disguisedly restricting entities or individuals to deal in, purchase or use the API supplied by an undertaking designated thereby;

(2) setting discriminative standards or policies for non-local API undertakings, taking discriminative technical measures, or adopting measures such as administrative license, filing, checkpoint or shielding which specially target non-local API undertakings to restrict them from entering local market or impede the free circulation of non-local API;

(3) excluding or restricting non-local API undertakings from participating in local bidding and tendering activities by setting discriminative qualification requirements, evaluation standards or failing to publish information in accordance with the law;

(4) excluding or restricting non-local API undertakings from investing or establishing branches locally by adopting unequal treatment compared with local API undertakings or by other means.

Article 26 Abuse of Administrative Power to Force Undertakings to Engage in Monopolistic Conduct

Where an administrative body or organization empowered by the relevant laws and regulations to administer public affairs force, or disguisedly force, API undertakings to engage in a monopolistic conduct, such conduct falls into the category of behaviors prohibited by the AML.

Article 27 Fair Competition Review

Administrative bodies or organizations empowered by the relevant laws and regulations to administer public affairs shall be subject to fair competition review in accordance with the provisions of the State Council when formulating department rules, normative documents, other policy documents and specific policy measures in the form of "case-by-case deliberation" involving economic activities of market players in the API sector such as market access and exit, industrial development, investment promotion, tendering and bidding, government procurement, code of business conduct, qualification standards, etc.

Chapter Ⅵ Supplementary Provisions

Article 28 Scope of Application

These Guidelines shall apply to upstream chemical raw materials and pharmaceutical intermediates required for the production of API and pharmaceutical excipients.

Article 29 Interpretation of Guidelines

These Guidelines shall be interpreted by the Anti-monopoly Commission of the State Council and shall come into force as from the date of promulgation.

Detailed Rules for Implementation of the Fair Competition Review System

Guo Shi Jian Fan Long Gui [2021] NO. 2

(promulgated by the State Administration for Market Regulation, the National Development and Reform Commission, the Ministry of Finance, the Ministry of Commerce, and the Ministry of Justice on June 29, 2021)

Chapter Ⅰ General Provisions

Article 1 With a view to comprehensively enforcing the fair competition review system, improving the fair competition review mechanism and carrying out review in a normalized and effective manner, these Detailed Implementation Rules are formulated in accordance with the Anti-monopoly Law of the People's Republic of China and the Opinions of the *State Council on Establishing the Fair Competition Review System in the Development of the Market System* (Guo Fa [2016] No. 34), hereinafter referred to as the Opinions).

Article 2 Administrative bodies or organizations empowered by the relevant laws and administrative regulations to administer public affairs (hereinafter collectively referred to as the Policy-making Authorities) shall, in formulating rules, normative documents and other policy documents as well as specific policy measures in the form of "case-by-case deliberation" involving economic activities of market players, including market access and exit, industrial development, investment promotion, tender and bidding, government procurement, code of business conduct and qualification standards (hereinafter collectively referred to as the Policy Measures), undergo fair competition review to assess the impact of the Policy Measures on market competition so as to prevent elimination or restriction of market competition.

A Policy Measure shall only be implemented after being determined upon fair competition review as not having eliminative or restrictive effect on competition or falling under an exception; a Policy Measure determined to have eliminative or restrictive effect on competition and not otherwise fall under any exception shall not be promulgated, or shall only be promulgated upon meeting the relevant requirements after adjustment; no Policy Measure shall be promulgated without undergoing fair competition review.

Article 3 For those administrative regulations, Policy Measures formulated by the State Council, and the local regulations, autonomous regions' regulations and separately-enacted regulations drafted by government departments, to the extent they concern the economic activities of market players, fair competition review shall be conducted by the drafting authorities in accordance with these Detailed Implementing Rules during the drafting process. The aforesaid shall not be submitted for deliberation without first undergoing a fair competition review.

A Policy Measure promulgated in the names of a local people's government at or above the county level shall undergo fair competition review by the drafting authorities or relevant departments designated by the people's government at the same level. During the review process, the drafting authorities may conduct the fair competition review in conjunction with the administration for market regulation at the same level. Such Policy Measure shall not be submitted for deliberation without first undergoing a fair competition review.

As regards a Policy Measure jointly formulated and promulgated in the names of multiple departments, the lead department shall be responsible for conducting fair competition review, and the other departments shall participate therein within their respective scope of duties and functions. Where a Policy Measure involves the functional powers of other departments, the Policy-making Authority shall fully solicit the opinions of such other departments in the course of fair competition review.

Article 4 The State Administration for Market Regulation (SAMR), the National Development and Reform Commission (NDRC), the Ministry of Finance (MOF) and the Ministry of Commerce (MOFCOM) shall, in conjunction with relevant departments, establish and improve the inter-ministerial joint conference system for fair competition review to plan and coordinate, as well as supervise and guide, the fair competition review work on a nationwide basis.

The local people's governments at or above the county level shall be responsible for establishing and improving the joint conference system for fair competition review in their respective regions (hereinafter referred to as the Joint Conference) to plan and coordinate, as well as supervise and guide, the fair competition review work in their respective regions. In principle, the person from the people's government at the same level in charge of the fair competition review work shall serve as the convener of the Joint Conference. The general office of the Joint Conference shall be set up within the relevant administration for market regulation, and be responsible for the daily work of the Joint Conference.

Local Joint Conferences at all levels shall report the implementation of the fair competition review system in their respective regions to the people's governments at the same level and the Joint Conferences at the immediately superior level on an annual basis, and be subject to the guidance and supervision thereby.

Chapter Ⅱ Review Mechanism and Procedures

Article 5 A Policy-making Authority shall establish and improve its fair competition internal review mechanism and specify the review agency and procedures. The Policy-making Authority may designate responsibility for fair competition review to the relevant specific business departments within it. Alternatively, a designated internal agency of the Policy-making Authority may conduct review in a unified manner, or specific business departments of the Policy-making Authority may conduct preliminary review before submitting to the designated agency for re-examination.

Article 6 When conducting fair competition review, a Policy-making Authority shall follow the basic review procedure (*See* Appendix 1 for reference), for identifying whether a Policy Measure is subject to review, determining whether it is in violation of review standards, and analyzing whether it falls under any exceptions. If a Policy Measure is subject to review, an express written review conclusion report shall be made upon such review. The review conclusion report shall cover the title, nature and category of the Policy Measure, the industry or sector involved, the drafting agency, the review agency, the status of opinions solicitation, review conclusions, application of exceptions, opinions of the primary person in charge of the review agency, etc. (*See* Appendix 2 for reference) Upon promulgation of the Policy Measure, the review conclusion report shall be archived by the Policy-making Authority for future inspection.

Where a Policy Measure is promulgated without a written review conclusion report, it shall be deemed to not have undergone fair competition review.

Article 7 When conducting fair competition review, a Policy-making Authority shall solicit opinions from stakeholders in an appropriate manner, or solicit public opinions via government department websites, government e-media and other methods that facilitate public awareness, and explain the status of the solicitation of opinions in the written review conclusion report.

Where the opinions of stakeholders or public opinions have been solicited during other segments of drafting a Policy Measure, the Policy-making Authority concerned is not required to specifically solicit opinions on issues of fair competition review. Where a Policy Measure needs to be kept confidential before promulgation or where access to a Policy Measure needs to be limited to a particular scope for legitimate reasons, a Policy-making Authority shall handle the situations in accordance with relevant laws and regulations.

Stakeholders refer to undertakings competing on the relevant markets, upstream and downstream undertakings, trade associations and chambers of commerce, consumers, and other market players who may be affected by a Policy Measure in terms of their fair participation in market competition.

Article 8 When conducting fair competition review, a Policy-making Authority may consult experts, scholars, legal advisers and professional institutions, and shall explain the relevant circumstances in the written review conclusion report if the aforesaid parties have been consulted.

The general offices of Joint Conferences at all levels may, according to actual working requirements, establish a database of experts for fair competition review to facilitate consultation by Policy-making Authorities.

Article 9 Finding of Concerted Conducts

A Policy-making Authority may consult the general office of the Joint Conference at the same level on any specific issues encountered during fair competition review. The Policy-making Authority seeking consultation shall provide a written consultation letter, the text of the relevant Policy Measure, drafting notes, relevant bases of laws and regulations and other relevant materials. The general office of the Joint Conference shall promptly discuss and reply to the written consultation letter upon receipt thereof.

Where a Policy Measure involves material public interests and has been subject to report or complaint by multiple entities or individuals during its formulation, alleging that it eliminates or restricts competition, the general office of the Joint Conference at the same level may take the initiative to render fair competition review opinions to the Policy-making Authority.

Article 10 Where during a fair competition review, major disputes arise over a Policy Measure jointly formulated by multiple departments or involving the functional duties of multiple departments or the opinions of these departments are difficult to coordinate for consensus, the relevant Policy-making Authority may request the Joint Conference at the same level to coordinate. If it deems genuinely necessary, the general office of the Joint Conference may hold a meeting to coordinate in accordance with the relevant work rules. Where no consensus can be reached after coordination, the Policy-making Authority shall submit such Policy Measure to the relevant superior authority for decision.

Article 11 A Policy-making Authority shall summarize its fair competition review work on an annual basis, and submit a written summary report to the general office of the Joint Conference at the same level by January 15 of the following year.

The general offices of local Joint Conferences at all levels shall summarize the overall fair competition review work at their specific levels, submit the same to the people's governments at the same level and the general offices of the Joint Conferences at the immediately superior level by January 20 of the following year, and publish such information in an appropriate manner.

Article 12 A Policy-making Authority shall periodically assess the impact of a Policy Measure promulgated after fair competition review on the unified market and fair competition. Assessment reports shall be released to solicit public comments, and assessment results shall be published. If a Policy Measure is assessed to be an obstacle to the unified market and fair competition, it shall be promptly repealed or revised and improved. A periodic assessment may be conducted once every three years, or together with the regular cleaning up of rules or normative documents.

Chapter Ⅲ Standards of Review

Article 13 Standards regarding market access and exit.

(Ⅰ) A Policy Measure shall not impose unreasonable or discriminatory access and exit conditions, including but not limited to:

1. Where it imposes access and exit conditions that are obviously unnecessary or in excess of actual needs, thereby excluding or restricting undertakings from participating in market competition;

2. Where it, without any basis under laws, administrative regulations or State Council rules, imposes discriminatory treatment or unequal market access and exit conditions on undertakings of different ownership types, regions or organizational forms;

3. Where it, without any basis under laws, administrative regulations or State Council rules, imposes, or impose in a disguised form, barriers to market access through record-filing, registration, catalogue, annual inspection, annual reporting, supervised production, identification, certification, recognition, testing, monitoring, verification, designation, number allocation, re-inspection, re-examination, renewal of certificates, requirement on branch incorporation and any other measures;

4. Where it, without any basis under laws, administrative regulations or State Council rules, imposes, or imposes in a disguised form, barriers to market exit against enterprise deregistration, bankruptcy, listing transfer, and relocation, etc.; and

5. Where it compels, or compels in a disguised form, enterprises to transfer technology and imposes, or imposes in a disguised form, barriers to market access and exit by means of administrative licensing, administrative inspection, administrative sanction, and administrative enforcement, etc.

(Ⅱ) A Policy Measure shall not grant concession rights to undertakings without fair competition, including but not limited to:

1. Where in a generally competitive sector, it provides for concession arrangements, or imposes additional administrative licensing requirement in the name of concession arrangements;

2. Where it fails to specify the concession term, or extends the concession term without following legally prescribed procedure;

3. Where it directly grants concession rights to a designated undertaking without following a competitive process in accordance with the law, such as bidding process or competitive negotiation; and

4. Where it imposes discriminatory conditions to render it impossible for certain undertakings to fairly participate in the process of competing for concession rights.

(Ⅲ) A Policy Measure shall not restrict the dealing, purchase and use of goods and services only to those provided by designated undertakings, including but not limited to:

1. Where it restricts, or restricts in a disguised form, the dealing, purchase or use of goods and services only to those provided by designated undertakings by way of explicit requirements or implicitly requirements, withholding or delaying administrative examination and approval, conducting repeated inspections, denying access to platforms or networks, granting rewards and subsidies in violation of laws and regulations, etc.;

2. Where it imposes restrictions on the location, ownership type or organization structure of bidders, or imposes other unreasonable conditions to exclude or restrict undertakings from participating in any tendering and bidding activities or government procurement activities; and

3. Where it, without any basis under laws, administrative regulations or State Council rules, excludes or restricts potential undertakings from providing goods and services by setting up unreasonable databases for projects, directories, candidates, and qualifications, etc.;

(Ⅳ) A Policy Measure shall not provide for, without any basis under laws, administrative regulations or State Council rules, any examination and approval procedure or any prior record-filing procedure, which is equivalent to administrative examination and approval procedure in nature, including but not limited to:

1. Where it, without any basis under laws, administrative regulations or State Council rules, provides for additional items subject to administrative examination and approval or additional segments, conditions and procedures of administrative examination and approval; and

2. Where it, without any basis under laws, administrative regulations or State Council rules, provides for prior record-filing procedures which are equivalent to administrative examination and approval procedures in nature.

(Ⅴ) A Policy Measure shall not provide for examination and approval procedures in respect of industries, sectors, and operations, etc. not covered by the Negative List for Market Access, i.e. primarily referring to the situation where, without any basis under laws, administrative regulations or State Council rules, it restricts, or restricts in a disguised form, market access by prohibiting market entry or imposing restrictions on market players in terms of qualifications, equity percentages, business scope and business model, etc.

Article 14 Standards regarding the free circulation of products and factors of production.

(Ⅰ) A Policy Measure shall not apply discriminatory pricing and subsidy policies against non-local or imported goods and services, including but not limited to:

1. Where it sets discriminatory prices for comparable non-local and imported goods and services subject to government pricing or government guidance pricing; and

2. Where it, with respect to granting subsidies for relevant goods and services, withholds subsidies or grants lower subsidies for comparable non-local goods and services, as well as comparable imported goods other than those permitted under international economic trade treaties and comparable imported services in respect of which China has made international commitments.

(Ⅱ) A Policy Measure shall not restrict the entry of non-local and imported goods and services to the local market or hinder the outward flow of local goods and services, including but not limited to:

1. Where it imposes on non-local goods and services technical requirements or inspection standards that are different from those applicable to comparable local goods and services, or applies discriminatory technical measures, such as repeated inspection or repeated certification, etc., against them;

2. Where it imposes on imported goods technical requirements or inspection standards that are different from those applicable to comparable local goods, or applies discriminatory technical measures such as repeated inspection or repeated certification, etc., against them;

3. Where it, without any basis under laws, administrative regulations or State Council rules, imposes imported services on technical requirements or inspection standards that are different from those applicable to comparable local services, or applies discriminatory technical measures, such as repeated inspection or repeated certification, etc., against them;

4. Where it provides for certain requirements on concession, monopoly, examination and approval, licensing or record-filing specifically against non-local and imported goods or services, or provides for different conditions, procedures or terms for non-local and imported goods or services;

5. Where it provides for checkpoints on roads, in stations, ports or airports, or along the boundaries of the local administrative territories to obstruct the entry of non-local and imported goods or services to the local market or the outward flow of local goods and services; and

6. Where it provides for software or Internet-based blocking methods or other measures to obstruct the entry of non-local and imported goods or services to the local market or the outward flow of local goods and services.

(Ⅲ) A Policy Measure shall not exclude or restrict non-local undertakings from participating in local tendering and bidding activities, including but not limited to:

1. Where it fails to release bidding information in a timely, effective and complete manner in accordance with the law;

2. Where it expressly prohibits non-local undertakings from participating in designated local tendering and bidding activities;

3. Where it imposes discriminatory qualification requirements or bid evaluation criteria on non-local undertakings;

4. Where it restricts, or restricts in a disguised form, non-local undertakings from participating in local tendering and bidding activities by prescribing the performance record of, or the awards and honors received by, an undertaking in the local region as conditions for submitting bids, weight factor increase or awarding bids, or as criteria for assigning enterprise credit ratings;

5. Where it, without any basis under laws, administrative regulations or State Council rules, restricts, or restricts in a disguised form, non-local undertakings from participating in local tendering and bidding activities by requesting local incorporation of branches, local offices of certain size, and contributions to local social security, etc.; and

6. Where it restricts, or restricts in a disguised form, non-local undertakings from participating in local tendering and bidding activities by imposing qualification, technical and commercial conditions inappropriate to the specific characteristics and actual needs of the bidding projects or irrelevant to the performance of contracts.

(Ⅳ) A Policy Measure shall not exclude or restrict non-local undertakings from, or compel non-local undertakings to undertake, local investment or local incorporation of branches, including but not limited to:

1. Where it directly rejects non-local undertakings from local investment or local incorporation of branches;

2. Where it, without any basis under laws, administrative regulations or State Council rules, imposes restrictions on the scale and forms of local investment of non-local undertakings, and on the addresses and operating modes of local branches set up by non-local undertakings, etc.;

3. Where it, without any basis under laws, administrative regulations or State Council rules, expressly compels non-local undertakings to invest or set up branches locally; and

4. Where it, without any basis under laws, administrative regulations or State Council rules, compels in a disguised form non-local undertakings to invest or set up branches locally by setting the local investment or establishment of local branches as a necessary condition for participation in local tendering and bidding activities and entitlement to subsidies and preferential policies, etc.

(Ⅴ) A Policy Measure shall not impose discriminatory treatment on the local investment made and local branches set up by non-local undertakings, thereby infringing on their legitimate rights and interests, including but not limited to:

1. Where it fails to apply equivalent policies to the local investment of non-local undertakings compared to those applicable to local undertakings;

2. Where it imposes on the local branches established by non-local undertakings requirements different from those applicable to local undertakings in terms of operation scale, operation mode, and tax and fees payment, etc.; and

3. Where it imposes discriminatory regulatory standards and requirements on the local branches established by non-local undertakings in terms of energy conservation and environmental protection, work safety, health and hygiene, engineering quality, and market supervision, etc.

Article 15 Standards regarding impact on production and operation costs.

(Ⅰ) A Policy Measure shall not extend preferential policies to designated undertakings in violation of the law, including but not limited to:

1. Where it, without any basis under laws, administrative regulations or State Council rules, grants financial rewards and subsidies to designated undertakings;

2. Where it, without any basis under specific laws, administrative regulations or State Council rules on tax, extends preferential taxation policies to designated undertakings;

3. Where it, without any basis under laws, administrative regulations or State Council rules, extends preferential policies to designated undertakings in terms of access to factors such as land, labor, capital, technology, and data, etc.;

4. Where it, without any basis under laws, administrative regulations or State Council rules, grants special treatment to designated undertakings in terms of environmental protection standards, and pollutant-discharging rights, etc.; and

5. Where it, without any basis under laws, administrative regulations or State Council rules, reduces, exempts, defers or suspends the collection of administrative and institutional charges, governmental funds, housing reserves, etc. with respect to designated undertakings.

Preferential policies applied to designated undertakings shall be made public in accordance with the law.

(Ⅱ) The arrangements for fiscal expenditures in general shall not be linked to the tax payment or non-tax revenue contributed by a designated undertaking, primarily referring to the situation where, depending on the tax payment or non-tax revenue contributed by a designated undertaking, entitle the designated undertaking to tax refund by simultaneously recording certain payments as revenue and expenditure or by any other illegal method, such as refund after collection or setting off collection against refund, etc., or the designated undertakings are given preferential policies such as financial rewards or subsidies grant, and reduction or exemption of the fees payable for use of land or other natural resources.

(Ⅲ) A Policy Measure shall not reduce, exempt or defer the social security contributions payable by designated undertakings in violation of laws and regulations, primarily referring to the situation where, without any basis under laws, administrative regulations or State Council rules, depending on the size, ownership type, organizational form, region and other factors of any designated undertakings, the contributions payable by the undertakings to the basic pension benefits, the basic health insurance, the unemployment insurance, the work-related injury insurance and the maternity insurance are reduced, exempted or deferred.

(Ⅳ) A Policy Measure shall not require various deposits from undertakings or withhold various deposits paid by undertakings except as required by law, including but not limited to:

1. Where it, without any basis under laws, administrative regulations or the State Council approvals, requires various types of deposits from undertakings;

2. Where it requires that bid bonds or performance bonds may only be paid in cash; and

3. Where it provides that the deposits paid by undertakings and the interests on bank deposits accrued during the same period will not be returned after the undertakings have performed the relevant procedures or completed the relevant matters.

Article 16 Standards regarding impact on acts of production and operation.

(Ⅰ) A Policy Measure shall not compel undertakings to engage in monopolistic conducts prohibited by the Anti-monopoly Law of the People's Republic of China, primarily referring to the situation where, by means of administrative orders, administrative authorization, administrative guidance, etc., or through trade associations and chambers of commerce, undertakings are compelled, organized or led to engage in conducts such as concluding monopoly agreements, abusing dominant market position and implementing concentration of undertakings that have or will likely have the effect of eliminating or restricting competition;

(Ⅱ) A Policy Measure shall not illegally disclose, or illegally require undertakings to disclose, sensitive production and operation information, thereby facilitating any monopolistic conducts of undertakings. Sensitive production and operation information refers to the production and operation data that have not been disclosed to the public by a business undertaking on its own initiative and not otherwise available from public sources, except for those that are required to be published under laws, administrative regulations or State Council rules. Sensitive production and operation data primarily include contemplated price, cost, operating revenue, profit, production volume, sales volume, production and sales plan, volume of import and export, and information on distributors and end customers, etc.

(Ⅲ) A Policy Measure shall not engage in government pricing beyond the scope of its pricing authority, including but not limited to:

1. Where it imposes government pricing on goods and services subject to government guidance pricing;

2. Where it imposes government pricing or government guidance pricing on goods and services that are not listed in the corresponding government pricing catalogue; and

3. Where it adopts price intervention measures in violation of the Price Law of the People's Republic of China and other relevant laws and regulations.

(Ⅳ) A Policy Measure shall not illegally interfere with the price levels for goods and services subject to market adjusted pricing, including but not limited to:

1. Where it sets and publishes uniform prices or reference prices for goods and services;

2. Where it provides for the maximum or minimum prices for goods and services; and

3. Where it interferes with commission charges, discounts or other fees that affect the prices of goods and services.

Chapter Ⅳ Exceptions

Article 17 Any of the following Policy Measures, despite having the effect of restricting competition to a certain extent, may be promulgated and implemented, subject to meeting appropriate requirements:

(Ⅰ) Policy Measures designed to safeguard national economic, cultural or scientific and technological security, or involving national defense development;

(Ⅱ) Policy Measures for social safeguards purposes such as poverty alleviation and development, disaster rescue and relief, etc.;

(Ⅲ) Policy Measures for realizing public interest such as conserving energy and resources, protecting the ecological environment, safeguarding public sanitation, health and safety, etc.; or

(Ⅳ) Any other Policy Measures as prescribed by laws and administrative regulations.

For Policy Measures set out in Item (Ⅰ) through to Item (Ⅲ) of the preceding Paragraph, the relevant Policy-making Authorities shall explain that the Policy Measure concerned is essential for realizing its policy objectives and that it will not severely restrict market competition, and shall specify the implementation period of the Policy Measure.

Article 18 Policy-making Authorities shall explain in the written review conclusion report whether there is any exception which applies to the Policy Measure. If deemed so, the Policy-making Authorities shall explain in detail the circumstances and conditions under which the exception may apply.

Article 19 Policy-making Authorities shall evaluate on a yearly basis the implementation effects of the Policy Measures to which exceptions may apply and shall prepare a written evaluation report therefor. Policy Measures which are expiring or have failed to achieve the expected effects shall cease to be in effect or shall be adjusted promptly.

Chapter V Third-party Evaluation

Article 20 Policy-making Authorities may, taking into account the practical work situation, engage third-party agencies, such as colleges and universities, scientific research institutes and professional consulting companies, to conduct fair competition evaluation on the relevant Policy Measures, or to conduct evaluation on work relating to fair competition review.

The general offices of Joint Conferences at all levels may engage third-party agencies to evaluate the overall implementation of their respective local fair competition review systems.

Article 21 The following stages and segments of the fair competition review work conducted by Policy-making Authorities may be evaluated by way of engaging third-party evaluation agencies:

(Ⅰ) Fair competition review of contemplated Policy Measures;

(Ⅱ) Periodic evaluation on existing Policy Measures promulgated upon fair competition review;

(Ⅲ) Annual evaluation on existing Policy Measures to which exceptions have applied;

(Ⅳ) Comprehensive evaluation on implementation of fair competition review systems; and

(Ⅴ) Any other stages and segments of fair competition review work.

Article 22 In connection with a fair competition review of a contemplated Policy Measure, a third-party evaluation shall be adopted in any of the following circumstances:

(Ⅰ) Where the relevant Policy-making Authority intend that an exception shall apply to the contemplated Policy Measures; or

(Ⅱ) Where multiple entities or individuals have lodged reports or complaints against the contemplated Policy Measure alleging violation of fair competition review standards.

Article 23 Third-party evaluation results shall serve as important reference factors for Policy-making Authorities when conducting fair competition review, evaluating the implementation effects of fair competition review systems and formulating follow-up work plans. Where a third-party evaluation has been conducted on a contemplated Policy

Measure, the relevant Policy-making Authorities shall explain such evaluation results in the written review conclusions report. In case of any inconsistency between the final review conclusions and the results of third-party evaluation, explanations thereon shall be set out in the written review conclusions report.

Article 24 Third-party evaluation funding shall be included in the budget management items. Policy-making Authorities shall guarantee funding for third-party evaluation in accordance with laws and regulations.

Chapter Ⅵ Supervision and Accountability

Article 25 Where a Policy-making Authority is suspected of issuing a Policy Measure without fair competition review or in violation of review standards, any entity or individual may submit its opinion to the Policy-making Authority, or file a report with the superior authorities of the Policy-making Authorities or the market regulation authorities at the same level or above. Where such opinion or report is in writing and supported by relevant factual evidence, the relevant authorities shall deal with the opinion or report in a timely manner. In case of any alleged violation of the Anti-monopoly Law of the People's Republic of China, the anti-monopoly law enforcement authorities shall launch an investigation in accordance with the law.

Article 26 Where a Policy-making Authority issues a Policy Measure without conducting fair competition review, a supplementary review shall be conducted promptly. Where any breach of fair competition review standards is found, the relevant Policy Measure shall cease to be in effect or shall be adjusted in accordance with applicable procedures, in which case the relevant information shall be published in accordance with the Regulations of the People's Republic of China on Government Information Public Disclosure.

Article 27 Where the superior authority of a Policy-making Authority, upon verification, finds that the Policy-making Authority has promulgated a Policy Measure without conducting fair competition review or in violation of review standards, the superior authority shall order the Policy-making Authority to make rectifications; and, if the Policy-making Authority refuses to do so or fails to do so promptly, the primary person-in-charge and other personnel with direct responsibility therefor shall be disciplined in accordance with the Law of the People's Republic of China on Civil Servants, the Law of the People's Republic of China on Government Disciplinary Sanctions against Public Officers, the Regulations on Disciplinary Sanctions against Civil Servants of Administrative Organs and other relevant laws and regulations. The market regulation authorities at the same level or above may propose rectification measures to the Policy-making Authority or its superior authority, and feedback on the rectification shall be reported to the relevant authorities in a timely manner. In the event of any violation of the Anti-monopoly Law of the People's Republic of China, the relevant anti-monopoly law enforcement authority may propose to the relevant superior authority the measures to be taken against such violations in accordance with the law. The relevant decisions and suggestions shall be published in accordance with the law.

Article 28 The SAMR shall be responsible for taking the lead in organizing sampling inspection of Policy Measures to check whether relevant Policy Measures have undergone review procedures, whether the review process is compliant, and whether review conclusions are accurate, etc. Industries and regions where market players have expressed strong concerns or with frequently occurring issues or where abuse of administrative power to eliminate or restrict competition is prevalent shall be given priority for sampling inspections. The results of sampling inspection shall be promptly provided to the subject entities and be published in an appropriate manner. The subject entities shall promptly rectify the issues giving rise to elimination or restriction of competition that are identified during the sampling inspection.

All regions shall establish their respective Policy Measure sampling inspection mechanism in light of actual local conditions.

Article 29 Local people's governments at and above the county level shall establish and improve their assessment systems for fair competition review, and shall commend and incentivize entities that have achieved outstanding results in implementing the fair competition review system, supervise and urge the entities that have not effectively advanced relevant work to make rectifications, and take stern measures under applicable laws and regulations against entities with problematic performance which has led to adverse consequences.

Chapter Ⅶ Supplementary Provisions

Article 30 All regions and departments may, on the basis of complying with the Opinions and these Detailed Implementing Rules, formulate working rules and specific measures for fair competition review according to the actual circumstances of their respective regions or industries.

Article 31 These Detailed Implementing Rules shall come into effect on the date of promulgation. The *Detailed Rules for Implementation of the Fair Competition Review System* (for interim implementation) (Fa Gai Jia Jian [2017] No. 1849) are hereby simultaneously repealed.

Appendices:

1. Basic Processes of Fair Competition Review
2. Fair Competition Review Form

Overseas Anti-monopoly Compliance Guidelines for Enterprises

Guo shi Jian Fan Long Fa [2021] NO. 72

(promulgated by the State Administration for Market Regulation on November 15, 2021)

Chapter I General Provisions

Article 1 Purpose and Basis

For the purpose of encouraging compliance of the enterprises with the principle of fair competition, guiding the enterprises to improve their anti-monopoly compliance systems for overseas operations, strengthening the awareness of overseas anti-monopoly compliance, improving overseas anti-monopoly compliance management, preventing overseas anti-monopoly legal risks and ensuring the healthy development of the enterprises, these guidelines (these Guidelines) are hereby formulated based on actual circumstances and practices.

Article 2 Significance of Anti-monopoly Compliance

The anti-monopoly law is an important policy tool for market economy countries to regulate the economy, it is a common practice for most countries or regions (the jurisdictions) to formulate and implement the anti-monopoly law to protect fair market competition and maintain the market competition order. Different jurisdictions have different expressions of the anti-monopoly law, such as "anti-monopoly law", "competition law", "anti-trust law" and "fair trade law", all these expressions are collectively referred to as "anti-monopoly law".

Enterprises shall adhere to the principles of integrity, law compliance and fair competition in their overseas operations. Any violation of anti-monopoly may expose an enterprise to heavy fines, penalties, liquidated damages and other legal liabilities, and relevant senior management personnel may also face the fines, penalties and even criminal liability and other serious consequences. Overseas anti-monopoly compliance may assist the enterprises in identifying, assess and control various anti-monopoly legal risks.

Article 3 Scope of Application

These Guidelines apply to Chinese enterprises which conduct business operations outside China and any Chinese enterprises whose business activities in China may have an impact on overseas markets, including any Chinese enterprise which engages in import and export trade, outbound investment, merger and acquisition, intellectual property transfer or licensing, and bidding and tendering and other foreign-related business operations.

The anti-monopoly laws of most jurisdictions have extraterritorial jurisdiction, which also apply to the monopolistic conduct which happens outside its territory but have the effect of eliminating and restricting competition in that jurisdiction.

Chapter Ⅱ Overseas Anti-monopoly Compliance Management System

Article 4 Establishment of Overseas Anti-monopoly Compliance Management System

An enterprise may develop its overseas anti-monopoly compliance system based on the scale of its overseas business operations, the major jurisdictions involved in its business operations, the features of relevant industries, market conditions and the legal risks to which its business operations are exposed, or may include the overseas anti-monopoly compliance requirements in its existing compliance system.

Certain jurisdictions issued their guidelines on the establishment and improvement by the enterprises of anti-monopoly compliance systems, which can serve as the basis for the establishment of relevant anti-monopoly compliance systems. In some jurisdictions, the establishment and effective implementation of a sound compliance system may be taken as the basis for reduction of penalties on the violation of anti-monopoly law.

Article 5 Overseas Anti-monopoly Compliance Management Organizations

Enterprises, in particular large enterprises, are encouraged to establish their overseas anti-monopoly compliance management departments or positions or appoint designated departments or personnel to be responsible for overseas anti-monopoly compliance management under existing compliance management system.

The anti-monopoly compliance management departments and compliance management personnel may perform their duties pursuant to the Anti-monopoly Compliance Guidelines for Undertakings promulgated by the Anti-monopoly Commission of the State Council.

An enterprise may make regular assessment of its overseas anti-monopoly compliance management system, which may be implemented by its anti-monopoly compliance management department or with the assistance of an external professional institution.

Article 6 Duties of Overseas Anti-monopoly Compliance Management

The duties of overseas anti-monopoly compliance management mainly include:

(1) to closely monitor the latest developments of anti-monopoly legislation and law enforcement in the jurisdictions in which relevant undertaking conducts business operations, and promptly provide the recommendations to the decision-making body, senior management and relevant business departments on anti-monopoly compliance;

(2) upon the request of the authorities of relevant jurisdictions, to formulate and update its anti-monopoly compliance policies, to clarify its internal anti-monopoly compliance requirements and processes, to monitor the implementation of such policies by relevant departments, and to ensure the compliance of relevant enterprise in all business sectors;

(3) to review and assess the compliance of the competitive behaviors and business operations of relevant enterprise, to promptly prevent and rectify any non-compliance operations, and to work out the countermeasures against potential non-compliance operations;

(4) to organize or assist in the anti-monopoly compliance training by relevant business departments and human resources departments, and to advise relevant business departments and personnel on overseas anti-monopoly compliance;

(5) to establish overseas anti-monopoly compliance reporting system, and conduct internal anti-monopoly compliance review and make recommendations to the senior management on addressing the identified compliance risks;

(6) to respond to anti-monopoly compliance events properly. To work out the countermeasures and rectification measures against potential or actual anti-trust investigations or proceedings;

(7) other works in relation to overseas anti-monopoly compliance.

Article 7 Commitment System for Overseas Anti-monopoly Compliance

Enterprises are encouraged to establish their overseas anti-monopoly compliance commitment regime, by which, the decision-making personnel, senior management and business personnel conducting business operations outside China may make anti-monopoly compliance commitments.

The anti-monopoly compliance commitment regime will improve the understanding and awareness of the relevant personnel of anti-monopoly risks and ensure their accountability for the performance by the enterprise of its compliance commitments. In general, the anti-monopoly compliance commitments and participation by the decision-making personnel and relevant senior management in anti-monopoly compliance is essential for the improvement of effectiveness of a compliance system.

Chapter III Focus of Overseas Anti-monopoly Compliance Risks

Article 8 Main Behaviors involving Anti-monopoly

The activities regulated by the anti-monopoly laws in different jurisdictions are similar, mainly covering the regulation of monopoly agreements, abuse of dominant market position, and concentration of undertakings which has or is likely to have the effect of eliminating or restricting competition. The definitions, types and methods of assessment of relevant conduct vary in different jurisdictions, and this chapter only gives a brief overview.

Specific requirements are set out in the anti-monopoly law and applicable laws and regulations of relevant jurisdictions.

In addition, enterprises should, based on the actual circumstances of relevant jurisdictions, pay close attention to the circumstances under special regulation not covered in this chapter, such as the prohibition of abuse of superior bargaining position, prohibition of cross directorship among the competitors and the regulation of administrative monopolistic behaviors in certain jurisdictions.

Article 9 Monopoly Agreement

Monopoly agreement refers to any agreement or other concerted action entered into or conducted by enterprises which may eliminate or restrict competition, which is also called "cartel", "agreement which restricts competition" or "unfair trading restriction", which mainly include horizontal monopoly agreement on price fixing, output restriction or market division and joint boycott of transactions, etc., and vertical monopoly agreement on resale price maintenance, restriction on sales areas and customers or exclusivity arrangements. In certain jurisdictions, the anti-monopoly laws also prohibit the exchange of information in respect of the price, cost or market plan, and under certain circumstances, passive receipt of competitively sensitive information may not be the basis of exemption from penalty. Horizonal monopoly agreements, in particular, the price-related horizontal monopoly agreements, are generally considered as serious anti-competitive behavior and are under strict control in all jurisdictions. Vertical monopoly agreements are also regulated in most of jurisdictions, for instance, it is very likely that the behavior of resale price maintenance would violate applicable laws and regulations.

In addition to the written agreement between enterprises, monopoly agreement also include the oral agreement and concerted actions. The assessment of monopoly agreements is relatively complicated, an enterprise may make the assessment and judgment based on the applicable rules, guidelines, precedents and law enforcement practices of certain jurisdictions. For instance, the illegal per se or rule of reason may be applied to the assessment of monopoly agreement in certain jurisdictions, whereas, in other jurisdictions, whether such agreement is for an illegal purpose or effect analysis may be taken into account in such assessment, or the effect analysis will be applied. It is generally presumed that any act which is illegal per se or has illegal purpose has the nature of impairing or restricting competition, whereas, if the rule of reason or effect analysis applies, a comprehensive analysis will be made to determine whether relevant act has the effect of promoting or impairing the competition. In certain jurisdictions, industrial exemption, collective exemption and safe harbor rules apply to the act of monopoly agreement, which may be taken into account by enterprises in the analysis and assessment.

In addition, it is stipulated in most jurisdictions that an association may not organize relevant enterprises to engage in the conduct of monopoly agreement, and enterprises will not be exempted from penalties because of their participation in any monopoly agreements organized by an association.

Article 10 Abuse of dominant market position

Dominance generally refers to a market position whereby an enterprise has the ability to control relevant market and is therefore no longer subject to effective competition constraint. Generally speaking, in deciding the dominance, the business scale and market size and other relevant factors, such as the competition constraints from competitors, the bargaining power of customers and market entry barrier will be taken into account. In general, unless there is evidence to the contrary, low market share will not be considered as a market dominance.

Having a dominant position is not illegal *per se*. Only the abuse of dominant market position constitutes the violation of laws. Abuse of dominant market position refers to the act by an enterprise with dominant position which eliminates or restricts competition by taking advantage of its position and without no justifiable reasons, which generally include setting unfairly high or low price in its sales or purchases, selling below cost price, imposing unreasonable or unfair terms and conditions, dealing exclusively or limiting the deals, refusing to deal, tie-in sales and discrimination. In determining whether there is an abuse of dominant market position, an enterprise may, in accordance with the applicable laws of the relevant jurisdiction, propose potential justifiable reasons and submit relevant evidences.

Article 11 Concentration of Undertakings

Concentration of undertakings refers to merger, acquisition and joint venture of undertakings, and is called merger control in certain jurisdictions. The concentration is not illegal per se. However, the concentration which has the effect of eliminating and restricting competition may be prohibited or imposed restrictive conditions.

Different jurisdictions have different thresholds in determining whether a transaction shall be deemed as a concentration or whether a concentration should be notified. For instance, certain jurisdictions mainly examine the permanent change in the control of an undertaking, and will conclude that a transaction is deemed as a concentration as long as the sole control or joint control of another undertaking is obtained upon the completion of a transaction, in addition, the turnover threshold for notification of a transaction has been set; in certain jurisdictions, the threshold for size of transaction, asset value and turnover of parties to the transaction have been set as notification thresholds; in certain jurisdictions, the actual or possible effect of materially restricting the competition in relevant jurisdictions will be reviewed, in which, the market share is taken as the basis of preliminary assessment for notification. In addition, there are different thresholds in different jurisdictions in determining whether the establishment of a joint venture constitutes a concentration, for which, the analysis will be made on a case-by-case basis.

In most jurisdictions, any concentration reaching certain threshold shall not be implemented unless the notification has been made with the anti-monopoly law enforcement authority; in some jurisdictions, different notification timing has been set based on types of concentration, size of the undertaking and transaction; in certain jurisdictions, voluntary notification regime has been established; in certain jurisdictions, notification must be made within a certain period of time after the implementation of the concentration. In certain jurisdictions in which mandatory notification system applies, failure to notify or implementation of a concentration without clearance generally constitutes a breach of laws and may give rise to serious legal consequences, such as fines, suspension of transaction or restoration to original conditions; in certain jurisdictions in which voluntary notification or post-transaction notification regime applies, the anti-monopoly enforcement authorities may take necessary measures against any transaction which may have adverse effect on the competition, such as suspension of transaction, restoration to original conditions and imposition of restrictive conditions.

Article 12 Modes of Overseas Anti-monopoly Investigations

Anti-monopoly law enforcement authorities in most jurisdictions have extensive and broad investigative powers. In general, an anti-monopoly law enforcement authority may initiate an investigation based on a report or complaint, or an leniency application by an infringing enterprise, and it may also initiate an investigation ex officio.

Methods of investigation include collection of the relevant information, replication of documents and materials, interviews with parties concerned and other related parties (such as competitors and customers), onsite investigation and compulsory measures, etc. In certain jurisdictions, “dawn raids”, which refer to sudden onsite inspections of necessary sites connected to the implementation of the alleged monopolistic conduct or the investigation without prior notice to the enterprise, are also allowed. During a dawn raid, an enterprise shall not refuse the entry of investigators with search warrant, search authorization or decision. The investigators may inspect any item within the scope of the search warrant, search authorization or decision, review or copy any documents, temporarily seal up the relevant sites as needed for the inspection and interview the employees. In addition, in certain jurisdictions, the anti-monopoly law enforcement authorities may cooperate with the border administration, and detain and investigate an employee of the enterprise under investigation who enters the border.

Article 13 Cooperation with Overseas Anti-monopoly Investigation

Each jurisdiction has relevant provisions on cooperation with anti-monopoly investigations and proceedings and safekeeping of evidences, generally requiring that the relevant parties may not refuse to provide the relevant materials or information, provide false or misleading information, conceal or destroy the evidences or carry out other activities that obstruct the investigations and proceedings and lead to negative results, and such provisions also set out the relevant legal liability for failure to cooperate with the investigation. In certain jurisdictions, situations such as providing false or misleading information may result in fines of up to 1% of the global turnover of the group in the previous fiscal year. A daily late fee of up to 5% of the average daily global turnover of the group in the previous fiscal year may be imposed. Refusal to cooperate could be an aggravating factor if an infringement is eventually found to have occurred. In certain jurisdictions, refusal to cooperate with an investigation may be found to constitute a contempt of court or obstruction of justice, and may trigger a fine, or even criminal liability may be pursued in serious cases such as intentional obstruction of an investigation by providing investigators with material misrepresentation. In general, the degree of cooperation by an enterprise in the anti-monopoly investigation is one of the important factors to be considered by the law enforcement authority in its decision regarding sanction and leniency.

An enterprise may, based on its actual needs and in conjunction with its legal department, external counsel and information technology department, prepare a contingency plan in response to onsite inspections and a plan for cooperation with the investigation in advance. When faced with anti-monopoly investigations and proceedings, an enterprise may prepare a travel guide for its employees to ensure that the employees will comply with the enterprise's compliance policies in the event of contingencies such as customs inquiry and search during their travel, while in the meantime protecting their legitimate rights.

Article 14 Rights of Enterprises in Overseas Anti-monopoly Investigations

In order to protect the legitimate rights of the enterprises under investigation, most jurisdictions explicitly set out the procedures of anti-monopoly investigations to be followed by anti-monopoly law enforcement authorities. An anti-monopoly law enforcement authority should follow the legally prescribed procedures and present relevant supporting documents (such as identity documents of the law enforcement authority or a court-approved search warrant) during an investigation. An enterprise under investigation has the right to present statements, explanations and defenses. The anti-monopoly enforcement authority shall keep the information obtained during the investigation confidential in accordance with applicable laws.

During an overseas anti-monopoly investigation, an enterprise may protect its legitimate rights and interests in accordance with applicable laws of the relevant jurisdiction, such as presenting statements or defenses in respect of relevant matters, requiring the investigators to present their credentials, enquiring with the law enforcement authority about the enterprise's legitimate rights, reviewing certain investigation documents held by law enforcement authorities on a confidential basis, appointing a legal counsel to be present, and, in certain jurisdictions, the subject of investigation may remain silent until the legal counsel arrives. Certain jurisdictions set out exceptions for documents protected by attorney-client privilege, and an enterprise may assert attorney-client privilege when submitting relevant documents, so as to prevent the law enforcement personnel from taking the privileged materials which are beyond their authority to review. Certain jurisdictions provide that the opinions of enterprise or industry association under investigation should be heard and they should be given the opportunity to present defenses with regards to issues under objection. No legal or factual circumstance may be taken as a basis for the decision of a case if the enterprise under investigation has not been afforded the opportunity to express its view on it.

Article 15 Overseas Anti-monopoly Proceedings

Chinese enterprises may also face anti-monopoly proceedings in overseas jurisdictions. Anti-monopoly proceedings may be initiated by a law enforcement authority or by a civil subject. For example, in certain jurisdictions, the law enforcement authority may bring a criminal action and a civil action before the courts; direct purchasers or indirect purchasers may bring a suit before the courts, which may be initiated in the form of class action. In certain jurisdictions, anti-monopoly proceedings include appeals against decisions by the anti-monopoly enforcement authorities, claims for damages brought by the harmed subjects, petitions for injunctions against monopolistic conducts, and actions for invalidating contracts on the grounds that the contracts contain restrictive provisions in violation of competition laws.

Anti-monopoly proceedings in different jurisdictions are generally complex and lengthy; a wide range of discoveries may be involved in some jurisdictions. Once an enterprise loses in an overseas anti-monopoly proceeding, it faces serious adverse consequences such as large fines or damages, being ordered to change its business models or even being subject to criminal liabilities under some circumstances.

Article 16 Dealing with Overseas Anti-monopoly Risks

An enterprise may establish its overseas anti-monopoly legal risk response and damage mitigation system. Upon the occurrence of any major overseas anti-monopoly legal risk, its legal department, anti-monopoly compliance management personnel and heads of the relevant business departments may be notified promptly to conduct joint internal investigation, so as to identify and promptly terminate the non-compliance and establish its internal response procedures and prepare litigation or defense plan.

Exemption application regime has been established in certain jurisdictions, whereby subject to the satisfaction of certain conditions, an enterprise may submit to the anti-monopoly law enforcement authority an application for exemption *ex ante* in respect of any conduct which may have the effect of impairing competition while also having the effect of improving efficiency and consumer welfare or promoting equitable benefit. Upon obtaining the exemption, the conduct carried out by the enterprise will not be investigated or determined as illegal by anti-monopoly law enforcement authorities. An enterprise may consider how to use such exemption application mechanism to preempt anti-monopoly legal risks, in light of the actual circumstances of the jurisdiction where it conducts its business operations.

An enterprise may appoint external counsels, legal or economics experts or other professional institutions to assist in addressing anti-monopoly legal risks, and endeavor to ensure that the results of internal investigation be protected by the attorney-client privilege, if applicable.

Article 17 Possible Remedial Measures

Upon the occurrence or materialization of overseas anti-monopoly legal risks, an enterprise may take necessary measures in accordance with the applicable rules of the relevant jurisdictions and in light of the actual circumstances to minimize the risks and negative effects, including utilizing any leniency regime, commitment regime and settlement procedure under the anti-monopoly law of the relevant jurisdictions.

Leniency regime generally refers to a regime under which an enterprise which voluntarily reports the monopoly agreements and submits important evidence to anti-monopoly law enforcement authorities will be given a mitigated penalty or be exempted from penalties. For instance, in certain jurisdictions, the leniency regime may waive or reduce fines for the applicants and exempt them from criminal liability. In certain jurisdictions, the first enterprise which applies for leniency may be exempted from all fines, and the subsequent applicants may be exempted from a portion of fines. In order to apply for leniency, an enterprise is generally required to admit its participation in the monopoly agreements concerned, which may become evidence against the enterprise in subsequent civil proceedings, and the enterprise is also required to bear a higher obligation to cooperate with the investigation.

Commitment regime generally refers to a regime under which an enterprise, during the anti-monopoly investigation, makes voluntary commitments to cease or forego the alleged monopolistic conduct and takes specific measures to eliminate the negative impact of its conduct on competition, and the anti-monopoly law enforcement authority makes the decision to suspend the investigation and accept the commitments after assessments. As for the enterprise, the commitment decision will not find that the enterprise has engaged in illegal conduct and will not impose any fine. However, if the enterprise subsequently fails to comply with its commitments, the investigation may be subject to the adverse consequence of re-instatement of the investigation and fines.

Settlement regime generally refers to a regime under which an enterprise enters into a settlement arrangement with the law enforcement authority or private plaintiffs during an anti-monopoly investigation to terminate the proceeding swiftly. In certain jurisdictions, the enterprise involved shall admit its illegal conduct of participating in monopoly agreements in order to get an additional reduction of up to 10% of the fines. In certain jurisdictions, settlements include civil settlement agreements entered into between the law enforcement authority or private plaintiffs in a civil proceeding or a plea of guilty agreement entered into with the law enforcement authority in a criminal proceeding. Civil settlement generally includes a binding settlement consent in which commitments are made to rectify the alleged conduct which impaired competition. The law enforcement authority may also require the enterprise under investigation to return the illegal gains earned through the conduct which impaired competition. The settlement consent also requires the enterprise to report its compliance with the commitments on a regular basis. Failure to comply with the settlement consent may result in fines and re-instatement of investigation. In a criminal proceeding, an enterprise may enter into a plea of guilty agreement with the law enforcement authority in order to reduce the fines and terminate the proceeding more quickly; an enterprise may decide whether to enter into a plea of guilty agreement by taking into account factors such as the possible reduction of fines, efficiency, litigation cost, certainty, possibility of winning the lawsuit and impact on subsequent civil proceedings, etc.

Article 18 Anti-monopoly Legal Liabilities

Monopolistic conduct may lead to administrative, civil and criminal liabilities exposure for the relevant enterprises and individuals.

Administrative liability mainly includes the imposition of injunctions, fines and enterprise divestiture. An injunction generally prohibits the continued implementation of the monopolistic conduct concerned, and may also require rectification measures, periodic reporting, establishment and implementation of valid compliance system, etc. Heavy fines are prescribed on monopolistic conduct in most jurisdictions. Certain jurisdictions provide that a fine of up to 10% of total global turnover of the group in the previous year may be imposed on an enterprise.

Civil liability mainly includes the confirmation of invalidity of monopoly agreements and award of damages. Certain jurisdictions require sufficient compensation for the losses caused by the monopolistic conduct concerned (including actual loss and loss of profit) and the interest accrued from the date of harm until the date of payment of damages; in certain jurisdictions, an enterprise may be subject to a fine of up to three times of actual losses and may be ordered to pay associated litigation costs.

Criminal liability is also imposed in certain jurisdictions, where senior officers and other individuals involved in monopolistic conduct may be subject to fines or even imprisonment, a fine of up to USD 100 million may be imposed on an enterprise, and a fine of up to USD 1 million and an imprisonment of up to 10 years may be imposed on an individual. If the illegal gains or the pecuniary losses suffered by the victims exceed USD 100 million, an enterprise may be subject to a fine of up to 2 times of such illegal gains or economic losses.

In certain jurisdictions, a parent company may be jointly liable for violation of the anti-monopoly laws by its overseas subsidiaries if the parent company is able to exercise a "decisive influence" over those subsidiaries. In addition, the calculation of applicable fine will be based on the turnover of the group (as a whole).

In addition to legal liability, anti-monopoly investigations or proceedings may also lead to other material adverse effects, which may give rise to very significant risks to the overseas business operations of an enterprise. Anti-monopoly investigations by anti-monopoly law enforcement authority or anti-monopoly proceedings may be time consuming and the enterprise may incur high legal expenses, thereby distracting the enterprise from its core business activities, and affecting its normal business operation. If such investigations or proceedings have adverse consequences, the financial position and reputation of the enterprise will be seriously harmed.

Chapter Ⅳ Management of Overseas Anti-monopoly Compliance Risks

Article 19 Identification of Overseas Anti-monopoly Risks

An enterprise may, in light of the scale of its overseas business operations, the characteristics of the industry in which it conducts business operations, the market conditions, applicable anti-monopoly laws and regulations and law enforcement environment in the relevant jurisdictions, identify major anti-monopoly risks it may encounter.

(1) Possible risks in respect of monopoly agreements. Most jurisdictions prohibit enterprises from entering into and implementing monopoly agreements and exchanging competitively-sensitive information with other undertakings. In its overseas business operations, an enterprise should pay close attention to the following risks that may arise in connection with monopoly agreements: firstly, the risks arising from contacting with competitors (for example, any contact between its employees and those of its competitors in industry associations, conferences and on other occasions; the frequent transfer of personnel between the competing enterprises; the exchange of sensitive information through the same supplier or customer); secondly, the risks arising from contracts, shareholding or other cooperation between competitors (for example, entry into partnership or cooperation

agreements with competitors which may eliminate or restrict competition); thirdly, the risks arising from certain types of agreements or conducts in the ordinary course of business (for example, entry into agreements containing exclusive clauses with customers or suppliers; restrictions on customers in terms of resale prices).

(2) Possible risks in respect of abuse of dominant market position. An enterprise should make an assessment and determination of the market in which it conducts business operations, its key competitors and its market power, and assess and govern its business operations on this basis. For an enterprise with a relatively large market share in a certain market, in order to avoid the risk of abuse of dominant market position, should pay attention to whether the commercial objective of its market conduct is to restrict competition and whether its conduct may have an adverse effect on competition.

(3) Possible risks in respect of concentration of undertakings. As the regime for notification of concentration of undertakings has been established in most jurisdictions, when an enterprise conducts transactions such as merger, acquisition or joint venture worldwide, the same transaction (including any transaction implemented within the border of China) may be required to be notified in a number of jurisdictions. Before proceeding with the relevant transaction, an enterprise should have a complete understanding of notification requirements in relevant jurisdictions, make full utilization of pre-consultation mechanism of overseas anti-monopoly law enforcement authority, assess its notification obligations and submit the notification in accordance with applicable laws. An enterprise acquiring an offshore target company should also pay special attention to whether the target company is under any anti-monopoly investigation or is subject to any anti-monopoly liability, and assess whether such legal liability may be further extended to the parent company or the purchaser after completion of the acquisition.

Article 20 Assessment of Overseas Anti-monopoly Risks

An enterprise may, in light of its actual conditions, establish procedures and standards for assessment of overseas anti-monopoly legal risk, periodically analyze and assess the source of overseas anti-monopoly legal risk, the possibility of its occurrence and the severity of its consequences, classify the risks and design and implement the corresponding risk prevention and control systems according to different risk levels. The assessment may be organized by the anti-monopoly compliance administrative department or may be implemented with the assistance of an external professional institution.

An enterprise is encouraged to make special assessment under the following circumstances: (i) prior to the decision-making in respect of any business acquisition, merger and establishment of joint venture; (ii) prior to the implementation of any important market plan or conclusion of any material supply and sale agreement; and (iii) after the commencement of an overseas anti-monopoly investigation or proceeding.

Article 21 Risk Rating of Employees

An enterprise may, in light of the level of overseas anti-monopoly legal risks, assess the risk level of its employees to carry out more effective risk control and prevention. With respect to senior management personnel, managers of business departments, employees who frequently interact with competitors, employees of the sales, marketing and procurement departments, employees who have knowledge of the business plan, price and other sensitive information of the enterprise, persons who have been employed by competing undertakings and had access to sensitive information, persons in charge of merger and acquisition projects of the enterprise, etc., an enterprise may prioritize these personnel in risk management and take measures to build and strengthen their awareness of anti-monopoly compliance. In relation to other personnel, an enterprise may take appropriate measures of anti-monopoly risk management in light of the priority of risk management.

Article 22 Overseas Anti-monopoly Compliance Reporting

An enterprise may establish an overseas anti-monopoly compliance reporting mechanism. The anti-monopoly compliance management department may periodically report the situation of overseas anti-monopoly compliance management to the decision makers and senior management of the enterprise. If any major overseas anti-monopoly risk is identified, the anti-monopoly compliance department shall timely report to the decision makers and senior management of the enterprise, organize internal investigation, and propose risk assessment opinions and risk response measures; in addition, an enterprise may report to MOFCOM, SAMR and overseas embassies and consulates through channels such as its overseas enterprise and foreign investment communication service platform.

Article 23 Overseas Anti-monopoly Compliance Counseling

An enterprise may establish an anti-monopoly compliance counseling mechanism. Due to the complexity of anti-monopoly compliance issues, if any anti-monopoly compliance issue is encountered in the course of business operation, an enterprise and its employees are encouraged to seek counsel from the anti-monopoly compliance management department as early as possible. The anti-monopoly compliance department may engage external counsels or experts to assist in compliance consultation if necessary, or may, to the extent permitted by the laws and regulations of the relevant jurisdictions, consult the anti-monopoly law enforcement authority on compliance issues before carrying out the relevant acts.

Article 24 Overseas Anti-monopoly Compliance Review

An enterprise may establish an overseas anti-monopoly compliance review mechanism. The anti-monopoly compliance department may conduct anti-monopoly compliance review in connection with strategic decisions, commercial contracts, transaction plans, templates of distribution agreement and distribution channel management policies to be implemented overseas by the enterprise. The anti-monopoly compliance department may engage external counsels to assist in the assessment of anti-monopoly legal risks where necessary and give review opinions on such basis.

Article 25 Overseas Anti-monopoly Compliance Training

An enterprise may conduct periodic anti-monopoly compliance training for its overseas managerial staff and employees. Anti-monopoly compliance training may cover anti-monopoly laws and regulations of the relevant jurisdiction, anti-monopoly legal risks, conducts which may cause anti-monopoly legal risks, code conduct for day-to-day compliance, cooperation with anti-monopoly investigation and proceeding, anti-monopoly leniency regime, commitment regime, settlement regime, anti-monopoly compliance policies and systems of the enterprise, etc.

An enterprise may review and update anti-monopoly compliance training contents on a periodic basis. An enterprise may also provide its employees with written anti-monopoly compliance guidelines by way of employee code of conduct, checklist, anti-monopoly compliance manual, etc.

Article 26 Other Specific Measures for Prevention of Anti-monopoly Risks

In addition to those set out in Article 19 to Article 25 of this Chapter, an enterprise may also take the following measures to prevent overseas anti-monopoly risks. These measures may include:

(i) prior to joining an industry association, conduct due diligence on the purposes and operations of the association, in particular whether the membership clauses may be used to eliminate or restrict competition and whether the association has an anti-monopoly compliance system. Maintain and update the list of industry association activities and employees involved;

(ii) understand the topics to be discussed before attending a meeting organized by the industry association or attended by competitors, and arrange anti-monopoly legal counsels to attend the meeting and provide reminders with regards to anti-monopoly compliance issues as needed; while attending a meeting of the industry association, the agenda minutes of the meeting shall be carefully reviewed;

(iii) specify the scope before communicating with competitors, and avoid discussing competitively-sensitive topics; record the dialogue or other forms of communication with competitors, and timely report to the superior manager or anti-monopoly compliance management department;

(iv) in light of needs, information firewalls may be established for joint ventures and other types of cooperation with competitors to prevent the conclusion or implementation of monopoly agreement by way of joint venture or other types of cooperation;

(v) if the market share of certain products or services may be relatively high in the relevant jurisdiction, provide special trainings to staff in pricing, marketing, procurement and other departments and conduct *ex ante* assessment of the risks in a timely manner, so as to prevent potential risks.

Chapter Ⅴ Miscellaneous

Article 27 Effect of these Guidelines

These Guidelines provide enterprises with general guidance on overseas anti-monopoly compliance. The introductions to overseas anti-monopoly laws and regulations contained herein are mostly high level and general explanations, it is advisable that the latest versions of anti-monopoly laws and regulations of relevant jurisdictions be reviewed in specific application scenarios. The enterprise shall, according to the requirements of the relevant jurisdiction on compliance system and whether the relevant conducts violate the anti-monopoly laws, establish the anti-monopoly compliance system and carry out compliance work in a pertinent manner.

Matters not covered herein may be referred to in the Anti-monopoly Compliance Guidelines for Undertakings issued by the Anti-Monopoly Commission of the State Council.